Das Gewohnheitsrecht der Beduinen

Leipziger Beiträge zur Orientforschung

Herausgegeben von Hans-Georg Ebert
Begründet von Günter Barthel

Band 18

PETER LANG
Frankfurt am Main · Berlin · Bern · Bruxelles · New York · Oxford · Wien

Sebastian Maisel

Das Gewohnheitsrecht der Beduinen

Der Stellenwert von Urf in den Rechtsvorstellungen tribaler Gruppen im Norden der Arabischen Halbinsel

PETER LANG
Europäischer Verlag der Wissenschaften

Bibliografische Information der Deutschen Nationalbibliothek
Die Deutsche Nationalbibliothek verzeichnet diese Publikation in der Deutschen Nationalbibliografie; detaillierte bibliografische Daten sind im Internet über <http://www.d-nb.de> abrufbar.

Zugl.: Leipzig, Univ., Diss., 2003

Gedruckt auf alterungsbeständigem, säurefreiem Papier.

15
ISSN 0942-2323
ISBN 3-631-54194-5

Printed in Germany 1 2 3 4 5 7

www.peterlang.de

Inhaltsverzeichnis

Abbildungsverzeichnis

1. VORBEMERKUNGEN

Ein Großteil der Informationen dieser Arbeit basiert auf mündlichen arabischen Quellen, deren korrekte sprachliche Darstellung in Form der wissenschaftlichen Umschrift nach den Regeln der DMG sich als schwer erweist. Ursache sind neben persönlichen Sprachbesonderheiten der Informanten auch Unterschiede im Dialekt, da es nicht immer klar ist, welche Vokalisierung die richtige ist. Gleiches gilt auch für viele schriftliche arabische Quellen zu Namen und Orten. Der Verfasser hat versucht, sich die Aussprache bestimmter Personennamen, Schauplätze und rechtlicher Termini von Muttersprachlern aus der Region bestätigen zu lassen. Jedoch kam es nicht immer zu einem einheitlichen Ergebnis. Trotzdem wurde versucht, die Umschriftregeln konsequent anzuwenden.

Um den allgemeinen Grad der Verständlichkeit der Arbeit zu erhöhen, wurde außerdem auf eine wissenschaftliche Transkription verschiedener geographischer (z. B. Jidda statt Ğidda oder Ğudda) und allgemein bekannter Bezeichnungen (z. B. Scheich statt šaiḫ, Ibn Saud statt Ibn Saʻūd) verzichtet.

Währungsangaben wurden in verkürzter Form verwendet: JD sind jordanische Dinar und SR sind saudische Riyal.

Die Namen einiger Informanten wurden auf Wunsch geändert.

2. EINFÜHRUNG

Das in vielen Bereichen der Wissenschaft und Medien publizierte Image von Beduinen[1] als den unabhängigen, frei umherschweifenden Kamelzüchtern, die weit außerhalb der genormten gesellschaftlichen Regeln sesshafter Gemeinschaften leben, ist spätestens seit der Umwandlung der erdölproduzierenden Staaten der Region, wie Saudi-Arabien, Kuwait oder Libyen, in Rentierstaaten mit enger Bindung an das westliche Werte- und Wirtschaftssystem nicht mehr haltbar. Häufig widmet sich der Betrachter nomadischer Gemeinschaften daher zuerst dem historischen Ansatzpunkt des „goldenen Zeitalters" der Beduinen Ende des 19. Jahrhunderts und versucht, dieses Bild in die Modernität zu retten. Dann stellt sich jedoch die Frage, ob die Beduinen nur noch Vertreter eines überholten gesellschaftlichen und wirtschaftlichen Systems sind? Oder haben auch sie den gewaltigen Entwicklungsschritt mitgetragen, der für die oben genannten Länder kennzeichnend ist?

Vor ca. siebzig Jahren entblößte die Wüste im Osten der Arabischen Halbinsel ihr Geheimnis, dass mehr als 500 Mio. Jahre in ihr verborgen lag: das Erdöl. Der große Reichtum, der sich über das gerade gebildete Königreich Saudi-Arabien ergoss, brachte ebenso große Veränderungen mit sich. Die Einnahmen aus dem Ölgeschäft brachten eine massive Umgestaltung der Landwirtschaft, die Errichtung von modernen Städten, Flughäfen und Industrieanlagen mit sich. Doch sieht man zur gleichen Zeit auch immer noch die alten Lehmhäuser und trifft man Menschen, die sich vielleicht äußerlich den Veränderungen angepasst haben, ansonsten aber Verfechter der traditionellen Lebensweise sind. Die Einwohner Saudi-Arabiens sehen sich der Aufgabe gegenüber, die gesellschaftlichen Werte und Traditionen mit den Anforderungen der schnelllebigen materialistischen Ordnung in Einklang zu bringen.

Der Islam ist dabei eine wichtige Komponente des gesellschaftlichen Lebens in Saudi-Arabien. Die Strukturen der Regierung, Wirtschaft und Gesellschaft basieren auf seiner Anwendung. Jedoch findet man viele Aspekte des menschlichen Verhaltens, die sich nicht primär religiös definieren lassen, sondern die kontinuierliche Anwendung von Regeln des sozialen Gemeinschaftslebens widerspiegeln. Die Wüste und das harte Leben der Beduinen und Oasenbewohner trugen viel zur Herausbildung des Charakters der saudischen Identität bei. Stolz behalten die Saudis viele ihrer alten Bräuche im Angesicht einer rapiden Modernisierung ihrer Umwelt bei. Dazu gehören nicht nur die Kleiderordnung und die allgemeine Gastfreundschaft, sondern auch das Zugeständnis der Herrschenden, ständig erreichbar zu sein. Wie die Stammesführer so halten auch der König, der Kronprinz und die

---

[1] Zur Diskussion um die Begrifflichkeit von Beduinen und Nomaden s. Leder (2002)

Provinzgouverneure öffentliche Sitzungen ab, auf denen sich (theoretisch) jeder Untertan zu Wort melden und sein Anliegen vortragen kann.

Die meisten der heutigen Beduinen Saudi-Arabiens haben ihren alten nomadischen Lebensstil aufgegeben und sich den neuen Anforderungen angepasst. Viele haben Lohnarbeit angenommen, einige erlangten formelle Bildung und wurden Doktoren, andere Ingenieure, Lehrer und Soldaten. Trotzdem blieben sie Beduinen aufgrund der Elemente ihres traditionellen Lebens und Wertesystems, die bis heute bei ihnen überlebt haben. Der moderne arabische Geschäftsmann, dessen Vater in einem Zelt in den roten Sanddünen der Nafūd geboren wurde, ist ebenfalls ein Beduine, sei es auch nur aufgrund der Verbindungen, die er mit seiner Vergangenheit bewahrt. Beduine ist, wer zu einem Stamm gehört und an die damit verbundenen Wertvorstellungen glaubt. Die wirtschaftliche Ausrichtung auf Viehzucht im allgemeinen und Kamelzucht im besonderen ist nur noch zweitrangig. Evans-Pritchard hebt hervor:

„..., dass, obwohl die Beduinen sich selbst als Wanderhirten sehen, die das Hirtenwesen als wichtigste ökonomische Tätigkeit bezeichnen, sie alle bis zu einem gewissen Grad Ackerbau betreiben."[2] (1949: 37)

Die wichtigste Wertvorstellung ist die *'aṣabīya*, die tribale Solidarität.[3] Von ihr leiten sich alle anderen Werte wie die Gastfreundschaft, das Rechtsystem, ökonomische Bestimmungen und soziale Schranken ab.

Wie Khazanov eindeutig beweist, waren die Beduinen seit ihrem Auftauchen im Fruchtbaren Halbmond im 19. Jahrhundert v.C., in ein komplexes sozio-ökonomische System integriert, das auf der Ausbeutung verschiedenster Ressourcen beruhte.[4] In diesem System spielten organisierte Mobilität, Flexibilität und Austausch immer eine entscheidende Rolle. Aber auch der Ausgleich und die Vermittlung zwischen den verschiedenen gesellschaftlichen Segmenten charakterisieren dieses System.

Die vorliegende Studie stellt solche Aspekte der Bewahrung traditioneller Elemente des gesellschaftlichen Umgangs in den Mittelpunkt. Als Grundlage dient eine Analyse des rechtlichen Kodex der Beduinenstämme im Norden der Arabischen Halbinsel. Diese Analyse beschränkt sich nicht auf rein juristische Aspekte, sondern versucht gleichzeitig historische, soziologische und ethnologische Einflussfaktoren der modernen Beduinenforschung am Beispiel

---

[2] Evans-Pritchard (1949): 37
[3] Ibn Khaldun (1987): 17f.
[4] Khazanov (1998)

zweier nomadischer Stämme in Saudi-Arabien und den angrenzenden Regionen aufzuzeigen und einzuordnen.

Karte des Untersuchungsgebietes: (Quelle: Lancaster (1981): x)

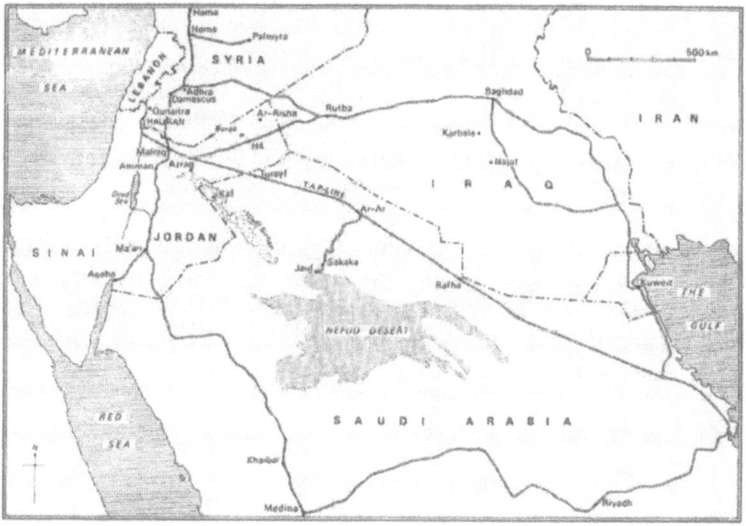

Gerichtet ist die Arbeit auf die Herausarbeitung der Position oraler und schriftlicher meist arabischer Quellen zum Gewohnheitsrecht im Rechtssystem Saudi-Arabiens unter Einbeziehung verschiedener analoger Bestimmungen aus dem religiösen Gesetz, der *šarīʻa*, und dem staatlich kodifizierten Recht, *qānūn* bzw. *niẓām*. Anhand konkreter Einzelfallstudien werden Transformationsprozesse innerhalb der beduinischen Gemeinschaft und deren Einordnung in zeitgenössische Rechtssysteme aufgezeigt. Ziel ist es, einen Beitrag zur Anerkennung eines zusätzlichen Rechtssystems zu leisten und Teile seiner internen Strukturen und Prozesse zu untersuchen. Der Erhaltungsgrad des Gewohnheitsrechts ist dabei Indikator für den Stand der gesellschaftlichen Umwandlung der nomadisch-tribalen Gemeinschaft dieses Landes.

Mit dem Namen Saudi-Arabien verbindet man ein Land, welches von der vorherrschenden Stellung des Islams und der alles dominierenden und finanzierenden Erdölwirtschaft geprägt ist. Die nicht nur von saudischer Seite als gelungen angesehene Verbindung aus strikter Einhaltung religiöser Normen und gleichzeitigem ökonomischen Aufschwung sichern dem Land einen bedeutenden Platz im regionalen wie globalen Rahmen. Der dabei erfolgte Wandel vom nomadisch geprägten Emirat zum modernen Rentierstaat ist ein signifikantes Zeichen für die Entwicklungsprozesse auf der Arabischen

Halbinsel. Dieser Wandel vollzog sich jedoch nicht reibungslos und ist ebenso wenig abgeschlossen. Denn trotz des hohen Anteils ausländischer Arbeitskräfte lässt sich noch immer die Aufteilung der saudischen Gesellschaft in die Vertreter der alten Segmentierung, Städter, Oasenbewohner und Beduinen, finden.

Der saudische Staat ist in erster Linie ein Staat für seine sesshafte Bevölkerung. Seine Politik, Gesetze und die wirtschaftliche Ausrichtung orientieren sich hauptsächlich an den Beziehungen zwischen dem Staat und seinen sesshaften Bürgern. Das Nomadentum, hier die Beduinen, und moderne Staatsauffassungen lassen sich hingegen nicht so leicht miteinander vereinbaren.

Anhand bestimmter rechtlicher Problemfelder soll herausgearbeitet werden, wo die Überschneidungen und Gegensätze beider Anschauungen liegen, ob es Gemeinsamkeiten und Widersprüche gibt. Einer der wichtigsten Themenbereiche behandelt inhaltliche Fragen eines nichtkodifizierten Rechtssystems und seiner Anwendung in einem Staat islamischer Prägung.

In Saudi-Arabien lassen sich drei mehr oder weniger unabhängige Rechtssysteme erkennen:

1. Das Islamische Recht gemäß der *šarī'a*
2. Staatlich verordnete Rechtsvorschriften, die keinen Bezug zum Islam aufweisen
3. Das Gewohnheitsrecht der Beduinen

Das Gewohnheitsrecht der Beduinen wird mit dem Terminus *'urf* bezeichnet. Den gleichen Terminus findet man auch im Islamischen Recht, wenn auch mit einer unterschiedlichen Bedeutung.[5] Geht man von der Bedeutung des Wortes an sich aus, bezeichnen beide, sowohl das *'urf* in der *šarī'a* als auch das *'urf* der Beduinen, das gleiche System: lokales Brauchtum mit juristischer Bedeutung. Während sich das *'urf* der *šarī'a* auf jedes Brauchtum islamischer Gemeinden beziehen kann, ist das *'urf* der Beduinen eindeutig deren historisch überlieferten Rechtsnormen zugeordnet, die in Form der *sawālif*[6] von bestimmten, darauf spezialisierten Familien weitergegeben und angewendet werden.

---

[5] Zur Rolle von *'urf* im Islamischen Recht, s.: Libson, G.: On the Development of Custom as a Source of Law in Islamic Law". In: Islamic Law and Society 4 (1997): 131-55; Gerber, Haim: Islamic Law and Culture 1600-1840. Leiden, 1999.

[6] Mündliche Erzählungen der Beduinen historischen und rechtlichen Inhalts, s. Kapitel Methodik und Quellenwahl

In vielen Bereichen wird das schriftliche Gesetz (islamisch und staatlich) dem mündlichen vorgezogen bzw. wird seine Anwendung notwendig, weil es keine relevanten Vorschriften im Gewohnheitsrecht gibt. Dieses über Generationen hinweg oral überlieferte Recht kann aber theoretisch sowohl zivile als auch strafrechtliche Auseinandersetzungen regeln, d.h. alle den Stamm und seine Mitglieder betreffenden Rechtsangelegenheiten. Dazu gehören personenrechtliche Fragen (Ehe, Scheidung, Erbschaft), Krieg und Frieden, Handel, strafrechtliche Bestimmungen (Mord, Totschlag, Verletzung, Beleidigung, Blutrache) und Fragen zur Prozessordnung. Diese Regeln stammen aus vorislamischer Zeit, doch schon im Quran wie auch in der Gemeindeordnung von Medina finden sich bereits Hinweise auf die Übernahme gewohnheitsrechtlicher Bestimmungen durch das Islamische Recht. Betrachtet man weiterhin das staatliche Rechtssystem Saudi-Arabiens wird man ebenfalls viele Gemeinsamkeiten und Ähnlichkeiten mit dem Gewohnheitsrecht entdecken. Eine weitere Aufgabe dieser Studie ist es daher auch, diese Mischformen aufzudecken und zuzuordnen.

Im Einklang mit der allgemeinen Politik der Stärkung der staatlichen Einheit und Zurückdrängung aller Spuren tribaler Dissonanzen in Saudi-Arabien sind die Informanten meist sehr zögerlich, offen über die vergangenen Abnormitäten zur heutigen gesellschaftlichen Norm, wie Feindschaften, persönliche Rachezüge oder Überfälle auf Karawanen und Oasenbauern zu sprechen. Die Auswirkungen der Feindschaften zwischen den Stämmen und ihr Kampf um die Vorherrschaft in Zentralarabien werden beim Blick zurück häufig verklärt. Die Effekte von politischer Transformation, religiöser Reform und kulturellem Wandel, wie sie zur Zeit in Saudi-Arabien zu beobachten sind, tragen ihren Teil dazu bei, die Vergangenheit im tribalen Gedächtnis zu manipulieren. Ein Filter zu sein, ist daher ein weiteres Hauptanliegen der Arbeit, um nicht die gleichen romantisierten Bilder am Leben zu erhalten, die es so nicht gab und nicht mehr gibt.

3. PROBLEMSTELLUNG: GEWOHNHEITSRECHTS UND KODIFIZIERTES RECHT – GEGNER ODER PARTNER IM RECHTSSYSTEM SAUDI-ARABIENS?

Die Entwicklung in ruralen Gebieten Saudi-Arabiens wird wesentlich vom Wirken des Staates und des in dieser Region vorherrschenden Stammes bestimmt. Dabei ist zu beachten, dass hier zwei von Grund auf gegensätzliche sozial-politische und kulturelle Ansätze aufeinander treffen. Hier ist der Staat mit seiner vertikalen Struktur in administrativen, rechtlichen und anderen sozialen Belangen, der zentralistisch aufgebaut und organisiert ist. Auf der anderen Seite ist der Stamm, der sich in seiner horizontalen Struktur aus verschiedenen Segmenten zusammenfasst und über Blutsverwandtschaft und Gruppensolidarität definiert. Die internen Aktionsmuster könnten verschiedener nicht sein. Doch stehen sich beide Gesellschaftsansätze nicht ausschließlich konträr gegenüber, vielmehr gibt es auf allen genannten Ebenen Verflechtungen und Mischformen, die Transformationen auf beiden Seiten bewirken und beschleunigen. Im Aufzeigen dieser Veränderungen auf rechtlichem Gebiet liegt das Anliegen dieser Arbeit. Dabei kristallisieren sich verschiedene Schwerpunkte in der Fragestellung heraus:

1. Wo liegen die gesellschaftlichen Hintergründe des Gewohnheitsrechts?

Hier soll sich vor allem auf die Fragen der tribalen Stammesstrukturen und juristischen Grundlagen der Stammesgesellschaft konzentriert werden. Auch die andere Seite, die Entwicklung des staatlichen Rechtswesens in Saudi-Arabien, wird zusammengefasst, jedoch nur kurz, da es auf diesem Gebiet bereits gute wissenschaftliche Vorleistungen gibt.[7]

2. Kann man eine parallele Entwicklung der beteiligten Rechtssysteme beobachten oder erfolgte ein rechtlicher Wandel bzw. Übergang von einem System zum nächsten?

Bis zur Einigung des Königreiches Saudi-Arabien 1932 unter Ibn Saud war in den meisten Regionen des Untersuchungsgebiets die Anwendung des Gewohnheitsrechts vorherrschend. Seit dieser Zeit versucht der Staat, seine zentralistische Autorität in juristischen Belangen unter Einbeziehung der religiösen Segmente der Gesellschaft durchzusetzen.

---

[7] Ẓahrānī (1418/1997) Bd. 1-6

3. Welche äußeren und inneren Faktoren lassen sich bei der Wechselwirkung zwischen dem Gewohnheitsrecht und den auf der Basis der šarī'a entwickelten staatlich-kodifizierten Rechtsnormen erkennen?

Das traditionelle Bild vom Beduinenstamm hat sich ebenso wie die innere Struktur des Stammes radikal verändert. Auch der Staat hat heutzutage andere Anforderungen und Aufgaben gegenüber den Nomaden als vor einem halben Jahrhundert.

Der Konflikt, der mit der zwanghaften Einführung des wahhabitischen Rechtes bei den Beduinen seit Beginn des 20. Jahrhunderts ausgelöst wurde, ist bis heute nicht gelöst, auch wenn eine offene Rebellion der Beduinen gegen das saudische Herrscherhaus wie im Jahre 1979 während der Besetzung der Großen Moschee im Mekka durch Stammesangehörige der 'Utaiba, Ḥarb und Billī nicht mehr zu befürchten ist. Trotzdem stehen sich *'urf* und *qānūn/šarī'a* weiterhin als konträre Rechtsformen gegenüber. Die Prinzipien, die ihnen zugrunde liegen, sind Ausdruck zweier verschiedener sozialer und politischer Ordnungen. Sie stehen für unterschiedliche Vorstellungen von Recht und Unrecht und von „ordnungsgemäßen", d.h. der jeweiligen sozialen Umgebung angepassten Verhalten. Der Widerstand, den Teile der Beduinen bis heute der strikten Anwendung des staatlich-religiösen Gesetzes entgegenbringen, ist u.a. darauf zurückzuführen, dass es nicht ihren eigenen, im Stammessystem verwurzelten Prinzipien des „richtigen" Verhaltens entspricht. Diese Prinzipien sind Grundlagen des Stammesrechts.[8]

In Saudi-Arabien gibt es keine aktuellen Gesetze, die sich ausschließlich auf die Beduinen des Landes beziehen. Angewandt werden im zivil- und strafrechtlichen Bereich, sofern im Einzelfall keine gesetzliche Regelung vorhanden ist, die Normen des Islamischen Rechts und zwar grundsätzlich, aber keineswegs ausnahmslos, die des hanbalitischen Ritus.

Diese Gesetze werden in Saudi-Arabien in der Regel wie in anderen Staaten auch, von oben herab verordnet, vom König, seiner Legislative, den Gerichten, usw. Sie können sich aber auch alternativ dazu von unten entwickeln, aus Bräuchen, Traditionen und Praktiken der lokalen Bevölkerung. Das von oben herab verordnete, autoritäre Gesetz bedarf zur Durchsetzung der Unterstützung einer mächtigen Lobby. Das Gesetz von unten, aus den Gewohnheiten entspringend, bedarf hingegen einer weiten öffentlichen Akzeptanz.

Das Gewohnheitsrecht wird nicht dadurch anerkannt, dass es von einer individuellen oder institutionalisierten Macht unterstützt wird, sondern weil

[8] Müller-Mahn (1989): 150

jedes Individuum die Vorteile erkennt, wenn es sich entsprechend den Vorstellungen der anderen Individuen verhält, natürlich unter der Voraussetzung, dass sich die anderen auch so verhalten, wie man es erwartet. Daher bedarf das Gesetz von oben einer stärkeren Kraft zur Aufrechterhaltung von Recht und Ordnung als das Gesetz, welches sich auf der Grundlage gegenseitigen Verständnisses und Akzeptanz entwickelt.

Gegenseitigkeit ist die Grundlage für die Anerkennung und Durchsetzung des Gewohnheitsrechtes. Um von den Vorteilen profitieren zu können, muss man bestimmte Regeln akzeptieren. Eine freiwillige Anerkennung und Teilnahme an ihrer Durchsetzung ist jedoch erst dann wirksam, wenn ausreichender Nutzen für das Individuum erkennbar ist.

Bestrafung ist das häufigste Mittel zur Anerkennung der Gesetze von oben. Wenn das Gewohnheitsrecht vorherrschend sein will, muss es hingegen versuchen, positive Anreize zu vermitteln. Die Individuen müssen erwarten können, dass sie mehr erhalten, als sie freiwillig investieren. Der Schutz des Individuums und seines Eigentums, aber auch der Schutz der eigenen Gruppe, sind dabei sehr große Anreize. Die Kollektivität von Bestrafung und Wiedervergeltung, im positiven wie im negativen Sinne, bildet dafür den Rahmen. Abschreckung und Versöhnung sind die Mittel, mit denen der Rahmen geformt wird.

Hauptfelder der Problemstellung:

A) Beduinen

Im Vordergrund steht die detaillierte Untersuchung von gesellschaftlichen Transformationsprozessen in beduinischen Gemeinschaften im Norden der Arabischen Halbinsel. Dabei werden besonders rechtliche Fragen und Problemfelder herausgearbeitet, die teilweise vom Verfasser und teilweise von den Beduinen selber aufgeworfen wurden. Die Untersuchung bezieht sich auf diesen geographischen Raum, da sich hier das Gewohnheitsrecht unter den großen Stämmen noch erhalten hat, gleichzeitig aber auch eine weitreichende Entwicklung im Rechtssystem des Staates zu verzeichnen ist. Dieses Gebiet zeichnet sich auch durch eine gute historische Quellenlage aus, die somit Rückschlüsse und Vergleichsmöglichkeiten erlauben. Des weiteren ist es interessant zu erfahren, wie sich die Kommunikation zwischen den Beduinen, den staatlichen Stellen, wie Gerichten oder anderen Behörden, und der religiösen Seite darstellt. Einerseits ist für die Beduinen ein eindeutiger Nutzen, z. B. auf infrastrukturellem Gebiet zu erkennen. Andererseits obliegen sie damit dem Einfluss des Apparates mit seinen reglementierenden Strukturen.

B) Staat

Hier soll an die in der Einleitung aufgestellte Behauptung angeschlossen werden, dass sich die staatliche Intervention beschleunigend auf den sozialen und rechtlichen Wandel der Beduinen auswirkt. Dabei wird auch auf ökonomische und politische Einflüsse auf nationaler Ebene einzugehen sein. Ziel ist es, eine kausale Verbindung zwischen den lokalen Phänomenen des gesellschaftlichen Wandels und den externen Faktoren staatlicher Reglementierung aufzuzeigen. Bei der Untersuchung gegenwärtiger Veränderungen ist es daher notwendig, die Aktivitäten des Staates bezüglich der Beduinen näher zu betrachten. Aussagekräftig sind die verschiedensten Versuche der Sesshaftmachung der Beduinen von Seiten des Staates mit dem Ziel der endgültigen Ansiedlung aller nomadischen Bevölkerungsteile. Damit ist gleichzeitig das Streben nach Überwindung der in ihren Augen rückständigen gesellschaftlichen Verhältnisse, u.a. durch die Vereinheitlichung und Durchsetzung der staatlichen Rechtsnormen, verbunden. Der Grad der staatlichen Methoden der Beeinflussung lässt hier eher auf eine Entwicklung von oben als von unten schließen.

C) Religion

Der Islam steht als dritte strategische Dimension stets in enger Verbindung zu den beiden vorherigen Punkten. Der saudische Staat ist ein islamischer Staat und die Beduinen Saudi-Arabiens sind Muslime. Primär geht es in diesem Punkt natürlich um die Darstellung der Anwendungsmöglichkeiten des Islamischen Rechts und der Aspekte, die nicht mit dem Gewohnheitsrecht in Einklang stehen. Dies betrifft vor allem Fragen der Verantwortung, der Wiedervergeltung, der Gerichtsbarkeit und des Eigentums. Untersuchenswert ist dabei auch die Frage der Abhängigkeit, wer hat vom anderen übernommen bzw. welche Bestimmung war eher da als die andere. Eine historische Untersuchung der Ursprünge beider Rechtssysteme würde jedoch über den Rahmen und die Aufgabenstellung hinausführen. Auch die Beschreibung des Islamismus bei den Beduinen würde wahrscheinlich zu weit führen, ist aber insofern von Interesse, als dass die Beduinen häufig Träger verschiedenster Ideen waren. Was hingegen von großem Interesse für eine umfassende Betrachtung des Themas ist, ist die Frage nach der Rolle des Islams in den Auseinandersetzungen zwischen Staat und Stamm[9] sowie die Bedeutung der *šarī'a*-Gerichte bei Anwendung und Durchsetzung von Rechtsnormen auf lokaler Ebene.

---

[9] Vgl. dazu die Ereignisse bei der Besetzung der Großen Moschee in Mekka 1979 und die Forderungen der „Neo-iḫwān“ (Vassiliev, 1998: 395f.)

4. METHODIK UND QUELLENWAHL

In Saudi Arabien werden politische, historische und gesellschaftliche Fragen meist auf der Ebene des Staates und seiner herrschenden Klasse, den Āl Sa'ūd, untersucht. Obwohl gesellschaftliche und politische Zwänge der Forschung dies verständlich machen, resultieren solche Versuche in allgemeinen und losgelösten Erkenntnissen, die nur einen limitierten Einblick in die Funktionsweise von Gemeinschaften dieser Region geben. Um die Balance wiederherzustellen, müssen bei der Betrachtung der politischen Verhältnisse in Saudi-Arabien interne Faktoren in Betrachtung gezogen werden, u.a. durch das Nutzen des ethnologischen Handwerkzeugs der teilnehmenden Beobachtung, dem Ausnutzen von Gesprächssituationen und Interviews zusätzlich zu den klassischen Untersuchungsmethoden politischer und historischer Studien.

Man darf die Verbindung von Kultur und Politik im saudischen Kontext nicht unterschätzen, besonders angesichts der zunehmenden Politisierung der verschiedenen Generation des Landes. Daher liegt der Schwerpunkt dieses Buches auf den Aussagen von Vertretern aller Generationen der Beduinen, ebenso auch von Angehörigen nichtbeduinischer Gruppen, die aufgrund ihrer Affinität zu Islam oder der staatlichen Verwaltung, ein Interesse an der Diskussion des Themas haben. Es bleibt zu hoffen, dass dies ein hilfreicher Versuch ist, ein besseres Verständnis von Saudi-Arabien und den täglichen Sorgen und Meinungen seiner Bevölkerung zu erreichen.

Die Arbeit ist um ein zentrales Thema strukturiert, die Schaffung, kontinuierliche Transformation und Anwendung von Rechtsbräuchen. Dieses Thema entwickelte sich durch die Interaktion von Beobachtungen aus der Feldforschung, Interviews und dem Studium der wissenschaftlichen Literatur auf dem Gebiet der Ethnologie/Anthropologie, Politikwissenschaft und Geschichte mit Spezialisierung auf die Arabische Halbinsel. Abrundend wurden natürlich auch entsprechende Arbeiten aus der Arabistik und der Juristerei hinzugezogen. Eine weitere Quelle bietet die sogenannte virtuelle Nomaden-Forschung im Internet, da viele Stämme in den letzten Jahren umfangreiche Datenbanken, Diskussionsforen und Homepages erstellt haben, die neueste Aspekte der Selbstdarstellung und des Selbstverständnisses der Beduinen und ihrer Weltanschauung offerieren.

4.1. Die Feldforschung in Saudi-Arabien

Bei der Planung und Durchführung der Datenerhebung profitierte ich von den Erfahrungen und dem Wissen, welches ich auf früheren Feldforschungen in Saudi Arabien und anderen Ländern der Region erwarb. Die empirische

Forschung bietet eine gute Möglichkeit der Beurteilung, wie die Menschen in Saudi-Arabien kulturelle, politische und wirtschaftliche Entwicklungen einschätzen, die ihr Leben und das der Gesellschaft auf der Arabischen Halbinsel transformieren.

Seit September 1998 habe ich kontinuierlich Saudis verschiedener Altersgruppen, mehrheitlich zwischen 20 und 30 Jahren, in dem Versuch interviewt, die Auswirkungen einer zunehmenden sozialen Unsicherheit und den Folgen der kulturellen Globalisierung aufzuzeichnen. Als Forschungsmethode benutze ich die teilnehmende Beobachtung und fokussierte gleichzeitig auf Gruppen- und Individualinterviews.

Die gestellten Fragen waren in Kategorien unterteilt. Die Fragen, die an einzelne Personen gerichtet waren, unterschieden sich nicht hinsichtlich Herkunft oder Geschlecht, wohl aber hinsichtlich des Alters. Die Fragen in jeder Kategorie umfassten verschiedene allgemeine Themen wie Bildung, berufliche Vorstellungen, der Einfluss verschiedener kultureller Einflüsse, Zugang zu Informationen, die Stellung von Werten, Generationskonflikte und Zukunftsaussichten.[10]

Bei den speziellen Fragen zum Forschungsgegenstand konzentrierte ich mich auf Erinnerungen, Erlebnisse und Erfahrungen. Entsprechend dem Erkenntnisstand des Gesprächspartners benutzte ich schematische Fragen, wenn er über besondere Kenntnisse verfügte, sowie offene Fragen, die dem Gesprächspartner es erlaubten, selber Themen und Problemstellungen aufzuwerfen, die noch nicht definiert waren. Dies gab ihnen die Möglichkeit, über Themen zu sprechen, die sie für wichtig hielten. Der Grad der Offenheit war dabei abhängig, wer beim Interview anwesend war, z.B. wenn ein älteres Mitglied der Familie anwesend war, erschienen die Interviews mehr befangen, als wenn sie mit Gleichaltrigen geführt wurden.

Meine Identität als ausländischer Akademiker sowie mein Alter, häufig älter als die befragten Personen, waren mehr eine Quelle der Kooperation und des Vertrauens als der Ablehnung. Mein Geschlecht erlaubte mir nur die Befragung von Männern. Soziale Konzepte von Ehre und Schande bewirken, dass die meisten Frauen es nicht wünschen, Männer zu treffen und mit ihnen zu sprechen, die nicht zur Familie gehören. Ich fand auch, dass die Jugend eher als die ältere Generation zum Sprechen und Debattieren bereit war. Sie wollten ihre Probleme, Frustrationen, Hoffnungen und Wünsche ausdrücken, während die Gespräche mit den Scheichs schnell zu Monologen über die gute alte Zeit wurden.

---

[10] vgl. schematischen Fragebogen im Anhang

4.2. Die *sawālif*

Eine wichtige Quelle bei der Betrachtung rechtshistorischer Ereignisse ist die *sālifa*, die Sowayan als „*arabische mündliche historische Erzählung*“[11] definiert. Die Bezeichnung „arabisch“ ist m.E. etwas zu weit führend, da es sich hier um ein Genre handelt, das sich auf den Norden der Arabischen Halbinsel und die angrenzenden Gebiete der Syrischen Wüste beschränkt. Für die vorliegende Arbeit wurden die bereits veröffentlichen *sawālif* herangezogen. Für Saudi-Arabien sind dabei besonders wichtig und hervorzuheben:

Musil	(1928)	über die Rwala
Lawrence	(1935)	über die Ša‘lān/Rwala
Montagne	(1935)	über die Šammar
Meeker	(1979)	über verschiedene Stämme
Lancaster	(1981)	über die Rwala
Ingham	(1986, 1993)	über die Ẓafīr
Prochazka	(1988)	über verschiedene Stämme
Sowayan	(1992)	über die Šammar
Palva	(1992)	über die Balqa
Kurpershoek	(1993)	über die ‘Utaiba
Kurpershoek	(1994)	über die Dawāsir

Das Gewohnheitsrecht der Beduinen wurde meist mündlich überliefert. Eine der Hauptquellen, aus denen die Richter bei der Urteilsfindung schöpften, waren die Erzählungen (*sālifa/sawālif*). Dieses Wort stammt von der Wurzel s-l-f, “etwas, das in der Vergangenheit stattfand”. Diese Erzählungen behandeln verschiedenste Bereiche, wie historische Ereignisse, biographische Aufzeichnungen oder gesellschaftliche Episoden aus der nahen oder fernen Vergangenheit. Die *sawālif* werden von Männern überliefert, im Gegensatz zu allgemeinen Volksgeschichten, die von den Frauen und Kindern wiedergegeben werden.[12] *Sawālif* berichten von Taten edler Männer und Helden und werden als Poesie betrachtet, deren Bewahrung und Rezitation eine hochachtungsvolle Aufgabe ist. Erzählt werden diese Berichte in der Regel im Sommer, wenn sich der Stamm um die wenigen permanenten Brunnen versammelt. Dies ist die Zeit des Nachrichtenaustausches. Die Männer kommen zum *mağlis* im Zelt des Scheichs zusammen, hören und berichten von den letzten Neuigkeiten über Regen, Weiden und Stammesnachrichten.

Der Wert der oralen Informationen aus diesen Erzählungen als historische Quelle unter den “ungebildeten” Beduinen muss hoch eingeschätzt werden. Ihr

[11] Sowayan (1992): 5

[12] s. dort: 7f.

Inhalt ist realistisch und direkt nachvollziehbar. Von diesem Standpunkt gesehen ist die *sālifa* ein wahrhafter Ausdruck der nomadischen Sichtweise und eine Reflektion der soziokulturellen Wirklichkeiten von Beduinengemeinschaften. Doch muss man dabei auch den Grad des Vergessens einkalkulieren, welcher bei der Überlieferung von Ereignissen der fernen Vergangenheit besteht, ebenso die Unfähigkeit der Beduinen, bestimmte Ereignisse der nahen Vergangenheit wiederzugeben und sie chronologisch einzuordnen. Geschichte und Legende überschneiden sich daher oft in Abwesenheit schriftlicher Aufzeichnungen je weiter man in der Vergangenheit zurückgeht.

Sālifa überliefert bedeutende Ereignisse, die aus der Geschichte von intertribalen Raubzügen, Kriegen, Rivalitäten und persönlichen Disputen entstehen. Sie berichten vom Aufstieg und Fall einzelner Herrscher hauptsächlich aus der Zeit der letzten drei Jahrhunderte. Die Charaktere sind historische Figuren, die in der beduinischen Welt bekannt sind. Auch wenn sich die Geschichte auf Ereignisse eines bestimmten Stammes bezieht, so zirkuliert sie doch auch unter den anderen Stämmen, da die in ihr vertretenden Werte für die gesamte beduinische Gesellschaft gelten.

Die Inhalte umfassen in vielen Fällen Geschichten von Überfällen und Kriegen zwischen den Stämmen. Andererseits finden sich auch viele *sawālif*, deren Themen um gesellschaftliche Werte wie Großzügigkeit, Gastfreundschaft, Respekt gegenüber den Frauen und Loyalität kreisen.

Auch heute noch, wo Massenkommunikationsmittel weit verbreitet sind, hat sich die *mağlis*-Gesellschaft[13] sowohl unter den nomadischen als auch unter den bereits sesshaften Beduinen erhalten. Moderne Ereignisse können daher ebenfalls auf die gleiche Weise überliefert werden, womit sie das Genre mit neuen Themen bereichern. Im Moment berichtet die Mehrheit der *sawālif* aber von Ereignissen der postmodernen Ära mit starkem Hang zu historisch-rechtlichen Aspekten.

Die Erzählungen der Männer behandeln traditionelle nomadische Sachverhalte auf der Ebene des Stammes. Dazu gehört der Ehrenkodex, der Eigenschaften wie Großzügigkeit, Gastfreundschaft, die von den Männern beschützte Ehre der Frau, Loyalität, Mut und kriegerische Fähigkeiten umfasst. Diese Regeln werden selbst dann aufrecht gehalten, wenn sie zeitgenössischem, staatlichem oder dem religiösen Recht widersprechen, welches Raubzüge, Mord zum Schutz der Familienehre und Blutrache verbietet.
Eine typische Erzählung berichtet z.B. von einem Beduinen, der sich auf die Suche nach neuen Weiden begibt, verschiedene Abenteuer erlebt, wie Überfälle

[13] Ingham (1994): 181

oder Beutemachen, um dann mit viel Ehre, Kamelen, Weiderechten und der Tochter eines Scheichs als Frau zurückkehrt.[14]

Abrundend wurde auch die Literatur der westlichen Reisenden für die Forschung herangezogen. Seit Mitte des 19. Jahrhunderts zog das Untersuchungsgebiet immer wieder die Aufmerksamkeit solcher Reisender wie Wallin, Palgrave, Doughty, Blunt, Guarmani, Euting und Huber[15] auf sich. Allen gemein war die Frage, wie in einer solchen wüstenhaften Region ein Sozialwesen existieren kann, in dem Recht und Ordnung herrschten. Das vorherrschende Bild war ein Gebiet, in dem Beduinenstämme umherzogen, die nur Raubzüge, Chaos und Plünderung kannten. Jedoch fanden die Reisenden meist ein Bild, das diesen Vorstellungen nicht entsprach. Ihre Beobachtungen und Erfahrungen waren und sind daher eine wichtige Quelle zu allgemeinen Informationen über die Arabische Halbinsel und besonderen Informationen zu den sozialen Verhältnissen im Untersuchungsgebiet.

4.3. Weitere wichtige Arbeitsschritte

Erste Erfahrungen in der Erforschung von Übergangsprozessen bei gesellschaftlichen Minderheiten wurden schon im Rahmen einer Feldforschung über die Yaziden in Syrien gesammelt. Die national-religiöse Minderheit der Yaziden versucht wie andere ethnische, ökonomische und soziale Randgruppen der Region die Veränderungen der modernen Zeit und Einflüsse von konträren Organisationsformen zu verarbeiten.

Eine weitere Annäherung an das Forschungsthema erfolgte bei einer mehrwöchigen Feldforschung unter den Ḥuwaiṭāt und Banū Ṣaḫr in Jordanien zwischen 1996 und 1998. Auf die besonderen rechtlichen Verhältnisse der Beduinen im Gegensatz zum naheliegenden Saudi-Arabien wird noch eingegangen werden.

Die datentechnische Grundlage der Arbeit wurde während eines zweijährigen Forschungsaufenthaltes in Saudi-Arabien von 1998-2000 sowie weiteren kürzeren Besuchen der Untersuchungsregion im folgenden Jahr gelegt. In dieser Zeit wurden zahlreiche Interviews mit Stammesangehörigen von den Šammar, Ḥarb und anderen Stämmen durchgeführt sowie Exkursionen in deren Siedlungsgebiete unternommen. Der Hauptteil der Informationen und Anwendungsbeispiele, die in dieser Arbeit verwendet werden, stammt aus dieser Zeit. Neben Begegnungen mit Stammesmitgliedern in den großen urbanen Zentren der Untersuchungsregion, Hail, Medina und Buraida, fanden auch

[14] Henkia (2000): 60
[15] vgl. Literaturverzeichnis

zahlreiche informative Treffen in den umliegenden ländlichen Siedlungsgebieten statt. Zusätzlich konnten im Verlauf zweier Reisen in die Wüstenregion mehrere Vertreter noch immer nomadisch lebender Beduinengruppen interviewt werden. Als äußerst fruchtbar erwiesen sich auch die zahllosen Gespräche mit Mitarbeitern und Studierenden der King-Saud-University in Riyadh, die mehrheitlich beduinisch-nomadische Wurzeln haben.

Auf der theoretischen Seite wurden viele bereits in westlichen und arabischen Quellen veröffentliche Texte, Urkunden und andere juristische Aufzeichnungen zum Gewohnheitsrecht in Arabien gesammelt. Hauptaugenmerk wurde dabei mündlichen narrativen Überlieferungen, wie persönlichen Erlebnisberichten und Stammesgeschichten, sowie Rechtsdokumenten zu Streitfällen unter Beduinen gegeben. Dabei stand nicht die Region, sondern das Thema im Vordergrund, d.h. es wurden auch Quellen aus angrenzenden Regionen mit aufgenommen. Es wurden verhältnismäßig mehr mündliche als schriftliche Quellen gefunden, was an der bereits erwähnten Präferenz der mündlichen Weitergabe von Ereignissen bei den Beduinen liegt. Dem entgegen steht ein Trend unter saudischen Wissenschaftlern, die u.a. mit der Entdeckung und Veröffentlichung einer ca. 250 Dokumente umfassenden Textsammlung zum Gewohnheitsrecht aufwarten konnten und von einer zunehmenden Verschriftlichung der Rechtsbräuche ausgehen.

Abschließend ist noch die Mitarbeit im Diskussionsforum „Stammesrecht der Banū Ḥarb" zu erwähnen. Diese besondere Form der virtuellen Nomadismusforschung ermöglichte die Zusammenführung verschiedenster Forscher und Intellektueller, Orientalisten, Stammesmitglieder, Richter, die sich alle mit dem gleichen Thema befassten, der Einordnung eines Beduinenstammes in das gesellschaftliche System eines modernen Staates. Sie dient u.a. der Beantwortung thematischer Fragen wie dem Finden gemeinsamer Definitionen und der historischen Einordnung einzelner Schwerpunkte. Wie immer ist aber die Einordnung von Informationen aus dem Internet nicht eindeutig. Die Identität verschiedener Teilnehmer war nicht zweifelsfrei nachzuvollziehen. Daher fanden nur die Beiträge Berücksichtigung, deren Inhalt dem Sachverständnis des Forums entsprach.

5. ZUM FORSCHUNGSSTAND

Über die Hauptkomponenten des Themas wurde bereits viel Gutes und weniger Gutes veröffentlicht. Konzentriert man sich auf die Aspekte Beduinen, Saudi-Arabien und Gewohnheitsrecht findet man für den jeweiligen Bereich ausreichend Material, welches jedoch bisher noch nicht in einem gemeinsamen Rahmen untersucht wurde. Über die Gründe, warum dies bisher noch nicht erfolgte, werde ich später schreiben.

5.1. Die Beduinen in Saudi-Arabien

Einer der Urväter der wissenschaftlichen Beduinenforschung war Julius Wellhausen (1844-1918), der auf der Grundlage der historischen Quellenkritik Untersuchungen zur Geschichte der *ǧāhilīya* und des frühen Islams machte. Sein Werk „Reste arabischen Heidentums“ (1887) ist beim Aufzeigen der historischen Kontinuität vieler Bräuche und Gewohnheiten bei den Beduinen eine ebenso unersetzliche Quelle wie die Arbeit „Kinship and marriage in early Arabia" (1885) von William Robertson Smith, der stark von Wellhausen beeinflusst wurde.

Die Beduinen Saudi-Arabiens sind nicht erst seit der Zeit der klassischen Reiseliteratur Objekt der wissenschaftlichen Forschung. Doch gerade in Europa wurden die Arbeiten von Burckhardt (1831), Wallin (1850, 1854), Palgrave (1865), Blunt (1881), Doughty (1888), Musil (1907-1908 und 1928), Guarmani (Neuauflage 1938), Max von Oppenheim (1939-68) und Philby (1928, 1933 und 1948) mit ihren detaillierten Angaben zur ökonomischen und gesellschaftlichen Situation der Beduinen auf der Arabischen Halbinsel zu Standardwerken über das damals noch hoch entwickelte Nomadentum und wichtigem Vergleichsmaterial für heutige Untersuchungen. Sich jedoch nur auf die Berichte der westlichen Reisenden in diese Region zu verlassen, verhindert die Auswertung anderer wichtiger lokaler Quellen zu Aspekten des sozialen Lebens. Man kann daher die Studien der Forschungsreisenden nur in Zusammenhang mit anderen Quellen benutzen, damit man nicht in die Falle einer beschränkten Annäherung an den Forschungsgegenstand tappt. Leider ist dies bei einigen westlichen Untersuchungen der Fall.

Für die folgende Phase des Übergangs zur Sesshaftigkeit und dem damit verbundenen Zerfall der Stammesstruktur nach dem II. Weltkrieg sind besonders die Arbeiten und Untersuchungen der deutschen Wissenschaftler Richard Hartmann (1938), Werner Caskel (1953) und Erwin Gräf (1952) hervorzuheben. Mit dem verstärkten Interesse der Ethnologie hielten auch vermehrt Ideen und Ansätze der Strukturfunktionalisten Einzug in die Beduinenforschung. Als deren

Hauptvertreter gilt Evans-Pritchard, ein britischer Anthropologe, der die Theorie der segmentären Gesellschaft entwickelte. Seine Informationen und Belege nimmt er von Untersuchungen zu den Nuer (1940) und Senussi (1949). Anwendung und Weiterverarbeitung fand diese Theorie unter seinen Schülern Peters (1967) und Abū Zaid (1965). Letzterer gilt als der erste arabische Beduinenforscher und Ethnologe.

Die deutsche Beduinenforschung der 60er und 70er Jahre ist untrennbar mit den Namen Walter Dostal (1967 und 1985) und Lothar Stein (1963, 1967, 1968, 1972, 1976 und 1981) verbunden. Erster entwickelte auf der Basis von Untersuchungen zu den Beduinen Südarabiens verschiedene Theorien zur Entwicklung des Beduinentums. Stein ist hingegen durch seine Feldforschungen unter den Šammar des Irak bekannt geworden. In den 80er Jahren kamen die Studien des Forschungsschwerpunktes Nomadismus in Berlin unter der Leitung von Fred Scholz (1981, 1982, 1987, 1991, 1995 und 1999) und Beteiligung von Jörg Janzen (1980, 1982 und 2000) und Detlef Müller-Mahn (1989, 1995) u.a. hinzu. Ihr Hintergrund ist in der Sozialgeographie zu suchen, die sich auch über die Grenzen der Untersuchungsregion mit ähnlichen Problempunkten, Transformationsprozessen bei nomadischen Gemeinschaften, befasst.

Aus dem anglophilen Raum stammen dagegen wichtige Einzeluntersuchungen zu bestimmten Stämmen der Halbinsel. Zu erwähnen sind hier die Arbeiten von Cole (1975) zu den Āl Murra, Lancaster (1981) zu den Rwala und Ingham (1986) zu den Ẓafīr. Ihre Arbeiten und Methoden beruhen auf längeren Feldforschungen, was für einen Vergleich mit den Arbeitsmethoden dieser Arbeit ebenso nützlich erscheint, wie die zwar unterschiedliche, aber komplettierende Auswahl der Stämme.

Eine weitere Gruppe umfasst die israelische Schule der Nomadenforscher, die hauptsächlich an der Ben-Gurion-Universität in Beer Sheva angesiedelt ist. Deren Hauptaugenmerk liegt indes auf den Beduinenstämmen in Galiläa, im Negev und Sinai. Im Kapitel über den Forschungsstand zum Gewohnheitsrecht werden die wichtigsten Vertreter dieser Schule vorgestellt.

Natürlich gibt es auch eine Reihe arabischer Forschungen und Publikationen zum Thema Nomadismus und Beduinen. Gedacht sei hier an Autoren wie ʿAzzāwī (1937-56), der bereits kurz erwähnte Abū Zaid, Kaḥḥāla (1949), Ǧāsir (1980) oder Ǧūdī (1991). Kennzeichnend für diese Werke ist der hohe Grad an empirischen Informationen, wobei besonders die Sammlung von Namen, Plätzen und Zahlen unentbehrliches statistisches Werkzeug sind.

Den saudi-arabischen Autoren hingegen mangelt es in ihren Arbeiten nicht an Detailkenntnis, jedoch an der Fähigkeit der erkenntnisgewinnenden Art der Darstellung. Das mag einerseits auf die Beschränktheit der Unterwerfung der *'aṣabīya*[16] zurückzuführen sein, da noch nie ein Šammarī ein Buch über die Ḥarb oder umgekehrt geschrieben hat, oder auf die gesellschaftlichen Verhältnisse des Landes, dessen Druck- und Veröffentlichungskultur keine Berichte über innertribale bzw. tribale-staatliche Ressentiments und Dissonanzen zulässt. Zu den bedeutendsten Autoren gehören Ḥamd al-Ǧāsir (1980) und Fā'iz al-Ḥarbī (1996, 1997, 1999 und 2000).

Es gibt derzeit keine zusammenhängende und erschöpfende Abhandlung über das Leben und die sozialen Verhältnisse der Beduinen in Saudi-Arabien. Teilaspekte oder -gebiete wurden indes bearbeitet. Zu den herausragendsten dieser Arbeiten zählen zweifelsfrei die oben erwähnten Studien von Cole, Lancaster und Ingham. Ihnen ist die Feldforschung, d.h. ein langjähriger Aufenthalt bei dem betreffenden Stamm wichtigstes Mittel der Informationsgewinnung. Dies lässt ihre Werke zu bedeutenden Einzelfallstudien werden, die ihren Beitrag an der Gesamterschließung des Bildes der Beduinen im Mutterland des Beduinentums und des Islams leisten. Viele andere Autoren beziehen sich bei der Erkenntnisgewinnung auf mündliche Quellen, meistens die beduinische Poesie, s. dazu die Arbeiten von Sowayan (1982 und 1992), Montagne (1932 und 1935) oder Kurpershoek (1993-95). Allen gemeinsam ist die Darstellung von Transformationsprozessen innerhalb der saudischen Beduinengemeinschaft anhand der Veränderungen in den Auseinandersetzungen zwischen Stamm und Staat sowie Marktwirtschaft und Subsistenz. Rechtliche Aspekte sind immer nebensächlich.

Die Arbeit „Der Stamm und die Emire der Šammar" von Anwar 'Abd al-Ḥamīd al-'Askar aš-Šammarī, Damaskus (1996) konnte nicht mit in die Arbeit aufgenommen werden, da das Buch erst nach Abschluss der Forschung erhältlich wurde. Gleiches gilt für die Artikel „Un etat contre les Bedouins, l'Arabie Saoudite" in Monde Arabe Maghreb-Machrek, No. 147 (Jan.-March 1995) von Francois Pouillou und „The politics of encapsulation: Saudi policy toward tribal and religious opposition" in MES vol. 32, No. 1 (Jan. 1996) von Madawi und Loulouwa al-Rasheed.

5.2. Das Rechtswesen Saudi-Arabiens

Da die detaillierte Diskussion dieses Themas den Rahmen der Arbeit sprengen würde und fundierte Untersuchungen bereits vorliegen, sei auf diese verwiesen bzw. sollen hier nur einige wichtige Aspekte und Arbeiten genannt werden.

---

[16] vgl. das Kapitel Die kollektive Verantwortung.

An erster Stelle ist unter den neueren Studien natürlich die Arbeit von Frank Vogel (2000) zu nennen, dem es als einem der ersten westlichen Forscher gelungen ist, einen Einblick in die internen rechtlichen Handlungsstränge und Prozesse in Saudi-Arabien zu gewinnen. Neben einem historischen Überblick bietet es auch einen konzeptionellen Rahmen für den Vergleich und die Analyse von islamisch geprägten Rechtssystem der Vergangenheit und Gegenwart. Es basiert neben den umfangreichen vom Autor durchgeführten Beobachtungen und Interviews auf den neusten „Klassikern" der modernen saudischen Rechtsgeschichte von Ḍuraib (1404/1983), Soliman (1970) und Rasheed (1973) sowie natürlich auf den klassischen hanbalitischen Rechtswerken von al-Bahūtī (1402/1982) und Ibn Quddāma (1391/1972).

Neben den saudischen Autoren Ḍuraib und Rasheed muss man unbedingt noch die umfangreiche Arbeit von Zahrānī (1418) erwähnen. Der Autor listet wirklich alle *šarī'a*-Gerichte des Landes einschließlich der an ihnen arbeitenden Richter auf und fügt noch ausgewählte Statistiken und Biographien hinzu. Das sechsbändige Werk umfasst alle Regionen des Königreiches. Ein neueres Werk ist das Buch von Ẓafīr zum Strafrecht in Saudi-Arabien (1421/2000), welches sich ca. 20 Jahre nach der Arbeit von Ḍuraib den Thema aus einer modernen Sicht, besonders unter den gegenwärtigen Sicherheitsfragen, nähert.

5.3. Das tribale Gewohnheitsrecht

Am Anfang sollen zwei generelle Probleme bei der Untersuchung des Gewohnheitsrechtes genannt werden: Erstens, die linguistischen Schwierigkeiten für Nichtmuttersprachler und zweitens, die bei diesen Arbeiten häufig bestehende Gefahr des Plagiats.

Im Gegensatz zur Fülle an allgemeinen Quellen und Materialien zu den Beduinen dieser Region gibt es nur äußerst wenige Untersuchungen zu ihren Rechtsbräuchen. Ein Grund dafür ist, dass die Überlieferung von Traditionen und Gewohnheiten in nomadischen Gemeinschaften in der Regel mündlich erfolgt.[17] Hinzu kommen noch Vorbehalte und rechtliche Bedenken, die eine Auseinandersetzung mit dem Gewohnheitsrecht behindern, insofern es mit dem Islamischen Recht in Konflikt stehen kann. Erst allmählich entdeckte man einige schriftliche Dokumente bzw. beginnen die Stämme selbst mittels moderner Kommunikationsmöglichkeiten ihre rechtlichen Wurzeln aufzuzeichnen.

Die meisten Informationen stammen von Feldforschungen Anfang des 20. Jahrhunderts sowie aus den letzten 20 Jahren. In der Zwischenzeit wurde häufig kopiert und übernommen, aber nur wenig Neues hinzugefügt. Als generelle

[17] Sowayan (1992): 31

Tendenz lässt sich feststellen, dass arabische Quellen in der westlichen Forschung kaum herangezogen werden, sieht man von den Standardwerken (Šuqair, 1916; 'Ārif, 1933, Farīq, 1941) ab.

Seit Mitte der neunziger Jahre lassen sich aber auch für die Untersuchungsregion Bestrebungen verzeichnen, die rechtliche Tradition der dortigen Beduinen zu bewahren und wissenschaftlich zu analysieren. Auf der Basis mündlicher Überlieferungen und der Sammlung rechtsrelevanter Texte und Dokumente wurden mehrere Arbeiten bereits veröffentlicht, s. Sowayan (1992) und al-Ḥarbī (1996, 1997, 1999, 2000). Ein weiterer Schritt dieses Wiederbesinnungsprozesses ist die Gründung des Oral History Projects an der King-Abdulaziz-Foundation in Riyadh 1996. Es hat zum Ziel, mündliche Berichte aufzuzeichnen und historische Quellen zu erfassen. Dies beinhaltet die Sammlung von Informationen, schriftlichen Dokumenten und Manuskripten, sowie oralen Aufzeichnungen zur Geschichte und Gesellschaft der verschiedenen Regionen des Königreiches. Interviews wurden durchgeführt und die Erlebnisberichte auf Band aufgezeichnet, Dokumente und Photos erworben. Nun steht dem Forscher eine reichhaltige Textsammlung zu den verschiedensten Aspekten des gesellschaftlichen Lebens in Saudi-Arabien, von Angehörigen der unterschiedlichen Klassen und Schichten aufgezeichnet, zur Verfügung.

Hier liegt auch der Ansatzpunkt der Arbeit. Aus der oben geschilderten Quellenlage wird ein Manko hinsichtlich gegenwartsbezogener Forschungen zum Rechtssystem der Beduinen im Norden der Arabischen Halbinsel deutlich. Von einer erweiterten Aktualisierung, verbunden mit dem Aufzeigen von Transformationsprozessen, wird eine überarbeitete Einschätzung des Gewohnheitsrechtes erwartet. Das Herausarbeiten der Ursprungswirkung für die nachfolgenden Rechtssysteme ist eine weitere Frage, die im Verlauf der Arbeit auch auf der Grundlage bereits vorhandener Literatur behandelt werden soll. Nicht zuletzt spiegelt auch der heutige Erhaltungsgrad des Gewohnheitsrechts den Stand der gesellschaftlichen Umwandlung der beduinischen Gemeinschaften in dieser Region wider. Das Auffinden und Erfassen von Zeugnissen und Dokumenten, welche es gestatten, die Wechselwirkung zwischen den Lebens- und Rechtsformen in unterschiedlichen historischen Situationen aufzuzeichnen, und die systematische Einordnung der verschiedenen Erscheinungsweisen von *'urf* sind als die hauptsächlichen Aufgaben zu bezeichnen. Sie bilden somit ein Bindeglied zwischen den beiden bisher existierenden Gattungen der beduinischen Rechtsliteratur, den Arbeiten zu mündlichen Überlieferungen und den Feldforschungsberichten vornehmlich westlicher Autoren.

Verschiedene arabisch-islamische Autoren (Kīlānī: 1972, 'Azzāwī: 1937-56) bewerten das Gewohnheitsrecht als zweitklassig und rückständig. Andere

(Maḥǧūb: 1974) behaupten, dass es in bestimmten Regionen nicht entwickelt ist, da es keine auf bestimmte Fälle spezialisierten Richter gibt,[18] was diese minderwertige Stellung unterstreicht. Fast durchweg alle arabischen Autoren, mit Ausnahme von Abū Ḥassan (1987), bestehen auf der übergeordneten Stellung des islamischen Rechts. Dies entspricht auch der vorherrschenden Rechtspraxis, insofern es bei Fällen, in denen es nicht gelingt, die Versöhnung herbeizuführen, man sich in der Regel an die nächste Instanz wendet, das *šarī'a*-Gericht.

Ein weiterer Problemfall ist die bereits angesprochene Untugend des Kopierens. Zwei Beispiele mögen diesen Trend bestätigen: Tall (1997) bezieht sich hauptsächlich auf 'Abbādī (1976) und Abū Ḥassan (1987), währenddessen Mušāriqa (1988) sich problemlos auf Kīlānī (1972) zurückführen lässt, der seinerseits enge Bande mit Quṣṣūṣ (1972) knüpfte.

Eine unvollständige Betrachtung der arabischen Literatur zum Gewohnheitsrecht findet sich bei Abū Ǧābir (1989). Er erwähnt als Quellen lediglich: Salmān, 'Ārif, Quṣṣūṣ, Kīlānī und Abū Ḥassan.[19]

Einen wesentlich ausführlicheren Überblick bietet Stewart (1987), dessen Materialsammlung in diesem speziellen Artikel jedoch im Jahre 1987 endet. Die folgenden Angaben beziehen sich bis zu diesem Jahr größtenteils auf diese Studie. Neuere Erscheinungen wurden eingefügt und die Jahresangaben den in dieser Arbeit benutzten Werkausgaben angepasst. Stewart untergliedert das von ihm behandelte Untersuchungsgebiet in mehrere Regionen.

Die Zentralregion

Wahrscheinlich am besten bearbeitet ist die Region Sinai/Negev/Jordanien, was an der Gleichheit in der Terminologie und der entwickelten Komplexität der Rechtsbestimmungen liegt. Das spiegelt sich in einer Zahl von speziellen Untersuchungen zu gewohnheitsrechtlichen Praktiken der Beduinen dieser Gebiete wider. Zu erwähnen sind hier zuerst die Arbeiten der israelischen Autoren Marx (1967), Layish (1979, 1980-82), Ginat (1984, 1987), Stewart (1986, 1988-1990) und Kressel (1982, 1992). Aber auch arabische Quellen, vor allem zur Situation in Jordanien, sind reichlich vorhanden. Diese beruhen auf Informationen aus erster Hand, die von den Autoren unter den ostjordanischen Stämmen selbst gesammelt wurden. Gleichzeitig werden die Versuche der staatlichen Einflussnahme auf die Durchsetzung des tribalen Gewohnheitsrechts

---

[18] Maḥǧūb (1997): 298

[19] Abū Ǧābir (1989): 88-95

näher untersucht, s. hierzu Kīlānī (1972), ʻAbbādī al-ʻUwaidī (1982), Abū Ḥassan (1987) und Tall (1998/99).
Die meiste Literatur zu dieser Region vor 1945 wurde ausführlich von Gräf (1952) behandelt. Als seine Hauptquelle benutzte er ʻĀrif (1933). Gräfs Buch ist als Buch für Referenzen unschätzbar. Besonders hervorzuheben ist sein Glossar beduinenrechtlicher Termini, welches auch eine Grundlage des Glossars dieser Arbeit bildet.

Als Hauptquelle für Transjordanien benutzt Gräf die Arbeit von Quṣṣūṣ (1972), einem christlichen Rechtsanwalt aus Karak. Die Informationen beziehen sich daher hauptsächlich auf Stämme dieser Region. Die Arbeiten von Quṣṣūṣ und ʻĀrif waren lange Zeit die beiden wichtigsten Quellen, jedoch nur ʻĀrif wurde durch die Übersetzung Haefelis im Westen bekannt. In der arabischen Welt stützte man sich dagegen mehr auf Quṣṣūṣ. Naǧīb Azīr veröffentlichte einen Artikel über das Beduinenrecht, in welchem er alle Informationen von Quṣṣūṣ nahm. Dieser Artikel wurde von Rāwī (1946) erneut geschrieben. Ein weiterer Benutzer des Werkes von Quṣṣūṣ war Waṣfī Zakarīya (1997). Dieser übernimmt auch von Salmān (1929) und ʻAzzāwī (1937-56). Sein Eigenanteil ist unbedeutend.

Auch Fārūq al-Kīlānī benutzte Quṣṣūṣ in seinen beiden Werken (1966 und 1972). Im ersteren behandelt meist nur die jordanischen Beduinen. Im zweiten Buch übernimmt er den Teil über die jordanischen Beduinen und fügt einige bekannte Informationen über das irakische Recht hinzu. Er bezieht als einziger neben ʻAzzāwī eine feindliche Stellung zum Gewohnheitsrecht und nennt es als eine der Ursachen für die arabische Niederlage von 1967.

Unter den wenigen im Westen verbreiteten Studien ist die beste Arbeit über das Gewohnheitsrecht die von Chelhod (1971). Auch wenn er behauptet, Feldforschungen in Syrien, Irak, Kuwait, Jordanien und im Negev gemacht zu haben, bemerkt Stewart, dass seine Informationen hauptsächlich aus dem Negev und Südjordanien stammen. Daneben listet er einige Schwachpunkte auf, u.a. die falsche Beschreibung der *bišʻa*-Zeremonie.[20]

Ein Werk, das sich völlig von dem Buch Chelhods unterscheidet, ist die Arbeit von Muḥammad Abū Ḥassan (1987), einem Offizier der jordanischen Polizei. Es basiert auf Informationen aus erster Hand und beschäftigt sich mit den jordanischen Beduinen. Es ist ähnlich angelegt wie die Arbeiten ʻĀrifs und Quṣṣūṣ, jedoch noch detaillierter. Auch unterscheidet er in der unterschiedlichen juristischen Praxis der einzelnen Stämme. Abgeschlossen wird es von einem Glossar und mehreren rechtlichen Dokumenten.

---

[20] vgl. Kapitel: Zur Beweisführung

Als eine weitere neuere arabische Erscheinung sind die Arbeiten von Aḥmad ʻAbbādī al-ʻUwaidī/Oweidi (1976 und 1982) zu nennen, der auch Mitglied der jordanischen Polizei ist. Interessanterweise lehnt dieser die Arbeit von Abū Ḥassan ab. Insgesamt ist seine Doktorarbeit jedoch nicht so gut wie das von Abū Ḥassan. Er bringt eine Menge Details, die aber nicht immer korrekt sind. ʻUwaidī ist selbst ein Beduine, sein Material basiert jedoch sehr auf offiziellen Quellen und mehr alten als neuen Geschichten. Er hebt die Rolle der Regierung im Rechtssystem der Beduinen besonders hervor und bringt einige Dokumente bezüglich des Beduinenrechts im Anhang. Später hat er eine Reihe anderer Bücher zum Thema verfasst (1983, 1986 und 1987), auf die das oben genannte ebenso zutrifft.

Für den Sinai gilt noch immer die Arbeit von Šuqair (1916) als Standardwerk. Gleiches gilt auch für die Arbeit von Murray (1935), die von Gräf durchgesehen wurde. Stewart hatte bis dato zwei Bücher geschrieben (1986, 1987). In den folgenden Jahren spezialisierte er sich auf die Sammlung von Textdokumenten zum Gewohnheitsrecht (1988-90) und Untersuchungen zum Ehrbegriff in der beduinischen Gemeinschaft (1994).

Die fundamentalste Arbeit für den Negev ist immer noch die von ʻĀrif (1933). Ihr einziger Nachteil ist, dass das Recht nur theoretisch geschildert und wenige Fallbeispiele gebracht werden. Die Arbeit von Marx (1967) über die Ẓullam bringt mehr Angaben über die Sozialstrukturen bei den Beduinen als andere Arbeiten zuvor. Ginats Bücher (1984, 1987) beschreiben interessante Fallstudien zur Blutrache mit dem interessanten Fakt, dass sie immer noch häufig Anwendung findet. Seine späteren Arbeiten (1998) dienen dem Vergleich der Beduinen dieser Region mit anderen Gruppen.

Auch für die Judäische Wüste gibt es einen Klassiker: die Arbeiten von Layish (1980-82, Layish und Shmueli 1979). Dieser hatte Zugang zu einem Archiv eines Beduinenrichters, das mehrere tausend Dokumente enthielt, einige sogar noch aus der ersten Hälfte des 19.Jahrhunderts. In den 90er Jahren wendet sich Layish mehr den libyschen Beduinen und ihren Rechtsverhältnissen zu (1995, 1998).

Kressels erste Arbeit (1982) beschreibt eine Blutfehde unter urbanisierten Beduinen in der Nähe von Tel Aviv. Später untersucht er aus ethnologischer Sicht soziale Veränderungen unter sesshaften Beduinen in Israel/Palästina (1992 und 1996).
Für die Beduinen von Galiläa sind unbedingt die Arbeiten von Ashkenazi (1965, nicht erwähnt bei Gräf) und Sonnen (1952) zu nennen.. ʻĀbidī (1975) beschreibt eine Versöhnungszeremonie von 1940 nach einem Mordfall in Safad. Zwei

weitere interessante Fallstudien sind die Arbeiten von Meir (1997) und Khawalde (1994).

Syrien.

Auch bei dieser Region sei auf die Bibliographie von Gräf verwiesen. Es ist nicht klar, in wie weit sich die Bräuche der verschiedenen Stämme mit denen aus der zentralen Region überschneiden. Die Stämme im Hauran und Golan lassen sich wohl eher dieser Gruppe zuordnen als die Stämme in der syrischen Ǧazīra. Abū Ḥassan (1987) bringt einige mehr ethnologische Fakten über die Rwala und Ahl al-Ǧabal. Eine Ausnahme ist Faours (1968) Studie über die al-Faḍl. Diese waren zu dieser Zeit noch in einen sesshaften Zweig im Golan und eine nomadisierende Gruppe im Libanon getrennt. Der Autor gehört zu einer vornehmen Familie dieses Stammes. Er bringt viele Informationen über das Recht und die Sozialstruktur und diskutiert ausführlich einige Beispiele.

Die meisten Staaten der Region haben irgendwann spezielle Gerichte für die Beduinen eingerichtet. Über den Sinai berichtet Šuqair (1916). Für Palästina-Mandatszeit findet man Nachrichten bei Hardy (1963), Marx (1967) und Oweidi (1982). Die damals geltenden Maßnahmen wurden mit der Errichtung des Staates Israel aufgehoben. Für Jordanien siehe wieder Oweidi (1982) und Abū Ḥassan (1987). Hier wurden die Stammesgerichte 1976 aufgelöst. Auch al-Faour (1968) und Mušāriqa (1988) berichten über entsprechende Bestimmungen in Syrien, wo die speziellen juristischen Verfahren für Beduinen 1953 eingestellt wurden.

Arabische Halbinsel

Das Rechtssystem der nomadischen Stämme in Nordarabien, d.h. im Ḥiǧāz, Naǧd und der Nafūd-Wüste unterscheidet sich nicht grundlegend von dem der nördlich angrenzenden Regionen. Doch zählt nur der nördliche Ḥiǧāz geographisch zu diesen Gebieten, während das eigentliche Kernland eine eigenständige rechtliche und soziale Einheit bildet. Diese erstreckt sich vom Wādī as-Sirḥān im Norden nach bis nach Riyadh im Süden, vom Ḥiǧāz im Westen bis zur Dahna-Wüste im Osten. Über das Gewohnheitsrecht dieser zentralen Region gibt es keine direkten Informationen, sieht man von vereinzelten Hinweisen bei Dickson (1951), Maḥǧūb (1974) und den oben erwähnten Feldforschungen Coles, Lancasters und Inghams ab. Während die ersten beiden sich jedoch hauptsächlich mit den Stämmen in Kuwait beschäftigen, die den Stämmen im Untersuchungsgebiet ähnlich sind, sind die letzteren Untersuchungen zur sozialen Organisation der jeweiligen Stämme und deren Art und Weise, mit den sich verändernden Bedingungen ihrer Umwelt umzugehen ohne auf rechtliche Aspekte implizit einzugehen.

Auch in Südarabien ist das Stammesrecht hoch entwickelt, doch zählt diese Region nicht zum eigentlichen Untersuchungsgebiet und kann daher nicht ausführlich diskutiert werden. Die Kenntnisse über das Rechtssystem der einzelnen Stämme sind noch gering. Am besten ist der Nordjemen erforscht. Die wichtigste Arbeit ist hier die von Rossi (1948), die einerseits bisher Geschriebenes zusammenfasst und andererseits ein Manuskript über das Gewohnheitsrecht auswertet. Für Südarabien muss man die Arbeiten von Serjeant (1991) nennen. Schon seine früheren Arbeiten (1951) enthalten Untersuchungen zum Stammesrecht. Eine andere wichtige Arbeit stammt Adra (1982), welche am besten bis dato das ländliche Leben im Jemen beschreibt. Allgemeinere Informationen bringt Wilkinson (2000).

Bis dato waren noch keine einschlägigen Arbeiten zum Stammesrecht im Oman bekannt, jedoch bieten die Arbeiten von Janzen (1980 und 2000) vielfältige Informationen über das gesellschaftliche Leben der dortigen Beduinen.

Irak

Die ländliche Bevölkerung des Südirak ist (oder war bis vor kurzem) stammesmäßig organisiert. So besaß sie auch ein gut entwickeltes Rechtssystem, welches sich nicht sehr von dem der Beduinen im Westen des Landes unterschied. Besonderheiten traten nur in den Verfahren und der Terminologie auf. Es gibt eigene Richter, die aber den machtvollen Scheichs untergeordnet sind.

Die bedeutendste Arbeit ist die von Farūq (1941). Sie ist auf eine Stufe mit denen von ʻĀrif und Quṣṣūṣ zu stellen, hat aber noch einen weiteren Vorteil. Der Autor ist selber Stammesscheich, und zwar der al-Fatla, und gleichzeitig Regierungsbeamter in der Region Mittlerer Euphrat. Ein Manko der Arbeit ist das Fehlen von Fallbeispielen. Andere Abschnitte über das Stammesrecht findet man bei ʻAzzāwī (1937-56).

Als zweite wichtige Quelle neben Farūq ist Ḥasanain (1967) zu erwähnen. Der Autor verwendet zwar mehrheitlich bereits bekanntes Material, verbindet dies aber mit Informationen aus Regierungsarchiven und Feldforschungen. Des weiteren gibt er einen guten Überblick über die irakische Gesetzgebung bezüglich der Beduinen von der osmanischen Zeit bis zu ihrem Ende mit der Revolution von 1958.

Zusammenfassung

Im Verlauf der letzten 100 Jahre wurden verschiedene Arbeiten zum Stammesrecht der verschiedenen Beduinengebiete in der arabischen Welt auf der Grundlage von rechtlichen Dokumenten und Informanten veröffentlicht. Nach Stewarts Meinung kann man jedoch davon ausgehen, dass in einigen Jahren der Prozess als abgeschlossen angesehen werden kann und sich in einen historischen Prozess umwandeln wird. Er formuliert dies recht treffend:

„*Die Vertreter und Protagonisten des Gewohnheitsrechts sterben aus und der Korpus der Rechtsbestimmungen wird weiter assimiliert oder gerät in Vergessenheit. Daher ist es einerseits dringend geboten, die noch vorhandenen Informationen zu sammeln und auszuwerten und andererseits endlich eine allgemeine Arbeit über das Gewohnheitsrecht in der arabischen Welt zu veröffentlichen.*"[21]

---

[21] Stewart (1987): 489

6. AUSGANSSTELLUNG: DIE BEDUINEN AUF DER ARABISCHEN HALBINSEL

6.1. Die Beduinengesellschaft

Die Beduinen auf der Arabischen Halbinsel definieren sich heute nicht mehr über einen Lebensstil, auch wenn sie die Werte der Hirtennomaden und das harte Wüstenleben immer noch achten. Vielmehr definieren sie sich über bestimmte Prinzipien der sozialen Organisierung, wie Genealogien, tribale Verwandtschaft und einen Verhaltenskodex bestimmter moralischer Faktoren wie Ehre, Gerechtigkeit und Mannhaftigkeit. Ihr soziales Weltbild wird von diesen ideologischen Prinzipien bestimmt, welche die Identität des Einzelnen und die Beziehungen zu anderen definieren. Diese Prinzipien kulminieren in der Idee des Blutes, einem facettenreichen Konzept mit schwerwiegenden Bedeutungen und kulturellen Zwängen, und einem komplexen System an Regelungen und Bestimmungen im täglichen Miteinander.

Blut, Verwandtschaft und Gesetz verbinden die Beduinen mit der Vergangenheit und binden sie in der Gegenwart. Als eine Verbindung in die Vergangenheit durch Genealogien sind sie essentiell für die Definition der kulturellen Identität. Die reine Abstammung ist ein wichtiger Punkt für die Beduinen. Trotz ständiger Kontakte mit der Außenwelt halten sie ihre kulturelle Identität aufrecht. Auch die verschiedenen staatlichen Versuche der Assimilierung scheiterten daran. Anstatt für staatliche Politik interessierten sie sich vielmehr für Stammesangelegenheiten, interne Dispute, Versöhnungen, Allianzen und Feindschaften.[22]

Die Regeln der Blutsverwandtschaft sind die Grundlage der Identität der Beduinen, was auch in der häufigeren Benutzung der Selbstbezeichnung *'arab* anstatt *badw* zum Ausdruck kommt. Diese dient dem Hervorheben ihres Ursprunges und damit der Verbindung zu den reinen arabischen Stämmen. Die reine Abstammung verleiht moralische Qualität und Charakter, was sich im Ehren- und Gesetzeskodex widerspiegelt. Dazu gehört die Gastfreundschaft und die Blutrache wie auch das Ablehnen von Verträgen bei Transaktionen. Das gegebene Wort reicht völlig aus.

Der zweite Teil der Bedeutung des Blutes für die Identität der Beduinen wird durch die Verbindung mit der Gegenwart deutlich. Diese Verbindung zeigt sich im Konzept der Verwandtschaft, insofern sich die Beduinen zuerst als Mitglieder eines Stammes, einer Abteilung, einer Gemeinschaft gleichen Blutes oder eines gemeinsamen Vorfahren beschreiben.

---

[22] Abu Lughoud (1986): 7f.

Die tribale Organisierung ist ein weiterer Unterscheidungspunkt zwischen Beduinen und Städtern. Die Bedeutung des Blutes in der sozialen Identität erscheint in der Identifizierung mit einer Familie, einer lineage und einem Stamm. Die soziale Welt ist geprägt vom Gegensatz verwandt oder fremd. Verwandte haben die gleiche soziale Identität, auch über die mütterliche Seite. Beduinen erkennen weitere mütterliche Verbindungen als eine schwächere Form der Verwandtschaft an. Die tribalen Bindungen und Beziehungen zwischen patrilinearen Verwandten werden *'aṣabīya* genannt.

Agnation hat eindeutig den Vorrang in der Anerkennung von Verwandtschaft. Abstammung, Erbe und die tribale sozio-politische Organisation sind um die patrilineare Beziehung zwischen dem Vater und seinen Kindern aufgebaut und spiegeln sich in den Rechten der Familienmitglieder wider. Kinder übernehmen in der Regel die tribale Verbindung vom Vater und den Status von der Mutter.[23] Im Falle einer Scheidung hat die Mutter kein Recht auf die Kinder. Ebenso behält sie ihre eigene tribale Verbindung das ganze Leben lang bei, die sie im Falle eines Streits schützt und unterstützt. Gleichermaßen ist ihre Verwandtschaftsgruppe auch für die Ehre der Frau verantwortlich.

Der einzige Typus einer Ehe, die diesen Faktoren nahe kommt, ist die patrilineare Heirat der Parallelcousine. Vorteile dieser Ehe liegen in der Schaffung engerer Bindungen und sozialer Beziehungen. Auch für die Frauen bringt sie Nutzen, so sind sie nicht völlig abhängig von ihrem Mann, da sie von der gleichen Gruppe abstammen. Auch leben sie in einer bekannten Umwelt. Im Scheidungsfalle müssen sie häufig die Kinder nicht verlassen. Frauen, die nicht patrilinear verwandt sind, werden dementsprechend schlechter behandelt. Die matrilineare Abstammung hingegen beschreibt keine Form der sozialen Identität, da sie nicht über eine Generation hinausgeht. Eine Frau bleibt immer Mitglied ihres Stammes, auch wenn sie in einen anderen Stamm einheiratet.

Durch die Sesshaftmachung hat sich die Nachbarschaft stark verändert. Viele Gruppen haben sich größeren Gruppen als Klienten angeschlossen und leben mit Nichtstammesmitgliedern zusammen. Dieses Zusammenleben bringt neue Rechte und Pflichten in der Verwandtschaft, nicht nur in persönlicher Hinsicht, sondern auch auf der Basis der juristischen Verantwortung.

6.1.1. Identität in einer sich verändernden Welt

Auch in unserer Zeit ist die Verwandtschaft immer noch das dominierende ideologische Prinzip der Sozialstruktur, was sich im Siedlungsmuster widerspiegelt. Auch wenn viele temporäre Siedlungen mittlerweile zu

---

[23] Abū Zaid (1965): 257

permanenten Siedlungen wurden, so definieren sich die Gemeinschaften mehr sozial als territorial.

Die Verwandtschaft heilt heute Wunden, die von Reichtumsunterschieden gerissen werden. So wurden auch die Ansiedlungsprojekte und Landzuweisungen, die eigentlich die tribalen Bindungen aufbrechen sollten, ein Instrument für die Verteilung des Reichtums entsprechend der traditionellen lineages. Die Arbeitsteilung hat das Ideal der lineage-Solidarität und der erweiterten Großfamilie wiederbelebt. Stein schreibt:

„Die einzelnen Mitglieder der erweiterten Großfamilie haben sich alle auf ein bestimmtes Gebiet des Einkommens spezialisiert, welche in der Summe die Subsistenz sichern und soziale Sicherheit für die gesamte Großfamilie bieten.“[24]

Auch für die Frauen ist der Wechsel von Subsistenzwirtschaft zur Marktwirtschaft mit Einschränkungen verbunden. Mit der Sesshaftwerdung und den neuen wirtschaftlichen Optionen nehmen die Restriktionen, die der Ehrenkodex und die Verschleierungsregeln vorschreiben zu.

Die Beduinen ändern ständig ihren Lebensrhythmus, um ihren Bedürfnissen gerecht zu werden. Die Annahme des Trucks bei gleichzeitiger Zurückdrängung des Kamels, der Wandel im Wasser- und Weidemanagement und die Experimente mit Futteranbau sind jedoch Anzeichen der immer noch vorherrschenden Viehzucht unter diesen Bevölkerungsgruppen. Diese Anpassungsfähigkeit sollte keine Überraschung sein. Menschen ändern sich überall und immer. Gibt es Wahlmöglichkeiten, wählt man diejenige, die zur Verbesserung der eigenen Bedingungen am besten beiträgt. Einige Farmer bauen immer noch in der gleichen Art und Weise wie vor 50 Jahren an, und einige Beduinen betreiben die Viehwirtschaft noch so wie zu Großvaters Zeiten. Veränderungen sind Teil ihres Lebens, so wie sie Teil des Lebens aller Gesellschaften sind.

6.1.2. Die Struktur von tribalen Gruppen

Im Zentrum der beduinischen Gesellschaft steht der Haushalt, *bait*, welcher dem Besitz einer Herde entsprach. Die Teilung einer Herde hatte auch immer die Teilung eines Haushaltes zur Folge. *Bait* ist demzufolge die fundamentale wirtschaftliche Einheit, die ihre eigene Produktion und Konsumierung organisiert und ihre eigene Arbeitsteilung hat. *Bait* ist auch die hauptsächliche soziale Einheit, nicht nur Residenz der Familie, sondern auch der wichtigste Ort der täglichen sozialen Aktivitäten. Diese bestanden für die Frauen aus

---

[24] Stein (1981): 42

gemeinsamer Hausarbeit und Besuchen und für die Männer aus den Kaffeerunden und den *sawālif*, dem Erzählen von heroischen Geschichten. *Bait* ist ebenso stark mit dem Konzept der Gastfreundschaft verbunden, die unter allen Stämmen hoch geachtet wird.

Bait ist ein Baustein in einem größeren Netzwerk verwandtschaftlicher Beziehungen. Die Mitglieder eines *bait* und ihre Herden waren von Brunnen und Wasserstellen abhängig, die den *faḫḏ* gehörten, patrilineare Verbindungen mit einem gemeinsamen Ahnen über mehr als 5 Generationen, oder dem ganzen Stamm, *qabīla*. Diese genealogischen patrilinearen Verbindungen sind allen Stammesmitgliedern bekannt, da sie oft rezitiert werden.

Bait in seiner praktischen Bedeutung ist das Wohnhaus bzw. Wohnzelt der Beduinen, genäht aus Ziegenhaar von den älteren Frauen des *bait*. Es ist auch im persönlichen Besitz dieser Frauen. Als soziale Einheit steht dem *bait* gewöhnlich ein älteres Mitglied vor; doch gibt es auch Fälle, in denen Frauen Vorstand eines bait waren. Die Aufmerksamkeit der Männer galt in erster Linie den Tieren, ihrer Aufzucht und dem Hüten, während die Frauen sich um die Belange des Zeltes und seiner Bewohner kümmerten. Dies war jedoch niemals eine vollständig separierte Welt: Die Frauen halfen ebenso beim Hüten der Tiere, wie die Männer beim Aufstellen des Zeltes. Meist lebten zwei bis drei Generationen in einem Zelt, die alle patrilinear miteinander verbunden waren.

Die kleinste soziale Einheit bildet die Familie. Mehrere Familien, die sich auf einen gemeinsame Abstammung berufen, bilden eine kleine Verwandtschaftsgruppe. Größere Gruppen dieser Art werden häufig *faḫḏ* genannt, eine Vereinigung von Menschen, die durch Verwandtschaft miteinander verbunden sind, und die an strenge Vorschriften und unbedingte gegenseitige Unterstützung gebunden sind. Der Anführer war meist ein ältere Mann, manchmal auch ein erfolgreicher Krieger. Meist gab es einen *'ārif*, einen Experten im Gewohnheitsrecht. Die *faḫḏ* hatte ihren eigenen Namen, Siegel, Kriegsruf und Friedhof. Fremde konnte durch Adoption in die *faḫḏ* aufgenommen werden.

Die nächst größere Gruppe war der Unterstamm, *'ašīra*, eine Gruppe mit gemeinsamen imaginären Vorfahren, oder eine politische bzw. militärische Allianz. Darüber kam der Stamm, meist als *qabīla* bezeichnet. Alle Stammesangehörigen glaubten an die gemeinsame Abstammung. Der Stamm hatte einen Scheich, einen militärischen Führer und mehrere Rechtsgelehrte. Die Beziehungen zwischen den Stämmen wurden durch das Gewohnheitsrecht geregelt.

Ein weiteres Bindeglied innerhalb des Stammes war das gemeinsame Eigentum an Weideland, der *dīra*, dessen Grenzen strikt festgelegt und eingehalten wurden. *Dīra* konnte aber auch kultiviertes Land in den Oasen umfassen, welches entweder an Sklaven oder Bauern verpachtet wurde und von deren Ernte sie einen gewissen Teil einbehielten.

Strukturell sind tribale Gruppen durch die gemeinsame patrilineare Abstammung definiert, die Individuen in größeren Segmenten zusammenbringt. Lineage bzw. clan ist die Einheit, die die gemeinsame Verantwortung teilt, wenn eines ihrer Mitglieder zu Schande gekommen ist oder Schaden angerichtet hat. Auch wenn die Stämme in ihrer Größe unterschiedlich sein können, so sind doch alle lineages gleich. Brunnen sind z.B. im Besitz der lineage. Entsprechend der Mitgliedschaft in einer lineage treffen sich die Beduinen in ihren Sommerlagern. Alle Tiere tragen das Brandzeichen der lineage, auch wenn sie im persönlichen Besitz sind.

Soweit man die Geschichte der Beduinenstämme zurückverfolgen kann, treten sie uns als eine Gemeinschaft mit deutlicher sozialer Gliederung und Schichtung entgegen.[25] Das Vorhandensein von politischen, militärischen und juristischen Anführern, die jeweils mit einem fest umrissenen Funktionsbereich ausgestattet sind, bringt diese soziale Schichtung zum Ausdruck. Die Grundlage der Gemeinschaft beruht auf einem durch blutsverwandtschaftliche Beziehungen hervorgerufenen Zusammengehörigkeitsgefühl, der *'aṣabīya*. Dieser Begriff wurde schon von Ibn Khaldun diskutiert und als markantes Merkmal der Beduinengesellschaft herausgestellt.[26] Die hohe Wertschätzung der Blutsverwandtschaft äußert sich in drei charakteristischen Erscheinungen, die auch für andere Beduinenstämme nachzuweisen sind:

1) Die hohe Bedeutung der Abstammung, *nasab*.
2) Den Heiratsbeziehungen, wobei endogame Verbindungen, und besonders die *bint 'amm*-Ehe, bevorzugt werden.
3) Das Gewohnheitsrecht mit seinen Auswirkungen und Beschränkungen für die verwandtschaftlichen Gruppen, insbesondere die *ḫamsa*.

Das traditionelle Gemeinschaftsschema mit der Gliederung in Stamm - Unterstamm - Stammesabteilung - Familiengruppe - Familie gilt für die meisten Beduinenstämme im Untersuchungsgebiet. Dieser Tatbestand trifft dabei auf die vollnomadischen Gruppen wie auch auf die halbnomadischen bis sesshaften Gruppen zu, die sich bei der Ansiedlung nach diesem Schema niederlassen, d.h.

---

[25] Klocker (1995): 20-23
[26] Ibn Khaldun (1987)

die Familiengruppen leben zusammen in einem Dorf und mehrere Dörfer bilden eine Siedlungsgruppe, die der Stammesabteilung entspricht.

Der Beduinenstamm wird als eine fließende Form von sozialer Organisation beschrieben, die Individuen und Familien in größeren Verbänden (Clans) und Konföderationen zusammenführt. Der Schlüssel der Stammesgesellschaft ist die lineage (Abstammungsgruppe). Ein Beduine identifiziert sich normalerweise durch Aufzählung von zwei Generationen männlicher Vorfahren und nennt dann den Namen des Stammes: Ḥasan Bin 'Abdallah Bin Ṯāmir al-Manāšī. Manchmal nennt er auch noch den Namen seiner Untergruppe: Bin Bulaihiš. Der Stammesname ist normalerweise der des Vorfahren, von dem der Stamm abzustammen glaubt. Es kann aber auch der Name einer Person sein, die in der mündlichen Stammesgeschichte einen Ehrenplatz hat. Der Unterstamm der Bin Bulaihiš ist wahrscheinlich nach einem jüngeren Ahnen benannt worden.

Eine beduinische Frau ist immer als die Tochter ihres Vaters und Großvaters bekannt. Sie behält ihren Familiennamen auch nach der Hochzeit mit einem Stammesfremden. Im täglichen Leben werden Männer und Frauen wie häufig in der arabischen Welt nach ihren erstgeborenem Sohn benannt: Abū Ḫālid, Umm 'Azīz.[27]

6.1.3. Terminologie

badīda, ḥamūla, faḫḏ, baṭn (clan, lineage): eine größere Gruppe, die sich nicht unbedingt auf einen gemeinsamen Vorfahren beruft, trotzdem irgendwie miteinander verwandt ist.

qabīla, 'ašīra: Eine Gruppe, die mehrere der vorigen Gruppen umfassen kann, und manchmal den Namen des Clanchefs trägt. Sie folgt einem einzelnen Kriegs-Banner. Eine zusammengesetzter Stamm wie die Ẓafīr oder die Šammar, wird auch als *qabīla* bezeichnet, obwohl er auch aus mehreren *qabā'il*, kleinen Stämmen, bestehen kann.

ḥilf: Konföderation. Mit diesem Ausdruck kann man zusammengesetzte Stämme wie die Ẓafīr beschreiben oder eine größere politische Koalition, welche die Stammesgrenzen überschreitet, wie der Pakt zwischen den Ẓafīr, den Šammar und 'Awāzim für Verteidigung gegen Überfälle, wie Dickson berichtet.[28]

---

[27] Vgl. zum Namensrecht in der arabisch-islamischen Welt: Wild (1982) 154ff.

[28] Dickson (1951): 129

Andere Ausdrücke werden synonym verwendet. So kann das Wort *'ašīra* nichts anderes als *qabīla* bezeichnen. Die Wörter *faḫd* und *baṭn* werden wie *badīda* benutzt als Unterabteilungen oder Clans benutzt.[29]

Die Šammar und Ḥarb bezeichnen sich selbst als *qabīla*, ein Ausdruck, den viele Gruppen im Nahen Osten und Nordafrika verwenden, um einen Stamm zu kennzeichnen. Der Ausdruck wird aber in der Ethnologie kontrovers diskutiert. Drei Kennzeichen werden im allgemeinen im Zusammenhang mit Stamm/*qabīla* festgestellt:

1) Die gemeinsame Abstammung und Verwandtschaft,
2) Die politische Funktion der gegenseitigen Hilfe,
3) Die Entstehung des Stammes.

Es muss daher immer klar gemacht werden, welche Form der Beschreibung man wählt. Eickelmann[30] unterscheidet gar vier verschiedene Ansatzpunkte:

1) Die lokale Definition der eigenen Identität,
2) Die verwaltungstechnische Idee,
3) Die praktische Anwendung durch die Betroffenen,
4) Die analytische Anwendung der Forscher.

Ziel dieser Studie ist es nicht, eine Definition für das Wort Stamm/*qabīla* zu entwickeln, sondern der Terminus wird in seiner internen Bedeutung verwendet, wie er in den Quellen, seien sie arabische oder westliche, verwendet wird.

6.1.4. Die niederen Stämme

Neben den bereits erwähnten Stämmen der Šammar, Ḥarb oder Ẓafīr gab es eine Reihe weiterer Stämme, die auf der gesellschaftlichen Leiter eine Stufe tiefer stehen als die ersten. Sie werden von den „reinen" Stämmen als minderwertig bezeichnet. Die mächtigen Stämme erhielten von den sogenannten niederen Stämmen Tributzahlungen. Zu diesen Stämmen gehörten u.a. die Ṣulubba, die Ḥutā'im, die Šarārāt und deren Unterabteilungen. In ihrer historischen Entwicklung wurden sie in mehrere verschiedene Verwandtschaftsgruppen aufgespaltet, die selten ein eigenes Gebiet hatten und in kleinen Gruppen auf der Halbinsel umherzogen. Dies erklärt auch ihre schwache Stellung, wie schon Burckhardt schreibt:

---

[29] Ingham (1986)
[30] Eickelmann (1981): 88

„*Einer der am weitesten in Arabien verstreuten Stämme ist der Stamm der Heteym (*Ḥutā'im; S.M.*). In Syrien, Ober- und Unterägypten, an der Küste des Roten Meeres bis hinunter nach Jemen, im Naǧd und Mesopotamien, überall findet man Zeltplätze der Heteym. Vielleicht liegt es an ihrem umherziehenden Wesen, dass sie von anderen Stämmen weniger geachtet werden... Sie müssen fast überall Tribut an die Beduinen der Umgebung zahlen, um die Erlaubnis zu erhalten, ihre Kühe auf deren Weiden zu treiben.*"[31]

Die Ṣulubba hatten keine Kamele, sondern bewegten sich meist zu Fuß fort. Sie konnten aus der Viehzucht keinen Nutzen ziehen und mussten sich daher in anderen Gewerben verdingen, die in der arabischen Gesellschaft verachtet waren, wie spezielle Handwerke, Musik, Tanz und Quacksalberei.[32] Sie konnten auch das Wetter vorhersagen und wussten gegen Bezahlung die besten Weidegründe.[33] Meist wurden sie von den Beduinen stark ausgebeutet, wovon Doughty ein Beispiel gibt:

„*Einige Annezy* ('Anaza; S.M.*) brachten eines Tages einen armen Teufel, nackt und mit einem Strick um den Hals in die Siedlung. Es war ein Heteymy (*Ḥutā'im; S.M.*). Die Beduinen schrieen dabei aufgebracht, dass er die khuwa nicht bezahlen wollte, 10 Riyal! Dann brachten sie ihn nach Khaybar, um zu sehen, ob irgendjemand bereit war, für ihn zu zahlen. Wenn nicht, dann brächten sie aus der Stadt und töteten ihn.*"[34]

Schon allein dieser Vorfall reicht aus, um zu zeigen, wie groß der Unterschied zwischen einem „wahren" Beduinen und einem Mitglied eines niederen Stammes war.

Die gesellschaftlichen Beziehungen innerhalb der nomadischen Stämme dürfen indes nicht isoliert von denen der gesamten Arabischen Halbinsel betrachtet werden. Die Beduinen, die Halbnomaden und die Sesshaften bildeten einen einheitlichen und miteinander verbundenen sozialen Organismus. Die Beziehungen zwischen unterschiedlichen Gruppen der arabischen Bevölkerung wie auch viele spezielle Merkmale des täglichen Lebens sind von besonderem Interesse bei der Bestimmung der Charakteristika eines einzelnen Beduinenstammes als auch der gesamten Gemeinschaft.

---

[31] Burckhardt (1831): Bd. 2: 19-20
[32] Guarmani (1938): 120; Musil (1927): 406
[33] Montagne (1935): 23
[34] Doughty (1921): Bd. 2: 136

6.2. Die Beduinen in Saudi-Arabien[35]

Die Gesamtbevölkerung Saudi-Arabiens beträgt heute etwa 20 Mio. Der Anteil der nomadisch lebenden Beduinen ist geringer als 10%. Aufgrund der weiteren Zunahme der Sesshaftwerdung und Urbanisierung vieler Nomaden ist diese Zahl als rückläufig zu betrachten. Statistiken aus dem Jahre 1985 geben ein Verhältnis von Sesshaften zu Nomaden von 73% zu 27% an.[36] Viele Saudis betrachten sich aber selbst als Beduinen bzw. heben ihre tribale Verbundenheit und Abstammung hervor. Im Folgenden einige Angaben zu den bedeutendsten Stämmen der Region für die Zeit vor dem Beginn des Ölbooms in Saudi-Arabien:[37]

Der größte Beduinenstamm in Saudi-Arabien ist der Stamm der ʿAnaza, welcher sich in drei Gruppen teilt von denen jede etwa 60.000 Mann stark ist. Als Faustregel gilt das Verhältnis von Kriegern zu Abhängigen von 1:3, d.h. dass die Gesamtzahl der ʿAnaza fast eine halbe Million beträgt. Die Rwala sind die stärkste Abteilung der ʿAnaza. In den 20er Jahren arrangierten sie sich mit Ibn Saud und nehmen bis heute eine gewisse Sonderstellung ein. Sie erkannten die staatliche Autorität der Āl Saʿūd an und ihre Scheichfamilie Ibn Šaʿlān erhielt im Gegenzug viele Vorrechte. Neben den Rwala sind die ʿAmārāt die bedeutendste Abteilung der ʿAnaza in Saudi-Arabien. Ihre Scheichfamilie Ibn Hadlāl gehört zu den größten Grundbesitzern im Königreich.

Die Šammar im nördlichen Naǧd, welche die Qaḥṭān von den Ṭaiyy als ihre Ahnen bezeichnen, konnten bis zu ihrer Unterwerfung durch Ibn Saud 20.000 Mann mobilisieren.

Der Stamm der Ḥarb im Ḥiǧāz umfasst 30.000 bewaffnete Beduinen und Siedler. Nach ihre Ankunft im Ḥiǧāz nahmen sie viele der lokalen Gruppen in ihren Stamm auf. Meist in lockerer Abhängigkeit vom Scharifen in Mekka spielten sie eine wichtige politisch-militärische Größe und kontrollierten den Pilgerverkehr. Die im Ḥiǧāz lebenden Ḥarb sind seit langem sesshaft und betreiben Bodenbau, Palmenzucht und Ziegenhaltung. Bei den zahlenmäßig geringeren Ḥarb im Naǧd setzte der Ansiedlungsprozess erst später ein.

Die Ḥuwaiṭāt sind eine Stammeskonföderation, die sich über mehrere Länder verteilt. Ihre Herkunft ist jedoch umstritten, im 16. Jahrhundert gehörten sie den Banū ʿAṭīya an, von denen sie sich im 17. Jahrhundert abspalteten. In den folgenden Jahrzehnten erfolgten weitere Spaltungen. Die Ḥuwaiṭāt Ibn Ǧāzī, die

[35] Vgl. Karte zur Verteilung der Beduinenstämme im Anhang
[36] Šatta (1985): 17
[37] Keohane (1994): 15ff.

zwischen dem Wādī 'Araba und dem Wādī as-Sirḥān leben, bilden die politisch und militärisch stärkste Fraktion. Sie trugen entscheidend zum Erfolg der Arabischen Armee im I. Weltkrieg bei und blieben danach auch weiterhin mit den haschemitischen Königshaus verbunden. Ab den 50er Jahren begann ein verstärkter Übergang von der Kamel- zur Schafzucht bei gleichzeitiger Aufgabe der nomadischen Lebensweise und Abwanderung in die Städte. Die Ḥuwaiṭāt Tihāma im Nordwesten Saudi-Arabiens lösten 1932 als Verbündete der Haschemiten mit Teilen der Billī einen Aufstand gegen Ibn Saud aus. Auch sie sind mittlerweile halbnomadisch oder vollkommen sesshaft. Andere Abteilungen leben im Nildelta, in Fajum sowie die Ḥuwaiṭāt Ibn Naǧād südlich von Aqaba.

Der Stamm der Muṭair im Naǧd, welcher berühmt für seine Krieger und deren Kampfgeist ist, umfasst 14.000 Mann. Sie leben hauptsächlich nordöstlich von Riyadh im Qasim bis nach Kuwait. Nach häufigem Seitenwechsel im Machtkampf zwischen den Āl Sa'ūd und den Āl Rašīd traten sie 1901 endgültig zu Ibn Saud über. 1912 gründete eine Abteilung der Muṭair die erste *iḫwān*-Siedlung. Ihr Oberscheich, Faiṣal ad-Duwaiš, leitete den Aufstand der *iḫwān* gegen die Wahhabiten.

Die 'Utaiba, auch qahtanidischen Ursprungs, zogen mit 40.000 Mann durch Naǧd und Ḥiǧāz. Als Verbündete Ibn Sauds trugen sie wesentlich zu dessen Erfolgen über die Scharifen in Mekka bei. Andererseits standen sie aber auch an der Spitze des Aufstandes der *iḫwān*. Die im Ḥiǧāz (Wādī Fāṭima) lebenden 'Utaiba sind größtenteils sesshaft. Die 'Utaiba im Naǧd beanspruchen hingegen die besten Weidegründe der Region, weshalb sie einen hohen Anteil an kamelzüchtenden Nomaden verzeichnen.

Die Buqūm umfassten 4.000, die Ṣubā'ī, als ausgesprochen loyaler Stamm zu den Saudis, hatten 12.000 Mann und die Suhūl 10.000.

Die aus den Banū Yām hervorgegangen 'Aǧmān leben in der Ostprovinz und Kuwait. Sie gelangten im Zuge der Umverteilung der Stämme während der Kämpfe um den ersten saudischen Staat von Naǧrān in den Ǧabal Ṭuwaiq und nach al-Ḥasā. Dort übernahmen sie unter der Führung der einflussreichen Scheichfamilie Ibn Ḥiṯlain die Kontrolle des Gebietes von den Banū Ḫālid. Ibn Saud konnte sie erst nach schweren Kämpfen unterwerfen, worauf viele Stammesmitglieder den *iḫwān* beitraten. Neben den Muṭair und 'Utaiba waren sie führend an deren Aufstand 1927-29 beteiligt. Da die Ostprovinz und damit das Stammesgebiet der 'Aǧmān ein erdölreiches Gebiet ist, gaben die meisten Beduinen der 'Aǧmān die Viehzucht auf und suchten sich Arbeit auf den Ölfeldern.

Der mächtige Stamm der Qaḥṭān im südlichen Naǧd umfasst 50.000 Mann. Die Qaḥṭān arbeiteten mit den Sauds zusammen, wofür sie später bei den Beutezügen gegen die Tihāma, den Jemen und Ḥaḍramaut belohnt wurden. Obwohl Teile von ihnen im Rahmen der *iḫwān*-Kolonialisierung und späterer Ansiedlungsprojekte sesshaft wurden, spielt der Nomadismus nach wie vor ein zentrale Rolle.

Die Dawāsir mit mehr als 50.000 Angehörigen leben seit dem 15. Jahrhundert im Naǧd. Von ihren traditionellen Zentren im Wādī Dawāsir und Aflaǧ zogen sie als Verbündete Ibn Sauds nach Norden und siedeln heute westlich und südlich von Riyadh. Nur ein Teil, vor allem im südlichen Ǧabal Ṭuwaiq, betreibt heute noch Weidewirtschaft, die meisten leben in Oasen oder arbeiten in den Städten am Golf. Die mit der Königsfamilie verschwägerte Familie Ṣudairī nimmt führende Positionen in Regierung und Verwaltung Saudi-Arabiens ein.

Auch die Āl Murra sind Nachkommen der Banū Yām und stammen aus Naǧrān. Die Āl Murra lebten unter schwierigen Bedingungen am Nordrand des Leeren Viertels bis nach al-Ḥasā und umfassen über 15.000 Stammesmitglieder. Schon früh schlossen sie sich den Wahhabiten an und gewährten dem flüchtenden Ibn Saud 1891 Asyl. Im Unterschied zu den meisten anderen Stämmen der Halbinsel sind die Āl Murra bis heute überwiegend Kamelnomaden. Sowohl die Bewegung der *iḫwān* als auch die staatlichen Ansiedlungsprojekte bewirkten nur eine begrenzte Sesshaftwerdung. Viele junge Āl Murra arbeiten in der Ölbranche.

Zum Schluss sind noch die Banū Ḫālid, die ehemaligen Herren Ostarabiens in der Mitte des 18. Jahrhunderts und Hauptrivalen der Saudis in dieser Region, zu erwähnen, sie zählen ca. 30.000 Mann.

In den meisten Gebieten der Arabischen Halbinsel war der Nomadismus die dominierende Wirtschaftsform, was die klimatischen und natürlichen Bedingungen der Region widerspiegelt. Bis in die 60er Jahre lebte in Saudi-Arabien noch ein großer Bevölkerungsteil nomadisch und halbnomadisch.[38] Die meisten Nomaden leben im Naǧd, den höchsten Nomadenanteil an der Bevölkerung findet man hingegen in den Nordprovinzen.

Es gibt etwa 100 Stämme, die als unabhängige Einheiten anerkannt sind. Sie variieren in Größe, Einfluss, Grad des Nomadismus und sozialem Status. So findet man Stämme mit mehr als 100.000 Mitgliedern und kleine Stämme mit

[38] Samekh (1975) schätzt den Anteil der Nomaden an der saudischen Bevölkerung Mitte der 60er Jahre auf 40%. Für das Jahr 1972 schlägt er eine Zahl von 25% vor.

wenigen hundert Mitgliedern. Die zahlenmäßige Größe bestimmt aber nicht den sozialen Status und Einfluss des Stammes.

Der größte Stamm auf der Arabischen Halbinsel ist, wie oben erwähnt, noch immer der Stamm der ʻAnaza mit mehr als 200.000 Mitgliedern, die sich aber auf verschiedene Staaten verteilen. Die ʻUtaiba sind der größte, vollständig in Saudi-Arabien lebende Stamm. Die Šammar, Muṭair, Ḥarb, ʻAǧmān, Ẓafīr, Āl Murra und Dawāsir gehören zu den mächtigsten, angesehensten und nomadischsten Stämmen.

Die Muṭair sind die wichtigsten südlichen Nachbarn der Šammar, woraus man eine wichtige geographische Trennung in *Ahl aš-šimāl*, dass sind die Šammar, ʻAnaza, Ẓafīr und Muntafiq, und *Ahl al-ǧanūb*, dass sind die Ḥarb, Muṭair, ʻAǧmān und ʻUtaiba, ableiten kann. Die Stämme im Norden grasen hauptsächlich in der syrischen Steppe, die im Süden in Naǧd und al-Aḥsā. Es war aber jederzeit für einen Stamm möglich, in der *dīra* eines mächtigen Stammes mit dessen Erlaubnis zu zelten. Auch Raubzüge führten oft durch benachbarte *dīras* zu entfernten Plätzen.

Der hohe soziale Status dieser Stämme bezieht sich auf ihren Anspruch, „*aṣīl*" zu sein, d.h. von reiner Abstammung. Sie können ihre tribale Genealogie auf die alten arabischen Stammväter ʻAdnān und Qaḥṭān zurückführen. Die Šarārāt, Ḥuṭā'im, ʻAwāzim und Ṣulubba haben einen niedrigeren Status, da sie ihren Ursprung nicht einwandfrei belegen und auf die Stammväter zurückführen können.

Die Mehrheit der saudischen Bevölkerung identifiziert sich mit einer bestimmten Stammeszugehörigkeit, was mit der zunehmenden Urbanisierung nur sehr langsam abnimmt.

Einige Abteilungen verschiedener Stämme, wie der Šammar, Muṭair, ʻAǧmān, Āl Murra, Ḥarb und ʻUtaiba, leben noch vollständig nomadisch. Halbnomadische Gruppen ziehen mit ihren Herden drei bis neun Monate im Jahr umher. Die sesshaften Beduinen leben in den dörflichen Siedlungen, den *huǧar*, und betreiben Landwirtschaft oder gehen einer Lohnarbeit nach. Individuen oder Familien dieser Gruppen leben aber auch noch halbnomadisch.

Ibrahim und Cole (1978) untersuchten die Dawāsir, Āl Murra, Banū Zāyid (in Qunfuda in der Tihāma), Ḥarb und Banū ʻUmar (in Ḥanākīya im Ḥiǧāz).[39] Die Untersuchungsgruppe umfasst damit Beduinenstämme aus fast allen wichtigen Nomadenregionen des Landes, mit Ausnahme des Nordens. Als charakteristisch

[39] Ibrahim and Cole (1978)

für die Beduinen in Saudi-Arabien erkannten sie, dass diese ein wesentlich geringeres Einkommen im Vergleich zum durchschnittlichen Nationaleinkommen haben. Ihre Haupteinkommensquelle ist nach wie vor die Viehzucht. Sie waren in dieser Zeit noch die Hauptproduzenten des nationalen Fleischverbrauchs. Dabei sind sie jedoch total von der Wasserzufuhr für ihre Herden abhängig, was heute aber aufgrund des Vorhandenseins von Wassertrucks kein Problem mehr ist. Neue Probleme betreffen vor allem die zunehmende Überweidung und der damit verbundene Rückgang an Weidefläche. Dazu kommt auch, dass sie, sofern sie noch Vollnomaden sind, keine sofortigen und ständigen Zugang zu den staatlichen Dienstleistungsstellen haben. Die Zahl der Vollnomaden ist daher rückläufig.[40]

Betrachtet man die soziale Charakterisierung der Stämme, so fällt auf, dass immer noch die tribale Gemeinschaft im Vordergrund steht. Der Stamm zählt, der Einzelne nicht. Die Herden befinden sich im Eigentum der Stämme, von denen jeder ein traditionelles Weidegebiet besitzt. Dies wurde zwar offiziell abgeschafft, hat aber in der Realität noch immer bestand. Da das Stammesland aber nicht eingetragen ist, können Einzelne daher auch keine festen Häuser darauf bauen.

Der soziale Status der Beduinen ist besser als ihre wirtschaftliche Position. So ist es für viele neureiche Saudis wichtig, aus Prestigegründen eine Beduinin zu heiraten, die aus einem Stamm mit gutem Namen und edler Abstammung kommt. Diese tribale Abstammung ist immer noch wichtiger als der ökonomische Status. Der Stamm bietet einen Rahmen für Einheit und Zusammenarbeit, aber auch für Segmentierung und Konkurrenz zu anderen Stämmen. Im Vordergrund steht das Wohlergehen der eigenen Stammesabteilung.

Der materielle Lebensstandard ist im Vergleich zu den urbanen Gebieten sehr gering. Einziger Reichtum der Nomaden sind ihre Herden. Viele betreiben nebenbei noch ein wenig Landwirtschaft und beziehen staatliche Unterstützung.

Hauptziele der Viehhaltung sind die Zucht und der Verkauf. Die durchschnittliche Herdengröße beträgt 50 Tiere. Der Preis für ein gutes Kamel lag bei 20.000SR, normal ist 4.000SR. Die Verkaufszahlen stiegen in den 70er Jahren mit Beginn der Kamelrennen in al-Malaz bei Riyadh wieder an. Andere

---

[40] s. dort S. 21f.

Gründe für die Kamelhaltung sind die Milch, als Teil des Brautpreises und das Prestige. Der Preis für ein Schaf lag bei etwa 350 SR.[41]

Heute arbeiten die Mehrheit der Beduinen zumindest teilweise in der Landwirtschaft. Hauptanbauprodukte sind Weizen und Gerste sowie Futtermittel. Häufig werden Lohnarbeiter beschäftigt, die auch aus dem eigenen Stamm kommen können. Die kamelzüchtenden Beduinen besuchen die Märkte wesentlich seltener als die Schafzüchter und betreiben weniger Landwirtschaft.

Die Āl Murra und Dawāsir sind hauptsächlich Kamelzüchter, die Ḥarb und Banū Zāyid besitzen zwar Kamele, züchten sie aber nicht vordergründig. Die Banū Zāyid sind hauptsächlich Rinderzüchter, die bis vor wenigen Jahren noch in Strohhütten lebten und viel Landwirtschaft nebenbei betreiben. Ihre relative Sesshaftigkeit bringt ihnen keine besseren Lebensbedingungen. Die Dawāsir besitzen die meisten Autos und die wenigsten Häuser, d.h. sie ziehen am weitesten umher. Die Banū 'Umar besitzen die meisten Häuser.

Viele junge Beduinen sind mit der augenblicklichen wirtschaftlichen Lage zufrieden, haben aber Angst vor der Zukunft. Die Preise für Kamele sind gut, d.h. wer viele Tiere besitzt, muss nur wenig Landwirtschaft betreiben und hat auch meist ein Auto. Insgesamt haben die Weidewirtschaftler mehr Geld als die Landwirtschaftler.

Nur noch eine Minderheit der Beduinen in Saudi-Arabien betreibt heute Subsistenzwirtschaft. Die große Mehrheit produziert für den Markt. Die Halbsesshaften und nur kurze Strecken wandernden Beduinen besitzen meist Schaf- oder Rindererden und betreiben nebenbei Landwirtschaft für den Eigenbedarf. Obwohl sie nur kleine Flächen kultivieren, nutzen sie Maschinen und stellen Lohnarbeiter ein. Die Preise für Schafe und Rinder sind nicht so sehr gestiegen, wie die von Kamelen. Insgesamt sind sie also unzufriedener als die Kamelnomaden und haben einen geringeren Lebensstandard, d.h. weniger Autos. Sie bedürfen hauptsächlich Unterstützung beim Erwerb landwirtschaftlicher Maschinen, bei der Bewässerung sowie allgemeine staatliche Subsidien. Letztere umfassen vor allem Preisstützungen für Gerste, dem Hauptfuttermittel.

Die große Strecken umherziehenden Beduinen züchten Kamele, die einen hohen Marktwert haben. Zusätzlich zum Verkauf der Tiere erhalten sie Geld von der Regierung in Form von Subsidien, Gehältern und Pensionen. Für das Geld können sie sich Autos und Trucks kaufen. Sie streben nach höherer staatlicher

---

[41] Heute liegen die Preise für Kamele im Durchschnitt höher. Im Jahre 2000 kostete ein 500kg schweres Schlachtkamel etwa $ 4.000. Für Renn- oder Zuchtkamele muss wesentlich mehr bezahlt werden. Ein Schaf ist für etwa $ 80-100 erhältlich. Dieser Preis ist stabil geblieben.

Förderung, besseren Marktmöglichkeiten für ihre Tiere und mehr artesischen Brunnen.

Je höher der Grad des Nomadismus ist, desto mehr steigt die Tendenz zum Leben in Zelten, oder zeitgemäßer ausgedrückt: Je höher der Grad der Sesshaftigkeit ist, desto mehr steigt die Tendenz, ein festes Haus zu beziehen und das Zelt im Hinterhof aufzuschlagen. Der Status des Nomadismus reflektiert sich also in den Wohnbedingungen. Während noch fast alle Dawāsir und 63% der Āl Murra in Zelten leben, sind es nur noch 19% der Banū Zāyid und 15 % der Ḥarb.[42]

Die meisten Beduinen mit Schulbildung gibt es unter den Ḥarb, die wenigsten unter den Dawāsir. Auch hier ist der Grad der Sesshaftigkeit ausschlaggebend. Die Zahl der Studenten und Absolventen von höheren Bildungseinrichtungen ist unter den mehr sesshaften Stämmen höher. Die Einstellung zur Bildung ist jedoch überall positiv. Je höher der Bildungsgrad, desto höher auch die Bereitschaft, sich deswegen niederzulassen. Die saudische Regierung organisiert Sommerlager für Bildung und Gesundheitswesen, die von den Beduinen gern angenommen werden. Die mehr sesshaften Stämme glauben weniger an Volksmedizin als die Vollnomaden.

Die Mehrheit der Beduinen will sesshaft werden. Probleme sehen sie nur bei der Bereitstellung von genügend Wasser und Weideland, da sie ihre Herden immer noch als Haupterwerbszweig betrachten. Daneben fordern sie für ihre Siedlung eine Moschee, eine Schule, ein Krankenhaus und Besitztitel für das Land. Anziehend wirken sich auch die Arbeits- und Verdienstmöglichkeiten bei Regierungsinstitutionen und den Ölfeldern aus.

Die junge Generation will zwar den Schritt in die Moderne wagen, ist dafür aber nicht gebildet genug. Unterentwicklung und Kindersterblichkeit sind immer noch sehr hoch. Als höchstes Glück eines jungen Beduinen gilt der Besitz eines neuen Autos. Es fehlen beduinengerechte Programme, die sich auf Bildung, Berufsausbildung und medizinische Versorgung beziehen. Ein erster Schritt waren die staatlich eingerichteten Sommerlager, die von den Beduinen akzeptiert werden und erste Erfolge bei der Vermittlung von Religion und Medizin erzielen konnten. Heute spielt dies aber alles keine Rolle mehr. Spezielle Programme gibt es nicht mehr, sieht man von infrastrukturellen Erschließungsmaßnahmen ab, die nicht den Beduinen den Schritt in die urbane Gesellschaft erleichtern sollen, sondern ein Ventil für die riesigen städtischen Ballungsgebiete sind.

[42] Ibrahim and Cole (1978): 44

Die Šammar und Ḥarb sind keine vollnomadischen Stämme mehr, obwohl es unter beiden Stämmen noch viele Familien und Abteilungen gibt, welche die meiste Zeit im Jahr im Ziegenhaarzelt leben und mit ihren Kamel- und Schafherden umherziehen. Auch sie hat der Prozess der Sesshaftmachung eingeholt und viele Familien entschlossen sich, die Angebote der Regierung zu nutzen. Von der Kamelzucht leben nur noch sehr wenige Familien. Schafzucht ist dagegen wieder zunehmend. Ein geregeltes Einkommen wurde auch für diese Stämme eine immer dringendere Notwendigkeit, welcher sie durch Lohnarbeit, besonders im Ölsektor, Transport- und Bauwesen, und in der Nationalgarde begegneten. Ein weitere Einnahmequelle sind Heiratsbeziehungen mit der königlichen Familie.

Obwohl große Veränderungen auf wirtschaftlichem, technologischem, politischem und sozialem Gebiet eintraten, bleiben die Erinnerungen an die „gute alte Zeit" noch immer vorherrschend. Die Stämme legen großen Wert auf ihre Reinheit in der Abstammung, die sie auf Qaḥṭān (Šammar) und Qaḥṭān/'Adnān (Ḥarb) zurückführen können. Ihre Abstammung verschafft ihnen einen hohen sozialen Status auf der regionalen gesellschaftlichen Ebene. Dieser Status kann aber durch verschiedene Gründe verloren gehen, jedoch nur für Individuen, die den moralischen Sittenkodex der „alten" Gesellschaftsordnung verletzen und z.B. ein Mädchen aus einer niedrigeren Schicht oder Stamm heiraten. Auch in der Zeit des Ölbooms wurden bestimmte Stämme als untergeordnet und minderwertig angesehen. Das galt für die Ḥuṭā'im und Šarārāt im Ḥiǧāz, die Banū Ḥaǧr im Naǧd und die Ṣulubba im Norden. In der Vergangenheit gingen sie Berufen nach, die von den kamelzüchtenden Stämmen verachtet wurden. Selbst wenn ein Mitglied eines solchen minderwertigen Stammes reich wird, könnte er nicht in einen noblen Stamm einheiraten. Die Stämme des reinen Blutes, wie z.B. die 'Anaza, 'Utaiba, Šammar, Ḥarb, 'Aǧmān und natürlich auch die Āl Sa'ūd selber, lehnen es nach wie vor ab, mit den unreinen Stämmen Heiratsbeziehungen einzugehen.[43]

Noch in den 80er Jahren des 20. Jahrhundert waren mehr als 50% der saudischen Bevölkerung in Stämmen organisiert und hielten ihre Verbindungen zu ihren Verwandtschaftsgruppen aufrecht. Noch in den 50er Jahren waren die Titel der Stammesscheichs erblich innerhalb der noblen Familien des Stammes.[44] Die Intensität der Modernisierung des Landes führte zu einer Stärkung der tribalen Tradition, wo der Einzelne versucht die traditionellen Werte der Gemeinschaft, zu bewahren und die Mitgliedschaft in einer tribalen Verwandtschaftsgruppe hervorzuheben. Dieser Trend wurde von der Sozialpolitik der Regierung unterstützt. Diese führte einerseits Projekte zur

---

[43] Vassiliev (1998): 430

[44] s. dort: 447

Sesshaftmachung und Integrierung der Beduinen durch, andererseits hoben sie beduinisches Brauchtum als gesamtstaatliches Gemeingut und Tradition hervor.

Tribale Abstammung und das Netzwerk der Verwandtschaft spielen immer noch eine entscheidende Rolle in der Gesellschaft, jedoch war der wirtschaftliche Status der Masse der Beduinen so niedrig wie nie zuvor. Glücklicherweise änderte sich zumindest die Bildungssituation im Laufe der Zeit. In den 70er Jahren besuchten schon 70% der Beduinenkinder im Ḥiǧāz eine Schule.[45] Heute stammen über die Hälfte der Studenten an den Universitäten des Landes von Beduinenfamilien ab, die sich erst unlängst niedergelassen haben oder teilweise noch nomadisch leben.

6.3. Das historische Verhältnis zwischen Stamm und Staat in Saudi-Arabien

6.3.1. Ibn Sauds Vereinigungsbestrebungen und die Rechtsbeziehungen zu den Stämmen

In der Phase der Staatenbildung im Vorderen Orient nach dem I. Weltkrieg erwies sich das saudische Emirat als die stärkste politische und militärische Kraft der Region. Es basierte auf einer tribalen Allianz, die durch eine religiöse Idee verbunden wurde. Diese Allianz profitierte einerseits von der starken Führungspersönlichkeit Ibn Sauds, andererseits von der materiellen Unterstützung der Supermacht Großbritannien. Dadurch erwies sich das saudische Emirat dem Emirat der Āl Rašīd als überlegen, welches auf Familienbanden und einer politischen Allianz der Beduinenstämme der Šammar beruhte, die aus den gemeinsamen Handelsinteressen und einer an Einfluss abnehmenden Supermacht, dem Osmanischen Reich, Nutzen zog. Die Saudis erwiesen sich auch stärker als der von den Haschemiten angeführte Arabische Aufstand, der auf schwachen zeitlich begrenzten tribalen Allianzen beruhte und seine Motivation fast ausschließlich aus den britischen Finanzhilfen nahm. Als weiterer Schwachpunkt erwies sich auch die Unfähigkeit des Scharifen Ḥusain, ein erfolgreicher Anführer zu sein. Auch der letzte Gegner, das Emirat Kuwait, konnte den saudischen Bestrebungen nicht viel entgegensetzen. Seine Grundlage, eine ökonomische Allianz zwischen tribalen Splittergruppen und Händlerfamilien, war unfähig, expansiv erfolgreich zu sein. Auch der Versuch einer gemeinsamen Allianz diese Kräfte gegen Ibn Saud scheiterte am gegenseitigen Misstrauen wie dem Mangel an Stammeskriegern. Jedoch führte sie zu einer neuen Eroberungskampagne Ibn Sauds, die mit dem Untergang der Emirate der Āl Rašīd und des Scharifen von Mekka endete.[46]

[45] Katakura (1975)
[46] Kostiner (1998): 143f.

Ibn Saud hielt seine erblichen Anrechte auf die Vorherrschaft in Nord- und Zentralarabien aufrecht, die nun vertraglich von einer Großmacht abgesichert waren. Sie schlossen die nomadischen Stämme ein, die seine Oberherrschaft durch die Zahlung der *zakāt*-Steuer, dem Folgen des Aufrufs zum *ǧihād* und der Anerkennung des Rechts gemäß der *šarī'a*, welches von den saudischen Richtern gesprochen wurde, anerkannt hatten.

Ein weiterer Versuch zur Konsolidierung der Herrschaft war die Gründung der *iḫwān* -Bewegung. Seit 1912 wurden Stammesgruppen an vorgeschriebenen Orten, *huǧar*, angesiedelt und sollten von dort bestimmte Aufgaben und Ziele im Sinne der saudischen Konsolidierungspolitik realisieren. Dies galt in erster Linie für die nur schwer kontrollierbaren 'Utaiba, Ḥarb, Muṭair und Qaḥṭān. Die *iḫwān* gaben ihren traditionellen Lebensrhythmus auf und zogen in landwirtschaftliche Siedlungen, die *hiǧra* (Pl. *huǧar*) genannt wurden. Das Wort *hiǧra* steht in Verbindung mit dem Begriff des Auswanderung des Propheten Muḥammad von Mekka nach Medina im Jahre 622. In diesem Falle bedeutete die Auswanderung, dass, wer sich in einer *hiǧra* niederlässt, vom Ort des Unglaubens zum Ort Glaubens sich bewegt. Mit der Ansiedelung in den *huǧar* beabsichtigten die *iḫwān*, einen neuen Lebensstil anzunehmen, welcher sich als sehr militant, aber auch noch sehr ähnlich ihrem beduinischen Lebensstil erwies. Die *iḫwān* verbreiteten ihre Ansicht vom rechten Glauben an die Sunna des Propheten, einschließlich öffentlichem Gebet, Moscheebesuche, Geschlechtertrennung, dem Verbot von Alkohol, Rauchen, Musik und moderner Technologie, indem sie Nichtwahhabiten, Muslims oder Nichtmuslims, angriffen und sie zu bekehren versuchten. Bis 1915 gab es schon mehr als 200 *huǧar* im Naǧd und die etwa 100.000 *iḫwān* waren eine mächtige Waffe in der Hand von Ibn Saud.[47]

Unter der Herrschaft Ibn Sauds, zielte die Bewegung darauf, die ursprünglichen wahhabitischen Prinzipien des 18. Jahrhunderts wieder einzuführen. Praktisch gesehen bedeutete dies eine festere Bindung der Stämme an das Herrscherhaus. Diese Allianz basierte weniger auf der tribalen Gruppensolidarität, der '*aṣabīya*, sondern auf der Verbindung von Ideologie und Beute, die der Bewegung eine hohe Effektivität gaben.

[47] Habib (1978): 17. Das Interesse an der Gründung und Entwicklung der *iḫwān* Bewegung erwachte bei den Beduinenstämmen in Nordarabien erst spät. Zu Beginn des Jahrhunderts hielten diese Stämme bevorzugte Beziehungen zu anderen Emiraten wie denen in Hail oder Ǧauf aufrecht. Als 1921 das Emirat der Āl Rašīd fiel, gingen Teile der Šammar zu den Āl Sa'ūd über. Dies kann man einerseits damit erklären, dass einige Abteilungen schon lange sich von der Kontrolle der Āl Rašīd befreien wollten, hinsichtlich einer typischen segmentierten Gesellschaft (Fabietti, 1988). Andererseits war die reformierende und einigende Ideologie der Wahhabiten in der Lage die Aggressivität der nomadischen Gruppen in einen Kampf gegen die Ungläubigen zu kanalisieren.

Die Beduinen sollten ihre Herden verkaufen, ihre traditionellen Gewohnheiten (Raubzüge und Plünderung) aufgeben und sesshaft werden. Hauptziel war es, eine neue Loyalität zu schaffen, dies es ermöglichte, das militärische Potential dieser Stämme in Sinne der Herrschenden einzusetzen. Die *iḫwān* spielten eine wichtige Rolle während der saudischen Expansion am Golf, im 'Asīr, Ǧabal Šammar und Ḥiǧāz. Sie kamen bis zu einem gewissen Grad auch der Verpflichtung der Sesshaftwerdung nach. Viele Gruppen verbanden jedoch die Vorteile beider Systeme, so blieben sie teilweise nomadisch und gingen auf Beutezüge, verbanden dies jedoch mit der wahhabitischen Idee. Ihre Anführer stiegen auf in die Elite der Gesellschaft, was vorher nur Angehörigen der Āl Sa'ūd vorbehalten war. Somit erfüllten die *iḫwān* die Ansprüche ihrer Herren nach Expansion, Sesshaftmachung und religiöser Wiederbelebung. Sie bildeten eine Bewegung, welche die Expansion stimulierte und ausübte sowie loyal zum saudischen Herrscherhaus stand.[48]

Insgesamt gesehen wurden diese Gruppen aber niemals vollständig sesshaft, sondern behielten ihre tribale Struktur und somit auch ihre Gewohnheiten, d.h. die Raubzüge, aufrecht. Für viele *iḫwān* war es nunmehr Ibn Saud selbst, der vom rechten Pfad abgekommen war. Ihr einstiger Führer, ein Anhänger der tribalen Wertevorstellungen und des wahhabitischen Puritanismus, wurde nun zum Anhänger fremder Praktiken und Agenten ausländischer Mächte.

Mit der Schaffung des Nationalstaates Saudi-Arabien war es Ibn Saud nicht mehr möglich, sich dieser unkonventionellen Waffe zu bedienen. Politische Kompromisse und Toleranz waren in der Auffassung der *iḫwān* nicht vorgesehen. Somit griffen sie weiterhin alle diejenigen an, die ihre Sendung nicht akzeptierten. Dies führte zu Angriffen auf die Nachbarstaaten Jordanien und Irak, was Ibn Saud Probleme mit den Briten brachte, die dies nicht tolerieren wollten. Er war nun gezwungen, militärisch gegen die *iḫwān* vorzugehen und zerstörte ihre Streitkräfte nach einem zweijährigen Bürgerkrieg von 1928-30. Dabei bediente er sich anderer tribaler Kräfte sowie den Bewohnern der Städte und Oasen und holte sich die religiöse Erlaubnis bei den Gelehrten ein.

6.3.2. Die Politik der Subsidien

Auch wenn ab 1935 die Zahlung der *zakāt*-Steuer fast zum Erliegen kam, so war der saudische Gouverneur als langer Arm Ibn Sauds immer noch eine Macht im Land. Er erhob noch immer von den westlichen Nomaden Steuern, die es bevorzugten, ihre Streitfälle von seinen Richtern regeln zu lassen.

---

48 Kostiner (1998): 146-47

In den Jahren nach der Niederschlagung der *iḫwān* suchte der saudischen Staat nach neuen Wegen, die Beduinen zu kontrollieren. Die Regierung nahm eine neue Haltung gegenüber den nomadischen Gruppen an. Im Gegenzug für die Subsidien aus der Staatskasse und für die Anerkennung Ibn Sauds als ihren Führer, stellten die Scheichs die Loyalität ihrer Anhänger zum Königshaus sicher. Dies garantierte dem Stamm eine administrative Autorität in der eigenen *dīra*. Auch der ständige direkte Zugang und Kontakt zum König in Form der häufig abgehaltenen *maǧlis*-Sitzungen verstärkte diese Beziehungen. Dazu kam der Anreiz des Dienstes in der Weißen Armee und, wie schon erwähnt, die Heiratspolitik, was die persönlichen Verbindungen zwischen den Āl Sa'ūd und den Stammesführern stärkte. Niblock fasst diese neuen Strategien gegenüber den beduinischen Gruppen zusammen:

„*...Im Gegenzug für Subsidien, die von der Staatskasse übermittelt wurden, und für die Anerkennung ihrer Führerschaft und administrativen Autorität in ihren eigenen Gebieten durch Abd al-Aziz ... versicherten die Stammesführer ihm die Loyalität ihrer Stämme. Die Versicherung des ständigen direkten Zugangs zum König verstärkte noch die Verbindung der Stammesführer mit den Al Saud. Diese starken Loyalitäten waren auch die Basis für die große Anerkennung und den starken Zulauf in die Weiße Armee, aus der sich später die Nationalgarde formte. Die Verbindungen wurden weiterhin durch Heiraten zwischen den Al Saud und der Stammesführerschaft gestärkt: Abd al-Aziz selbst hatte eine Frau von den führenden Familien eines jeden bedeutenden Stammes.*“[49]

Diese Großzügigkeit erstreckte sich aber nur auf die Stämme, welche die Sauds in ihren früheren Kämpfen unterstützt hatten. Ehemalige feindliche Gruppen wurden von den Vorzügen bis in die 70er Jahre ausgeschlossen.

Die Sicherung der Loyalität der Stämme führte zur Schaffung eines komplexen Systems an Subsidien, deren Großteil aus besonderen Privilegien für die Stammeselite bestand. Der größte Teil dieser Subsidien bestand aus besonderen Privilegien für die Stammeselite oder Geschenken an die Scheichs bzw. Stammesmitglieder. Diese Sonderbehandlung zielte nicht mehr direkt auf die Sesshaftmachung, sondern versuchte, das System der Ressourcenverwaltung der Nomaden zu verändern.

Seit 1925 ist die Durchführung von Raubzügen offiziell untersagt. Gleichzeitig wurden Rechte der Beduinen auf ihre Stammesterritorien, die *dīra*, abgeschafft. Ersteres wurde von den Beduinen begrüßt, da die Durchführung von Raubzügen, *ġazū*, durch den Gebrauch moderner Waffen viel gewalttätiger und tödlicher wurden. Letzteres akzeptierten die Beduinen erst, nachdem ihre Führer in

---

[49] Niblock (1982): 90

Verhandlung mit der Regierung traten und das System der Subsidien aufgebaut wurde.[50]

Die Provisionen brachten neuen Schwung in die Beziehungen zwischen Staat und Stamm, da sie ein Ende der politischen Autonomie der Nomaden mit sich brachten. Schrittweise wurden dem Stamm alle Entscheidungsrechte über ihre Ressourcen entzogen. Die Stämme waren aber auch weiterhin eine Hauptquelle des saudischen Wertesystems, welches seine Wurzeln auf die segmentierte Stammesgesellschaft zurückführte. Zu diesen Werten, die sowohl von den Nomaden als auch den Sesshaften anerkannt wurden, gehören die politische Dezentralisation, minimale Verwaltungsstrukturen, verwandtschaftsbezogene Politik, gruppenabhängige Solidarität und die wirtschaftliche Zusammenarbeit entlang der Stammesgrenzen. Die Loyalitäten und Siedlungsmuster trennten die Gesellschaft indes entlang der segmentären Linien.

Als Gefahr für den Staat erwiesen sich viele dieser Vorstellungen, die eine allgemeine Unzuverlässigkeit der Stämme bei gemeinsamen Aktionen dokumentieren. Andererseits wendete Ibn Saud selbst tribale Werte im Prozess der Konsolidierung des Staates an. Dazu gehörten die Heiratspolitik, durch die seine Familie in der Lage war, viele Stämme an sich zu binden. Auch in Fragen der Beuteverteilung berief er sich auf tribale Grundlagen.

Vom dritten Entwicklungsschritt in der Geschichte der Beziehungen zwischen dem saudischen Staat und seinen Beduinenstämmen, den Projekten der Sesshaftmachung, wird in einem späteren gesonderten Kapitel berichtet.

[50] Fabietti (2000): 84

7. THEORETISCHER HINTERGRUND: DAS GEWOHNHEITSRECHT DER BEDUINEN

Gemeinsames Blut und Verwandtschaft zeigen enge soziale Beziehungen, sie teilen Sorgen und Ehre, idealerweise auch den Wohnort und das Eigentum. Dieser Gemeinschaftssinn wird durch verschiedene Formen der gegenseitigen Interaktion gefestigt. Besuche, rituellen Austausch, gemeinsame Arbeit und Feste gehören bei einer Beduinenfamilie ebenso dazu wie im Falle von Streitigkeiten, wenn sie zusammenstehen oder im Falle von Verbrechen, wenn sie gemeinsam für die Bezahlung oder Verteilung des Blutgeldes verantwortlich sind.

Die starke Identifizierung der Beduinen hauptsächlich mit ihren patrilinearen Verwandten zeigt sich auf verschiedene Weise:

a) Das Individuum reagiert darauf, wie man seine Gruppe behandelt. Wird sie schlecht behandelt, verteidigt es sich. Gleicherweise, wenn das Individuum schlecht handelt, fällt dies auf die anderen Gruppenmitglieder zurück. Das Grundprinzip sowohl für Rache für einen Mord als auch für Ehrenmord ist der Affront gegen die Gruppe und nicht den Einzelnen.
b) Die Beduinen sind für die Außenstehenden Vertreter ihrer ganzen Gruppe. Ehrt ein Gastgeber seinen Gast, so ehrt er gleichzeitig die ganze Gruppe des Gastes.
c) Die Einhaltung der Regeln setzt immer die Einhaltung der Regeln durch den anderen voraus. Gleiches gilt für die Anerkennung und Durchsetzung dieser Regeln.

7.1. Definition von *'urf*

Das durch die Gewohnheit vorgegebene und häufig noch aus vorislamischer Zeit stammende Recht, welches Bereiche regelt, die teilweise auch von der *šarīʿa* erfasst werden, wird im Arabischen als *'urf* bezeichnet. Seine Hauptquelle ist die Überlieferung von Sitten und Bräuchen, die nicht unbedingt schriftlich fixiert sein muss. Das Gewohnheitsrecht und seine Anwendung findet man auf der Arabischen Halbinsel bei tribal organisierten Gruppen, wie den Beduinen, aber auch den Oasenbauern. Es steht oft konträr zum herrschenden staatlichen oder manchmal zum religiösen Gesetz. Alle drei Rechtssysteme vertreten unterschiedliche soziale und politische Vorstellungsmuster bei der Einschätzung von Recht und Unrecht. Der Widerstand, den einzelne Gruppen dem anderen Gesetz entgegenbringen, liegt meist in einer gegensätzlichen Wert- und Moralauffassung. Oft wird der Unterschied an der Lebensweise ausgemacht: Für die umherziehenden, pejorativ gesprochen, rückständigen Beduinen gilt das alte, vorislamische Recht. Die moderne Gesellschaft ist hingegen sesshaft und wird von staatlichen wie religiösen Gesetzen geregelt. Ihr Ziel ist die vollständige Zurückdrängung des Gewohnheitsrechts und die umfassende Durchsetzung und Anwendung ihres Rechtssystems.

Das Gewohnheitsrecht stellt jedoch eine Grundlage und integralen Bestandteil der Sozialordnung von Beduinengemeinschaften dar, welche in der Vergangenheit den Großteil der saudischen Bevölkerung stellten und noch heute ein überprozentuales Ansehen in der Gesellschaft besitzen. Durch die zunehmenden Einflüsse von außen verändern sie sich immer mehr, und in einigen Bereichen, z.B. dem Rechtswesen, sind bereits schwerwiegende Auswirkungen zu verzeichnen. Dies gilt besonders für Fragen des Eigentum-, Straf- und Bodenrechts. Häufig stehen die Stammesgerichte der Beduinen in Konkurrenz zu staatlichen Gerichten. Überschneidungen und Doppelverfahren sind möglich.

Von großer Bedeutung ist die fortschreitende Sedentarisierung und Einpassung der Nomaden in die staatlich-religiösen Systeme der Siedlungen. Eine endgültige Auflösung des stammesrechtlichen Gewohnheiten ist jedoch noch nicht zu verzeichnen. Dies gilt aber nur so lange, wie diese Verhaltensmuster und Wertvorstellungen für die Beduinen noch eine Bedeutung haben. Hier sind vor allem die Bereiche des Familien- und Strafrechts zu nennen, insbesondere die Blutrache. Letztere gilt für viele moderne Denker und Politiker als längst ausgestorben, aber eine Fülle von Fallbeispielen bezeugen das Gegenteil.

Konfliktregulierung ist eine Hauptquelle der rechtlichen Veränderungen im Gewohnheitsrecht. Der tribale Vermittler drückt die Regeln meist klarer und verständlicher aus, als sie in der öffentlichen Meinung existieren. Er kann auch neue Regeln anwenden, wenn für bestimmte Situationen keine verbindlichen Regeln vorhanden sind. Akzeptieren die Parteien diese neuen Regeln, werden sie Teil des Gewohnheitsrechtes. Nicht, weil sie von einer Autorität aufgestellt wurden, sondern, weil sie von einem anderen Richter in einem späteren Fall übernommen werden. Somit bleiben vernünftige Regeln erhalten und unvernünftige verschwinden.

Konfliktregulierung ist aber nicht die einzige Quelle der Entstehung neuer Gesetze im Gewohnheitsrecht. Individuen können das Verhalten anderer in bestimmten Situationen übernehmen und somit Konfrontationen vermeiden.[51]
Betrachten wir die Entwicklung der Prozeduren der Konfliktregulierung. Es gibt im System des Gewohnheitsrechtes keine Autorität, welche die Parteien zwingen kann, vor Gericht zu erscheinen. Da die Regeln des Gewohnheitsrechts

[51] Benson (1990): 12f.

mehr dem persönlichen Fehlverhalten entspringen,[52] muss die geschädigte Partei selbst versuchen, der Verfolgung nachzugehen. Unter diesen Bedingungen ist der Anreiz hoch, Gruppen bzw. Solidargemeinschaften zur Unterstützung in Rechtsfragen zu bilden. Diese Zusammensetzung kann sich auf die Familie, die Religion, die geographische Verteilung oder vertragliche Vereinbarungen beziehen. Die Gruppenmitglieder sind verpflichtet, sich in Streitfällen gegenseitig zu unterstützen. Auch hier gilt, dass das einzelne Mitglied seinen Verpflichtungen gegenüber der Gruppe in der Vergangenheit nachgekommen ist. Die Fähigkeit, Unterstützung zu gewinnen, hängt im Gegenzug von der Loyalität ab.

Sollte es zu einem Konflikt kommen, gibt die gegenseitige Unterstützung den Individuen eine Position der Stärke. Das bedeutet aber nicht, dass alle Konflikte demzufolge durch Gewalt und Krieg entschieden werden. Gewalt ist ein teures Mittel zur Konfliktregulierung, da sie immer Gegengewalt und Rache hervorbringt. Daher entstehen im Gewohnheitsrecht schnell Arrangements und Regeln für eine gewaltfreie und rasche Konfliktregulierung.

7.1.1. Akzeptanz und Durchsetzung des Gewohnheitsrechts

Das Gewohnheitsrecht hat keine verbindliche Funktion, da es keine zentrale Autorität bei den Stämmen gibt, welche die Bestimmungen des Gewohnheitsrecht regelt und durchsetzt. Es gibt jedoch andere Mittel zur Anwendung und Durchsetzung dieser Bestimmungen, wie den Druck der öffentlichen Meinung oder die Bürgen.

Eine weitere Triebkraft hinter der Akzeptanz der Vermittlung im Gewohnheitsrecht ist die ständige Bedrohung durch die Anwendung der Stärke. Diese muss aber nicht die Norm sein. Vielmehr sollte ein Abkommen zwischen den Parteien ausgehandelt werden. Gewöhnlich wird eine Person als Vermittler und Schlichter gewählt. Diese Person oder Gruppe hat aber keinerlei Recht, die Lösung den Parteien aufzuzwingen. Daher muss das Urteil von den Gruppen, zu denen die Konfliktparteien gehören, anerkannt werden. Das einzige Mittel, das dem Vermittler bleibt, ist die Überzeugung.

Wird der Angeklagte für schuldig befunden, ist die Strafe meist eine wirtschaftliche: Entschädigung in Form einer Gebühr oder Wiedergutmachung am Geschädigten. Haftung, Absicht, Schadenssumme und der Status der geschädigten Person müssen bei der Berechnung der Schadensersatzes

[52] Im Gewohnheitsrecht werden Fälle mehr als persönliche Fehltritte, d.h. privates falsches Handeln, denn als Verbrechen, d.h. Vergehen gegen den Staat oder die Gesellschaft, behandelt.

berücksichtigt werden. Jede Verletzung einer Person oder von Eigentum wird mit Eigentumswerten aufgerechnet.

Eine Entscheidung im Gewohnheitsrecht lässt sich in der Regel mit der Androhung des Ausstoßes aus der Gemeinschaft durchsetzen. Wer vernünftige Entscheidungen ablehnt, verliert die Unterstützung der Gruppe und wird zum Outlaw. Daher werden die Entscheidungen der Vermittler meist aus Angst vor den Sanktionen akzeptiert.

Das Gewohnheitsrecht existiert heute in Nischen anderer Rechtssysteme. Häufig dominierte es bei tribal organisierten Gemeinschaften bestimmter teilweise vom Nomadismus geprägten Regionen, bevor es von diesen anderen Rechtssystemen assimiliert wurde. Die Überreste der Gesetze indigener Gemeinschaften kann man heute noch in allen Teilen der Welt finden. Den größten Einfluss haben sie aber in Nordamerika unter den dort lebenden Indianerstämmen.[53] Diese kontrollieren bestimmte strafrechtliche Aspekte ihres Lebens, haben aber kein separates Rechtssystem.[54]

Das Gewohnheitsrecht ist ein *Gesetz der Erinnerung*, meist mündlich überliefert. Wird es aufgeschrieben, verliert es seine Vitalität und assimiliert sich schneller in andere Rechtsformen.

Das Gewohnheitsrecht ist ein *informelles Gesetz*. Jeder kennt die Bräuche und jeder kann sie anwenden. In der Praxis gibt es besondere Spezialisten, die das Gesetz bewahren und es bedächtig einsetzen.

Das Gewohnheitsrecht entsteht *in kleinen Gemeinschaften* und versucht dort seine Überlebenschancen zu verbessern. Das Ziel ist nicht, Schuld und Strafe festzulegen, sondern Versöhnung und Ausgleich zwischen den Parteien zu erreichen. Es lehrt seine Regeln, indem die bestehende moralische Ordnung durchgesetzt wird.

Das Gewohnheitsrecht der Beduinen *umfasst alle Lebensbereiche*. Es ist ein System von Gesetzen und Bräuchen, welche, trotzdem sie nicht schriftlich aufgezeichnet sind, allen klar und verständlich sind. Die Strafen für die verschiedenen Verbrechen sind ebenso bekannt und werden von Gesetzen festgelegt, die allen vertraut sind.

---

53 Zu den mündlich überlieferten Rechtsnormen der Irokesen und Mohawk vgl. Frazier (2001): 76ff

54 Benson (1990): 19

Die Beduinen sind eng mit ihren Bräuchen, Gewohnheiten und Traditionen verbunden, besonders mit denen, die sie zur Rechtsprechung verwenden. Diese Anerkennung und Akzeptanz erstreckt sich über alle gesellschaftlichen Glieder von der Stammeskonföderation bis zur einzelnen Familie. So sind im Kriegsfall alle Mitglieder der Gruppe verpflichtet, an der Schlacht teilzunehmen. Im Friedensfall müssen alle die Waffenstillstandsvereinbarungen bzw. Ergebnisse der Versöhnung einhalten.[55]

Auch sesshafte tribale Gemeinschaften haben eine gewohnheitsrechtliche Traditionen, die sich in Bräuchen und Regelungen zum Landrecht, Wasserrecht, Ehe- und Familienrecht und dem Strafrecht widerspiegeln.[56] Vieles, was für die nomadisierenden Gruppen gilt, kann auch für die sesshaften tribalen Gruppen festgestellt werden. So haben bestimmte Regelungen in der heutigen Zeit keine Bedeutung mehr, andere sind jedoch noch immens wichtig. Letzteres gilt vor allem für Fragen des Wasserrechtes,[57] des Strafrechtes und der Gruppensolidarität.

7.1.2. Der Umfang des Gewohnheitsrechts

'*urf* bezieht sich auf die rechtlichen Werte der Beduinen und regelt die folgenden Belange:

1) Die Festlegung der Arten von Taten, welche im Verständnis des beduinischen Rechts als Straftaten angesehen werden.
2) Die Festlegung der Seite des Täters und des Umfangs der Grenzen der gemeinsamen Verantwortung sowie die Pflichten dieser Seite.
3) Die Festlegung der Seite des Opfers und die Grenzen der Verwandtschaft sowie seine Rechte.
4) Die Festlegung der Strafe, welche von der Schwere des Verbrechens abhängt.
5) Die Festlegung des Besitzers der Vollmacht zur Rechtsprechung.
6) Die Festlegung der verschiedenen Maßnahmen der Beweisführung, die zur Regelung der Sache notwendig sind.
7) Die Festlegung der Art und Weise, die zum absoluten Ende des Falles führt.

Die Unterscheidung zwischen Straf- und Zivilrecht ist dabei im Gewohnheitsrecht wie auch im Islamischen Recht nicht sehr deutlich. Was immer die Gesellschaft stört oder verletzt, kann durch Bräuche/Gesetze geregelt werden.

---

[55] Ṣabbān (1979): 35

[56] Bliss (1985) 108 - 131

[57] Serjeant (1991): 195 - 208; Serjeant (1995): 471 - 496

Auch die Linie zwischen privater und öffentlicher Konfliktlösung ist nicht klar gezogen. Bei Gruppen, die das Gewohnheitsrecht anwenden, erfolgt die soziale Kontrolle durch Familien und Gruppen. Nur in besonders schwerwiegenden Fällen dehnt sie sich auf alle Mitglieder der Gemeinschaft aus, da eine solche Tat die ganze Gemeinschaft bedroht. Jedoch ist es nicht klar, was im Endeffekt vor den Richter kommt, und was von der Verwandtschaftsgruppe selbst geregelt wird.

Aufgrund der Schwäche der Zentralmacht und ihrer exekutiven Institutionen dehnte sich deren Einfluss selten über die urbanen Zentren aus. Auf dem Land und in der Wüste herrschten eigene Regeln, die den dortigen gesellschaftlichen und politischen Verhältnissen angepasst waren, häufig aber nicht mit den Vorschriften und Ansprüchen der Zentralmacht konform waren. Doch auch in diesen Gebieten sorgten Autoritäten und Normen für geordnete Verhältnisse, die sich in einem umfassenden und weitreichenden Rechtssystem manifestierten. Für die Bewohner der Oasen und Zeltlager war es ebenso wichtig, ihre rechtlichen Belange geklärt zu wissen, wie für die Einwohner der Städte.

Da die drei unterschiedlichen Kulturweisen der arabischen Halbinsel aber nicht isoliert voneinander existierten, so gab es auch im Rechtssystem Abstufungen, Überschneidungen und Mischformen, die solche Fälle regelten, in denen die Anwendung eines Rechtssystems nicht ausreichend war.

Die Judikative arbeitete dabei relativ unabhängig und frei von äußerer Einmischung, selbst wenn sie, wie die Richter in den Oasen, von der Zentralmacht ernannt wurden. Ihre Aufgabe war es, in Abwesenheit einer starken Exekutive, durch Kompromisse einen Ausgleich zwischen den verschiedenen gesellschaftlichen Gruppen zu finden.

Diese Richter waren sowohl islamische *šarī'a*-Richter wie auch Stammesrichter. Beide Fraktionen arbeiteten in ihrem eigenen Einflussgebiet, wendeten aber auch Rechtsmethoden der anderen Seite an. Es gab nur wenige Punkte, in denen sich beide Seiten völlig ablehnend gegenüber standen. Einer dieser Streitpunkte ist die Frage der Anwendung der *biš'a*-Zeremonie,[58] die im Islamischen Recht nicht erlaubt ist. Sie gehört jedoch zur tribalen Rechtsprechung, und ist hier ein Mittel zur Beweisführung, welches der Richter in seltenen Fällen, wie Mord, Diebstahl oder Vergewaltigung und in denen der Verdächtige die Tat abstreitet und es keine anderen Mittel zur Feststellung gibt, benutzt.

Die tribalen Richter der Beduinen spielten bis zu Beginn des 20. Jahrhunderts eine bedeutende Rolle im Dienste der Gemeinschaft des Stammes bei der

[58] vgl. Kapitel: Die Beweisführung

versöhnlichen Lösung ihrer täglichen Probleme. Mit der Eroberung und Einverleibung des Ḥiǧāz und des Ǧabal Šammar in das Reich Ibn Sauds änderte sich die Lage, da dieser sein Reich auf der einer einheitlichen Doktrin und Rechtsprechung aufbaute. Er ernannte einen Richter für jedes Gebiet und jeden Stamm, womit ein neues Kapitel im Verhältnis Stamm und Staat begann.

7.2. Ein theoretisches Modell bedeutender Zweige des Gewohnheitsrechts

Nach dem Studium der Fallbeispiele und Literatur lässt sich eine Regel und sich oft wiederholende Abfolge bestimmter Schritte und Maßnahmen erkennen, die einen Prozess vor einem Beduinengericht charakterisieren. Die Regelmäßigkeit dieser Abfolge lässt auf ein tief verwurzeltes und kontinuierliches System schließen, die allen Beduinenstämmen und teilweise auch den sesshaften Bewohnern der Oasen und Dörfer der Region eigen ist. Die Existenz eines geordneten Rechtswesens steht somit im Gegensatz zu den Aussagen und Theorien über die Unstetigkeit, Rückständigkeit und Überlebtheit nomadischer Gemeinschaften in Arabien.

Es gibt keine Handbücher zur Prozessordnung oder zu bestimmten strafrechtlichen Aspekten des Gewohnheitsrechts, vielmehr ist es in seiner Gesamtheit Teil der kulturellen Tradition der Beduinen und hat im Zuge der verstärkten Anerkennung dieser beduinischen Wertvorstellungen auch einen Platz im gesellschaftlichen Bewusstsein Saudi-Arabiens gefunden. Auch wenn staatliche Stellen immer wieder die Einheit des islamisch geprägten Rechtssystem des Königreiches betonen, so muss man feststellen, dass einerseits viel Beduinisches in diese Einheit eingeflossen ist, und andererseits viele Regeln, die nicht aufgenommen wurden, als eigenständige Normen überlebt haben.

Der Rahmen dieser Normen wird als Stammes- bzw. Gewohnheitsrecht bezeichnet, dessen Grundlage der Stamm und die ihm eigene Kohäsion und Solidarität ist. Das Stammesrecht ist ein kollektives Recht, welches von gemeinsamer Verantwortung, Bestrafung und Belohnung geprägt ist. Diese Kollektivität ist der Hauptunterschied zum individualisierten Rechtssystem des Staates. Das Rechtsystem schreibt vor, dass eine Strafe als Schadensersatz sowohl an das Opfer geht als auch an die Gesellschaft zu zahlen ist. Kann der Täter diese Strafe nicht bezahlen, kommt sein Stamm dafür auf. Somit wird der Täter zum Schuldner bei seinem Stamm und muss diese Schuld abarbeiten. Tut er dies nicht, wird er ausgestoßen.

Das Prinzip der Verwandtschaft ist der Kern, um den sich das sozialpolitische Leben in der Wüste dreht. Dabei ist es essentiell, die genauen genealogischen Beziehungen untereinander zu kennen, um ihre Motivation und Aktionen zu verstehen.

Die Maßnahmen des Gewohnheitsrechtes dienen dabei der Wiederherstellung normaler Beziehungen zwischen verfeindeten Parteien. Diese treten aber erst ein, wenn die im Richterspruch festgelegten Entschädigungen gezahlt sind und der Schadensersatz also tatsächlich erfolgt ist.[59]

Eickelman hebt hervor, dass

"...kulturelle Vorstellungen von Überzeugung, zusammen mit Vermittlung und Verhandlung die Grundlagen der gemeinsamen moralischen Gemeinschaft von Stammesmitgliedern sind, und nicht der Einsatz blanker Gewalt."[60]

Auch Stewart betont:

„Das Recht der Beduinen ist fundamental auf der friedlichen Lösung von Konflikten ausgerichtet."[61]

7.2.1. Grundprinzipien des Gewohnheitsrechts

1) Die Rechtskultur wird bei den Beduinen während der Sitzungen durch das Erzählen von Reden, Geschichten, Ereignissen der Alten und dem gemeinsamen Zuhören vermittelt und gepflegt. In diesen Ratssitzungen hören die jüngeren Generationen von den Taten und Äußerungen der Alten und lernen aus ihnen.

2) Der Weg zum Recht liegt in der Befolgung der Überlieferungen der alten Araber, d.h. ihren Gewohnheiten und Bräuchen. Werden sie gebrochen und ruft das die Unzufriedenheit der Gesellschaft hervor, muss eine angemessene Strafe gefunden werden, um eine Wiederholung zu vermeiden. Das Gesetz wird durch den gesellschaftlichen Zwang, den die öffentliche Meinung ausübt, zur Pflicht.

3) Die wichtigste Grundlage ist die Arbeit des Richters mit den Überlieferungen, *sawālif/sawādī/'awāyid*, d.h. den vererbten und bekannten Rechtsgewohnheiten der Beduinen sowie ihre erneute Anwendung in jedem Fall. Der beduinische Richter kann in der Regel keine Bestimmungen neu erlassen oder sie verändern, er kann sie nur an die Gegebenheiten anpassen. Somit ist es schwerer für ihn, ein

---

[59] Gräf (1952): 121
[60] Eickelman (1981): 136
[61] Stewart (1994): 139

Urteil in einem Fall zu fällen, der kein früheres Beispiel aufweist. Eine Ausnahme gibt es in dem Fall, wenn das Wohl der Gemeinschaft gefährdet ist. Dann ist der Richter zur Anwendung einer neuen rechtlichen Gewohnheit berechtigt, um den veränderten Bedingungen Rechnung zu tragen. Der Richter ruft eine allgemeine Versammlung der Stammesältesten ein, stellt das Problem dar und man fällt einen Beschluss zur Modifizierung der Gewohnheit oder seiner Abschaffung durch Konsens.

4) Der Richter muss unter Bezugnahme der Fakten urteilen, die ihm während der öffentlichen Sitzung bei Anwesenheit der beiden Parteien oder ihrer Vertreter vorgelegt werden. Dabei darf er keinen Beweis ablehnen.

5) Das Gewohnheitsrecht schreibt vor, dass der Täter sich zu seiner Tat bekennen muss. Tut er das nicht, so kommt zum eigentlichen Verbrechen ein weiteres hinzu, d.i. die Verleugnung der Straftat. Die wird als verschärfende Bedingung angesehen, was zu einer Erhöhung der Strafe führt.

6) Fragen der Schande, d.h. die Verletzung der Ehre, bedürfen bei der Verhandlung nicht der Anwesenheit von Zeugen zur Feststellung von Schuld oder Unschuld. Einer Frau wird solange geglaubt, bis das Gegenteil bewiesen ist[62]. Dies ist eine seltene Parteiergreifung für die Rechte der Frau.

7) Der letzte Rechtsbeschluss in einer Sache hebt den früheren in einem gleichen Fall auf. Der frühere Beschluss kann jedoch kopiert werden, wenn es keine neue Bestimmung gibt. Die Bedeutung dieser Regel liegt darin, ein doppeltes Urteil in einer Rechtsangelegenheit zu verhindern.[63]

8) Der Stammesrichter muss auf jeden Punkt, den eine der beiden Seiten vorbringt, detailliert eingehen. Tut er dies nicht, so ist der Beschluss bei einer höheren Instanz anfechtbar und wird der vorherige Beschluss annulliert.[64]

9) Es gibt Regeln und Prinzipien, auf die sich die Beduinenrichter bei der Entscheidungsfindung stützen. Man kann feststellen, dass Urteile für Straftaten von gleicher Art von Fall zu Fall und von Richter zu Richter und von Stamm zu Stamm verschieden sind.

10) Es wurde schon gesagt, dass sich die beduinische Gesellschaft auf dem System der gemeinsamen Verantwortung aufbaut.[65]

---

62 كاذبة النساء صادقة / Die Lüge der Frauen ist wahr.

63 العلم الجديد يلغي العلم القديم / Die neue Erkenntnis hebt die alte auf.

64 كل واردة لها صادرة / Jedes Vorkommnis geht von etwas aus.

65 المشاركة في تحمل المسؤولية / Es gibt eine Gemeinsamkeit beim Tragen der Verantwortung.

11) Urteile können angefochten werden, eine Berufung ist möglich. Dies ist eine der wichtigsten Regeln der Beduinengemeinschaft. Jedoch muss die Seite, die den Beschluss des Richters anfechten will, dies auf geeignete Art und Weise kundtun. So soll man kräftig am Gewand des Richters ziehen, damit er die Verkündung des Urteils beendet. Erheben sich beide Seiten nach der Sitzung, ohne dass der Wunsch auf Anfechtung geäußert wurde, dann ist es ihnen im folgenden untersagt, das Urteil anzufechten. Der Beschluss wird endgültig und niemand kann ihn mehr anfechten.[66]

12) Kommt es zu einer bewaffneten Auseinandersetzung zwischen Stamm und Staat mit dem Ergebnis, dass der Staat die Widersacher tötet oder sie verletzt, dann kann der Stamm dagegen nicht mit den rechtlichen Normen der Beduinen klagen. Es gibt keine Bestrafung, da die Tötung eines Stammesmitgliedes durch die staatlichen Machthaber als pflichtgemäße Durchführung ihrer Pflichten zur Vermeidung der Anarchie angesehen wird.[67]

13) Die gemeinsame Verantwortung der Gruppe schließt die Verwandten des Täters und manchmal auch dessen gesamten Stamm ein, entsprechend der Natur des Sache. Es ist die Pflicht der Verwandten, dass sie den anderen Familienmitgliedern die Begehung von Straftaten gegen dritte untersagen. Gleiches gilt für das Verhalten der Frau. Vernachlässigt sie ihre Ehre oder tut sie etwas gegen die Werte der Gruppe, so liegt die Verantwortung auf den Schultern ihrer Verwandten und nicht ihres Ehemannes. Dieser schickt sie in diesem Fall zu ihrer Familie zurück, da sie die Hauptverantwortliche für die Taten ihrer Tochter und deren Wiedergutmachung ist.

14) Die beduinische Gesetzgebung ist immer darauf bedacht, juristische Angelegenheiten schnell zu beenden, welcher Art sie auch immer sein mögen. Deshalb sollte der Beduine das Ergebnis des Beschlusses der Richters respektieren, ebenso das Ergebnis der *biš'a*-Zeremonie, wie es auch ausfallen mag. Jeder der versucht, die Angelegenheit nach der Verkündung des Beschlusses nochmals aufzuwerfen, macht sich selbst strafbar.[68] Daher kommt auch der Hinweis mit dem Feuer, vom glühenden Eisenstab des Brandordals.

7.2.2. Einheitliche Rechtsprinzipien bei allen Stämmen

1) Es gibt eine einheitliche Meinung bei der Definition von Straftaten, z.B. Fälle des Blutes, der Ehre, die Zerschneidung des Gesichts usw.

---

[66] اللي تقوله وأنت قاعد ما تلحقه وأنت واقف/ Du sagst es ihm und bleibst sitzen oder du berührst ihn nicht und stehst auf.
[67] الدولة قتيلها هافي وحقها وافي /Der vom Staat Getötete hat keine Rechte.
[68] ما وراء النار معيار / Hinter dem Feuer liegt die Norm

2) Es gibt eine gemeinsame Meinung bei der Definition positiver Taten, deren Durchführung und Anwendung gesellschaftlich gefordert und gefördert werden. Dazu gehören der Schutz des Nachbarn, der Ehrung des Gastes, die Unterstützung des Schutzbefohlenen usw.

3) Auch die Mittel der Beweisführung sind unter den Stämmen genau festgelegt und einheitlich, z.B. gibt es eine geschlossene Meinung, dass bei Blutfragen und Ehrfragen keine Zeugen erlaubt sind. Dies wird bei allen Beduinenstämmen so gehalten.

4) Bezüglich der Strafen, so gibt es für jedes Verbrechen eine Strafe, die der Richter festlegt, nachdem er die Bedingungen des Falles untersucht hat. Es gibt einen Konsens bei der Festlegung des Betrages der Strafe, so beim Betrag der *diya* für die bekannten Verbrechen.

5) Es gibt auch Ähnlichkeiten bei der Festlegung und Anwendung der Maßnahmen zur Lösung von Konflikten unter den Stämmen der Region.

6) Alle Stämme kennen bestimmte Familien zur Durchführung der *biš'a*.

7) Zu den von allen Beduinen anerkannten Rechtsnormen zählt die Anwendung von Schutzverhältnissen, wie der *daḫāla* und *ǧīra*, sowie der Verbannung und der Versöhnung.

8) Bei Streitigkeiten unter Angehörigen der großen Beduinenstämme:[69] Begeht ein Mitglied eines großen Stammes ein Verbrechen gegen ein Mitglied eines anderen großen Stammes, wird zur Lösung des Konfliktes folgendes unternommen:

a) Der Stamm des Täters erwählt zwei Richter und der Stamm des Opfers einen dritten Richter.
b) Dann kann jede Partei einen Richter abwählen, der verbliebene Richter übernimmt die Rechtsprechung in diesem Fall.
c) Die beiden Seiten einigen sich über die Festlegung der Zeit und des Ortes der Verhandlung unter der Bürgschaft angesehener Personen und Scheichs neutraler Gruppen. Am festgelegten Tag kommen alle zur Beendigung der Angelegenheit zur Vermeidung von Komplikationen.

---

[69] Hiermit sind in erster Linie die Stämme gemeint, die auf eine edle Abstammung zurückblicken können und die in der Vergangenheit meist hauptsächlich Kamelzüchter waren. Dazu zählen sowohl die Šammar, Ḥarb, ʻUtaiba, ʻAǧmān, Muṭair, Dawāsir, Murra, Banū ʻAṭīya und ʻAnaza in Saudi-Arabien als auch die Ḥuwaiṭāt und Banū Ṣaḫr in Jordanien.

7.2.3. Unterschiede in den Rechtspraktiken bei den Beduinen

1) Bei einigen Stämmen berät sich der Richter vor der Urteilsverkündung mit den Stammesältesten. Dies trifft für die Šammar, die Banū Ṣaḫr und Banū ʻAṭīya zu. Die Ḥarb und die Ḥuwaiṭāt tun dies nicht. Hier wird das Urteil vom Richter ohne Beratung mit anderen gefällt.

2) Manche Richter legen der Partei, die in Berufung zum Urteil gehen will, die Zahlung einer Extragebühr zusätzlich zur eigentlichen Aufwandsentschädigung des Richters auf. Diese muss für die Erlaubnis der Berufung gezahlt werden.

3) Unter den Ḥarb im Naǧd und einigen nomadisierenden Abteilungen der Šammar war es bis in die 30er Jahre üblich, die Anhörung von Zeugen aus der Bauernschaft abzulehnen. Einerseits aufgrund ihrer inferioren Stellung gegenüber den noblen Beduinen und andererseits aufgrund ihrer Voreingenommenheit, wenn sie im Machtbereich und unter dem Einfluss des betreffenden Stammes lebten.

4) Bei wichtigen Fragen, die Blut und Ehre betreffen, gibt es die Regelung der zeitweiligen Verbannung bzw. Rückzug, der die Täter und seine Verwandten bis ins fünfte Glied umfasst. Dieses Prinzip wird bei den meisten großen Stämmen angewendet. Ihm folgenden umfangreiche Maßnahmen, die in der Versöhnung enden. Bei den Šammar hingegen gibt es eine besondere Art der Verbannung in schweren Mordfällen. Sie ist hier endgültig und beschränkt sich nur auf den Täter. Sie endet nicht in der Versöhnung, daher kommen der Täter und seine Söhne auch nicht zurück. Andere Stämme, wie die Ḥarb und die Rwala, begrenzen die Verbannung auf eine bestimmte Zeit.

5) Das Vorhandensein eines *qaṣṣāṣ*, dem Richter bei Körperverletzungen. Er bestimmt das Maß des Schadensersatzes bei Körperverletzungen. Bei einigen Stämmen, wie den Ḥarb, den Ḥuwaiṭāt und Banū ʻAṭīya gibt es den *qaṣṣāṣ*, bei den anderen Stämmen, wie den Šammar, hingegen nicht.

6) Die Ruhepause bzw. Waffenstillstand. Das ist die Waffenruhe für eine bestimmte Zeit nach Begehen der Straftat. Sie ist allen Stämmen außer den Rwala bekannt. Bei ihnen nimmt die *daḫāla* den Platz der *ʻaṭwa* ein.

7) Ersatz der *ʻaṭwa*. Einige Stämme, besonders in Jordanien, verlangen die Zahlung einer Summe für die Zustimmung zur *ʻaṭwa*, d.i. die Waffenruhe, deren Höhe unterschiedlich sein kann. Unter den Stämmen in Saudi-Arabien, mit Ausnahme der Ḥuwaiṭāt, ist dies nicht bekannt.

8) Ersatz der *daḫāla*. Hier bezahlt der Schutzsuchende dem Schutzgeber einen Geldbetrag, was nur bei einigen sesshaften Stämmen in der Region von Irbid/Jordanien bekannt ist. Bei den großen Stämmen Nordarabiens ist der Schutz der *daḫāla* kostenlos.

7.2.4. Die Einteilung der Fälle, die vor dem Stammesgericht verhandelt werden

Die Stämme in Nordarabien wenden das Gewohnheitsrecht bei den folgenden Straftaten an:

1) Mord
2) Vergewaltigung
3) Körperverletzung mit Dauerschaden
4) Totschlag
5) Ehebruch
6) Entführung
7) Zerschneidung des Antlitzes
8) Hausfriedensbruch mit dem Zweck der Vergewaltigung
9) Konflikte über Pferde
10) Diebstahl
11) Fragen zu Land, Wasser und Weiden
12) Fragen der Machtausübung.

Die Beduinen kennen die klassische Einteilung in zivilrechtliche[70] und strafrechtliche Fälle. Daneben gibt es aber noch andere Versuche, die Fälle einzuteilen:

1) Dringende und weniger dringende Fälle

a) Dringende Fälle können keinen Aufschub bei der Behandlung des Falles dulden. Zu ihnen gehören:
- Ehrfragen.
- Die Zerschneidung des Antlitzes, einschließlich der *daḫāla*, der *kafāla*, der *ǧīra* und der *'aṭwa*.
- Hausfriedensbruch.
- Blutfälle, bei denen der Täter nicht bekannt ist und mehrere Personen verdächtigt werden.

b) Die weniger dringenden Fälle: Unter diese Kategorie fallen alle anderen Fälle. Dem Täter und seinem Stamm wird eine Frist gewährt, während dessen

[70] Zivilklagen umfassen bei den Beduinen Fragen zu Erbschaft, Heirat, Scheidung, Vieh und Handel.

sie ihre Angelegenheiten regeln können, z.B. gibt es bei Blutfragen mit bekanntem Täter die *ǧīra* der Aufwallung des Blutes für drei Tage. In dieser Zeit kann der Angeklagte und sein Stamm Beratung suchen.

2) *Entsprechend der Schwere der Straftat*

a) Die gefährlichen Fälle: Diese Fälle führen meist zu kriegerischen Auseinandersetzungen und Überfällen unter den Stammen. Die Beduinen sagen, dass diese Fälle das Eigentum und das Leben der Männer zerstören:[71]

- Ehrfragen
- Blutfragen
- Zerschneidung des Antlitzes

b) Die ungefährlichen Fälle: Unter diese Kategorie fallen alle anderen Fälle, die nicht den zerstörerischen Grad der gefährlichen Fälle erreichen.

3) *Entsprechend der Beziehung zwischen dem Fall und dem gesellschaftlichen Werten der Beduinen.*

a) Ungerechtigkeiten: Das sind beschämende und verachtenswerte Fälle, die den traditionellen Wertvorstellungen der Beduinen entgegenstehen:

- Ehebruch
- Diebstahl
- Betrug.

b) Die anderen Fälle haben eine weniger schlechte Reputation als die unter a) genannten.

4) *Entsprechend der Beziehung zwischen Täter und Opfer*

Eine weitere Einteilung erfolgt entsprechend der zwischen Täter und Opfer bestehen Verbindung, d.h. handelt es sich um einen Fall innerhalb der Familie, des Stammes oder der Konföderation oder einen Fall mit einer fremden Partei.

Die Regeln des Gewohnheitsrechts verkörpern eine Kodifizierung verschiedener Aspekte des gesellschaftlichen Lebens aus den Bereichen der Wirtschaft, der Verwandtschaft und der Politik. Folgende Sachgebiete werden von ihnen berührt:[72]

1) Die Führung des Stammes und die Verantwortung der Anführer.
2) Die Pflichten der Blutrache unter den verwandtschaftlichen Segmenten.

---

71 شل المال وذبح الرجال

72 Maḥǧūb (1974): 184-85

3) Die Erscheinungsformen der tribalen Solidarität und die Verpflichtungen gegenüber anderen Gruppen der gleichen Art und Abstammung.
4) Die individuelle Verantwortung der Stammesmitglieder.
5) Das Eigentum und die gemeinsame Verantwortung der Verwandtschaftsgruppe für den Schutz des Eigentums.
6) Wirtschaftliche Beziehungen innerhalb und außerhalb der Gruppe.
7) Die Rechte der Nachbarschaft und andere Schutzverhältnisse.
8) Entschädigungsleistungen bei Mordfällen (absichtlich oder unabsichtlich), Körperverletzungen und Verbrechen gegen die Ehre.
9) Maßnahmen zur Beilegung von Streitfällen, Aufklärung von Straftaten und die Schaffung von judikativen Institutionen.

7.2.5. Die Definition des tribalen Gesetzes der Ḥarb[73]

Zu den wichtigsten Regelungen des Stammesgesetzes bei den Ḥarb gehören:

a) Die mit der Führung des Stammes zusammenhängenden Gesetze

Diese umfassen alle Fragen, die mit der Ernennung des Stammesscheichs und der Ernennung seiner Ratgeber oder zeitweiligen Unterstützer zusammenhängen. Weiterhin umfassen sie die Festlegung der Pflichten des Stammesscheichs und seine Vollmachten, ebenso die Pflichten der Stammesangehörigen und die Rechte des Scheichs ihnen gegenüber. Des weiteren beinhalteten sie die Vollmachten des Stammesscheichs zur Durchsetzung seiner Verantwortung bei der Führung des Stammes gegenüber den anderen Stammesmitgliedern. Sie benennen die Pflichten des Scheichs, die Gebühren oder die materiellen bzw. ideellen Abgaben, welche er einfordern kann, sei es von einer Gruppe oder einer Person des Stammes, um in der Lage zu sein, den Bedürfnissen und Aufgaben der Scheichwürde gerecht zu werden.

b) Die Gesetze zum Schutz der gemeinsamen Ländereien

Dies sind die Gesetze, welche der Stamm zum Schutz der Hirten und zur Bewahrung des natürlichen Lebensraums in den Gebieten erlassen hat, die im gemeinsamen Besitz des Stammes sind. Eingeschlossen sind hier Regelungen zur Nutzung der natürlichen Ressourcen, wie Weiden, Brunnen und landwirtschaftliche Nutzflächen.

---

[73] Ḥarbī (2000): 19ff.

c) Die mit der Moral zusammenhängenden Gesetze

Diese beinhalten Gesetze und Abmachungen, welche vom gesamten Stamm erlassen wurden und von den Stammesscheichs verbürgt werden. Sie beschreiben das Verhalten einzelner Personen innerhalb der Stammesgesellschaft. In erster Linie geht es hier um das Verbot von Übergriffen auf andere Personen oder Gruppen und die Vermeidung von Straftaten

d) Gesetze, die mit Bündnissen und den Beziehungen zu anderen Stämmen zusammenhängen

Hierunter fällt alles, was mit dem Solidaritätsbündnis innerhalb der Gruppe oder Allianzen zwischen dem Stamm und anderen Personen bzw. Stämmen zusammenhängt. Ziel ist es, die Bindungen innerhalb der eigenen Gruppe zu stärken und gleichzeitig eine Absicherung durch starke Bündnispartner nach außen zu erreichen. Von Bedeutung sind hier Fragen der Abstammung und des Ansehens.

e) Gesetze zu Schutzverhältnissen

Dies sind Gesetze zur Unterstützung von Schutzsuchenden und deren Eigentum im Falle der Auseinandersetzungen zwischen ihnen und ihren Gegnern. Sie beinhalten auch die Aufforderung zur Durchsetzung der Rechtsansprüche der Schützlinge. Bricht ein Streit zwischen zwei Personen aus und einer bedroht den anderen damit, dass er ihm mit Gewalt sein Recht nimmt bzw. seinen Gegner oder dessen Eigentum verletzt, so kann die mit der Verletzung bedrohte Person bei einer dritten Person Zuflucht vor dem Gegner suchen, dass ihm dort Recht geschieht. Damit nimmt diese Person dessen Recht wahr, wenn der Rechtsanspruch als erwiesen gilt. Oder sie unterbindet die Verletzung bzw. die Bedrohung des Schützlings, wenn es keinen Rechtsanspruch gibt.

Fā'iz Bin Mūsā al-Ḥarbī hat mit der Veröffentlichung der Text- und Dokumentensammelung zum Stammesrecht der Ḥarb einen wichtigen Beitrag zur Aufarbeitung und Einordnung dieser Themenstellung geleistet. In den zwei Bänden werden erstmals mehr als 250 Dokumente aus den oben genannten Bereichen veröffentlicht. Damit wird der Wissenschaft eine Quelle zugänglich gemacht, die bisher ihres gleichen sucht. Für die Forscher zum Gewohnheitsrecht galt bisher jedes einzelne schriftliche Rechtsdokument als Besonderheit, aus dem weitreichende Schlussfolgerungen gezogen wurden. Die Sammlung vervollständigt nun in hervorragender Weise die bisherigen Untersuchungen. Zusätzlich ist sie eine willkommene Ergänzung, und teilweise Revidierung, der Aussage, dass das Gewohnheitsrecht nur mündlich überliefert wird. Zweifellos stammt der Hauptteil der rechtlichen Überlieferungen aus den *sawālif-sawādī/'awāyid.* Doch zeigt es sich, dass auch die Beduinen an einer schriftlichen Fixierung ihrer komplizierten Rechtsnormen Interesse hatten.[74] Einschränkend muss man nur hinzufügen, dass die im Ḥiǧāz lebenden Ḥarb schon im 19. Jahrhundert einen hohen Anteil sesshafter Gruppen zu verzeichnen hatten und dies der Aufzeichnung ihrer Rechtsbräuche und Entwicklung einer eigenen Rechtsliteratur von Nutzen war.

[74] Gleiches gilt für den oben erwähnten *mubašši'*, den Leiter der *biš'a*-Zeremonie. Er führt über jede Verhandlung, jedes erlassene Urteil Buch, eine Quelle, die erst unlängst von der Wissenschaft erkannt wurde.

8. DIE GRUNDLAGEN DES GEWOHNHEITSRECHTS

Das Konzept des Gewohnheitsrechts ist eng mit dem Konzept der tribalen Gruppe verbunden, beide bedingen sich gegenseitig. Der Stamm bzw. die jeweilige Verwandtschaftsgruppe beruft sich auf bestimmte rechtliche Normen, deren Anerkennung und Durchsetzung vom Einzelnen verlangt wird. Dies ist ein Merkmal der Mitgliedschaft im Stamm. Nur wenn der Einzelne die Regeln befolgt, funktioniert die Gesamtheit.

In der tribalen Beduinengesellschaft fehlt es an einer zentralen Autorität. Ebenso gibt es keine offiziellen Organe der Durchsetzung zentraler Entscheidungen, wie eine Polizeitruppe. Die Beduinengesellschaft kennt hingegen ungeschriebene Regeln und Gesetze, die auf dem Gewohnheitsrecht basieren, welches über Jahrhunderte überliefert und weitergegeben wurde. Unter diesen Bestimmungen gibt es einige Regeln, welche die Vollstreckung des Urteils betreffen und erläutern:[75]

1) Wer zum Gericht oder Richter geht, tut dies freiwillig.
2) Die Institution der Bürgschaft
3) Einige Stämme übergeben Waffen oder einen Geldbetrag an eine dritte, neutrale Partei. Wird das Urteil des Richter anerkannt und vollstreckt, erhalten sie dieses Dinge zurück. Geschieht dies nicht, gilt dies als Verletzung der Ehre der dritten Partei und hat wiederum strafrechtliche Konsequenzen.
4) Stimmt eine Partei dem Urteil zu, weigert sich aber, dieses umzusetzen, kann es sein, dass sie von den anderen Gruppen gesellschaftlich geächtet werden. Dies spiegelt sich vor allem in den Heiratsbeziehungen wider

Die Grundlage des Gewohnheitsrechtes war in der Vergangenheit die Aufrechterhaltung der Kampfstärke eines Stammes, der alle anderen Faktoren, wie Vieh, Frauen und Kinder, untergeordnet waren.[76] Heute ist es die Mitgliedschaft in einem überlebenswichtig gewordenen Netzwerk, welches die Stammesgemeinschaft dem einzelnen Mitglied bietet. Ohne die Hilfe und Solidarität ist es in der schnelllebigen modernen Gesellschaft chancenlos.

Ḥadīd bestätigt für die 90er Jahre die Tendenz, dass die Stammesmitglieder sich noch immer auf den Stamm bei der Durchsetzung ihrer Rechtsansprüche verlassen. Auch die oft gehörte Redewendung „Ich und mein Bruder gegen

[75] Ğūdī (1991): 96-98
[76] Kennett (1925): 27

meinen Cousin; ich und mein Cousin gegen den Fremden" erfreut sich weiterhin großer Beliebtheit.[77]

8.1. Die kollektive Verantwortung der Blutsgemeinschaft

Die *ḫamsa*[78], lit. fünf, umfasst die Gesamtheit blutsverwandter Angehöriger eines Mannes bis zum fünften Glied. Diese Gesamtheit ist im Falle eines Mordes der Blutrache unterworfen und zwar aktiv, d.h. Blutrache ausübend (einschließlich des 5. Grades), und passiv, d.h. der Blutrache ausgesetzt (ausschließlich des 5. Grades). Will die Familie des Mörders der Tötung eines ihrer Mitglieder entgehen, so genügt es, dass die Verwandten der nächsten vier Graden in der Fremde Zuflucht und Asyl suchen, während ein dem 5. Grade angehöriger Verwandter zu eventuellen Versöhnungsgesprächen zurückbleiben kann. Um die Nichtmitgliedschaft in der *ḫamsa* zu beweisen, muss man eine besondere Zeremonie durchführen und einen Eid sprechen.[79]

8.1.1. Die kollektive Verantwortung in Strafsachen

Begeht eine Person ein Verbrechen an einer anderen Person, so ist es üblich, dass die gesamte Gruppe des Täters die Verantwortung dafür trägt. Ebenso trägt die ganze Gruppe des Opfers die Verantwortung für die Durchführung der Bestrafung, z.B. der Blutrache. Beginnt die Straftat auf einer individuellen Ebene, so wechselt sie anschließend auf eine gesellschaftliche Ebene. Jedes Mitglied des Stammes des Opfers kann nun die Bestrafung auf eine ihr angemessene Art und Weise durchführen. Allgemein verteilt sich die Verantwortung, die aus einer Straftat resultiert, auf die Gruppe des Opfers und des Täters.

8.1.2. Der Rahmen der Verantwortung

Die kollektive Verantwortung beruht auf der väterlichen Blutsverwandtschaft, der *ḫamsa*. Im Falle eines Verbrechens, dass ein Mitglied der Gruppe begeht, wird dieses im Nachhinein unterstützt und gegen jeden Angriff von Seiten des Stammes des Opfers verteidigt, entsprechend der Regel: Ich und mein Bruder gegen meinen Cousin; ich und mein Cousin gegen den Fremden. Ereignet sich eine Straftat innerhalb der engen Verwandtschaftsgruppe, dehnt sie sich auf die Brüder und Cousins aus. Ereignet sie sich unter zwei Abteilungen eines Stammes, ist der gesamte Stamm involviert. Umfasst der Streit zwei Stämme, so stützt sich die Verantwortung auf die eigentliche Blutsverwandtschaft der beiden

---

[77] Ḥadīd (1989): 37

[78] Andere Vokalisierungen des Wortes sind möglich und dialektal bedingt: *ḫumsa*, *ḫumsīya*.

[79] Bräunlich (o.J.): 81

beteiligten Parteien. Der Wohnort der Stämme und Personen spielt dabei keine Rolle, ebenso wenig Ländergrenzen.

Die Verantwortung liegt also z.B. im Falle eines Mordes nicht nur auf dem Mörder selbst, sondern umfasst alle Mitglieder seiner ḫamsa, in manchen Fällen alle Mitglieder des Stammes. Ebenso ruht die Verantwortung zur Durchführung der Blutrache nicht allein auf dem direkten Nachkommen des Opfers, sondern erstreckt sich ebenfalls auf die Verwandtschaftseinheit „Blutrache", die der *ḫamsa* analog ist. Auch bei der Zahlung der *diya* kommt diese Wechselbeziehung zum Tragen, insofern sich die Mitglieder dieser Gruppe an der Zahlung beteiligen und bei der Verteilung berücksichtigt werden.

Jedes Mitglied der *ḫamsa* ist für die Taten der anderen Mitglieder mitverantwortlich, d.h. im Falle der Blutrache müssen sie die Konsequenzen mittragen. Das gilt sowohl für die Täter- wie auch für die Opferseite. Die *ḫamsa* umfasst fünf Generationen im engeren Sinne:

1) Den Großvater.
2) Seinen Sohn und Onkel väterlicherseits.
3) Den Täter selbst, seine Brüder und Cousins väterlicherseits.
4) Seine männlichen Kinder und die seiner Brüder.
5) Seine Enkel.[80]

Da sich der Täter und seine engsten Verwandten nicht selbst von der Verantwortung freikaufen können, wie andere Verwandte durch die Zahlung des Kamel des Schlafes, müssen sie zu einem anderen Stamm fliehen und dort um Schutz nachsuchen, um so der sofortigen Rache zu entgehen.

8.1.3. Die Funktion von Zählung und Ausschluss, *aṭ-ṭulū' wa'l-'add*

Durch diese beide Faktoren wird die Verantwortung näher bestimmt. ṭulū' ist die Befreiung bzw. der Ausschluss von der gemeinschaftlichen Verantwortung, manchmal durch Bezahlung eines Betrages, wie des Kamel des Schlafes, oder auch ohne jeglichen finanziellen Ausgleich. Dies entscheidet sich von Fall zu Fall. Hat ein Stammesmitglied ein Verbrechen begangen, so können sich die anderen Stammesmitglieder nur durch die Durchführung die *al-'add*-Zeremonie von der gemeinschaftlichen Verantwortung befreien. Wer diesen Prozess ablehnt, unterliegt weiterhin den regulären Bestimmungen der Strafverfolgung, d.h. im Falle von schweren Straftaten dem Rückzug.

[80] Chelhod (1971): 277

Damit aber kleine Strafsachen nicht zu großen Konflikten ausufern, entwickelte sich ein Prinzip der Beschränkung der Verantwortung für die Straftat auf eine geringere Anzahl von Personen des Stammes. Dieses Prinzip nennt man *al-'add*, die Zählung. Sie macht den Grad der Verwandtschaft zwischen dem Täter und den anderen Stammesangehörigen deutlich und wird auf einer besonderen Ratssitzung ausgeführt. Hauptakteure sind Spezialisten in Fragen der Abstammung. Sie beschränken die Verantwortung auf den Täter und seine Verwandten bis ins fünfte Glied, während die anderen Verwandten von der Verantwortung befreit sind.

8.1.3.1. Methode und Bestimmungen der Zählung

Zwei Prinzipien werden bei der Zählung angewendet:

1.) Man kann die Zählung bei gemeinsamen Großvater der Gruppe beginnen, den die Beduinen den Baumstumpf[81] nennen. Er ist der Großvater, bei welchem der Täter und seine Verwandten, die den *ṭulū'* beantragt haben, zusammentreffen. Dies ist der erste Grad in der Verwandtschaft. Sein Sohn ist der zweite Grad, sein Enkel der dritte. Der Sohn des Enkel ist der vierte Grad und der Enkel des Enkels der fünfte.

2.) Man kann die Zählung mit den beteiligten Abteilungen beginnen, d.h. man beginnt mit der eigentlichen Person und zählt dann aufwärts bis zum Großvater des Großvaters.

Folgende Bestimmungen müssen beachtet werden:

1) Das Gewohnheitsrecht gibt der Familie des Opfers das Recht, sich an der Familie des Täters zu rächen, und zwar theoretisch an jedem Verwandten des Täters. Es sei denn, vorher hat es eine Zählung und einen Ausschluss gegeben.[82]
2) Die Verantwortung symbolisiert sich in der rechten Hand, d.h. nur so viele Generationen wie Finger an einer Hand fallen unter die gemeinschaftliche Verantwortung. Alle anderen sind von ihr befreit.
3) Die Verwandten vom vierten Grad an können das Schlafkamel anbieten, d.h. sie unterliegen zwar der Verantwortung, aber nicht im gleichen Maße wie die anderen Generationen. Sie dürfen nicht getötet werden und können in ihr Stammesgebiet zurückkehren. Das Kamel des Schlafes muss drei Tage nach Begehen der Straftat, d.h. nach der Aufwallung des Blutes, bezahlt werden.

---

[81] *al-qarma*

[82] Mušāriqa (1988): 249-50

4) Die Verantwortung beschränkt sich auf den Täter und die Verwandten bis zum vierten Grad, die restlichen Verwandten sind frei von der Verantwortung. Die Verwandten im vierten Grad können das Kamel des Schlafes anbieten, wenn die Familie oder der Stamm des Opfers dem zustimmen. Sie können dies aber auch ablehnen, womit die Verwandten im vierten Grad weiterhin die volle Verantwortung tragen. In der Regel bieten alle Verwandten ab dem vierten Grad der Opferseite ein Kamel an, damit sie von der Verantwortung befreit werden und sicher gehen, dass sie nicht unter die Blutrache fallen. Es liegt dann an der Seite des Opfers, ob sie diese Kamel annehmen oder anderweitig die Sicherheit dieser Gruppen bestätigen.
5) In Ausnahmenfällen, wenn es nur fünf Generationen gibt, kann die Verwandtschaft im fünften Grade vollständig von der Verantwortung befreit werden. Doch auch dies geschieht nur mit Zustimmung der Opferseite.[83]
6) Die Verwandten bis ins dritte Glied sind vollständig mitverantwortlich für die Verbrechen des Täters.
7) Frauen spielen bei der Zählung keine Rolle. Die Zählung betrifft nur die männlichen Verwandten gleich welchen Alters. Das neugeborene Baby zählt genauso dazu wie der alte Mann
8) Bei der Zählung müssen Bürgen vorhanden sein, die für die richtige Durchführung und die anschließende Bekanntgabe des Ergebnisses verantwortlich sind.
9) Der Stamm des Opfers muss seine Zustimmung zur Zählung geben, sonst ist sie nicht gültig.
10) Beim anschließenden *ṭulūʻ*, d.h. nach Begehen der Straftat, hat der Stamm des Opfers das Recht, dies abzulehnen oder ihm zuzustimmen. Außerdem hat er das Recht, das Kamel des Schlafes von jeder Verwandtschaftsgruppe zu verlangen.
11) Beim vorangegangenen *ṭulūʻ*, d.h. vor Begehen der Straftat, ist der Stamm des Opfers dazu verpflichtet, das Kamel des Schlafes von der Verwandtschaft ab dem fünften Grade anzunehmen. Die Verantwortung erstreckt sich dann nicht mehr auf diese Verwandten, sondern beschränkt sich nur auf die Verwandten im vierten Grad, die auch das Kamel des Schlafes anbieten. Hier kann der Stamm des Opfers aber weiterhin entscheiden, ob er es annehmen möchte oder nicht.

8.1.3.2. Praktische Schritte der Zählung

1) Die *šabrīya*[84] wird von der mit der Zählung beauftragten Person mit der rechten Hand erhoben.

---

[83] Abū Ḥassan (1987): 275
[84] Mittelgroßer Dolch

2) Der Name des gemeinsamen Großvaters wird laut verkündet und dabei der Daumen erhoben. Er gilt als erster Grad der Verwandtschaftskette.
3) Dann wird der Sohn bzw. die Söhne des Großvaters genannt und dabei der Zeigefinger erhoben. Sie sind der zweite Grad der Verwandtschaftskette.
4) Dann werden die Enkel des Großvaters genannt und dabei der Mittelfinger erhoben. Sie sind der dritte Grad der Verwandtschaftskette.
5) Dann werden die Söhne der Enkel genannt und der Ringfinger erhoben.
6) Zum Schluss werden die Enkel der Enkel genannt und der kleine Finger erhoben. Der Dolch fällt zur Erde als Zeichen, dass die Verantwortung von den anderen Verwandten genommen wurde.

8.1.3.3. Der Zeitrahmen für die Durchführung der Zählung

Zählung und Ausschluss vor Begehen der Straftat

Dies nennen die Beduinen *aṭ-ṭulū' as-sābiq*. Er geschieht auf Forderung von einigen Stammesmitgliedern, bedarf aber der Zustimmung aller Beteiligten. Sonst wären beide Funktionen nicht bindend. Folgende Gründe können dazu führen, dass man den Ausschluss und die Zählung schon vorher verlangt:

a) Das Erwarten einer Straftat. Wenn einige Stammesmitglieder feststellen, dass Teile ihrer Abteilung sich ungewöhnlich benehmen und die Möglichkeit des Begehens einer Straftat besteht, so verlangen sie umgehend die Durchführung der beiden Zeremonien, Ausschluss und Zählung, um Probleme in der Zukunft zu vermeiden. Dies ist eine Vorsichtsmaßnahme, die zur Zügelung der Unruhe stiftenden Gruppe führen soll. Auf jeden Fall sind damit die anderen Gruppen von der Verantwortung für die Taten dieser Gruppe befreit.
b) Der Kampf zwischen Mitgliedern eines Stammes. Der Streit zwischen den Mitgliedern eines Stammes schwillt so stark an, dass die Forderung nach der Zählung untereinander erhoben wird, um somit eine Entflechtung der Streitparteien zu ermöglichen.
c) Unterlassene Hilfeleistung. Es kann passieren, dass einige Stammesmitglieder es unterlassen, ihren Kameraden und Verwandten Hilfe leisten, wenn sie diese benötigen. Das Ergebnis dieser Tat ist, dass diese Personen die Ausschluss von ihren Verwandten verlangen, denen sie nicht geholfen haben.

Das Ergebnis der Zählung wird von Bürgen garantiert, welche bei der Durchführung der beiden Zeremonien anwesend sind. Sie verpflichten sich für die Vollstreckung des Ergebnisses in der Zukunft. Beim vorzeitigen Ausschluss beschränkt sich die Zahlung des Kamel des Schlafes auf die Verwandten auf die

Verwandten des vierten Grades. Die des fünften und sechsten Grades müssen dies nicht tun.

Zählung und Ausschluss nach Begehen der Straftat

Dies nennen die Beduinen *aṭ-ṭulū' al-lāḥiq*. Grundlage ist, dass alle Mitglieder des Stammes des Täters als ihm gleichberechtigt beim Tragen der Verantwortung gelten. Beim bloßen Eintreten der Straftat beeilen sich viele Stammesmitglieder, die Zustimmung des Vertreters des Stammes des Opfers zur Durchführung der beiden Zeremonien zu erhalten. Diese Zustimmung ist wie gesagt unerlässlich. Lehnt er dies ab, bedienen sich diese Personen des Schutzverhältnisses der *daḫāla* im Angesicht eines bedeutenden Scheichs aus der Nachbarschaft, damit dieser Druck auf den Vertreter des Opferstammes ausübt, und dieser seine Zustimmung zur Durchführung gibt. Folgende Schritte sind dabei zu beachten:

a) Die Verwandten des Täters vom ersten bis zum dritten Grad verbleiben bei ihm. Sie gelten nicht als ausgeschlossen, sondern tragen weiterhin die volle Verantwortung.
b) Die Verwandten im vierten Grad bieten das Kamel des Schlafes an, wenn der Vertreter des Stammes des Opfers ihrem Ausschluss zustimmt. Er hat das Recht, dies abzulehnen, wodurch sie weiterhin der gemeinschaftlichen Verantwortung unterliegen.
c) Die Verwandten höheren Grades bieten dem Stamm des Opfers ebenfalls das Kamel des Schlafes an. Doch es obliegt der Großzügigkeit des Stammes, ob sie von der Verantwortung befreit werden, ohne dass sie ein Kamel bezahlen müssen.

8.1.4. Strafen, die aus der Verantwortung resultieren

Es gibt drei Arten von Strafen, die unmittelbar aus dem Zusammenhang der Verantwortung entstehen: Die Verfolgung, der Rückzug und die Ableistung. Sofort nach Begehen eines Verbrechens entsteht für die Verwandten des Opfers das Recht auf Verfolgung. Danach erfolgt der Rückzug des Täters und seiner Verwandten, welcher den Weg frei macht für die Einmischung von Experten und Richtern hinsichtlich der Beendigung des Falles. Als letzte Stufe folgt die Ableistung der Strafe für das Verbrechen und Beendigung der Auswirkungen der Straftat, was durch die Bürgen garantiert wird.

8.1.4.1. Die Verfolgung (aṭ-ṭard)

Wird ein Verbrechen an einem Stammesmitglied von einem Mitglied eines anderen Stammes begangen, so betrachtet der Stamm dies als eine Verletzung von jedem Stammesmitglied. Dadurch hat auch jedes Stammesmitglied das Recht auf die Wiedervergeltung. Dies nennt man *aṭ-ṭard*, was eine Ableitung vom arabischen Wort für Verfolgung ist, d.h. dass die Verwandten des Opfers das Recht haben, die Verwandten des Täters zu verfolgen für das, was der Täter getan hat. Die Möglichkeiten der Verfolgung sind vielfältig. Sie schwanken zwischen Warnungen an den Stamm des Täters über die Blutrache bis hin zur schärfsten Form, dem Überfall durch den gesamten Stamm in Form einer *ġazū*. Es gibt keine allgemeine Regel, welche die Möglichkeiten der Verfolgung bestimmt. Jedoch kann man sagen, dass sie sich auf drei Hauptfaktoren stützt:

a) Die Art der Straftat. Handelt es sich um ein Kapitalverbrechen wie Mord oder Ehre, so fallen die Verfolgungsmaßnahmen viel schärfer aus.
b) Die militärische und soziale Stellung des Stammes. Ein starker Stamm kann ein Verbrechen viel leichter rächen als ein kleiner, unbedeutender Stamm. Dabei vermeidet er es jedoch, sich an den Frauen, Kinder und Alten zu vergreifen, da er sonst sein Ansehen gefährden würde.
c) Die Stellung des Opfers. Hat die Person eine große Bedeutung, so kann schon ein Schlag mit der Hand ins Gesicht zur Blutrache, kriegerischen Auseinandersetzungen und Überfällen führen.

Der Verfolger und der Verfolgte

Die Beduinen nennen die Seite des Opfers auch Seite des Verfolgers, *aṭ-ṭārid*, und die Seite des Täters auch Seite der Verfolgten, *al-maṭrūd*. Man muss die Personen kennen, die unter den Verwandten des Opfers das Recht auf Verfolgung haben. Ebenso müssen die Personen bekannt sein, die verfolgt werden dürfen. Dabei muss man zwischen den Straftaten entsprechend des Opfers unterscheiden:

a) Eine Straftat gegen einen Verwandten. Wird ein Verbrechen innerhalb einer Familie oder zwischen zwei verbündeten Stämmen begangen, dann geht das Recht der Verfolgung auf die Verwandten des Opfers bis ins fünfte Glied über, d.h. die Verfolger sind die *ḫamsa* des Opfers. Sie dürfen den Täter und seine Verwandten bis ins fünfte Glied verfolgen, d.h. die Verfolgten sind die *ḫamsa* des Täters. Es ist in diesem Fall unabdinglich, dass die Verwandten des Opfers genau wissen, wer zur *ḫamsa* des Täters gehört, um die Verletzung Unschuldiger zu vermeiden. Manchmal ist es unmöglich, eine Trennung herbeizuführen, da Täter und Opfer zu eng miteinander verwandt sind. Die Bestrafung wie der Schadensersatz würde dann den gleichen Personen zufließen.

b) Eine Straftat gegen einen Fremden. Bei einer Straftat, die gegen ein Mitglied eines fremden Stammes erfolgt, liegt des Recht der Verfolgung beim gesamten Stamm des Opfers, und sind die Verfolgten der gesamte Stamm des Täters, da der Stamm des Opfers nicht zwischen den Angehörigen des Täters und unbeteiligten Stammesmitgliedern unterscheiden kann. Gewöhnlich ergeht an den Stamm des Täters eine Warnung mit der Aufforderung die *sawālif/sawādī/'awāyid* anzuerkennen, d.h. die üblichen Maßnahmen der Zählung und des Ausschlusses einzuleiten oder mit dem Rückzug zu beginnen.

c) Straftaten zwischen befeindeten Stämmen. Diese treten auf unter Stämmen, die miteinander Krieg führen. Diese Angelegenheit betrifft aber mehr das Niveau des Stammes als des Einzelnen, da beide Stämme als geschlossene Gruppe auftreten.

Maßnahmen, die aus der Verfolgung resultieren

Wenn der Täter feststeht, beginnen die Maßnahmen sofort und ohne Warnung. Ist der Täter nicht sicher bekannt, dann ist es erforderlich, dass eine Warnung über die Verfolgung an den Scheich des Stammes des Angeklagten gegeben wird. Sie wird durch einen Vermittler übermittelt.

Zu den wichtigsten Maßnahmen der Verfolgung gehören:

1) Der Raub des Eigentums
Im Gegensatz zum Raubzug, der einen gemeinschaftlichen Akt darstellt, wird hier der Raub des Eigentums von Individuen durchgeführt, d.h. Personen vom Stamm des Opfers rauben das Eigentum von Angehörigen des Stammes des Täters. Sie haben es dabei hauptsächlich auf die Herden und Kamele abgesehen. Dies geschieht in der Zeit der Aufwallung des Blutes, *faurat ad-damm*, wobei nicht zwischen dem Eigentum des Täters und dem Eigentum der Verwandten des Täters unterschieden wird. Die Beute wird anschließend innerhalb des Stammes des Opfers aufgeteilt. Es ist bemerkenswert, dass diese Beute später nicht in die Berechnung der *diya* oder des Schadensersatzes bei der Versöhnung mit einfließt. Erfolgt der Beutezug nach der Zeit der Aufwallung des Blutes, wird er bei der *diya* bzw. dem Schadensersatz mit angerechnet.

2) Die Blutrache
Wenn der Überfall eine gemeinschaftliche Racheaktion ist, dann ist die Blutrache eine individuelle, da ein Mitglied des Stammes des Opfers ein

Mitglied des Stammes des Täters tötet. Der andere Stamm muss aber darüber informiert werden, damit er sich vorbereiten kann. Bei der einfachen Blutrache tötet ein Mitglied des Stammes des Opfers den Täter. Verbirgt sich der Täter jedoch bei einem anderen Stamm oder steht unter einen Schutzverhältnis einer mächtigen Person, so wird eine andere Person aus der Blutsverwandtschaft des Täters an seiner statt getötet. Normalerweise flieht der Täter nach Begehen des Verbrechens in die *dīra* eines großen und starken Stammes, um dort Schutz zu suchen. Darüber wird der Stamm des Opfers informiert. Häufig versucht dann ein Mitglied des Opferstammes mehr über den Verbleib des Täters zu erfahren, indem er sich zu diesem Stamm begibt und dort die Verhältnisse untersucht. Er versucht, den Täter ausfindig zu machen, darf ihn aber nicht verletzen, außer wenn er sich weit außerhalb der Zelte des gastgebenden Stammes befindet. Ein Angriff auf den Täter innerhalb der dīra des Patrons gilt als ein Angriff auf den gastgebenden Stamm. Gelingt es dem Rächer, die Blutrache ordnungsgemäß zu vollziehen, kehrt er als gefeierter Held zu seinem Stamm zurück. Die Regel im *'urf* besagt: *aṯ-ṯa'r wa lā al-'ār*, d.h. die Blutrache löscht die Schande aus, welche der Stamm durch das Verbrechen erlitten hat.

3) Der kollektive Überfall

Er gilt als schwerste Form der Verfolgung, da sein Ausgang das weitere Schicksal zweier Stämme bestimmen kann. So gesehen ähnelt er einer kollektiven Blutrache, insofern der Stamm des Opfers das Verbrechen als einen Angriff auf sein tribales Ansehen betrachtet. Um dieses Ansehen wieder herzustellen, führt man einen Raubzug oder Überfall auf den Stamm des Täters durch. Dieser erhält eine Warnung über die Vorbereitungen zum Überfall. Doch manchmal gilt schon allein das Verbrechen als Kriegserklärung und man bedarf keiner weiteren Warnung. Der unterlegene Stamm muss sich nach dem Verlust seiner Herden und Kamel an einen anderen Stamm wenden, um materielle Unterstützung zu erhalten. In manchen Fällen führt dies zur Aufspaltung des Stammes und Assimilierung mit anderen Gruppen.

Fallbeispiele:

A) Der Mordfall 'Aiḍ Abū Nuwair[85]

Zur Zeit der Stammeskriege zwischen den Ḥuwaiṭāt und den Banū Ṣaḫr in den 20 Jahren des 20. Jahrhunderts versuchte 'Aiḍ Abū Nuwair von den as-Sulaimāniyīn von den Ḥuwaiṭāt, etwas von Ḥatmal Bin Zubn von den Banū Ṣaḫr zu stehlen. Während er sich den Zelten näherte, wurde er erschossen. Daraufhin richteten die as-Sulaimāniyīn die Verfolgung auf den Scheich Ḥatmal Bin Zubn, da bei Auseinandersetzungen zwischen zwei Stämmen immer der Führer des

[85] Abū Ḥassan (1987): 280f.

Stammes belangt wird, bei dem sich das Verbrechen ereignete. Scheich Zubn suchte nun seinerseits Schutz bei einem angesehenen Scheich der Ḥuwaiṭāt. Man kam überein, sich mit den Verwandten von Abū Nuwair bei Scheich Raṯ'ān Bin Ḏiyāb von den Maṭāliqa von den Ḥuwaiṭāt zu treffen. Die Verwandten von Abū Nuwair forderten, dass Ḥatmal entweder als Mörder verfolgt wird, er und seine *ḫamsa*, oder dass Ḥatmal den Mörder benennt. Letzteres wurde von Raṯ'ān und den anderen Scheichs abgelehnt. Es reicht aus, wenn Ḥatmal einen Eid schwört, dass er Abū Nuwair nicht getötet hat. So geschah es denn auch. Als Bürge der Unversehrtheit wurde Scheich Ǧalāl Abū Rukaiba von den as-Sulaimāniyīn ernannt. Im Nachhinein stellte sich heraus, dass der Mörder ein Ḥarbī war, der in der Nähe von Ḥatmal Bin Zubn zeltete.

B) Der Mordfall Ibn Nuwaifī[86]

Dieser Fall zog eine Reihe von Blutrachen nach sich und erstreckte sich bis in die Generation der Enkel der ursprünglich Beteiligten. Ungefähr im Jahre 1965 kam Salām Bin Nuwaifī aus den Wādī al-Fara' zu den Ẓawāhira/Ḥarb im Gebiet von Mahd aḏ-Ḏahab, um die Herden zu zählen. Er arbeitete für die saudische Regierung. Als er sich den Zelten näherte, begegnete ihm ein Mitglied der Muṭair namens Našī Bin Munī' al-Ḥilfī. Zwischen beiden entstand aufgrund eines Missverständnisses ein Streit. Nachdem Salāma weiter geritten war, wurde er unterwegs getötet. Die Verwandten von Salāma vom Stamm der al-Ḥawāzim/Ḥarb verdächtigten nun Našī, die Tat begangen zu haben. Im Verlauf der Verhandlungen meldete sich ein Zeuge, der bestätigte, dass Našī al-Ḥilfī Salāma getötet hat. Dieser verfolgte daraufhin den Zeugen Hizā' Bin Miḍyān und tötete ihn aufgrund seiner Aussage. Dann flüchtete er zu seinem Stamm nach Qasim. Nun zog Mubārak Bin Miḍyān aus und tötete Našī al-Ḥilfī aus Blutrache. Dies geschah im Jahre 1969 in der Nähe von Buraida. Im Jahre 1986 zog 'Auḍ Bin Nuwaifī, ein Enkel von Salāma, aus und tötete einen Enkel von Našī al-Ḥilfī in Ḫaibar.

8.1.4.2. Die Änderung der Stammeszugehörigkeit

Die Bindung einer Person an ihre Familie, ihre Abteilung und ihren Stamm ist eine feste und stabile Verbindung, auf der die gemeinschaftliche Verantwortung und gegenseitige Solidarität beruht. Es gibt aber auch Fälle, bei denen Stammesmitglieder die Zugehörigkeit zu ihrem Stamm beenden wollen und einem neuen Stamm beitreten.

1) Wenn die Person von ihrem Stamm aufgrund einer schweren Straftat gegen die Werte der Gemeinschaft ausgestoßen wird. Dann flieht sie zu

[86] Ḥarbī (2000): 201; Diskussionsforum

einer anderen Abteilung und bittet mit ihrer Familie und ihren Herden um Aufnahme.
2) Wenn der Stamm einer Person von einer Katastrophe heimgesucht und Opfer eines vernichtenden Überfalls wurde, bitten die Hinterbliebenen um Aufnahme in einen anderen Stamm.
3) Wenn die Person ihren Stamm aufgrund einer Dürre oder anderen Naturkatastrophe verlassen muss.

Will nun eine Anzahl von Gruppenmitgliedern die *ḫamsa* und somit die kollektive Verantwortung verlassen, so ist das im Gegenteil zum Individuum einfacher. Auch dieser offizieller Akt heißt *ṭulūʿ* und ist sehr selten. Ginat beschreibt einen zeitgenössischen Fall unter den Āl Atram im Negev.[87] Dieser *ṭulūʿ* kann aber erst erfolgen, nachdem die Streitigkeiten beseitigt sind.

Der in die Blutgemeinschaft Eintretende

Man nennt die Person, die in eine neue Blutgemeinschaft eintritt, *daḫīl ad-damm*. Sie trägt dann den Namen des neuen Stammes. Folgende Bedingungen müssen dabei erfüllt werden:

1) Der neue Stamm muss dem Eintritt zustimmen.
2) Die Person muss bezeugen, dass sie ihren alten Stamm verlassen hat und in den neuen Stamm eintritt.
3) Die Information muss den anderen Stämmen mitgeteilt werden.
4) Die Person verbrennt ihren *ṯaub*[88] und trägt einen neuen als Zeichen der neuen Mitgliedschaft.
5) Ein Schaf wird als Zeichen der Beendigung der Beziehung zum alten Stamm und des Beginns des Lebens im neuen Stamm geschlachtet.
6) Ein Scheich wird als Bürge ernannt, der garantiert, dass das neue Mitglied seinen Verpflichtungen nachkommt.

Pflichten des neuen Mitgliedes:

1) Er muss das Brandzeichen des neuen Stammes auf seinen Tieren verwenden.
2) Er muss mit seiner Familie und seinem Eigentum in die *dīra* des neuen Stammes ziehen.
3) Er und seine Familie tragen den Namen des neuen Stammes.
4) Er beteiligt sich mit dem neuen Stamm an der Verfolgung, dem Rückzug und den anderen aus der kollektiven Verantwortung resultierenden Maßnahmen,

---

[87] Ginat (1997): 108
[88] Das traditionelle, knöchellange weiße Gewand der Beduinen

da er als Verwandter fünften Grades der *ḫamsa* des Scheichs gilt, welcher der Aufnahme des neuen Mitgliedes zugestimmt hat.

Pflichten des neuen Stammes:

1) Er bietet dem neuen Mitglied, dessen Familie und Eigentum Schutz in allen Belangen.
2) Er hilft dem neuen Mitglied bei der Durchsetzung seiner Rechtsansprüche.
3) Er unterstützt das neue Mitglied materiell, soweit er dazu in der Lage ist.
4) Er erlaubt dem neuen Mitglied, den Namen und das Brandzeichen zu tragen und die *dīra* zu benutzen.

Fallbeispiele:[89]

A) Im Jahre 1920 trat ʻĀyiḍ Bin Mubārak al-Amīrī von den Ǧuhaina in die Blutgemeinschaft der al-Badārin/Ḥarb ein. Er heiratete eine ihrer Töchter und gründete eine eigene Familie innerhalb des neuen Stammes.
B) Im Jahre 1945 trat Sālim al-Ṭuwailiʻī von den Bin Kaḫīl/ʻAnaza in die Blutgemeinschaft von Nazzār al-Ǧāzī/Ḥuwaiṭāt ein und bildet bis heute eine eigene Familie.
C) Auch im Jahre 1945 trat Fahd al-Ḥauranī aus Bosra in Syrien in die Blutsgemeinschaft der Šaʻlān/Rwala/ʻAnaza ein und bildet bis heute eine eigene Familie.

8.1.4.3. Der Rückzug, al-ǧalāʼ

Sofort nach dem Begehen der Straftat verlassen die Angehörigen des Täters ihr Siedlungsgebiet, um jede Konfrontation mit der Familie des Opfers zu vermeiden. In den nächsten drei Tagen ist der Kontakt zwischen beiden Gruppen untersagt, da es in dieser Zeit leicht zu Racheaktionen und Gewalt kommen kann.

In den meisten Fällen akzeptiert die Familie des Opfers diese Regeln, da es leicht zu Blutvergießen auf beiden Seiten kommen kann. Und als Resultat dessen, kann es sehr leicht sein, dass sich diese Familie in der selben Lage befindet, wie jetzt die Familie des Täters. Außerdem kann sie somit ihren Großmut zeigen, was zur Mehrung ihres Ansehens beiträgt.

Wird die Tat von mehreren Personen begangen, legt der Richter den einzelnen Grad der Verantwortung fest.

---

[89] Diskussionsforum; Interview mit Fahd al-ʻAnizī am 08.01.2000

Die Grundlagen des Rückzuges

1) Einige Straftaten verlangen, dass sich der Täter und seine Verwandten bis ins vierte Glied für eine bestimmte Zeit vom Schauplatz des Geschehens zurückziehen. Dieser Rückzug umfasst die Familien und das Eigentum und dient der Einleitung der Versöhnung. Sie ziehen zu einem neutralen Stamm oder in ein Gebiet, das traditionell als Rückzugsort genutzt wird. So war die *dīra* der Duġairāt von den Šammar das Rückzugsgebiet für den gesamten Stamm. Später wurde dies auf den gesamten Stamm der 'Abda ausgedehnt.[90] Damit soll verhindert werden, dass sich die Familie des Opfers zu einer voreiligen Rache hinreißen lässt.
2) Der Rückzug ist eine kollektive Strafe, die den Täter und seine *ḫamsa* betrifft, und für Kapitalverbrechen[91] ausgesprochen wird.[92]
3) Ereignet sich ein solches Kapitalverbrechen, muss der Täter sein Stammesgebiet verlassen und mit seiner *ḫamsa* in das Gebiet eines anderen Stammes ziehen. Sind Täter und Opfer von verschiedenen Stämmen, die auch nicht durch ein Bündnis miteinander verbunden sind, dann kann die Täterseite bei ihrem Stamm bleiben.[93]
4) Alle Stämme stimmen darin überein, dass der Rückzug nur für die Männer der Verwandtschaftsgruppe und nicht für die Frauen gilt. Wenn eine Frau die Mörderin war, so muss ihr Stamm die *diya* bezahlen und den Rückzug machen. Die Frau muss nicht, kann aber freiwillig mit ihrem Mann oder Bruder mitziehen.
5) Ereignet sich ein Mord innerhalb einer Großfamilie, verschärfen sich die Bedingungen für den Rückzug. Der Täter muss mit seiner *ḫamsa* viel weiter weg als gewöhnlich ziehen und darf auch erst nach Ablauf einer Frist zurückkehren, die während der Versöhnung ausgehandelt wird.
6) Wurde eine Person verwundet und stirbt sie an dieser Verwundung, muss der Täter die *diya* zahlen, aber nicht ins Exil gehen.[94]
7) Die zwei anderen schweren Straftaten, Hausfriedensbruch und Zerschneidung des Antlitzes, ziehen keinen Rückzug nach sich.
8) Der Täter muss so lange im Exil bleiben, bis die Versöhnung eingeleitet wird und seine Verwandten die '*aṭwa* von der Familie des Opfers erhalten haben.

---

[90] 'Azzāwī (1937): 417

[91] Bei den saudischen und jordanischen Stämmen wird die Strafe des Rückzugs nur bei Mord und Notzucht verhängt. Bei den irakischen Stämmen und im Sinai gibt es den Rückzug nur bei Mord und Ehebruch. Im Falle eines Tötung aus Notwehr oder zur Verteidigung des Besitzes wird kein Rückzug verhängt. Tötet man einen Dieb oder einen Mörder, so gilt dies Notwehr. In diesem Falle muss der Täter nur das Blutgeld zahlen und sich nicht zurückziehen.

[92] Abū Ḥassan (1987): 288

[93] Mušāriqa (1988): 249

[94] Tall (1997): 134

9) Wird während des Rückzuges der Täter oder ein Mitglied seiner Familie getötet, können die anderen in ihre dīra zurückkehren, da der Fall nun für sie als erledigt gilt.
10) Begibt sich der Täter zuerst in ein Schutzverhältnis und akzeptiert der Patron die *daḫāla* für insgesamt drei Tage, muss sich der Täter danach auf den Rückzug bei einem anderen Stamm begeben und dort erneut Schutz beantragen. *daḫāla* und Rückzug am gleichen Ort und zur gleichen Zeit sind nicht erlaubt.[95]
11) Bei besonders schweren Straftaten, welche die Werte der Stammesgemeinschaft verletzen, kann ein ständiger Rückzug angeordnet werden, was einem Ausschluss aus der Stammesgemeinschaft gleichkommt.
12) Ziehen sich der Täter und seine *ḫamsa* nicht zurück und kommt es in Folge dessen zu Übergriffen auf sie, haben sie kein Recht, dagegen zu klagen oder Schadensersatz zu fordern.

Die Pflichten des Stammes, zu dem sich der Täter zurückzieht

1) Vollständiger Schutz für die Personen und ihr Eigentum
2) Materielle Unterstützung
3) Begleitung beim Versorgen der Herden und Bereitstellung von Wasser für Mensch und Tier
4) Respektierung der Flüchtlinge. Aufstellen ihrer Zelte neben dem Zelt des Scheichs
5) Die Flüchtlinge können ihr ursprüngliches Brandzeichen weiter benutzen.
6) Unterstützung beim Holen des verbliebenen Eigentums aus dem ursprünglichen Stammesgebiet
7) Sie versuchen, für die Flüchtlinge die *'aṭwa* zu erreichen und die Versöhnung einzuleiten.

Selbst im Jahre 1999 wird das Prinzip des Rückzuges nach dem Begehen eines Mordes angewendet, obgleich es heutzutage zu politischen Missverständnissen führen kann.[96]

---

[95] Waṣfī Zakarīya (1983): 275

[96] Als Beispiel sei hier die "große Flucht" der 'Azāzima erwähnt, die aufgrund zweier Mordfälle den Sinai in Richtung Israel verließen. (s. 'Arafa 1999; al-Bayān vom 22.3.1999). Mitglieder der 'Azāzima töteten jeweils ein Mitglied der Diyāha und der 'Aṭāya. Noch vor der Versöhnungsverhandlung und einer auf 1,5 Mio. Guineen festgelegten *diya*, flüchteten die 'Azāzima nach Israel, was ihnen als Verrat angelastet wurde. Doch nur auf israelischem Staatsgebiet fühlten sie sich vor der Verfolgung durch die Angehörigen der Opfer sicher.

Die Ziele des Rückzuges

Einmal werden die Streitparteien voneinander getrennt, was zur Beruhigung der Gemüter und des Falles insgesamt beiträgt. Dann bedeutet er den Schutz von Leib und Gut des Täters und seiner Verwandten, die sonst einer regellosen Racheaktion ausgesetzt wären. Und schließlich ist er eine erste Form der Bestrafung, da er den Täter und seine Verwandten aus dem Schutz ihrer Gemeinschaft reißt.

Die Dauer des Rückzuges

Die Dauer des Rückzuges unterscheidet sich zwischen den einzelnen Stämmen innerhalb Saudi-Arabiens und bei den Stämmen der angrenzenden Länder. Manchmal beträgt er 3 Jahre, ein anderes Mal 5 oder 7 Jahre. Als Faustregel gilt, dass der Rückzug mit dem Erreichen der Versöhnung beendet ist. Sollte sie aber nach 3, 5 oder 7 Jahren immer noch nicht vollzogen sein, kehrt die Gruppe in der Regel zurück, selbst unter der Gefahr, einer Racheaktion ausgesetzt zu sein. Wenn eine Versöhnung vor Ablauf dieser Zeit herbeigeführt wurde, ist sie automatisch beendet. Unter den irakischen Stämmen wird sie entsprechend der Schwere der Strafe von den Richtern festgelegt.[97]

Der Unterschied zwischen Verbannung und Rückzug

Der Rückzug unterscheidet sich von der Verbannung, welche es auch im Gewohnheitsrecht gibt, in vielerlei Hinsicht. Der wichtigste Punkt ist, dass die betroffene Gruppe den Rückzug von selbst sofort beim Eintreffen des Verbrechens unternimmt. Die Verbannung ist jedoch nicht freiwillig. Beim Rückzug wird außer dem Gebiet des Stammes des Täters und der angegliederten Stämme kein bestimmter Platz festgelegt. Dies liegt im Ermessen der Gruppe und ihren Traditionen. Bei der Verbannung wird ein bestimmter Platz festgelegt, von dem sich der Täter nicht entfernen darf. Der Rückzug ist eine kollektive Strafe bis in das fünfte Glied, während die Verbannung meist nur den Täter selbst betrifft.

Im Jahre 1998 wurde in Jordanien ein Dokument veröffentlicht,[98] dass sich für die Abschaffung oder zumindest Revidierung des Rückzuges einsetzt. Nach den neuen Bestimmungen müssen nur noch die engsten Verwandten des Täters, Vater, Sohn und Bruder, ihren Wohnort verlassen und sich anderenorts niederlassen, um Racheaktionen zu vermeiden. Onkels, Neffen und Cousins brauchen sich demnach nicht am Rückzug zu beteiligen. Außerdem limitiert das

---

[97] Kīlānī (1972): 213
[98] Jordan Times vom 17.11.1998

Dokument den Rückzug auf ein Jahr, nach dessen Verlauf die betroffenen Familie wieder an ihren angestammten Wohnort zurückkehren kann.

8.1.4.4. Der Ausstoß aus der Gemeinschaft, tašmīs

Allen Beduinenstämmen ist das System der gemeinsamen Verantwortung eigen, d.h. jedes Mitglied einer Gruppe weiß, dass wenn es jemanden tötet, sei es auch aus Versehen, er einen Konflikt mit der gesamten Gruppe des Opfers beginnt, der bis zur Blutrache führen kann. Ist nun die eigene Gruppe davon überzeugt, dass eines ihrer Mitglieder verantwortungslos gehandelt hat, dann kann es aus der Gruppe ausgestoßen werden.

Die formelle Ausweisung erfolgt dadurch, dass die Gruppe ihn zum *mušammas* ernennt, d.h. derjenige, der in der Sonne steht. Im Irak benutzen die Beduinen das Wort *haḍar ad-damm*. Das ist jemand, dessen Blut vergossen werden kann, d.h. ohne Blutrache getötet werden kann.[99] Die Gruppe übernimmt keine Verantwortung mehr für ihn und beginnt, dies auch öffentlich kundzutun.

Von 1921-90 gab es in Saudi-Arabien unter den befragten Stammesgruppen nur zwei Fälle des Ausstoßens. Seit dieser Zeit nimmt die Zahl aber wieder zu. Heute sind es aber meist andere Gründe als die traditionellen, d.h. der Schutz des Wohlergehens des Stammes.

Die rächende Gruppe des Opfers kann nach der Verkündung des Ausstoßes nicht mehr von der Blutrache zurücktreten. Die *diya* von einem *mušammas* kann man nicht akzeptieren. Ebenso wenig gibt es die *'aṭwa*, da keine Verhandlungen mit einer Person geführt werden können, die nicht zu einer Gruppe gehört. Die Rächer müssen den *mušammas* also töten.

Ausgestoßen wird mit einer Mehrheitsentscheidung aller Gruppenmitglieder. Auch die betroffene Person kann erscheinen und sich verteidigen. Wurde auf Ausstoß entschieden, werden sofort die umliegenden Gruppen und Abteilungen informiert. Somit wird kundgetan, dass man nicht mehr die gemeinsame Verantwortung trägt.

Heutzutage wird *tašmīs* benutzt, um die Einheit und Solidarität des Stammes zu stärken und den Zusammenhalt nicht zu gefährden. Opfer sind meist junge Beduinen mit Jobs außerhalb der Stammesgemeinschaft in den Städten, welche die kollektive Verantwortung als Last empfinden und von den Stammesältesten somit zur Konformität gezwungen werden sollen. Ausstoßen ist heute nicht mehr nur die Bestrafung des Einzelnen, sondern gleichzeitig eine Warnung an

[99] Maǧallat al-'Irāq vom 1.12.1992

die anderen und somit gleichzeitig ein Mittel der Selbstverteidigung und der Abschreckung. Dieser dramatische Wandel ist nur ein Teil eines größeren Prozesses der Transformation im sozialen Leben und Organisation der Beduinen.

Insgesamt gesehen ist die kollektive Verantwortung und ihr Einschluss von fünf Generationen unter den Bedingungen der Sesshaftwerdung nur schwer aufrecht zu halten. In Jordanien erließ daher König Ḥusain ein Dekret, welches die Verantwortung nur auf drei Generationen beschränkt.[100] Unter den nomadisierenden Šammar-Beduinen ist sie jedoch immer noch in ihrer ursprünglichen Form, d.h. fünf Generationen umfassend, gültig.

Abschließend ein Beispiel für die gemeinsame Verantwortung aus dem Ḥiğāz in den 70er Jahren: Bei einem Autounfall wurde ein kleiner Junge getötet. Der Fahrer des Wagens war nun verpflichtet, die *diya* an den Vater des Jungen zu zahlen. Die Familie des Fahrers war in der Lage, sich von einem örtlichen Händler Geld zu leihen, welches dem Vater bei einer Vergebungszeremonie übergeben wurde. Später übernahmen auserwählte Mitglieder des Stammes die Verantwortung, um das Geld für die Zurückzahlung von allen Stammesmitgliedern einzusammeln. Darunter waren auch enge Verwandte des getöteten Jungen. Somit wurden alle Beteiligten auf bestmögliche Weise befriedigt.

8.2. Die Quellen des Gewohnheitsrechts

Durch das Studium von oralen Überlieferungen kann man viele Informationen über die Institutionen gewinnen, die das soziale und politische Leben von Beduinengemeinschaften regeln. Intertribale Konflikte werden durch verschiedene solcher Institutionen reglementiert, die dafür sorgen, dass die Konflikte nicht in Gemetzel und Blutbad ausarten. Zu ihnen gehören die Versöhnung, Schutzverhältnisse, aber auch verschiedenen Strafmaßnahmen.

Worauf bezieht sich der Stammesrichter nun, wenn er einen Fall behandelt und ein Urteil fällt, das von den Konfliktparteien auch akzeptiert werden soll?

1) Die rechtlichen Gewohnheiten der Stämme (*al-ʿurf al-ʿašāʾirī*)

ʿurf nennt man die gesammelten Bestimmungen, welchen die Beduinen über Generationen weitergeben und die das Leben in der Gemeinschaft regeln. Ihre Anwendung ist aus Angst vor der Bestrafung, die auch kollektive Auswirkungen haben kann, bindend. *ʿurf* gilt als die primäre Rechtsquelle der Beduinen.

---

[100] s. dort

2) Die Präzedenzfälle (*as-sawābiq al-qabalīya*)

Dies sind sich wiederholenden Urteile und Beschlüsse der Beduinenrichter in ähnlichen Fällen. Der Richter zieht bei der Urteilsfindung frühere Verordnungen zu vergleichbaren Fällen heran.

3) Das Brauchtum (*al-ādāt wa't-taqālīd*)

Es umfasst alle anderen gesellschaftlichen Normen und Traditionen, die keine verbindliche rechtliche Kontennation haben, aber aufgrund ihres Alters, ihrer Verbreitung und ihrer allgemeinen Anerkennung bindenden Charakter haben. Auch sie werden hauptsächlich mündlich überliefert. In der Literatur findet man drei verschiedene Bezeichnungen: *sawālif*, die bereits bekannten historischen Erzählungen, *sawādī* und *'awāyid*, zusammengefasst werden sie unter dem Begriff *'ādāt*. Manchmal ist eine Abtrennung zwischen rein rechtlichen und gesellschaftlichen Normen nicht möglich, da die Übergänge fließend sind. Behauptet einer, die Regeln für die Behandlung von Gästen gehören zum *'urf*, sagt der andere, dass ist reines Brauchtum. Zur Kennzeichnung des Bezug auf die Wertevorstellungen wurde daher die Bezeichnung *sawālif/sawādī/'awāyid* gewählt, unter der Maßgabe, dass sie Teil des Gewohnheitsrechts sind.

Die Quellen der Rechtsprechung im Islamischen Recht sind laut der islamischen *šarī'a* der Quran, die Sunna, der *iğtihād* und der *qiyās*. Auch die beduinischen Richter und Vermittler benutzen bei der Behandlung ihrer Fälle diese Rechtsquellen, doch haben sie bei weitem nicht den selben bindenden Charakter. Vielmehr gelten sie als sekundäre Rechtsquellen, die dem Urteil eine größere, da religiöse, Gewichtung geben sollen. Islamische Rechtsquellen werden in gemischten Fällen, d.h. bei Anwendung von *'urf* und *šarī'a*, zuerst genannt.

8.3. Zur Prozessordnung

Auch wenn die gewohnheitsrechtliche Prozessordnung dem islamischen Prozessrecht ähnelt, muss man doch einige Besonderheiten hervorbeben. Obwohl es keine kodifizierten Standards im Gewohnheitsrecht gibt, ähneln sich die rechtlichen Praktiken der Beduinen in den verschiedenen Gebieten. Ein Grund dafür ist die Ähnlichkeit der Lebensbedingungen und sozialen Organisation sowie der Abgeschiedenheit von den urbanen Zentren. Ein anderer ist, dass die Beduinen viele ihrer Gesetze in Form von Aussprüchen und Redewendungen oral überliefert haben und diese innerhalb bestimmter spezialisierter Familien weitergeben. Während der Verhandlungen hört man oft, wie sie diese Sprüche zitieren, um ihrer eigenen Interpretation des Gesetzes mehr Autorität zu verleihen. Eine weitere Erklärung für die weite Verbreitung dieser Regeln liegt in einem möglichen gemeinsamen Ursprung in der Vergangenheit, wahrscheinlich im Süden der Arabischen Halbinsel, von woher die meisten Stämme in ihre heutigen Gebiete ausgewandert sind.

In erster Linie ist es dem Geschädigten selbst überlassen, sich zu seinem Recht zu verhelfen. Unterstützt wird er dabei von einer Reihe juristischer Prinzipien und Maßnahmen sowie den allgemein vorherrschenden Moralauffassungen und Werten der beduinischen Gemeinschaft.

Ebenso ist die Ausübung des Strafvollzuges Privatsache. Bei Straftaten, die mit Fragen der Ehre verbunden sind, kann der Geschädigte sofort die Strafe, d.h. die Rache, vollziehen. Nur wenn der Geschädigte nicht in der Lage ist, sich selbst Recht zu verschaffen, wendet er sich an die bekannten richterlichen Instanzen, z. B. die Experten in Fragen um Land oder Pferde. Diese werden von beiden Parteien im Konsens gewählt. Vor dem Beginn der Verhandlung muss von beiden Seiten eine Gebühr bezahlt werden, die der Sieger im Streitfall am Ende zurückerhält. Ziel des Richters ist es, einen Vergleich herbeizuführen. Scheitert er damit, fällt er nach besten Wissen ein Urteil, welches dann verbindlich wird, wenn ihm beide Seiten zugestimmt haben. Im Nachhinein kann das Urteil durch das Eingreifen von einflussreichen Bekannten oder anderen wichtigen Personen abgemildert werden.

Das Rechtswesen der Beduinen kennt mehrere Parteien im Verfahren, den Kläger, den Beklagten, den Richter, den Zeugen und den Bürgen. Im Gewohnheitsrecht gibt es für den Angeklagten und den Ankläger besondere Begriffe: Der erste wird *al-maṭrūd*, der Verfolgte, genannt und der zweite *aṭ-ṭārid*, der Verfolgende. Ein Stellvertreter wird in manchen Fällen akzeptiert, besonders bei Fällen mit Frauen, bei denen um die Ehre oder die Schmach geht. Dann klagt der Mann für das Recht seiner Frau.

Sobald der Waffenstillstand abgelaufen ist und beide Parteien zur Versöhnung bereit sind, beginnt die Verhandlung. Diese läuft nach einem festen Schema ab, das zwar so üblicherweise angewendet wird, jedoch nicht vorgeschrieben ist:

Waffenstillstand - Anklageerhebung - Bestimmung des Prozessgegenstandes - Ernennung der Richter - Gerichtsgebühren - Vortragen der Anklage - Beweisaufnahme - Anhören der Zeugen - Eid - Ordal - Urteil - Ernennung der Bürgen - Versöhnung

Allgemeiner Ablauf

Das Gericht bringt beide verfeindete Seiten im Haus des Richters und ohne Waffen zusammen. Dann wird dem Kläger erlaubt, seine Klage vorzubringen, worauf sich der Beklagte verteidigen kann. Traditionell können sich beide Seiten vertreten lassen.

Die Anklageerhebung

Dem Kläger werden zwei besondere Rechte zugestanden: erstens kann er seine Klage zu Beginn der Sitzung vortragen. Zweitens kann er zur Antwort des Angeklagten bzw. dessen Verteidigung zur Falschheit der Anklage Stellung nehmen.

Schon auf einen bloßen Verdacht kann die geschädigte Partei vor einem Beduinenrichter eine Anklage gegen eine verdächtige Person erheben. Diese Schritt fällt den Beteiligten relativ leicht, insofern in der Regel beide Seiten freiwillig zum Richter gehen. Im Vorfeld des Verfahrens müssen keine Beweise vorgelegt werden. Auch das Wissen, dass im Falle der Verurteilung der Angeklagte auf die Unterstützung seines Stammes hoffen kann, erleichtert den Gang zum Gericht. Hat man keine Beweise für seine Anklage, zieht man den Eid oder das Ordal zu Hilfe.

Bestimmung des Prozessgegenstandes

Handelt es sich bei dem Fall um mehrere Verbrechen, wird vor der Anklageerhebung der eigentliche Prozessgegenstand festgelegt. Dies kann sich auf eine Teilbereich der eigentlichen Straftat oder den gesamten Fall beziehen. Gibt es eine solche Beschränkung, dann darf vor dem Richter auch kein weiterer Zusatz zur Anklage verhandelt werden.

Nach der Festlegung, die auch von einem Sachverständigen vorgenommen werden kann, einigt man sich auf den Ort und den Termin der Verhandlung. Für das Erscheinen vor Gericht kann auch ein Bürge gestellt werden. Das Nichterscheinen gilt als Schuldzuweisung für den Angeklagten bzw. verliert der Kläger seinen Rechtsanspruch. Legitime Gründe der Abwesenheit werden anerkannt.

Ernennung des Richter

Die Seite des Opfers wählt entsprechend der Art des Falles einen Richter. Dieser behandelt den Fall und fällt ein Urteil. Stimmt die Seite des Täters diesem Urteil zu, gilt der Fall als erledigt. Lehnt sie hingegen den Urteilsspruch ab, wählt sie selber einen anderen Richter, der den Fall von neuem behandelt. Kommt er zu dem gleichen Urteil wie sein Vorgänger, gilt das Urteil als endgültig und der Fall als abgeschlossen. Kommt er zu einem anderen Urteil, wird der Fall dem *ḍarā'ibī* vorgetragen, eine Art Überweisungsrichter. Er ernennt einen dritten Richter, der den Fall erneut behandeln soll. Kommt er zum selben Urteil wie einer seiner Vorgänger, gilt das Urteil als endgültig. Beide Seiten müssen ihm zustimmen.[101]

Eine andere Methode der Ernennung geschieht wie folgt: Beide Parteien versammeln sich im Zelt eines vorher bestimmten Scheichs. Dann wählt die Opferseite einen Richter aus einer neutralen Gruppe und einen weiteren Richter ihrer Wahl, sowie die Täterseite einen Richter ihrer Wahl. Anschließend kann jede Seite einen Richter abwählen und der verbleibende Richter behandelt den Fall.

Gerichtsgebühren

Bevor es zum eigentlichen Beginn des Prozesses kommt, müssen die Parteien eine Gebühr für den Richterspruch hinterlegen, von welcher der behandelnde Richter einen Teil für sich behält und einen Teil zurückgibt.

Die arabische Bezeichnung der Aufwandsentschädigung des Richters ist *rizqa*.[102] Sie obliegt gewöhnlich dem Verurteilten, wobei ihr Betrag entsprechend des Tatbestandes festgelegt wird, d.h. sie ist unterschiedlich bei Fällen von Blut, Ehre oder Zerschneidung des Antlitz. Ihr Betrag übersteigt die 1.000 SR nicht. In anderen Fällen beträgt sie 10% des Betrages, zu dem der Angeklagte verurteilt wurde, jedoch nicht mehr als 500 SR. In manchen Fällen reicht es aus, ein Essen zu Ehren des Richters und der anwesenden Personen zu veranstalten.

In den 30er Jahren[103] betrug sie in den Gebieten der syrischen Wüste:
- für ein Pferd 8 Dinar,
- für ein Kamel 400 Fils,
- Für die diya 10 Dinar,
- Für Ehrfragen sechs Kamele.

Im Ḥiğāz einigen sich die Parteien auf die Rechtsprechung von einem bestimmten Richter. Beide Seiten einigen sich auch auf die Zahlung einer

---

101 الحقين يأكلوا الحق الواحد
102 Ein anderer Terminus für diese Gebühr ist القضوة
103 'Azzāwī (1937): 421-22

materiellen Gebühr in Form von Geld oder Waffen, wie Schwertern, Pistolen oder Gewehren, welche dem Richtern unter Zeugen übergeben werden und die Vollstreckung des Urteils garantieren sollen.[104] Nach der Verkündung des Urteils nimmt der Gewinner seinen Anteil zurück, während der Anteil des Verlierers beim Richter bleibt.

Der Richter behandelt den Fall erst, wenn er mit den Höhe der *rizqa* einverstanden ist. Die Gebühr, welche der Angeklagte zahlt, nennt man *rizqat mubaṭṭal* und die Gebühr, die der Ankläger zahlt, nennt man *rizqat al-ḥaqq*. Auch für die Zahlung der *rizqa* gibt es Bürgen bzw. Zeugen.[105] Die siegreiche Seite bekommt anschließend ihren Anteil zurück.

Neben der materiellen Aufwandsentschädigung für den Richter gibt es noch eine ideelle, in Form von zusätzlicher Reputation. Gerade letzteres, das hohe Ansehen bei den anderen Stammesmitgliedern, ist heutzutage der wichtigere Lohn für den Richter, da die Familien, aus denen die Schlichter, Richter und Vermittler stammen, zu den wohlhabenden Familien des Stammes zählen. Zusätzliches Ansehen kann man sich aber nur durch Taten erwerben, die dem Wohle anderer dienen.

Das Vortragen der Anklage

Das Gericht tritt nun im Hause des Richters oder einem speziellen Ort zusammen und hört sich die Argumente der beiden Seiten an. Zuerst spricht der Ankläger und bringt seine Beweise gegen den Angeklagten vor. Der Kläger sagt: Ich klage bei Gott den und den an, der das und das gemacht hat. Anschließend kann sich der Angeklagte verteidigen. Der Richter beginnt daraufhin mit der Befragung beider Seiten.

Beweisaufnahme

Als Beweismittel werden Urkunden, Zeugen, Eid und das Ordal herangezogen. Urkunden sind in der von oralen Überlieferungen geprägten Stammesgesellschaft naturgemäß selten anzutreffen, daher ist die Zeugenaussage das wichtigste Beweisinstrument. Als Zeugen werden solche Menschen abgelehnt, die früher einen Meineid geleistet haben oder sonst einen schlechten Ruf besitzen. Lehnt der Angeklagte die Anschuldigungen ab, beauftragt der Richter den Kläger dies durch Zeugen zu beweisen. Wenn es keine gibt, dann wird der Angeklagte zum Eid verurteilt.

---

[104] Ǧūdī (1991): 104
[105] Waṣfī Zakarīya (1997): 259

Anhören der Zeugen

Auch über die Anhörung von Zeugen muss zwischen den Parteien Einigkeit bestehen. Jede Partei hat das Recht, den Zeugen der anderen Partei abzulehnen, wenn er nicht die notwendigen Voraussetzungen erfüllt. Lehnt der Angeklagte die Zeugen ab, muss der Eid herangezogen werden, mit dem eine Klage entschieden werden kann. Die andere Seite hat dann kein Recht mehr, den Streit fortzusetzen. Zur Feststellung der Schuld reicht schon ein Zeuge aus, der aber zur Zeugenaussage berechtigt sein muss.

Der Eid

Eine andere Art der Beweisführung ist der Eid. Die traditionelle Form, *al-yamīn*, mit einem Kreis auf der Erde, in welchen der Zeuge bzw. die vereidigte Person treten muss, findet man heute noch immer.[106] Dort schwört die Person im Namen Gottes und anderer heiliger Dinge, dass sie die Wahrheit sagt. Der Eid wird häufig in Verbindung mit religiösen Formeln und Gegenständen (Amuletten, Quran, Heiligengräber)[107] gesprochen. Leichtere Formen des Eides nennt man *ḥilf*, welche beim Kopf, dem Gürtel und anderen profanen Gegenständen geschworen werden. Die dritte Form ist der Eid beim Holz,[108] welcher nur vor dem *qaṣṣāṣ*, d.i. der Richter für Körperverletzungen, verlangt wird.

Das Ordal

Gibt es keine Beweise oder Zeugen bedient man sich vornehmlich des Eides, in manchen Fällen auch des Ordals, d.i. die *biš'a*-Zeremonie. Sie wird hauptsächlich bei Fällen angewendet, die von den Angeklagten abgestritten werden und für die es keine Zeugen gibt.

Das Ordal besteht bei den Beduinen der Untersuchungsregion aus der Zeremonie des Eisenleckens. Sowohl der Kläger als auch der Beklagte kann von der anderen Partei die Durchführung der Zeremonie verlangen. Zu ihrer Durchführung sind bestimmte Familien, u.a. eine vom Stamm der Billī in Saudi-Arabien, berechtigt. Das Amt ist innerhalb dieser Familien erblich.

---

[106] 'Abd al-'Azīz (1990): 63

[107] Die Heiligenverehrung ist nach wahhabitischer Auslegung des Islams nicht erlaubt. Viele Gräber von als heilig angesehenen Personen wurden deshalb zerstört. In den Grenzgebieten zum Irak und nach Jordanien findet der Brauch des Schwörens an Heiligengräbern jedoch noch immer statt.

[108] وحياة هذا العود والرب المعبود واليوم المشهود ومن أخضره وأيبسه رأيت كذا وكذا ...

Vor der Zeremonie werden die Einzelheiten schriftlich aufgezeichnet. Beide Parteien müssen Bürgen stellen: der Kläger einen Bürgen für die Sicherheit des Angeklagten, und der Beklagte einen Bürgen für die Sicherstellung der Zahlung. Das Fernbleiben von der Zeremonie gilt als Schuldeingeständnis. Vor Beginn der Zeremonie zahlen die Parteien eine Gebühr, und der *mubašši'* versucht eine Versöhnung herbeizuführen.

Das Urteil

Nach der Anhörung sucht der Richter ein vergleichbares Beispiel aus der Vergangenheit zum Vergleich und verkündet dann:

أنا من عندي ومن عند القضاة الذين قبلي, ومن عند أجاويد الله مثلكم أن فلانا هو المجرم وفلانا هو البريء.[109]

Meist noch am selben Tag verkündet der Richter sein Urteil. Schon vorher müssen die Garantieren zur Vollstreckung des Urteils gegeben werden.

Eine Methode der Urteilsfällung ist die gegenseitige Anrechnung von Straftaten, so es mehrere gegeben hat. Dabei ziehen sich die Richter oder das Gremium zur Beratung zurück und vergleichen die Vergehen beider Seiten miteinander. Wurden z.B. auf der einen Seite drei Männer in dem Streit getötet auf der anderen nur zwei, werden jeweils zwei Tote aus der Rechnung der *diya* weggelassen und nur ein Toter wird angerechnet. Die Beratung ist hierbei ein wichtiges Prinzip. In schweren Straffällen mit mehreren Verbrechen wird in der Regel ein Gremium aus drei Richtern den Fall behandeln, die sich gegenseitig unterstützen und beraten.[110] Es gibt drei Arten von Entscheidungen:

a) *riḍā*: Übereinstimmung,
b) *qaḍā*: Richterentscheidung,
c) *ṣulḥ/iṣlaḥ*: außergerichtlicher Vergleich.[111]

Berufungen sind möglich, aber an bestimmte Bedingungen geknüpft:

1) Der Angeklagte oder sein Vertreter bitten darum.
2) Der Richter stimmt dem zu.
3) Das Urteil wurde nicht von einem Richter *al-qalṭa* gefällt, dessen Entscheidungen nicht anfechtbar sind.

---

[109] Nach meinem Wissen und dem der Richter, die vor mir waren und den von Gott gegebenen Beispielen ist A der Täter und B unschuldig.
[110] 'Abd al-'Azīz (1990): 67
[111] Serjeant (1991): 34-35

Es gibt beduinische Gemeinschaften, die das Recht auf Berufung völlig ablehnen. Die Urteile sind endgültig in allen Fällen. Vielleicht geht es darauf zurück, dass die Richter in den meisten Fällen auch die Anführer der Stämme waren. Daher waren ihre Entscheidungen fast sakral und konnten nicht angefochten werden.

Eine neue Tendenz ist das Einlegen der Berufung gegen ein Urteil, welches von einem Beduinenrichter gesprochen wurde, bei einem islamischen Gericht.

Die Bestellung von Bürgen

Die Vollstreckung des Urteils wird in der Regel durch die öffentliche Meinung erzwungen, wobei zur Sicherung der Ausführung des Richterspruches oft noch Bürgen ernannt werden. Jedes Urteil muss von Bürgen garantiert werden. Dies ist einmal der Bürge der Bezahlung der Summe, zu welcher der Angeklagte verurteilt wurde und andererseits der Bürge der Sicherheit für den Angeklagten nach Verkündung des Urteils. Weigert sich die verbürgte Person, ihren Zahlungsverpflichtungen nachzukommen, muss der Bürge einspringen. Danach kann er den Betrag von der verbürgten Person zurückverlangen.

Die Versöhnung

Die Versöhnung ist die Mutter aller Urteile:[112] Ziel der beduinischen Rechtsprechung ist der Ausgleich zwischen den Streitparteien. Daher gilt als oberstes Gebot in allen Stufen des Prozesses die Herbeiführung einer Versöhnung und Vermeidung weiterer Vergehen.

8.4. Die Richter und Gerichte

Neben den staatlich eingerichteten Gerichtshöfen gab und gibt es in den ruralen Siedlungszentren im Ḥiǧāz und Naǧd auch immer traditionell eingestellte Instanzen innerhalb der Stammesgemeinschaft, die sich mit bestimmten Rechtsgebieten entsprechend des Gewohnheitsrechts befassen. Ihre Autorität beruhte auf Sachkenntnis, ihrem Ansehen und ihrer vererbten Stellung.

Die allgemeine Bezeichnung für die Richter bei den Beduinen ist *'ārifa/'awārif*. Die *'awārif* sind besondere Stammesmitglieder, die über lange Zeit schon tribale Fälle lösen.[113] Sie fällen ihre Urteile nach dem vorherrschenden Gewohnheitsrecht und müssen die überlieferten Traditionen und Gewohnheiten der

---

112 الصلح سيد الأحكام

113 Aḫraṣ (1961): 126

Beduinen im allgemeinen und ihres eigenen Stammes im besonderen kennen, woran auch die Vollstreckung des Urteils gebunden ist.

Der Richter kann sich nicht selbst zum Richter ernennen, dies ist Aufgabe der Gesellschaft, hier der Prozessparteien, die ihn zum Schiedsrichter wählt, wenn er über einen guten Ruf und gute Kenntnisse verfügt. Diese Kenntnisse umfassen nicht nur die Rechtsbräuche, sondern auch die Abstammungslehre und Geschichte. Die Funktion des Richters wird in den meisten Stämmen innerhalb einer Familie oder Untergruppe vererbt, was aber nicht automatisch zur Anerkennung des Sohnes als Richter führt. Bevor der Sohn als Richter der Gruppe anerkannt wird, muss er bestimmte Qualitäten aufweisen, u.a. die Kenntnis der rechtlichen Bräuche und der sozialen Hierarchie seiner Gruppe sowie einen guten Ruf haben, die ihn zu diesem Amt befähigen.

Es ist wichtig, dass man betont, dass die Urteile von neutralen Personen mit Sachkenntnis gefällt werden. Daran hängt ihre Reputation für zukünftige Aufgaben. Wenn sie selbst die Lösung des Falles nicht wissen, dann studieren die rechtlichen Bestimmungen vergangener Urteile und entlehnen aus ihnen die Entscheidung, die damit rechtmäßig wird. Der Rückgriff auf frühere Präzendensfälle ist ein gewohnheitsrechtliches Mittel der Urteilsfindung nach der schon die Vorfahren arbeiteten. Sie entwickelte sich bei den Beduinen zu einer Tradition, der die *šarī'a*-Richter durchaus positiv gegenüber standen aufgrund der Integrität der Stammesrichter, der teilweisen Akzeptanz von 'urf im Islamischen Recht und der gegenseitigen Kompromissbereitschaft.

Auch für den Beduinenrichter gilt: Er sollte umfassendes Wissen von den Bräuchen der Gemeinschaft haben, die er in Streitfällen vertritt. Daher ist es vorteilhaft, wenn er die richtigen juristischen Begriffe und Ausdrücke sowohl aus dem Bereich des Rechts als auch die jeweilig vorherrschenden Dialekte kennt. Die Stammesmitglieder haben besondere Ausdrücke für ihre Verhaltensweisen, zur Scheidung, dem Testament, der Bürgschaft, dem Eid, Kaufen und Verkaufen, Schutz, Schenken, usw., die sich von Stamm zu Stamm und von Region zu Region unterscheiden.[114]

Die Fähigkeit, als Vermittler aufzutreten, entwickelt sich mit der Zeit und verlangt lange Erfahrung im Umgang mit Menschen, die in juristischen Auseinandersetzungen anders als gewöhnlich reagieren können, besonders wenn es sich um Fragen der Ehre handelt. Dieses Wissen setzte Informationen über Beteiligten, ihre Familien, Genealogien, Vorrang und Werte voraus. Dieses Hintergrundwissen lässt sich nicht einfach so aneignen, daher findet man hauptsächlich ältere Männer als Richter, deren Familien dieses Amt schon lange

[114] Muṭairī (1998): 19

ausüben. Da die meisten Verhandlungen im Haus des Richters stattfinden, muss dieser seine Gäste auch versorgen, d.h. ein Vermittler bzw. Richter muss über entsprechenden Reichtum verfügen. Für die junge Generation tut sich indes ein neues juristisches Betätigungsfeld auf, die Zusammenarbeit mit den Regierungsstellen auf verschiedenen Ebenen. Hier sind Qualitäten und Informationen erforderlich, die den Älteren nicht zugänglich waren und sind, wie die Fähigkeit, ein Netzwerk an Beziehungen und Abhängigkeiten aufzubauen und die nötigen Kenntnisse, sich im Sumpf der Bürokratie nicht zu verlaufen.

In einem Rechtsstreit kann neben dem eigentlichen Richter aber auch der Scheich des Stammes als Schlichter oder Schiedsrichter auftreten. In der Regel gibt es in den meisten Stämmen aber eine Familie, in der das Richteramt erblich ist. Der Erfolg des einzelnen Richters hängt immer von seinem Ruf, seiner Fähigkeit und Persönlichkeit ab.[115]

Neben den Richtern und Vermittlern spielen auch andere Personen eine wichtige Rolle bei der Beilegung von Streitfällen. Das sind bis zu einem gewissen Grad die Stammesführer selbst und schließlich die „Großen Männer" des Stammes, *al-kibār*. Dies ist kein Titel oder Name sondern eine ehrenamtliche Funktion der Vermittlung zwischen Stamm und Staat. Der altgediente Begriff der Notabeln passt hier m.E. am ehesten.

Somit lassen sich drei Arten von Personen mit judikativen Befugnissen erkennen: der Scheich, der Richter und der Vermittler. Letzterer zeichnet sich hauptsächlich durch seinen guten Ruf, Einfluss und Autorität aus und weniger durch die Kenntnis von Rechtsbräuchen. Doch auch er ist in der Lage, eine Versöhnung auszuhandeln. Der Unterschied zwischen Vermittler und Richter besteht weiterhin darin, dass letzterer einen Anspruch auf eine Aufwandsentschädigung hat, der Vermittler hingegen nicht. Dies ist noch mehr ein Ehrenamt als das des Richters.

Fallbeispiel: Hinsichtlich ihrer richterlichen Funktion waren die Emire der Āl Rašīd Vermittler in Disputen. Hingegen waren die Imame der Āl Sa'ūd Richter, die das göttliche Gesetz der *šarī'a* anwendeten. Auch die Āl Rašīd benutzten das Islamische Recht und bedienten sich der Richter in Hail zu verschiedenen Anlässen, jedoch fällten sie keine Urteile nach dem Gewohnheitsrecht. Doch war dies, besonders seine Bestimmungen zur Regelung von Mordfällen, unter der Bevölkerung weit verbreitet. Die Emire erhielten Tribute, Schutzzölle entsprechend den tribalen Bräuchen, während die Imame die *zakāt*

---

[115] Musil (1907-08): 336ff.; Barġūtī (1922): 4ff.

einsammelten. Bei der Verteilung der Beute folgten die Āl Rašīd hingegen wieder den Normen des Gewohnheitsrechtes.[116]

Während in Hail und Medina selbst Richter tätig waren, die aus Riyadh geschickt wurden und nach der wahhabitischen Lehre arbeiteten, wurden alle Rechtsangelegenheiten außerhalb der Stadtmauern und natürlich auch in den anderen Gebieten der *dīra* der einzelnen Stämme von Vermittlern und Stammesrichtern entschieden. In Kreisen der etablierten islamischen Rechtsgelehrten der Städte galten diese Gewohnheitsrichter bzw. die Richter, die beide Systeme anwandten, als Ungläubige und Verführer.[117]

Für die Lösung eines Falles erhält der Richter eine Aufwandsentschädigung entsprechend des Falles vom Gewinner des Prozesses, dem Verlierer oder von beiden. Diese wurde einst in Kamelen heute aber in Geld bezahlt. Durch die Einnahmen verfügen die Richter über einen wesentliche größeren Besitz als die einfachen Stammesmitglieder.[118]

8.4.1. Die Ernennung des Richters

Der Richter kann den Fall nur mit Zustimmung beider Parteien behandeln. Lehnt eine Seite ihn ab, werden drei Richter ausgewählt, von denen jeweils einer von beiden Parteien abgewählt wird. Der verbleibende Richter behandelt dann den Fall. Ist eine Seite mit dem Urteil des Richters nicht einverstanden, kann sie sich an einen anderen Richter wenden. Dessen Urteil ist dann verbindlich.

Eine andere Methode der Ernennung gestattet den Verwandten des Opfers zwei Richter wählen zu können, der Angeklagte oder Verdächtigte jedoch nur einen. Beide Parteien müssen sich dann auf einen Richter einigen, indem jede Partei jeweils einen Richter abwählen kann. Ist eine Partei mit dem Urteil nicht zufrieden, kann sie Berufung bei einem anderen Richter einlegen, dessen Urteil dann bindend ist.

Die Ernennung von Richtern in fachübergreifenden Fällen[119]

In normalen Fällen, wenn beide Seiten den drei Richtern zustimmen, so ist deren Beschluss für beide Seiten bindend. Entsteht hingegen ein Streit zwischen ihnen über die Ernennung der Richter, z.B. einer sagt, die Sache gehört in den Bereich eines *'uqbī*s, d.h. die Sache fällt unter Ehrfragen, währenddessen die andere

[116] Rasheed (1991): 89-90
[117] Ḥarbī (2000): 36
[118] Stein (1967): 134-35
[119] Ǧūdī (1991): 87

Seite behauptet, die Sache gehört vor einen *manšid*, da es ein Hausfriedensbruch und die Zerschneidung des Antlitzes war, sagt dann eine der Parteien zur anderen zur Lösung des Konfliktes: „Wähle drei aus der Ehre der neun",[120] d.h. sie schlägt vor, jeweils drei Richter von jeder Fachgruppe zu nehmen. Eine dritte neutrale Seite schlägt drei weitere allgemeine Richter vor.

Fallbeispiel:

Es gab einen Fall, in dem Muḥammad ar-Rauwāf von den ʻUqailāt zum Richter ernannt wurde und das Urteil sprach. Der Verurteilte beschwerte sich daraufhin bei Scheich ʻUmar Bin Sālim, dem šarīʻa-Richter von Buraida. Nachdem diesem die Einzelheiten des Falles dargelegt wurden, sprach er: *„Muḥammad ar-Rauwāf hat sich bemüht. Und solange ihr seiner Richterschaft zustimmt, so lange musst ihr auch seinen Entscheidungen zustimmen."*[121]

8.4.2. Die Einteilung der Richter

Es gibt unter den Beduinenrichtern Klassifizierungen, wie es sie auch an staatlichen Gerichten gibt. So findet man einen Richter der ersten Instanz, der Berufung und der Revision. Ebenso wie es verschiedene Straftaten im Gewohnheitsrecht gibt, werden auch bei der Wahl, dem Fachbereich, der Ernennung und Einteilung der Beduinenrichter Unterschiede gemacht.

Ein besonderes Ansehen bei eherechtlichen Streitigkeiten und Ehrenverletzungen hatten sich in Norden der Arabischen Halbinsel die Banū ʻUqba erworben, so dass die Bezeichnung *al-ʻuqbī* heute Bezeichnung für einen Richter auf diesem Gebiet geworden ist.[122]

Bestimmte Familien stellen Richter für die Untersuchung anderer schwerer Anklagen, so der *manšad*[123] bei blutigen Konflikten, oder der *mubaššiʻ* bzw. *muballiʻ*, der die Angeschuldigten einem Gottesurteil, dem Ordal, unterzieht, indem er sie mit der Zunge an einem glühenden Eisenstab lecken lässt.

In der Literatur wimmelt es von unterschiedlichen Bezeichnungen und Aufgabenbereichen, was durch eine fehlende Kodifizierung und das weite regionale Spektrum zu erklären ist. Im folgenden der Versuch der Einteilung von Mušāriqa, dessen Untersuchungsraum die Stämme um die Syrische Wüste

---

120 خذ ثلاثة من خشم تسعة

121 Muslim (1409/1989): 109f.

122 Šuqair (1916): 399

123 Musil (1908): Bd. 3, 209

umfasst, wozu man auch die Šammar und teilweise die Ḥarb im Naǧd zählen kann:[124]

1) *waǧh* oder *mulimm*: Hier versammeln sich die Streitparteien zum ersten Mal, um die Art der Klage zu definieren und den Richter zu bestimmen, der den Fall behandelt.
2) *mu'tariḍa* oder *kibār*: Finden die unter Punkt 1 genannten keine Lösung, wendet man sich an die *mu'tariḍa*. Diese versuchen ebenfalls die Klage und die Richter näher zu bestimmen. Sie haben aber auch schon das Recht, erste Versuche der Versöhnung zu unternehmen.
3) *ahl ad-diyār* oder *ahl al-iqṭā'āt*: Gibt es einen Streit um Ländereien, wenden sich die Beduinen an sie. Sie sind Landrichter und meistens Großgrundbesitzer mit speziellem Wissen in Ländereien, Erbrecht und den entsprechenden Strafen.
4) *ahl al-irsān*: Pferderichter.
5) *ahl ḥaqq al-waǧh* oder *manāšid*: Handelt es sich um einen Fall der Ehre oder des Einbruch in ein Haus, wendet man sich an sie, ebenso bei Zerschneidung des Antlitzes und Verletzungen, die beim Einbruch auftreten. Beschäftigt sich der manšad mit Fragen von Zerschneiden des Antlitzes, heißt er *mubaiyiḍ al-waǧh.*
6) *ḍarībīya* oder *zuǧūd*: Wenn es sich um ein Eigentumsdelikt handelt, wie Streit um Tiere, Diebstahl, *'adāya.*[125] Auch hier gibt es zwei Kategorien: Die *ḍarībīya* haben weniger Vollmachten als die *zuǧūd.*
7) *manāqi' ad-damm* oder *qaṣṣāṣ*: Wenn es sich um einen Blutfall handelt, wie Mord, Verletzungen.
8) *ahl al-'ašā'ir*: Wenn sich zwei Abteilungen oder Unterstämme vom gleichen Stamm streiten, wendet man sich an sie.

In Nordwesten der Arabischen Halbinsel, in den heutigen Staatsgebieten von Israel/Palästina, Ägypten (Sinai) und Jordanien unterscheidet Pritzsch insgesamt 12 verschiedene Richterformen:

1) Der *mulimm*. Er ist verantwortlich für die Durchführung der Vorverhandlung mit dem Ziel eines Sühneversuches. Gleichzeitig definiert er den Streitfall und den zuständigen Richter.
2) Die *kibār* bestimmen die Rechtsangelegenheit näher und verweisen den Fall an einen bestimmten Spezialisten.

---

[124] Mušāriqa (1988): 235-37

[125] *'adāya* ist das Ausborgen von Schafen zur Bewirtung von Gästen ohne Wissen des Besitzers des Schafes.

3) Die *ahl ad-diyār* werden in Grundstücks- und Landeigentumsfragen herangezogen.
4) Die *ahl ar-rasān* sind auf Pferdeangelegenheiten spezialisiert.
5) Die *ahl aṣ-ṣafā'* beschäftigen sich mit Kamelangelegenheiten.
6) Die *manāšid* sind für Fragen der Ehrverletzung einschließlich von Hausfriedensbrüchen verantwortlich. Sie befassen sich mit Fällen von Zerschneiden des Gesichtes, d.h. wenn der Bürge seinen Verpflichtungen nicht nachkommt. Daher werden sie auch „Weißmacher der Gesichter" genannt.
7) Die *ḍarībīya* bzw. *zuǧūd* untersuchen Geldangelegenheiten und Diebstähle.
8) Die *qaṣṣāṣūn* werden auch *manāqi' ad-damm* genannt und beschäftigen sich mit Tötungen und Körperverletzungen und entscheiden über die *diya*. Hier ist eine Einteilung von verschiedenen Instanzen in folgende Kategorien ist bekannt:

al-maḫaṭīṭ: Richter der ersten Instanz
al-manāšid: Berufungsrichter
al-manāqi': die letzte Instanz

9) Die *šabbāb al-ḥamūla* legen die Vergütung für den Vermittler fest.
10) Die *al-'uqbī* sind bekannt für ihre Erfahrung in Ehestreitfällen.
11) Der Aufheller der Gesichter, *mubaiyiḍ al-wuǧūh*, sorgt für die Rehabilitierung von Bürgen und fälschlich Angeklagter.
12) Die *quḍāt aḍ-ḍuyūf* legen fest, wer einen Gast aufnehmen und verpflegen darf.[126]

Die Einteilung der Richter in bestimmte Klassen ist kompliziert. Die Schwierigkeit liegt darin, dass gleiche oder verwandte Richterklassen nach der Art der von ihnen behandelten Fälle, der Form ihrer Ernennung, der Art des von ihnen angewendeten Verfahrens, dem Zweck ihrer Tätigkeit, ihrer Stammeszugehörigkeit oder ihrem Rang bezeichnet werden. Die Differenzierung nach bestimmten Spezialgebieten bedeutet gleichzeitig die Einführung einer Hierarchie der Straftaten, da z.B. Morde als schwerwiegender gelten als Diebstahl.

Mit zunehmenden Grad der Sedentarisierung und Urbanisierung nimmt auch der Grad der Spezialisierung der Richter zu. Die unter den Beduinen im Sinai, Jordanien und Negev festgestellte Arten- und Terminologievielfalt nimmt immer mehr ab, je näher man den großen kamelzüchtenden Stämmen kommt, die noch nicht mehrheitlich zur Sesshaftigkeit übergegangen sind. Vergleichen wir nun die Einteilung der Richter bei den bedeutenden Stämme in Jordanien als Mittelweg zwischen den urbanisierten Stämmen in Israel/Palästina und denen in Saudi-Arabien, und nähern uns langsam unserem Zielgebiet.

---

126 Pritzsch (1938): 9-10

Die Einteilung bei den *Banū Ṣaḫr*[127]

Dieser hauptsächlich in Jordanien und teilweise in Saudi-Arabien lebende Stamm kennt vier Arten von Richtern:

1. *qalṭa*-Richter: Sie behandeln die wichtigen Fälle, welche die öffentliche Meinung interessiert und die das gesellschaftliche Leben in der Steppe beeinflussen. Unter zwei Familien wird dieses Richteramt bei den Banū Ṣaḫr vererbt, die Ibn Zuhair und die Ibn Zubn. Zu den bekanntesten Richtern der ersten Familie gehörte Muḥammad Bin Zuhair und zur zweiten Familie Scheich Uḍub az-Zubn.
2. *ḥawāmil*-Richter: Diese Gruppe umfasst die folgenden Abteilungen:
   munqi' ad-damm: Er behandelt Mordfälle.
   al-muqalladāt: Er behandelt Fälle von *'irḍ*, d.h. Fragen der Ehre, die Frauen betreffen. Zu ihren berühmtesten Richtern gehören Ibn Fā'iz und al-Ḫuraiša.
3. *'ārifa*-Richter. Sie umfassen alle anderen Richter, die nicht zu *qalṭa* oder *ḥāmila* gehören und behandeln meist Fälle von Landstreitigkeiten, Weide, Pferde, Schulden usw.
4. *tamhīd*-Richter: Man nennt sie Richter der Einleitung, da sie die Probleme um die Ernennung des Spezialrichters oder die Art des Falles lösen.

Die Einteilung bei den Ḥuwaiṭāt [128]

Die Ḥuwaiṭāt sind einer weiterer multi-nationaler Stamm, der früher hauptsächlich Kamele und heute Schafe züchtet. Auch hier gibt es vier Klassen von Richtern nach folgendem Muster:

1) *qalṭa*-Richter: Es gibt eine Familie bei den Ḥuwaiṭāt, d.i. Ibn al-Ǧāzī, die dieses Amt über mehrere Generationen ausübt. Der aktuelle *qalta*-Richter ist so etwas wie der Oberrichter des Stammes und höchste richterliche Autorität. Der bekannteste von ihnen war Ḥamd Bin al-Ǧāzī.
2) *manāhī*-Richter: Sie behandeln wichtige Fälle und beenden die Streitigkeiten. Zu ihnen gehören:
   munqi' ad-damm: Richter in Blutfragen
   al-'uqbī: Richter der Ehre.
   manšad: Weißmacher des Antlitzes. Er befasst sich mit allgemeinen Fragen zum Antlitz, d.h. Schändung der Ehre des Bürgen oder des Schutzsuchenden.

---
[127] Abū Ḥassan (1987): 96
[128] Abū Ḥassan (1987): 98

3) Die Richter der anderen Rechte. Dies sind die restlichen Richter, die sich mit allen anderen Fällen beschäftigen.
4) *tamhīd*-Richter: Sie lösen das Problem der Ernennung des Spezialrichters und der Art des Falles im Streitfall zwischen zwei Parteien.

Die Ḥuwaiṭāt im Ḥiǧāz kennen drei Kategorien:[129]

1) Ibn Ḥaiyān as-Sulailimī: Er gilt als die höchste Instanz in Blutfällen. Seine Urteile erlauben keine Berufung.
2) Der '*uqbī*-Richter: Er beschäftigt sich mit Fragen der Ehre, sowohl der Frauen als auch des Stammes im allgemeinen.
3) Der *mas'ūdī*-Richter: Er befasst sich mit finanziellen Streitfällen.

Die Einteilung bei den Rwala:[130]

1) Ibn Ša'lān. In den Händen dieser Familie konzentrieren sich die wichtigen Angelegenheiten des Stammes. Sie ist militärischer und politischer Führer und gilt als höchste richterliche Autorität. Diesbezüglich ähnelt ihre Stellung der der *qalṭa*-Richter bei den Ḥuwaiṭāt und Banū Ṣaḫr. Wer einen Beschluss eines Richters der Rwala anfechten will, tut dies beim Vertreter der Familie von Ibn Ša'lān. Dieser hat das Recht, den Beschluss zu verringern, ihn zu bekräftigen, ihn zu vollstrecken oder zu annullieren.
2) Die Blutrichter. Sie heißen auch *qāḍī ad-damm* oder *muqta' ad-damm*. Zu den bekanntesten Richtern dieser Gruppe gehören:
   a) Ibn Muḫaid von den al-Fad'ān. Er ist die Berufungsautorität für die Anfechtung der Beschlüsse von Ibn Samīr und Ibn Kuwaitib in Blutfragen.
   b) Ibn Samīr (Ibn Ḥamd) von den Wuld 'Alī.
   c) al-Kuwaitib von den Rwala.
3) Die Richter der Ehre. Sie heißen auch *muqalladāt*-Richter und befassen sich mit Fragen der Ehre von Frauen. Ihre bekanntesten Vertreter sind:
   Ibn Ǧandal von den Sawālima
   al-Qa'qā' von den Rwala.

Die Einteilung bei den Šarārāt[131]

Der Stamm der Šarārāt besteht aus vier großen Abteilungen, von denen jede ihre eigenen Richter hat, zu denen die Stammesmitglieder im Falle von rechtlichen

[129] 'Attār (o.J.): 213
[130] eigene Erhebungen; Lancaster (1981)
[131] eigene Erhebungen; 'Azīzī (1414): 63

Problemen kommen. Ereignete sich jedoch ein Mord, wurde der Fall vor den Richter Ibn Saif gebracht von der Unterabteilung der Ṣubaiḥāt von der Abteilung der Ḫalsa. Alle Šarārāt betrachteten ihn als höchste richterliche Instanz, eine Art Oberrichter. Wenn Ibn Saif ein Urteil in einer Angelegenheit sprach, so war dies eine unabänderliche Entscheidung, der niemand widersprach. Endete eine Sache durch die Vermittlung Ibn Saifs mit einer Versöhnung, so nannte man dies *ḥufra wa dufna*[132] Die Richter der Šarārāt werden eingeteilt:

Richter im Bereich Blut. Die berühmtesten Richter aus diesem Bereich kamen von der Familie as-Saif. Sie richteten bei Mord und schwerer Körperverletzung. Richter im Bereich des allgemeinen Rechts und zivilrechtlicher Klagen. Die Familie, die sich mit diesem Bereich beschäftigte, war das Haus Ibn al-Wāṣa.

8.4.3. Aufgaben und Verantwortungsbereiche

Nach Ibn Quddāma gehören zu den allgemeinen Aufgaben eines Richters in der arabisch-islamischen Welt 10 Dinge:

„*Die Schlichtung von Streitigkeiten, die Erfüllung angemessener Rechtsansprüche, die Bezahlung seinen Herrn, die Beschäftigung mit dem Besitz der Waisen und Törichten und dessen Unentgeltlichkeit, die Beschäftigung mit den Stiftungen zu den Bedingungen des Stifters, die Vollstreckung des Testaments, die Verheiratung von Frauen ohne Vormund, die Vollstreckung der ḥuddūd-Strafen, die Vollziehung des Freitaggebetes, die Beschäftigung mit dem Wohl seiner Arbeit und dem Abstandnehmen von Schäden für die Muslime.*"[133]

Mit Ausnahme der Vollziehung des Gebetes kann diese allgemeine Aufgabenstellung auch für Beduinenrichter gelten.

1. Die *qalṭa*-Richter

Falls ein Vermittler mit einem Fall überlastet ist, gibt er ihn umgehend an die Parteien zurück, damit diese sich einen *qalṭa*-Richter wenden. Der *qalṭa*-Richter verwendet bei der Ansicht des Falles die Prinzipien der *sawālif/sawādī/ʿawāyid.*

Vollmachten des *qalṭa*-Richters:

a) richterliche Vollmacht

[132] Diese symbolische Art der Versöhnung ist bei allen Stämmen bekannt. Man gräbt zuerst eine richtige Grube, verteilte die Erde an die Gegner. Anschließend vergräbt man die Erde wieder mit den Worten: Vergraben und Vergessen!

[133] Ibn Quddāma (1391/1972): Bd. 2: 107

b) gesetzgebende Vollmacht: Wenn er meint, dass einige gewohnheitsrechtliche Traditionen nicht mehr den gesellschaftlichen Anforderungen entsprechen, so kann er an der Erarbeitung, Annullierung, Ersetzung oder Veränderung dieser Regel mitwirken.
c) Doppelte Vollmacht: Er kann auch beide Vollmachten zur gleichen Zeit genießen. Wird ihm ein wichtiger Fall vorgetragen und stellt er dabei fest, dass es bei Anwendung der bisherigen *sawālif/sawādī/'awāyid* zu keiner gerechten Lösung des Falles kommen kann, da die gesellschaftliche Entwicklung die Anwendung der alten Gewohnheit überholt hat, so sucht er eine Vorschrift, die der Gerechtigkeit am nächsten kommt. Somit wird ein wichtiges gesetzliches Prinzip geschaffen, das die anderen Richter bei ähnlichen Fällen anwenden werden.

Anwendungen:

I. Der *qalṭa*-Richter bei den Ḥuwaiṭāt

Angesichts der sozialen Veränderungen bei den Ḥuwaiṭāt stellte der in den siebziger Jahren verstorbene qalṭa-Richter des Stammes, Scheich Ḥamd Bin Ǧāzī die Notwendigkeit fest, die alten Rechtsbräuche zu überarbeiten. Nach der Beratung mit den Richtern und Scheichs der Ḥuwaiṭāt wurden im Jahre 1940 neue rechtliche Prinzipien festgelegt, welche die alten ersetzten. Dazu gehörten:

a) Der Mann, der seine Frau verlassen will, verliert sein Recht auf die Rückzahlung des *mahr*. Dieser Beschluss widerspricht vollständig den alten *sawālif/sawādī/'awāyid*, welche dem Ehemann das Recht gaben, alles, was er für die Frau bezahlt hatte, zurückzubekommen. Wenn die Frau ihren Mann verlassen möchte, so hat er das Recht, alle Tiere und alles Geld, was er derzeit für den mahr bezahlt hatte, zurückzuerhalten. Er erhält nicht zurück, was er für geschlachtete Tiere, Kleidung und Schmuck der Frau ausgegeben hat.
b) Der Vater darf im Fall der Verheiratung seiner Tochter keinen Zwang ausüben.
c) Es wurde das Töten von Tieren und das Zerstören von Bäumen im Zusammenhang mit der Ausübung der Blutrache verboten.
d) Der *ǧīra*-Schutz[134] wurde im Fall der Verhinderung der Hochzeit eines Mädchens durch ihren Cousin aufgehoben. Dieser hat normalerweise ein Vorrecht auf die Heirat mit seiner Cousine. Entscheidet sie sich aber für ein Mitglied ihres Stammes, kann er sie nicht mehr straffrei zur Verantwortung ziehen. Begeht er ein Verbrechen an ihr, kann er sich nicht mehr auf den Schutz als Nachbar einer einflussreichen Person berufen.

---

[134] vgl. Kapitel Schutzverhältnisse

II. Die *qalṭa*-Richter bei den Šammar

Die Hochzeit mit der väterlichen Cousine[135]: Ungefähr im Jahre 1965 versammelten sich die *qalṭa*-Richter der Šammar. Dies waren der mittlerweile verstorbene Richter Ibn Sa'dī und der Richter Aḥmad Ibn Ṭiwāla. Sie betrachteten erneut die *sawālif/sawādī/'awāyid* über die Ehe in ihrem Stamm. Nach dem Studium der Veränderungen im gesellschaftlichen Leben des Landes beschlossen sie die Einführung eines neuen Prinzip, dass die Nachbarschaft zwischen paternalen Cousins verbot. Damit wurde das alte Prinzip aufgehoben, das dem Cousin das Recht gab, die Hochzeit seiner Cousine mit einem anderen Mann zu verbieten, da er ein traditionelles Vorrecht auf sie hatte. Dem Mädchen wurden somit mehr Möglichkeiten bei der Partnerwahl gegeben. Die Blockierung der Ehe durch den Cousin war ein Grund für die weite Verbreitung des Brauchs der *aṭ-ṭumāḥa*, d.h. dass das Mädchen zur Ehe mit ihrem Cousin gezwungen wurde. Einige Tage nach der Zwangsehe verlässt sie ihn und kehrt zu ihrer Familie zurück, bis sie die Scheidung erreicht.
Die Zeugenaussage von Bauern und Farmern: Zum Ende des osmanischen Reiches übernahmen die Beduinenstämme in vielen Gebieten der nördlichen Arabischen Halbinsel die politische und militärische Kontrolle. So konnten sie auch durchsetzen, dass z.B. Zeugenaussagen von Bauern, die auf ihrem Gebiet lebten, nicht anerkannt wurden, da sie von den Beduinen wirtschaftlich abhängig und somit nicht neutral waren. Wurde aber ein Fall mit außertribalem Hintergrund behandelt, durften sie als Zeugen auftreten.

2. Die *manāhī*-Richter

Diese Richter tragen die Verantwortung der Urteilsfällung bei schweren Straftaten auf der Grundlage der *sawālif/sawādī/'awāyid.* Man kann sie in drei Gruppen einteilen:

a) *munqi' ad-damm* oder *muqṭa' ad-damm.* Er behandelt Mordfälle und Verletzungen von Personen. Gibt es Probleme mit der Einschätzung des Schadensersatzes, so wenden sich die beiden Parteien an die *qaṣṣāṣūn*, damit diese die Einschätzung vornehmen, nachdem der Blutrichter sein Urteil gefällt hat.
b) Der Richter der Ehre oder *qāḍī al-muqalladāt* oder *al-'uqbī.* Er behandelt Fälle der Verletzung der Ehre und der Unversehrtheit des Hauses. Man nennt ihn auch *'uqbī* als Referenz an den Stamm der Banū 'Uqba, da von diesem Stamm früher viele berühmte Ehrenrichter kamen. Der Ehrenrichter genießt besonderen Respekt. Er trägt als Ehrenname den Titel „Vater der Frauen."

135 Interview mit Muḥammad Rimāl im September 1999

c) Der Weißmacher der Gesichter oder *al-manšad*. Er behandelt Fälle der Zerschneidung des Antlitzes bzw. die Schwärzung des Gesichtes bei Nichterfüllung vereinbarter Pflichten. Er nimmt eine zentrale Rolle in der beduinischen Rechtsprechung und Bestrafung ein und ist eine tragende Säule der Stabilität in der Beduinengemeinschaft. Durch ihn werden moralische Grenzen festgelegt, die Straftaten verhindern sollen.

3. Die Richter *al-'ārifa*

Diese Gruppe umfasst die Richter, welche die Fälle behandeln, die nicht in das Gebiet der beiden anderen Gruppen fallen. Diese Richter müssen eine hohes Wissen in ihrem Gebiet haben, da sie häufig Fälle aus mehreren Gebieten behandeln. Daher findet man unter den Landrichtern meist Besitzer großer Ländereien und unter den Pferderichtern bekannte Züchter. Die wichtigsten Richter der dritten Gruppe sind:

a) *qaṣṣāṣ* und *maḫāliṣ*:
Sie behandeln Fälle der Körperverletzung und die Festlegung des Schadensersatzes für jede Verletzung auf der Grundlage von besonderen Regeln, welche die Länge und Tiefe der Verletzung berücksichtigen, ebenso die Absicht des Täters und den Ort, wo die Verletzung am Körper erfolgte. So gibt es z.B. einen höheren Schadensersatz für eine Verletzung im Gesicht, als wenn die selbe Verletzung am Hinterkopf erfolgte.
b) Die Pferderichter, *qāḍī al-arsān, qāḍī al-ḫuyūl*
Sie heißen auch Herren der edlen Pferde. Sie behandeln Streitfälle zu Pferden, z.B. bei Fragen des Halfters, d.i. des Ursprungs und des Stammbaums des Tieres. Häufig entstehen Streitigkeiten im Ergebnis von Kauf und Verkauf dieser Pferde. Dann wird der Prozess der Strafverfolgung um der Pferde willen eingeleitet.
c) Der Gäste-Richter, *qāḍī aḍ-ḍuyūf*
Er behandelt Fälle, wenn zwei Personen sich um das Vorrecht streiten, den Gast beherbergen zu dürfen. Zu den Regeln, die dieser Richter anwendet, gehören: *as-sābiqat al-qāliṭāt*, d.h. wer zuerst seinen festen Willen bekundet, bekommt den Zuschlag. Nur wenn zwischen dem Gast und einem Bewerber eine besondere Vereinbarung besteht, bekommt dieser das Vorrecht.

4. Die Richter der Einleitung, *qāḍī at-tamhīd*

Diese Gruppe von Richtern kommt in der Prozessstufe zum Einsatz, welche der Wahl des Spezialrichters vorausgeht. Man kann ihre Aufgaben wie folgt zusammenfassen:

a) Sie definieren das Thema des Streits zwischen zwei Parteien.
b) Sie bestimmen die Gruppe von Richtern, die diesen Streit behandeln kann.
c) Sie bestimmen die Partei, welche die *rizqa* bezahlt.
d) Sie bestimmen die rechtlichen Gewohnheiten, die angewendet werden müssen, wenn die beiden Parteien von Stämmen mit unterschiedlichen Gewohnheiten kommen. Normalerweise werden die Gewohnheiten der Seite des Opfers, d.h. der verfolgenden Seite, angewendet und nicht die des Täters.

Das Entstehen dieser Spezialisierungen bei den Ḥuwaiṭāt [136]

Bei den Ḥuwaiṭāt wird die Entstehung von Spezialisierungsrichtungen unter den Richtern besonders deutlich. Mitte des 19. Jahrhunderts griff Faǧīǧ Bin ‘Uraiqid von den Nu‘aimāt einen Gast an, der bei Scheich Salāma Bin Ǧāzī abgestiegen war. Beide Seiten einigten sich darüber, dass Ibn Duḥaida von den Banū ‘Uqba der Richter in diesem Fall sein soll. Gleichzeitig wurde berichtetet, dass ein Sterndeuter und Wahrsager namens Abū Ġariqān von den Ṭarābīn aus Bi’r Sab‘a ein Freund von Faǧīǧ war. Er riet Faǧīǧ, erst am Nachmittag zum Richter zu gehen, da das Glück von Salāma nur vom Morgen bis zum Mittag besteht. Faǧīǧ war mit der Verschiebung des Termins auf den Nachmittag erfolgreich. Im Ergebnis des Falles verlor Salāma und musste die *rizqa* bezahlen. Faǧīǧ kehrte indes als Gewinner zurück. Nach der Rückkehr von Salāma zu den Ḥuwaiṭāt, versammelten sich die Scheichs des Stammes und erörterten die Entwicklung des Rechtswesens bei ihnen. Sie kamen überein, Familien zu ernennen, die für bestimmte Gebiete verantwortlich sein sollten. Die Verantwortung und Erfahrung wurde dann innerhalb dieser Familien vom Vater auf den Sohn vererbt. Sie einigten sich darüber, dass Ibn Duḥaida und seine Familie nicht mehr als Richter für die Ḥuwaiṭāt arbeiten sollen. Die Spezialisierungen wurden wie folgt verteilt:[137]

1) Ibn Ǧāzī ist der *qalṭa*-Richter und gleichzeitig allgemeiner Richter für alle Fälle.
2) Ibn ‘Ulaida von den Mara‘īya ist der *munqi‘ ad-damm*.
3) Ibn ‘Auda von den Mu‘ālaqa ist der Ehrenrichter, d.h. der *‘uqbī*.
4) Ibn ‘Ulaidī von den Nu‘aimāt ist der Landrichter
5) Abū Rukaiba von den Sulaimāniyīn ist der *qaṣṣāṣ*-Richter und behandelt die Fälle von Verletzungen und Verstümmelungen
6) al-Mūsā von den Badūl ist auch ein *qaṣṣāṣ* und behandelt ebenfalls Fälle von Verletzungen und Verstümmelungen, jedoch hauptsächliche stammesübergreifende Fälle.
7) ar-Rusa‘ī von den Mara‘īya ist der *zayadī al-māl*.

[136] ‘Attār (o.J.): 120f; Abū Ḥassan (1987): 203
[137] ‘Abbādī (1988): 324; ‘Aṭṭār (o.J.): 56

8) Ibn Ḏiyāb von den Mu'ālaqa ist der *qāḍī ḥarām*, d.h. er behandelt Streitfälle, die bei der Verteilung der Beute aus Raubzügen entstehen. Er hat außerdem das Recht, das Pferd des Reiters zu töten, oder wenn nötig sogar den Reiter selbst, wenn dieser vom Schlachtfeld flieht.
9) Abū Ṭaiya ist auch ein *ḥarām*-Richter. Aber er hat weitere Vollmachten, da er gleichzeitig ein Anführer von Raubzügen ist.
10) Ǧāzī Bin Fallāḥ von den Furaiǧāt ist ein *qāḍī ra'yān*, was etwa dem heutigen Arbeitsgericht entspricht. Er behandelt Fragen zu Weiden und dem Hirtenwesen.
11) Pferderichter sind Ibn Ǧāzī und Ibn 'Auda.

Mit der Veränderung der Bedingungen änderte sich auch der Rechtsapparat. Die so deutlich herausgearbeitet Spezialisierung tritt in heutiger Zeit immer mehr in den Hintergrund zugunsten einzelner Richter aus bekannten Familien, welche die verschiedenen Fachgebiete in ihrer Person vereinen. Die Prozessparteien legen mehr Wert auf den Rang und Namen des behandelnden Richters als auf seine Qualifikation. Mittels seines Ansehens und seiner weitverzweigten, langjährigen Beziehungen ist es ihm leichter, sein Urteil akzeptabel zu gestalten, als einem fachlich hervorragend geeigneten Richter, der aber isoliert in der Gesellschaft lebt. Bei Eigentums- und Landfragen ist hingegen genau das Gegenteil zu beobachten: Ein Spezialist wird hier dem allgemein anerkannten Richter vorgezogen. Fachliche Kompetenz überwiegt hier das Ansehen und den Ruhm vergangener Tage.

Konflikte, die aus den Fachbereichen resultieren

Häufig entsteht ein Konflikt zwischen den beiden Parteien aus der Festlegung der Art des Falles, so wie es auch der Fall bei den ordentlichen Gerichten sein kann. Die meisten Fälle haben mehr als einen Aspekt und ein Fall kann viele strafrechtliche Richtungen einschlagen.

1. Eine Tat umfasst Hausfriedensbruch und Diebstahl: Ein Täter stiehlt etwas aus einem Zelt und während er das Zelt betritt, vertreibt ihn eine der anwesenden Frauen. Er entflieht, wurde aber erkannt. Angeklagt wird er anfangs nur auf Diebstahl unter Vermeidung des Verdachts der Ehrverletzung. Währenddessen kann der Hausherr darauf bestehen, dass es sich auch um eine Ehrverletzung handelte. Daraus resultieren drei strafrelevante Tendenzen: Hausfriedensbruch, Diebstahl und Ehrverletzung.
2. Eine Tat umfasst ein Blut- und ein Ehrverbrechen: Wenn jemand eine Frau im Zelt einer anderen Person verletzt, welcher Richter ist dann für den Fall verantwortlich, der Blutrichter, der Ehrenrichter oder der Richter für Hausfriedensbruch? Meist ist es die Opferseite, die fordert, dass alle drei

Verbrechen in einem Fall verhandelt werden müssen, um das einmalige Strafmass zu erhöhen.
3. Eine Tat umfasst Diebstahl und *'adāya*: Die *'adāya* ist eine in der Steppe erlaubte Form des Diebstahls. Steigt bei einem Beduinen ein Gast ab und hat dieser nichts, um ihn zu bewirten, so kann er ein Schaf von seinem Nachbarn nehmen und dies nach einer bestimmten Zeit ersetzen. Der Besitzer des Schafes kann auf Diebstahl klagen, da für die *'adāya* bestimmte Regeln eingehalten werden müssen. Werden diese verletzt, z.B. wenn man einen Hammel anstatt eines Schafes nimmt, gilt der Fall als Diebstahl. In diesen Fällen kann die *'adāya* in die Straftat Diebstahl, hier *'auǧ/ 'iwāǧ*, (krumme oder schiefe Bahn), umgewandelt werden.

8.4.4. Bedeutende Richter und Rechtsexperten

Ziel der Vorstellung besonderer Richterpersönlichkeiten ist es die Kontinuität im Richteramt über die letzten Jahrzehnte unter den Beduinen der Region trotz verstärkter Einflüsse des Staates und seiner Institutionen aufzuzeigen, Vermischungen zwischen Rechtsbereichen und ihren Vertretern aufzuzeigen sowie den Ausbildungs- und Beschäftigungsweg einzelner Richter zu verfolgen. Wie schon erwähnt, gibt es vielerorts Mischformen unter den Richtern, die zwar Stammesmitglieder sind, teilweise aber an staatlichen/religiösen Gerichten arbeiten. Doch auch dort wenden sie bei der Rechtsprechung Praktiken und Methoden des Gewohnheitsrechts an. Vielfach leben und arbeiten sie aber auch selbstständig innerhalb eines bestimmten Stadtteils, Dorfes, Wadis, etc.

Nach Stein[138] besitzen die Šammar vier erbliche Richterfamilien:

Ibn Sa'dī von den Ḫruṣṣa
Ibn 'Amūd von den Sinǧāra
Ibn 'Aqīl von den Āl Ǧarbā im Irak
Ibn Ṭala' von den 'Abda
Hinzu kommt noch Ibn Rimāl von den Sinǧara in Saudi-Arabien.

Schon seit den Zeiten von Muḥammad Bin 'Abd al-Wahhāb (gest. 1792) wurden wahhabitische Rechtsgelehrte in den Ǧabal Šammar geschickt, der zu dieser Zeit unter dem Einfluss der Āl Sa'ūd stand. Ziel war neben den Propagierung der neuen politischen Ideen auch die Einschränkung der Macht der Stämme und ihres Rechtswesens. Doch mit der Etablierung eines urbanen Lebens in Hail entwickelte sich eine Richterklasse, die nicht mehr nur von Ernennungen aus Riyadh abhängig war, sondern durch eigene Interpretationen versuchte, eine allgemeine Akzeptanz unter der mehrheitlich nomadischen Bevölkerung zu

[138] Stein (1967): 134

erringen. Dazu gehörte auch die Anerkennung von gewohnheitsrechtlichen Praktiken.

Die 'Uqailāt

Auch unter den 'Uqailāt gibt es einige Richter, die für ihre Neutralität und weisen Entscheidungen bei der Lösung von Problemen bei den angrenzenden Stämmen bekannt sind.[139] Dazu gehören:

- Muḥammad Bin Aḥmad ar-Rauwāf
- 'Īsā ar-Rumaiḥ
- Muḥammad Bin 'Alī aš-Šuwaiḥī
- Muḥammad Bin 'Abdallah al-Bassām
- Ṣāliḥ Bin Sulaimān al-Maṭū'
- Yaḥyā Bin 'Abd ar-Raḥmān aš-Šuraida
- Ibrāhīm Bin Sulaimān al-Ǧarbū'
- Muslim Bin Ibrāhīm al-Fara'
- Muḥammad Bin 'Alī al-Fāyiz
- Sulaimān Bin Muḥammad aṣ-Ṣubaiḥī

Ibn Zuhair von den Banū Ṣaḫr[140]

Ibn Zuhair gehört zu den Furaiǧ von den Ka'ābina von den Banū Ṣaḫr. Er ist Anführer der Ǧubūr. Viele Beduinen der Region im Wādī Sirḥān glauben, dass der Großvater von Ibn Zuhair ein frommer und heiliger Mann gewesen war, daher genießt die gesamte Familie Respekt und Hochachtung bei ihnen. Einen ihrer bedeutendsten Eide schwören sie bei Ibn Nāḍir Bin Zuhair. Ibn Zuhair spielt eine wichtige juristische Rolle auf folgenden Gebieten:

a) Er ist der *qalṭa*-Richter der Banū Ṣaḫr und damit die höchste richterliche Instanz dieses Stammes. Was er bestimmt und urteilt, wird von den anderen Richtern übernommen. Neben ihm gibt es noch Ibn Zubn als zweiten *qalṭa*-Richter bei den Banū Ṣaḫr.
b) Er kann Krankheiten behandeln. Wenn ein Beduinen krank ist, besonders aber die Gesichtslähmung (!) hat, dann geht er zur Behandlung zu Ibn Zuhair.
c) Die Familie Ibn Zuhairs ist der Ort der Eide. Aufgrund der Ehrfurcht vor der Familie Ibn Zuhairs wird ihr Name als Bekräftigung beim Ablegen von Eiden benutzt.
d) Das Haus Ibn Zuhair ist für die Versöhnung gebaut. Beim Widerstand zur Lösung eines großen Falles nimmt der Angeklagte Zuflucht zum Bild des

[139] Ḥulaisī (1417/1996): 45; Muslim (1409/1989): 122
[140] Abū Ḥassan (1987): 298; www.alnahda.net/ansab/bsakhr

Hauses von Ibn Zuhair, da es für die Versöhnung gebaut wurde. Dann muss die Seite des Anklägers der Versöhnung zustimmen, da sie beim Hause von Ibn Zuhair gefordert wurde. Tut er dies nicht, wird Gott ihn bestrafen und ihn und seine Familie wird der Fluch der Beduinengemeinschaft treffen.

In einem Fall verletzte im Jahre 1946 ein Angehöriger der Ruqād Muḥammad Bin Zuhair. Nach dem Verlauf eines Jahres verdurstete erst der Übeltäter in der Wüste. Im Jahre 1948 starb sein Vater, 1949 sein Bruder aufgrund des Fluches von Ibn Zuhair. Dann beeilten sich die Ruqād, einen Versöhnungsbetrag an Ibn Zuhair zu zahlen.

Die berühmtesten Stammesrichter der Ḥarb

Im Laufe der Zeit wurde eine große Zahl von Richtern bei den Ḥarb bekannt, deren Namen man den Urkunden, Verträgen und Dokumenten entnehmen kann, da die Ḥarb im Gegensatz zu anderen Stämme schriftliche Aufzeichnungen über Verträge und Urteile anfertigten. Der Bekanntheitsgrad dieser Richter ist aber verschieden, insofern einige nur in ihrem Stamm oder ihrem Gebiet bekannt waren, einige aber bei allen Stammesmitgliedern, wie die Familien al-Qarf, Ibn ʻAṭīf oder Ibn Ṭuraiyif. [141]
Neben den Stammesrichtern gab es die Vermittler und Notabeln des Stammes, die aufgrund ihres Ansehens Streitfälle unter den Stammesmitgliedern schlichten konnten. Sie tragen bei den Ḥarb den Namen *ʻawārif*, und die bekanntesten des letzten Jahrhunderts sind:[142]

a) Banū ʻAlī
b) Banū ʻAmrū
c) Banū Sālim
d) al-Farada
e) al-Wahub

Weitere bedeutende Beduinenrichter aus Nordarabien, die weit über ihre Stammesgrenzen bekannt waren, sind:

1. Ibn Zurʻa von den al-Fadʻān/ʻAnaza
2. Ibn Hiyāzaʻ von den al-Ǧaʻlān
3. Ibn Ǧalʻūd von den Dahāmiša
4. Ibn ʻAbda von den Sabʻa
5. Bin Duġmī von den al-Muhannā/ʻAnaza
6. Ibn al-Ḫalīl von den ʻUtaiba

[141] Ḥarbī (2000): 27-32; www.harb-tribe.com
[142] ʻAzzāwī (1937): 307

7. Ibn Šamsa von den ʻAnaza
8. Munāwir aš-Šaʻfān von den Ẓafīr
9. Daʻǧīl aš-Šuwaiš von den Ẓafīr
10. Hizāʻ al-Afnān von den Ẓafīr
11. Abū Ḏirāʻ von den Ẓafīr

8.5. Die Beweisführung

Folgende Beweismittel werden vor Gericht angewandt:

Materielle Beweismittel:
- direkte Beweisstücke (*wasm*[143])
- Dokumente (Verträge, Urkunden)
- Das Geständnis des Täters in Gegenwart von Zeugen.
- Spuren des Verbrechens am Angeklagten
- Spuren des Verbrechens am Kläger (Vergewaltigung!)
- Zeugen

Ideelle Beweismittel:
- Eid
- Ordal

8.5.1. Das Geständnis, *i'tirāf, iqrār*

Die Rolle des Geständnisses wird im beduinischen Rechtswesen sehr hoch eingeschätzt. Theoretisch entwickelt der Wüstenbewohner von Natur aus eine enge Beziehung zu Wahrheit und Aufrichtigkeit. Dies ist für das enge Zusammenleben in der Gemeinschaft unerlässlich. Geschieht ein Verbrechen und der Täter ist nicht bekannt, dann ist es die Pflicht aller, ihn so schnell wie möglich zu finden, damit der wahre Täter und seine Verwandten verantwortlich gemacht werden können und keine Unschuldigen in den Konflikt mit hineingezogen werden. Kennt die Familie des Opfers den Täter nicht, kann es sein, dass sie sich an denjenigen rächt, der dem vermutlichen Täter ähnlich ist. Das schnelle Aufspüren des eigentlichen Täters und die Verkündung dessen schützt somit die eigene Familie.

Auch wenn es unglaublich klingt, in den meisten Fällen wird es vom Täter selbst abgelegt. Zuerst informiert der Täter seine Familie und Verwandten, damit sie Schutzmaßnahmen gegen eventuelle Übergriffe der Familie des Opfers treffen können. Sie gehen dann zu einer bedeutenden Person des Stammes, unterrichten ihn über den Vorfall und bitten um seinen Schutz. Ihm obliegt es dann, die nächsten Schritte abzuwägen.

---

[143] Brandzeichen zur Kennzeichnung des Eigentums an Herdentieren und Ländereien

Daneben kann auch sein, dass sich der Beduine mit dem Geständnis brüsten will, z.B. wenn es sich um eine Tat handelt, die nach den Wertevorstellungen der Beduinen zu loben ist, wie die Blutrache, eine Tat zum Nutzen des Stammes, zur Verteidigung des Stammes, eine *ġazū* usw. In allen diesen Fällen ist es nicht schwer, ein Geständnis zu erhalten. Jedoch versucht der Beduine die Tat abzustreiten, wenn sie die Bräuche und Traditionen verletzt, wie beim Diebstahl oder Betrug.

Die Arten des Geständnisses

a) Das aufrichtige Geständnis

Wenn der Täter selbst gesteht, z.B. in den folgenden Fällen:

1) Das öffentliche Geständnis vor der Ratsversammlung, dem viele bedeutende Personen des Stammes angehören. Es ist verpflichtend und der Beduine sagt darüber: *iqrār bilā inkār*, d.h. ein späterer Widerruf des Geständnisses ist nicht möglich. Der Täter kann es zu jeder Zeit ablegen, gleich nach der Tat oder zu jedem späteren Zeitpunkt, selbst kurz vor dem Tode.
2) Das Geständnis von außen: Es wird außerhalb der Ratsversammlung abgelegt. So kann der Täter einem seiner Freunde oder Bekannten bzw. einer angesehenen Person seines Stammes, die Tat gestehen. Es ist nicht wie das vorige bindend.
3) Das Geständnis während der verschiedenen Prozessetappen: Wird ein Geständnis während eines laufenden Prozesses abgelegt, dann ist es üblich, dass der Richter oder *mubaššī* den beiden Parteien eine Versöhnung anbietet. Wird es vor dem Eid abgelegt, ist es bindend.

b) Das implizierte Geständnis

Zu ihm nimmt der Beduine zuflucht, wenn der Täter und seine Verwandten mit irgendwelchen Worten oder Taten ausdrücken, dass sie eine Tat begangen haben:

1) Der Rückzug: Wenn der Täter und seine Verwandten in ein anderes Weidegebiet ziehen, von dem bekannt ist, dass dies ihr Verbannungsort ist, dann gilt das als impliziertes Geständnis für eine Tat.
2) Die Verhandlungen um eine Versöhnung: Senden der Täter und seine Gruppen einen Boten zur anderen Partei, der die Versöhnung anbietet, gilt das als klares Indiz für das Begehen einer Straftat.
3) Das Kamel des Schlafes: Senden die Verwandten des Täters in der vierten Generation das Kamel des Schlafes an die andere Partei, so gilt dies als Beweis dafür, dass ein Verbrechen begangen wurde.

c) Das Geständnis bei mehreren Angeklagten
Wird die Tat von mehr als einer Person begangen, muss folgendes beachtet werden:

1) Wenn mehrere Angeklagten ein gemeinsames Geständnis ablegen, dann bedeutet dies, dass sie alle den gleichen daraus entstehenden Rechten und Pflichten unterworfen sind, z.B. der Zahlung der *diya* oder eines vom Richter festgelegten Schadensersatzes.
2) Im Falle eines kollektiven Abstreiten der Tat von Seiten aller Angeklagten. Daraus resultiert, dass jeder einzelne Angeklagte versucht, die *'aṭwa* vom Stamm des Opfers zu erhalten, so dass alle Angeklagten in der Lage sind, die Maßnahmen der Versöhnung einzuleiten. Dies ist die Übereinkunft aller Angeklagten, dass ein Prozess zur Ermittlung des wahren Täters geführt werden kann, unter der Bedingung, dass keiner der Angeklagten gegen einen anderen Anklage erhebt Die Familie des Opfer wartet indessen geduldig auf den Ausgang dieses Verfahren. Wird ein Urteil gesprochen, kann sie den Schuldigen verfolgen.

8.5.2. Die Zeugen, *aš-šuhūd*

Das Zeugnis gilt bei den Beduinen als Ausdruck der Vertrauenswürdigkeit, denn nur Personen mit gutem Ruf werden als Zeugen zugelassen. Das Zeugnis gewinnt seine Stärke aus dem Eid, den der Zeuge schwören muss. Es obliegt dem Beduinenrichter, den Wert der Zeugenaussage zu bemessen, wobei er sich vom Ruf des Zeugen leiten lässt. Im Allgemeinen versucht der Beduine jedoch eine Zeugenaussage zu vermeiden, und zwar aus den folgenden Gründen: Einerseits fürchtet er sich vor dem Ablegen des Eides an sich, da diesem eine besondere sakrale Bedeutung beigemessen wird, dies sich sowohl positiv wie auch negativ auf den Sprecher des Eides auswirken kann. Andererseits fürchtet er, durch die Zeugenaussage die andere Partei zu schädigen, was für ihn und seine Gruppe nicht von Nutzen wäre.

Handelt es sich aber um die gesellschaftlichen Werte der Beduinen, z.B. bei Fragen der Ehre, dann kann es sein, dass sich der Beduinen sogar freiwillig zur Aussage meldet.

Die Arten der Zeugenaussage

1) Der Augenzeuge: Er war zur Zeit der Tat anwesend und meldet sich freiwillig zur Aussage. Der Wert seiner Aussage beruht auf dem Vertrauen, dass der Richter ihr entgegenbringt.

2) Der Zeuge vom Hörensagen: Er berichtet direkt von einer der beiden Parteien oder einer bei der Tat anwesenden Person. Selbst war der Zeuge nicht anwesend. Er berichtet, was er von Anwesenden gehört hat. Der Wert dieser Aussage beruht einerseits auf dem Vertrauen des Richters gegenüber dem Zeugen und andererseits gegenüber der anwesenden Person, von der Zeuge berichtet.
3) Der Zeuge des Schauplatzes: Er war bei der Tat anwesend. Eine der beteiligten Seiten fordert ihn auf, zu bezeugen, was er gesehen und gehört hat. Dabei verbindet diese Partei das Ende ihrer *kufīya* dieses Zeugen als Zeichen des anvertrauten Gutes, der Vertrauenswürdigkeit.

Die anderen Zeugenaussagen orientieren sich an der behandelten Sache des Falles. Zu ihnen gehören u.a.:

1) *al-mubrī'a*: Dies sind Zeugen, welche den Entführer/Räuber begleiten, wenn er seine Beute holt. Sie begleiten ihn vom Tatort bis zum Zelt der *daḫāla*. Ihr Zweck besteht darin, dass sie die Unversehrtheit der Beute bezeugen. Bedingung hierbei ist, dass sie keine Verwandten des Täters bis ins fünfte Glied sein dürfen.
2) *as-sāmi'a*: Sie bezeugen das Ergebnis der *biš'a*-Zeremonie, der *tanqīd*-Zeremonie und der *taswīd*-Zeremonie. Sie begleiten die beiden Parteien zum Ort der Zeremonie, wo sie die Durchführung der Zeremonie und das Ergebnis danach bestätigen. Auch sie dürfen keine engen Verwandten der Parteien sein.
3) *muḫaṣṣaṣ ad-dīn*: Sie sind die Zeugen, welche zur Feststellung von Falschaussagen der Zeugen aufgerufen werden. Bedingungen für sie sind:

a) Es müssen mindestens drei sein.
b) Sie dürfen keine engen Verwandten des belasteten Zeugen sein.
c) Sie dürfen keinen Anlass bieten, dass ihre Aussage zurückgewiesen wird.

4) *al-marāwa*: Dieser Zeuge antwortet in Landstreitigkeiten entsprechend der Forderung der Parteien. Er zeichnet sich durch gutes Wissen und Erfahrung in Landfragen aus hinsichtlich ihrer Begrenzungen, der Geschichte der Bebauung, der Instandsetzungen und Gebühren. Er berichtet von den Vorfahren, woraus die Bedeutung seiner Aussage resultiert..
5) Die Zeugen der Totenbahre: Diese Zeugen bestätigen die letzten Worte eines Sterbenden. Folgende Bedingungen müssen dabei erfüllt sein:

a) Es müssen mindestens vier sein, da vier Personen auch die Totenbahre tragen.
b) Sie müssen anwesend sein, wenn die Worte gesprochen werden.
c) Sie müssen in der Lage sein, das wiederzugeben, was vor ihnen geschah.
d) Sie müssen ehrbar sein, dass niemand ihr Zeugnis ablehnen kann.

Allgemeine Bestimmungen

1) Ein Zeugnis wird erst nach Vollzug der *tazkiya*-Prozedur angenommen. Diese beinhaltet eine Bestätigung durch einen Eid, dass der Zeuge rechtschaffend und von gutem Ruf ist. Meist wird dieses Führungszeugnis von den Notabeln des Stammes gegeben. Dabei wird zwischen zwei Fällen unterscheiden:

a) Entstand der Streitfall zwischen zwei Parteien eines Stammes, so ist es erforderlich, dass der Eid von zwei bedeutenden Personen der *ḫamsa* geschworen wird, jedoch kann der Bruder nicht für den Bruder schwören.

b) Entstand der Fall jedoch zwischen Personen mehrerer Stämme, wird die *tazkiya* vom Scheich des betreffenden Stammes geschworen.

2) Die Ablehnung eines Zeugen: Lehnt eine Partei einen Zeugen ab, so wendet dieser sich an seinen Scheich, da der dem Ruf des Zeugen am besten kennt. Lehnt ihn auch der Scheich ab, so wird seine Aussage nicht akzeptiert. Lehnt er nicht ab, so schwört er, dass das Zeugnis dieses Mannes annehmbar ist.

3) Es ist dem Richter nicht erlaubt, ein Urteil lediglich auf der Grundlage einer Zeugenaussage ohne Hinzunahme anderer Indizien und Beweise zu fällen. Es müssen mindestens zwei Zeugen vorhanden sein, bevor der Richter einen Angeklagten nur aufgrund von Zeugenaussagen verurteilen kann.

4) Das Zeugnis eines Angeklagten für einen anderen Angeklagten: Sind mehrere Personen des Verbrechens angeklagt, so muss jeder von ihnen die Beweise seiner Unschuld liefern. *'urf* gestattet das Zeugnis gegeneinander oder füreinander nicht.

5) In einigen Fällen wird die Zeugenaussage nur für das akzeptiert, was der Zeuge von der betreffenden Person gesehen und gehört hat. Im Falle seines Berichtes über andere Personen oder Ereignisse, die wiederum über die betreffende Person berichten, hat diese Aussage keine Wert.

6) Dem Zeugen steht als Ersatz für die Ausgaben, die ihm bei seiner Reise vom Wohnort zum Versammlungsort entstehen, eine Aufwandsentschädigung zu. Die Partei, die seine Aussage fordert, muss diese Gebühr bezahlen. Am Ende des Falles trägt jedoch der Verlierer die Kosten.

Die Ablehnung von Zeugenaussagen

Das Gewohnheitsrecht weist bei der Definierung der Gründe für die Ablehnung Unterschiede auf. Zu den häufigsten Ursachen gehören die folgenden:

1) Der Zeuge hat einen Diebstahl begangen.
2) Der Zeuge hat früher eine Frau, die bei ihm Schutz suchte, verletzt.
3) Der Zeuge hat einen Gast bestohlen.
4) Der Zeuge hat einen Gefährten verraten.
5) Der Zeuge hat einen Schutzsuchenden verraten.
6) Der Zeuge ist bei einem Gefecht geflohen.

7) Der Zeuge gehört zu den Verwandten des Täters bis ins fünfte Glied. Ausnahmen werden bei bedeutenden und ehrwürdigen Personen gemacht.
8) Der Zeuge hat einen Schutzbefohlenen beraubt.
9) Der Zeuge hat früher falsche Aussagen gemacht.
10) Der Zeuge heiratet eine schwangere Frau.
11) Der Zeuge ist ein Bauer oder Farmer: Einige Stämme akzeptieren die Aussage von Bauern nicht, da sie den Beruf des Bauern als unehrenhaft betrachten. Weiterhin glauben sie, dass die Aussage eines Bauern, der auf dem Gebiet eines Beduinenstammes lebt und ihnen Tribut zahlt, nicht unabhängig sein kann. Heute gilt diese Regel nicht mehr, und der Bauer kann wie jeder Beduine als Zeuge aussagen.
12) Dem Zeugen wurden die gesellschaftlichen Rechte entzogen. Er darf kein Zeugnis ablegen, niemand heiratet seine Töchter, er bekommt keinen Kaffee und keinen Schlafplatz angeboten.
13) Der Zeuge ist ein Schmied und stellt Waffen und Haushaltsgeräte für die Beduinen her.
14) Der Zeuge ist impotent.

Bei der Ablehnung von Zeugen spielt also die Biographie und das Vorstrafenregister des Zeugen eine wichtige Rolle.

Schwere Straftaten, wie Fragen der Ehre und Blutfälle, bedürfen bei der Beweisführung keiner Zeugen.[144] Hier reicht der Eid des Anklägers bzw. der Reinigungseid des Angeklagten zur Urteilssprechung aus.

Die Bedeutung der einzelnen Familienmitglieder im Zeugenstand ist unterschiedlich:

a) Das Familienoberhaupt: Seine Zeugenaussage wird immer akzeptiert, außer wenn er unfruchtbar ist oder er einen Diebstahl beging (s. Ablehnungsgründe).
b) Die Frau: Eine einzelne Frau kann nicht als Zeugin auftreten. Zwei Frauen oder mehr werden hingegen akzeptiert.
c) Zeugenaussagen von Minderjährigen werden nur akzeptiert, wenn sie besondere Aussagen enthalten.

Die Zeugenaussagen werden dem Geständnis vorgezogen. Bei Letzterem besteht die Möglichkeit, dass der Geständige andere Mittäter deckt und die Schuld auf sich alleine nimmt. Die Zeugen dürfen keine Verwandten des Angeklagten sein. Sie müssen über einen guten Ruf verfügen und dürfen nicht vorbestraft sein. Wenn sie die Schuld des Angeklagten bezeugen, muss dieser in die Verbannung und später die *diya* zahlen. Finden die Ankläger keine Zeugen, muss die

---

144 العيب ما عليه شهود والدم ما عليه ورود

verdächtigte Person einen Eid ablegen. Somit kann er seine Unschuld bekräftigen. Wird der Eid anerkannt, ist die verdächtigte Person anschließend frei. Wer einen Meineid schwört, muss die *diya* zahlen. Wer eine falsche Zeugenaussage macht, verliert sein Recht, in Zukunft als Zeuge aufzutreten.

8.5.3. Der Eid

Der Eid (*yamīn, qasam, dīn, ḥilf*) dient in Fällen ohne Zeugen als Beweismittel. Der Angeklagte soll seine Unschuld mit feierlichen Formulierungen und an heiligen Orten beschwören. Tut er dies, gilt er als unschuldig und darf in dieser Sache nicht mehr verfolgt werden.[145] Die Formulierungen bestehen aus 3, 6 oder 9 Worten, unter ihnen hört man oft Allah, Muḥammad, die Namen von Heiligen. Meistens ist das erste und letzte Wort Allah. Die Wortwahl ist an sich unwichtig, einziges Ziel ist es, die Angst vor einem Meineid zu schüren, indem man sich auf sakrale und hoch angesehene Dinge beruft. Manchmal ist der Eid noch mit bestimmten symbolischen Handlungen verbunden, die dem gleichen Zweck dienen. Zur Bekräftigung sowohl der Anklage als auch der Unschuld können mehrere Personen, meist Angehörige, den Eid mitschwören.[146]
Eide gibt es auch im staatlichen saudischen Rechtssystem, doch werden sie nur bei Zivilklagen und nicht bei Straffällen angewendet. Ansonsten haben sie die gleiche Funktion und Wirkung wie im Gewohnheitsrecht: Gibt es keine Beweise, kann der Ankläger bzw. der Richter den Angeklagten auffordern, den Eid abzulegen. Weigert er sich, ist er automatisch schuldig. Legt er ihn ab, ist er unschuldig. Hierbei ist ebenfalls die sakrale Bedeutung des Eides sowie die harte Bestrafung von Meineiden mit in Betracht zu ziehen.[147]

Der Eid wird bei den Beduinen gefürchtet, da sie glauben, dass ein Meineid nicht nur auf den Lügner, sondern auch auf dessen Familie und Eigentum zurückfällt. Daher kommen Meineide unter ihnen sehr selten vor. Passiert ihm etwas negatives nachdem, er einen Eid geschworen hatte, dann führt er dies auf den falschen Eid zurück. Daher enthält er sich des Eides in profanen Situationen und wendet ihn selbst dann nur ungern an, wenn er weiß, dass er im Recht ist. So sagen die Beduinen: Schwöre weder richtig noch falsch.[148] Im Falle einer Straftat ist er aber verpflichtet, einen Eid zu schwören. Tut er dies nicht, kommt dies einem Geständnis gleich.

---

[145] Einige Informanten behaupten, dass der Angeklagte den Eid sechsmal wiederholen muss, um den Streit zu beenden.
[146] Gräf (1952): 61-72
[147] Vogel (2000): 144, 158
[148] لا تحلف صادقا وكاذبا

Zum Ablegen des Eides begibt man sich daher an einen besonderen Ort. Das können sakrale Gegenstände und Plätze sein oder ein Zelt, welches extra für diesen Anlass errichtet wurde.

Anwendungsgebiete des Eid[149]

Der Richter setzt ihn in Fällen ein, in denen die Tat vom Angeklagten abgestritten wird oder es keine Beweise gibt. Sowohl der Kläger, der Angeklagte als auch der Richter können das Ablegen des Eides verlangen:

1. Der Eid bei Leugnung der Tat wird vom Angeklagten abgelegt, der damit seine Unschuld bezeugen kann.
2. Der Eid wird häufig bei Landstreitigkeiten als Beweismittel angewendet. Der Betroffene schwört, dass das Stück Land ihm allein gehört.
3. Verlangt der Richter von einer Person den Eid der Unschuld und lehnt diese dies ab, gilt sie als schuldig.
4. In Fällen der Ehre gibt es keine Zeugen, der Eid ist hier ein wichtiges Mittel der Schuldzuweisung und Beweisführung.
5. In Mordfällen beschwört der Angeklagte seine Unschuld. Er kann dies durch Eide von Angehörigen seiner ḫamsa noch bestätigen lassen, die seine Unbescholtenheit erklären. Der Eid bei Mordfällen wird auch Eid der Trennung (*al-yamīn al-qāṭi'*) genannt, da er die Parteien für immer trennt und den Fall abschließt.
6. In Fällen der Unehrlichkeit: Gibt jemand einer anderen Person Geld oder Vieh zur Verwahrung und weigert sich die Person, das anvertraute Gut zurückzugeben bzw. leugnet sie, es erhalten zu haben, bestimmte der Richter den Eid oder das Ordal.

Die Formulierungen des Eides orientieren sich am Leben in der Wüste.

1) In einfachen Fällen nimmt er einen Zweig in die Hand und sagt: Beim Leben dieses Zweiges und des Herrn![150] Danach spricht er die restlichen Worte des Eides entsprechend des Themas des Eides. Der Zweig in seiner Hand ist ein Symbol der Hirten, der die Grundlage des Lebens in der Wüste darstellt. Andere Formen sind:
2) Der Eid der Ameise und des Eutersackes (*qasam an-nimla wa'š-šamla*): Die Ameise gilt als Sinnbild für Weisheit, Intelligenz und der Schwäche. Der Sack ist Zeichen der Fruchtbarkeit der Kamele. Ein Meineid würde zur Unfruchtbarkeit der Kamelstuten führen. Dieser Eid ist besonders schwierig und stark. Der Angeklagte tritt dabei in einen Kreis, den der Richter auf die Erde

149 'Abbādī (1983): 117-36
150 وحياة هذا العود والرب المعبود

gezeichnet hat. Neben ihm liegt ein Schwert und in der Mitte des Kreises ein Weizenkorn und eine Ameise. Der Angeklagte fasst das Heft des Schwertes und schwört bei Gott, dass er die Tat nicht begangen hat. Häufig passiert es, dass die Angeklagte ihre Tat noch vor dem Ablegen des Eides schwören, sosehr fürchten sie ihn.
3) Der kleine Eid (*al-qasam aṣ-ṣaġīr*): Hier fragte der Scheich oder der Richter den Angeklagten direkt und im Namen Gottes und des Propheten, ob er die Tat begangen hat.
4) Der Eid der Hand (*qasam al-yadd*): Hier wird dem Angeklagten die Hand auf den Kopf gelegt und man lässt ihn bei Gott schwören, dass er unschuldig ist.[151]
5) Der Eid der Mitteilung (*yamīn al-ḫabr*): Hier schwören mehrere Verwandte des Angeklagten, dass sie von dessen Unschuld überzeugt sind.
6) Der Eid des Trostes (*al-muwāsān*): Hier schwören eine Reihe von Mitgliedern eines Stammes, dass sie sich bei ähnlichen Fällen wieder an den gleichen Richter wenden und die Versöhnung zu gleichen Bedingungen akzeptieren werden.

Die Arten des Eides entsprechend der Orte, an denen er abgelegt wird:

1) Der offene Eid: Dieser Eid wird beim gleichen Rat abgelegt, der das Urteil fällt. Man trifft ein Abkommen über die Formulierung, wofür es keiner weiteren Maßnahmen bedarf.
2) Der aufgenommene Eid: Der Kläger zeichnet einen Kreis um sich und steckt dann in dessen Mitte sein Messer. Daneben legt er eine Ameise und etwas Asche. Anschließend hält er in seiner Hand sechs kleine Steinchen und fordert von der entsprechenden Person, die den Eid ablegen soll, dass sie in die Mitte des Kreises tritt und den Eid mit den vorher vereinbarten Formulierungen spricht. Jedes Mal, wenn der Eid wiederholt wird, wirft der Ankläger einen Stein, bis die sechs Mal beendet sind.
3) Der Eid *nimla wa šamla* (s. dort): Er ähnelt dem zweiten Eid hinsichtlich des Kreises, in dessen Mitte ein Messer, eine Ameise und ein Eutersack liegen. Allerdings unterscheidet er sich hinsichtlich der geforderten Informationen. Vom Sprecher des Eides wird verlangt, dass er schwört, von der vorliegenden Sache nichts gesehen oder gehört zu haben. Der Beduine fürchtet diesen Eid sehr. Sie scheuen ihn aus Angst vor einer unbewussten Falschaussage, für die Gott die gesamte Gemeinschaft des Lügners hart bestrafen würde.
4) Der Eid bei Heiligengräbern und Moscheen: Häufig werden Eide an Heiligengräbern oder Moscheen abgelegt. Die Beduinen glauben, dass ihr Eid hier an Kraft gewinnt.

---

[151] Waṣfī Zakarīya (1997): 267f. nennt die Prozedur des Auflegens der Hand auf den Kopf lediglich als eine Verstärkung des kleinen Eides, nicht als selbstständigen Eid.

5) Der Eid im Zelt einer angesehenen Person des Stammes: Die Beduinen glauben, dass bestimmte Familien mit besonderen Wesenseigenschaften ausgestattet sind, z.B. der Redlichkeit, Barmherzigkeit und Großmut. Daher möchten sie den Eid im Haus der betreffenden Person ablegen. Ein Beispiel dafür ist die Familie Ibn Zuhair von den Banū Ṣaḫr, zu deren Zelten häufig Abordnungen anderer Stämme kommen, um hier einen Eid abzulegen.
6) Der Eid am Ort des Streites: Dies geschieht bei Streitigkeiten zu Land, Wasser und Weide.

Die Arten des Eides entsprechend des Themas des Streites

1) Der Eid bei Fällen zu Wasser, Weide und Land: Gewöhnlich wird er am Ort des Streites abgelegt, da die Beduinen glauben, somit eine größere Gerechtigkeit erzielen zu können. Die Ziehung einer Grenze für den Streit durch den Eid bildet gleichzeitig eine Grenze für territoriale Streitigkeiten in der Zukunft
2) Der Eid bei Fällen von Blut und Körperverletzungen: Hier wird der Eid an einem als heilig betrachteten Ort abgelegt. Zu den Formulierungen gehören u.a. dass der Angeklagte schwört, dass seine Hand und seine Waffe keine Verbindung zur Tat haben.
3) Der Eid in Fällen von Ehre: Hier beschwört der Angeklagte seine Unschuld. Er muss dafür eine Gebühr (*'awāriḍ al-yamīn*) bezahlen, die aus einem vierjährigen Kamel besteht. Diese gibt der Sprecher des Eides der Familie des Opfers, wenn er die Umgebung des Eides, d.h. den Kreis, betritt. Ein weiteres muss er bezahlen, wenn er ihn wieder verlässt. Er schwört, dass er das betreffende Mädchen weder am Körper noch an ihren Sachen berührt hat.

Weitere Bemerkungen zum Eid

1) Die Person, die den Eid ablegen soll, tut dies mit den Formulierungen und an der Stelle, die unter den Prozessparteien vorher vereinbart wurden. Am festgelegten Termin gehen beide Parteien mit ihren Zeugen und Bürgen zum festgelegten Ort. Dort geschieht es häufig, dass einer der Vermittler versucht, den Eid durch die Zahlung einer Summe Geldes oder einer Anzahl von Tieren zu ersetzen, um die Gefahr eines Meineides zu vermeiden.
2) Die Bürgschaft vor dem Eid: Gewöhnlich verlangt die Person, die einen Eid leisten soll, einen Bürgen, der die Durchführung der daraus resultierenden Verpflichtungen garantieren soll.
3) Man kann auch für jemand anderen einen Eid ablegen. Dies geschieht oft bei Streitigkeiten zwischen zwei Stämmen. Dann wird vom Scheich des einen Stammes gefordert, dass er einen Eid für seine Verwandten ablegt.

8.5.4. Das Ordal, *al-biš'a*

Feuer- und Wasserordale sind noch immer unter vielen arabischen Stämmen verbreitet. Heute wird *biš'a* noch in Ägypten durchgeführt und ist dort sogar bis zu einem gewissen Grade auch erlaubt, d.h. ihre Anwendung wird von den Behörden toleriert. In der Vergangenheit wurde sie sowohl in Saudi-Arabien als auch in Jordanien angewendet. In Saudi-Arabien starb aber die letzte dazu autorisierte Person in den 70er Jahren ohne einen Nachfolger zu hinterlassen und in Jordanien ist sie offiziell vom König verboten wurden.

Die Bedeutung von *biš'a* im klassischen Arabisch ist scheußlich, abstoßend machen. Der Brauch verlangt, dass eine verdächtigte Person einen erhitzten Eisenstab lecken muss, um seine Schuld oder Unschuld zu beweisen. Ist die Zunge des Verdächtigten verletzt, ist er schuldig, wenn nicht, ist er sofort und für immer unschuldig. Die *biš'a* wird herangezogen, um die Schuldigkeit eines Verdächtigen zu klären im Falle wenn es keine klaren Beweise gegen ihn gibt.[152]

Die Durchführung der Zeremonie[153]

Das Instrument, welches für das Ordal benutzt wird, ist ein langer eiserner Löffel zum Kaffeerösten, *ṭāsa bi'l- biš'a*.

Niemand wird gezwungen, das Ordal abzulegen. Beide Streitparteien erscheinen mit einem Bürgen, der für die Einhaltung der Entscheidung des *mubašši'* garantiert. Auch Frauen wird erlaubt, an den Zeremonien teilzunehmen.

Vor der Zeremonie fragt der *mubašši'* beide Parteien, ob sie das Ergebnis anerkennen werden. Stimmen sie nicht zu, wird sie nicht durchgeführt. Dann wird alles aufgeschrieben und von den Zeugen unterschrieben.

Dann wird die Zunge des Angeklagten untersucht, ob sie nicht frühere Narben hat. Gibt es sie, kann er die Zeremonie nicht durchfuhren, da seine Zunge auf jeden Fall verletzt wird. In diesem Fall kann ein Verwandter die Stelle des Verdächtigen einnehmen und den Stab lecken. Ist seine Zunge verletzt, gilt sein Verwandter als schuldig.

Der *mubašši'* wendet sich zu Beginn der Zeremonie nach Mekka. Nach der Begrüßung gibt es Tee für alle. Dann wird ein Feuer angezündet und ein Vertreter von jeder Seite zahlt dem *mubašši'* eine Gebühr.

---

[152] Muqbil (1996): 68

[153] Die folgenden Informationen beruhen auf Gesprächsaufzeichnungen aus dem Diskussionsforum und Ginat (1998).

Nach der Zeremonie, wenn der Verdächtigte schuldig gesprochen wurde, muss er die gesamten Kosten übernehmen. Ist er unschuldig, erhält er keine weitere Vergütung außer der Wiederherstellung seiner Ehre. Wiedergutmachung für falsche Anklage gibt es nur im Falle der Anklage einer Frau von illegitimen sexuellen Beziehungen. Diese Anklage ist sehr schwerwiegend und kann der Frau das Leben kosten, da nur ihr Tod die beschmutzte Familienehre wieder reinigen kann. Die Summe der Vergütung wird von den Richtern der Frau festgelegt, entsprechend den Normen der Wiedergutmachung bei falscher Anklage

Mit viel Aufwand wird der Eisenstab herbeigebracht und in das Feuer gelegt. Die Teilnehmer beginnen nun, ihre Version des Falles zu erzählen, währenddessen der Schreiber alles sorgfältig notiert. Ständig werden sie dabei vom *mubašši'* unterbrochen, der Fragen zu Klärung stellt oder darauf hinweist, dass nur Dinge, die direkt mit dem Fall zusammenhängen, vorgebracht werden dürfen. Nichts über frühere Straftaten, nichts über den Charakter der Person ist für ihn von Interesse. Zusätzlich muss der *mubašši'* herausfinden, ob es Zeugen für die Tat gab und wie schwer die Tat war.

Er bietet den Teilnehmern auch an, den Ort zu verlassen, was aber niemand tun wird, da es ein Eingeständnis der Schuld gewesen wäre. Handelt es sich bei der Tat um leichte Verbrechen wie Diebstahl, versucht der *mubašši'* zu vermitteln. Er schlägt vor, dass beide Parteien den Schaden teilen. Stimmen sie zu, wird die Versöhnungszeremonie eingeleitet. In vielen Fällen lehnt es aber der Verdächtigte ab, da ihm zwar die *biš'a* erspart bleibt, ihm aber nun das Stigma eines Diebes anhängt.

Eine der landläufigen Vorstellungen ist, dass die Zunge nicht verletzt wird, doch der Schaden muss durchaus nicht irreparabel sein. Vor 50 bis 60 Jahren durfte die Zunge keine Spur von Verletzungen aufweisen, um unschuldig zu sein. Auch Murray weist auf diesen Umstand hin.[154] Heute sagt der *mubašši'* den Teilnehmern, dass sicherlich Verletzungen auftreten werden. Die Wahrheit stellt sich bei der Untersuchung der Wunden heraus. Glaubt man an die *biš'a* und ist man von seiner eigenen Unschuld überzeugt, bildet sich gewöhnlich mehr Speichel im Rachenraum und die Zunge ist feuchter als bei jemandem, der nicht daran glaubt und womöglich schuldig ist. Jedoch gibt es immer Verletzungen.

Nach den Vorbereitungen wird alles vor Gott beschworen und in das Buch des *mubašši'* geschrieben. Die Teilnehmer unterschreiben und schwören, dass das Ergebnis des Ordals die Angelegenheit regeln und beenden wird. Der Akt der Versöhnung ist nicht anfechtbar.

---

[154] Murray (1935): 61f

Danach warten die Teilnehmer darauf, dass der Kaffeelöffel heiß wird und eine bestimmte Farbe annimmt. Dann hält der *mubaššiʻ* den Löffel zu jedem Teilnehmer. Dreimal mit der ganzen Zunge lecken ist vorgeschrieben. Macht man es falsch, muss man es wiederholen. Dann wird der Löffel gereinigt und die Teilnehmer spülen ihren Mund aus. Nach etwa 10 Minuten schaut der *mubaššiʻ* auf jede Zunge und verkündet das Urteil.

Während der gesamten Zeremonie versucht der *mubaššiʻ* eine islamische Atmosphäre herzustellen, auch wenn dieses Ritual im Islam verboten ist. Die *bišʻa* ist ein reiner Brauch der Beduinen, also *ʻurf*.

Ginat besuchte 139 Zeremonien und untersuchte das Aufzeichnungsbuch, das alle Zeremonien seit August 1986 des *mubaššiʻ* in Ägypten enthält. In über 80% der Fälle war der Angeklagte unschuldig!

Häufig wurde die *bišʻa* benutzt, um den Angeklagten zu ängstigen und zu bedrohen. Doch heute wird sie in der Regel in Fällen angewandt, wo sich zwei Parteien gegenseitig beschuldigen. Dann müssen auch beide Seiten am Eisenstab lecken. Auch eine andere Regel hat sich geändert: In den 20er und 30er Jahren leckte der *mubaššiʻ* die ersten drei Male selbst, um zu beweisen, dass das Eisen einen Unschuldigen nicht verletzt. Wie schon erwähnt, geht man heute davon aus, dass die Zunge auf jeden Fall verletzt wird. Dies bedeutet aber nicht, dass der Angeklagte automatisch schuldig ist, vielmehr untersucht der *mubaššiʻ* die Wunde und legte aus ihrer Schwere die Verantwortung und Schuldigkeit fest.

Bekannte *mubaššiʻ* Familien:

Es gibt mehrere berühmte Familien, welche die *bišʻa* durchführen und dies vom Vater auf den Sohn vererben. Zu den bekanntesten gehören:

1) ad-Dabbār: Vom Stamm der ʻAmrān, leben sie in der Nähe von ʻAqaba. Sie gilt als die berühmteste Familie zur Durchführung der *bišʻa*. Dieser Ruhm gründet sich auf den guten Ruf des mittlerweile verstorbenen *mubaššiʻs* ʻAlī ad-Dabbār.
2) as-Salamāt: Zu ihr gehört der bekannte *mubaššiʻ* ʻUḍai as-Salamāt vom Stamm der Naǧādāt. Diese Familie wohnt in der Nähe von Quraiyat im Wādī Sirḥān.
3) al-ʻAyāyida: Sie wohnen im Sinai. Ihr bekanntester Vertreter ist ʻAyād ʻAwād Ġarībī.
4) Der Stamm der Billī: Im diesem Stamm gibt es die berühmte Familie al-Wābisī. Sie lebt noch heute in al-ʻUlā, ist dort aber nicht mehr für die *bišʻa* bekannt. Auch ließen sich keine Beweise für die Durchführung der *bišʻa* auf

saudi-arabischen Staatsgebiet finden. Vielmehr begibt man sich dafür nach Ägypten und wendet sich an den *mubašši'* Ġarībī.

5) Hess erwähnt einen *mubašši'* von den Ḥarb bei Medina, zu dem alle 'Utaiba, Muṭair, Ḥarb und Šammar gehen. Sein Amt ist erblich.[155] Vor ihm berichtete schon Burckhardt von einem *mubašši'* bei den Muṭair, der dieses Amt nach dem Verbot durch die Wahhabiten im Ḥiǧāz ausübte.[156] Auch für sie gilt das oben gesagte, dass sie heute nicht mehr dafür bekannt sind.

8.6. Schutzverhältnisse und Sicherheitsregulierungen

Den Schutz des Gastes, des Verfolgten und des Nachbarn findet man allenthalben in der Kultur der Beduinen, wo er als eine der edelsten Eigenschaften der Beduinen gepriesen wird.[157] Diese Schutzverhältnisse unterscheiden sich nach der Dauer, den schutzvermittelnden Faktoren und der Gebühr. Aufgrund vieler regionaler Besonderheiten ist es daher manchmal nicht möglich, eine genaue Abgrenzung zwischen ihnen vorzunehmen.

Auch heute werden die Schutzverhältnisse unter den Beduinen noch angewendet, nur sind die Schützlinge nicht mehr die unterdrückten Liebhaber, tollkühnen Bluträcher oder armen Opfer von Raubzügen von damals, sondern meist politische und wirtschaftliche Flüchtlinge aus den Nachbarstaaten. Dazu kommen Straftäter, die z.B. die Frau oder Schwester aufgrund des Verdachts der Unzucht ermordet haben, und andere, die Schwierigkeiten und Probleme mit den staatlichen Behörden haben.

Im Gegensatz zum Gewohnheitsrecht findet man in der *šarī'a* und im *qānūn* keine vergleichbaren Regelungen.

8.6.1. Das Antlitz, *al-waǧh*

Dieser Begriff umfasst verschiedene Schutzmaßnahmen unterschiedlichster Bedeutung. *Waǧh* gibt es in den Bereichen *ǧīra, 'aṭwa, kafāla* und *daḫāla.* Es gehört zu den wichtigsten Kapiteln der beduinischen Rechtsgeschichte, da es darauf bedacht ist, unter allen Umständen die Anwendung der Bestimmungen der *sawālif/sawādī/'awāyid* in allen Bereichen durchzusetzen. Außerdem gewinnt dadurch der Beschluss des Richters eine stärkere exekutive Macht zur Durchsetzung seiner Beschlüsse. Viele Urteile könnten ohne die Existenz von *waǧh* gar nicht vollstreckt werden. Es zwingt beiden Seiten zur Durchführung und Respektierung des Beschlusses. Hat ein Beduine einen Grund zur Klage, da

[155] Hess (1938): 28
[156] Burckhardt (1831): 233
[157] Ḥuraiṣī (1998): 78-79

er selbst oder seine Familie oder seine Tiere gefährdet sind, oder wenn er einen Anspruch gegenüber einer anderen Partei hat, wendet er sich an eine Familie, einen Stamm oder einen Scheich und legt seine Klage in ihr Antlitz. Diese sind dann verpflichtet, ihm bei der Durchsetzung seiner Ansprüche und der Beseitigung der Gründe für die Klage zu helfen.

Zur Anwendung

wağh wird angewendet:

- bei der Forderung nach Schutzes
- zur Unterstützung bei der Erlangung der Rechtsansprüche
- bei der Beendigung von Taten und Aktionen zur weiteren Lösung des Falles

Es kommt darauf an, welcher Ausdruck den Terminus *wağh* begleitet. Entscheidend sind auch die Umstände des Falles. Sagt ein Beduine, ich bin im Antlitz von so-und-so,[158] dann bedeutet das, dass er ihn zum Bürgen für die Durchführung von Verpflichtungen gegenüber anderen ernennt. *wağh* heißt in diesem Fall die Bürgschaft. Der Ausdruck *wağh* kann, wie schon erwähnt, sowohl *kafāla* als auch *daḫāla, ğīra* oder *'aṭwa* bedeuten. Die Verletzung dieser Bestimmungen gilt als Zerschneidung des Antlitzes des Patrons, eine der schlimmsten Straftaten in der Wüstengesellschaft mit weitreichenden negativen Auswirkungen auf die Zukunft der Gesellschaft. Der Besitzer von wa,h wird nun zu einer Hauptpartei im Konflikt mit dem Ziel der Verurteilung des Angeklagten, welcher sich wagt, die *sawālif/sawādī/'awāyid* zu verletzen.

Es ist weiterhin festzustellen, dass der Beduine *wağh* in Bereichen anwendet, die nicht so dringend sind. *wağh* ist also die allgemeinste Schutzart. Er legt z.B. das Antlitz Gottes auf alle Maßnahmen und Taten, womit er ihnen den Rang eines Eides gibt. So legt er auch das Antlitz des Scheichs, seiner Familie oder seines Stammes und schwankt beim Gebrauch von *wağh* zwischen gefährlichen Fällen wie Mord oder Ehre, mittelschweren Fällen wie Schlagen und Verletzungen sowie einfachen Fällen wie Beschimpfungen und täglichen Auseinandersetzungen wie dem Empfang von Gästen. Überall wird *wağh* angewendet und bestimmte Formulierungen gebraucht. Zu den häufigsten gehören:

عليها جيرة الله غداك بكرة عندي
عليها وجه الشيخ فلان غداك بكرة عندي

---

158 انا في وجه فلان

Das Antlitz im Streitfall, *wağh an-nizā'*

Gibt es einen Streit zwischen zwei Parteien, mischt sich gewöhnlich eine neutrale Partei ein, um den Streit zu beenden. Scheitert diese Person, so versucht es ein mächtiger Scheich, indem er sich an die Parteien wendet mit den Worten: Ich lege mein Antlitz (meine Ehre) auf euch beide, dass keiner den anderen verletzt.[159]

Das bedeutet, dass beide Parteien unter seinem Schutz stehen und jede Verletzung einer der beiden Seiten eine Verletzung gegen ihn wäre. Endet der Streit, so hat der Scheich seine gewohnheitsrechtlichen Pflichten erfüllt. Verletzt jedoch eine der Parteien das Schutzverhältnis, indem sie die andere Partei nach der Verkündung des Schutzes durch diesen Scheich angreift, so gilt diese Partei als Verletze des *wağh* ersten Grades, und zwar des *wağh* dieses Scheichs. Dieser muss dann Schritte gegen diese Partei unternehmen, um seinen Ruf und seine Ehre zu bewahren.

Die Pflichten des Besitzers von *wağh*

Die *sawālif/sawādī/'awāyid* legen die Pflichten im Falle der Verletzung des *wağh* fest. Legt jemand das Antlitz einer Person auf einen bestimmten Fall hat dies bestimmte Auswirkungen. Von diesem Moment an entstehen für den Besitzer des *wağh* Pflichten gegenüber einer oder beiden Parteien, die ihn damit beauftragt haben. Dabei ist es egal, ob er diesem Auftrag aufgrund eines Abkommens der beiden Seiten zustimmt, wie bei der *kafāla* oder der *'aṭwa*, oder ob es individuell dem Wunsch einer Partei entsprang, wie es der Fall bei der *daḫāla* und der *ğīra* ist.[160] Auf jedem Fall müssen die folgenden Bestimmungen beachtet werden:

a) wağh als Schutzmaßnahme

Der Besitzer von *wağh* ist zum Schutz einer der beiden Parteien verpflichtet. Jede Verletzung von Seiten einer anderen Partei ist untersagt.

b) wağh aufgrund juristischer Obligationen

Wenn der Besitzer von *wağh* verpflichtet war, die juristischen Obligationen der einen Partei gegenüber der anderen durchzusetzen, so beinhaltet seine Pflicht, dass er die vereinbarten Obligationen vollzieht. Die Beduinen nennen dies mit ihren Worten: مُوفي مُكلّي, d.h. dass er die anstehen Schulden zurückzahlt.

---

159 منكما أن لا يعتدي على الآخر وجهي على كل

160 Abū Rabīḥa (1989): 446

c) wağh aufgrund einer Tat bis zur Lösung des Falles durch die sawādī

Wenn ein Streit z.B. um die Heirat einer Cousine oder um Landfragen, Weide und Wasserfragen entsteht und beide Seiten nach einer Lösung suchen, dann ist der nächste Schritt, dass eine oder beide Parteien den Streitfall vor das Antlitz eines Scheichs legen. Der Besitzer des *wağh* verbietet dann beiden Seiten, irgendwelche Schritte zu unternehmen und überwacht dies bis der Streit rechtlich oder durch einen Vergleich beendet wurde.

wağh kann jeder sein, Mann oder Frau, Scheich, Alte, Gott, Heilige, Propheten, ja selbst der Angreifer kann um Schutz gebeten werden.

Aus der Funktion des *wağh* leiten sich andere Schutzmaßnahmen ab, wie der *ṭanīb,* der *daḫīl,* der *ğār* und der *nāṣī.*

8.6.2. Der Schutz des Eintretenden, *daḫāla*

Dieses Schutzverhältnis kann ein Straftäter ausnutzen, der zu einem anderen Stamm flieht und dort Asyl bzw. Zuflucht vor der Verfolgung durch die Angehörigen des Geschädigten sucht. Diese Definition ist aber nicht ausreichend, da auch Personen die *daḫāla* anwenden können, die im Recht sind und nun Gerechtigkeit suchen. Fühlt sich ein Beduine bedroht oder seiner Rechte beraubt, wendet er sich an einen bekannten und einflussreichen Scheich und bitte ihm um Hilfe bei der Wiedererlangung dieser Rechte. Diese erhält er, indem er bestimmte Zeremonien und Redewendungen[161] verwendet, wie das Berühren des Kopftuches. Die *daḫāla* umfasst die Person, ihr Eigentum, ihre Ehre, Familie und ihren Stamm und ist zeitlich nicht begrenzt. Auch Frauen können sie benutzen, um ihren Rechten Geltung zu verschaffen.[162] In der Regel ist die *daḫāla* kostenlos.

Bricht ein Streit zwischen zwei Personen aus und bedroht einer den anderen damit, dass er mit Gewalt sein Recht nimmt bzw. seinen Gegner oder dessen Eigentum verletzt, so kann die mit der Verletzung bedrohte Person bei einer dritten Person Zuflucht vor dem Gegner suchen, dass ihm dort Recht geschieht. Damit nimmt der Patron die Recht des Schützlings wahr, wenn der Rechtsanspruch erwiesen ist, oder er verbietet ihm die Verletzung bzw. die Bedrohung des Schützlings, selbst wenn er nicht Recht hat.

---

[161] ʻAbbādī (1976): 274, 276

[162] Im Jahre 1971 wandte sich eine Frau an einen Scheich mit Bitte, ihre Ehe zu scheiden. Sie verblieb in seinem Haushalt, bis der Fall geklärt war.

Die Methode der *daḫāla* zählt zu den ältesten und bedeutendsten Schutzmaßnahmen im Beduinenrecht. Die *daḫāla* und *ǧīra* existierten schon in der *ǧāhilīya* und waren in der Frühzeit des Islams allgemein bekannt und verbreitet.[163] Sie zielen auf die Aufhebung der Schärfe der Auseinandersetzungen unter den Bewohnern der Steppe und auf die Wiedererrichtung der Anerkennung der beduinischen *sawālif/sawādī/'awāyid*, sowie deren Anwendung bei der Lösung von Streitfällen, einzelnen oder gemeinschaftlichen Konflikten. Sie zielt auch auf die Wiederherstellung des Gleichgewichtes in der Gesellschaft, da sie den starken Gegners zwingt, die Bestimmungen aus dem Gewohnheitsrecht und den Traditionen anzuerkennen. Die *daḫāla* ist mit der Gerechtigkeit und der Gleichheit in der Stammesgesellschaft verbunden. Fühlt ein Beduine, dass man ihn geringschätzig behandelt oder wird er durch eine Straftat verletzt, sei dies ideell oder materiell, dann wendet er sich an einen bekannten und einflussreichen Scheich, der ihm bei der Durchsetzung seiner Rechtsansprüche hilft.

Die Unterstützung des *daḫīl* hat einen hohen Stellenwert unter den Beduinen, was folgendes Beispiel aus den 50er Jahren untermalen soll: Zwei Jugendliche aus Ǧubba töteten im Verlauf eines Streites einen Angehörige von den Banū Tamīm. Daraufhin flohen sie und suchten Schutz bei einem alten Mann von den Šammar. Dieser entschuldigte sich bei ihnen, dass es bei ihnen keine jungen Leute gibt, die ihnen helfen könnten. Doch gab er ihnen ein schnelles Pferd, welches sie vor den Verfolgern rettete.

Bei der Einteilung der *daḫāla* werden nach einer Art drei Formen unterschieden:

a) Die anwesende *daḫāla*: Hier wendet sich ein geschädigter Beduine an einen Scheich mit den Worten: Ich bin in deinem Angesicht bzw. ich bin der Eintretende des Besitzes und der Familie.[164] Mit dem Aussprechen dieser Formel beginnt die Verantwortung des Scheichs für die Erfüllung der Pflichten der *daḫāla*. Dabei ist es gleich, ob es eine Forderung um Schutz war oder ob es um Hilfe bei der Durchsetzung von Rechtsansprüchen geht.
b) Die abwesende *daḫāla* gleichbedeutend mit der anwesenden: In diesem Fall findet der Beduine den Scheich nicht. Daher wendet er sich an ein Kind oder eine Frau aus der Familie dieses Scheichs, was für seine Anerkennung als Schützling dieser Familie und dieses Stammes ausreicht. Diese *daḫāla* gilt genauso wie die unter a) erwähnte einschließlich der Rechte und Pflichten.
c) Die abwesende *daḫāla*: Gerät der Beduine in der Wüste in Gefahr, so kann er seinen Gegnern sagen, dass er und sein Eigentum im Angesicht eines berühmten Scheichs stehen. Diese Art der *daḫāla* ist rechtens und gilt auch

[163] 'Abbādī (1976): 255-261
[164] انا بوجهك يا فلان من فلان (أو) أنا دخيل المال والعيال

bei Abwesenheit des Scheichs. Wird er nach Verkündung der *daḫāla* angegriffen, so kann er sich sein Recht bei dem erwähnten Scheich holen. Auch der Scheich wird seinerseits seine Rechte von den Angreifern fordern, da sie seinen Schützling angegriffen haben.

Handelt es sich um eine abwesende daḫāla, so reicht es, wenn der *daḫīl* den Namen des Besitzers von wa,h nennt und es bedarf keiner weiteren Maßnahmen. Ist es aber eine anwesende *daḫāla*, so sind bestimmte Schritte und Maßnahmen vorgeschrieben. Die Methode der *daḫāla* ändert sich mit der Bedeutung des Falles. Ist es ein schwerer Fall, dann flüchtet sich der *daḫīl* in den *maḥram*, d.i. der Frauenbereich des Zeltes, und sucht bei den Frauen und Kindern Schutz. Diese Methode beruft sich auf die Ehre der Familie des Zeltvorstandes zu seiner Unterstützung. In einfachen Fällen begibt er sich in den *šiqq*, d.i. der Männerbereich des Zeltes, wo er sich mit dem Besitzer von *waǧh* trifft. Er berührt die Kopfbedeckung[165] des zukünftigen Beschützers und verbindet sie, indem er sagt, dass er von nun an sein Schützling ist und er die Verbindung erst wieder auflöst, wenn sein Fall gelöst ist. Der Besitzer von *waǧh* erwidert darauf: ابشر بالعز وطيب الملقى , d.h. er verkündet den Schutz und den sicheren Aufenthalt und zeigt seine Bereitschaft zum Wohlergehen des Schützlings und aller seiner Rechte, welche die andere Seite ihm negiert, zu sorgen.

Ein Beispiel für die abwesende *daḫāla*:

Ungefähr im Jahre 1880 zog Suwaiṭ Bin Muṭlaq vom Stamm der Badārīn/Ḥarb mit einigen Gefährten und seinen Herden im Naǧd umher. Da begegnete ihnen eine *ġazū* unter Sulṭān al-Faqīr von den ʻAnaza. Als dieser versuchte, ihnen die Kamele wegzunehmen, sagte Suwaiṭ zu ihm, dass er unter dem Schutz von Šihāb al-Faqīr steht, einem anderen Scheich der ʻAnaza und Bruder von Sulṭān. Sulṭān glaubte ihm aber nicht und nahm ihm die Kamele als Beute für sich und seine Gefährten ab. Suwaiṭ ging daraufhin zu Šihāb und erzählte ihm den Vorfall, worauf dieser sofort zu Sulṭān ging und ihm die Kamele wieder abnahm. Sie wurden ihren Besitzern zurückgegeben.[166]

Eine andere Form der Einteilung richtet sich nach der Art des Falles:

- Die *daḫāla* zur Wiedererlangung der Rechte
- Die *daḫāla* mit der Bitte um Schutz
- Die *daḫāla*, die nicht von einem Scheich kommt

165 الشماغ والعقال
166 Diskussionsforum

Die *daḫāla* zur Wiedererlangung der Rechte

Meistens wird sie von schwachen Stämmen oder Personen gefordert, die ungerecht behandelt, überfallen oder anderweitig benachteiligt wurden. Auch hier wendet man sich an einen bedeutenden Scheich bzw. Stamm mit der Bitte um Unterstützung. Stimmen diese der Bitte zu, verpflichten sie sich, alles in ihrer Kraft zu tun, damit dieser schwache Stamm bzw. die Person ihr Recht zurück bekommt. Diese Verpflichtung schließt kriegerische Maßnahmen nicht aus.

Als ersten Schritt sendet der Patron einen Boten an den Stamm bzw. die Person, die seinen Schützling bedroht o.ä. und bittet ihm, die Rechtes seines Schützlings zu respektieren. Wird diese Bitte abgelehnt, schickt der Scheich als nächstes eine Delegation der Notabeln des Stammes mit der gleichen Aufgabe. Wird das Anliegen erneut abgelehnt, bleiben nur gewaltsame Auseinandersetzungen als letztes Mittel.

Soweit die Theorie, doch wie weit der Scheich wirklich geht, und ob er wirklich das Leben seiner Stammesangehörigen aufs Spiel setzt, ist eine andere Frage. Wohl hört man häufig Geschichten einzelner Scheichs, die dies taten. Doch dienen diese Legenden wohl eher der Legitimierung, Untermalung und zu einem gewissen Grade der Abschreckung und Aufforderung, den alten Gewohnheiten weiterhin zu folgen. Die Anwendung dieser Regel setzt intakte Strukturen voraus, die heute bei den Stämmen nicht mehr in dieser Form anzutreffen sind. Vielmehr wandelt sich die Rolle des Patrons hin zu einem Vermittler, der aufgrund seines Einflusses und Reichtums, einen Ausgleich zwischen den beiden Parteien erzielen kann. Anwendung findet sie hingegen noch bei Versuchen von Straftätern, der staatlichen Gesetzgebung zu entfliehen, indem sie sich unter den Schutz eines Stammesscheichs stellen, der mit seinem Einfluss einen geringere Strafe oder gar eine Aufhebung der Anklage erreichen kann.

Ähnliches kann man auch zur *daḫāla* mit der Bitte um Schutz sagen, die zwar theoretisch detailliert beschrieben und mit klassischen Beispielen[167] unterlegt ist, heute aber kaum noch zur Anwendung im traditionellen Sinne kommt. Als Patron können auch Frauen, Kinder, Heilige, selbst Gegenstände dienen.

Die Forderung der *daḫāla* nach Schutz und Recht

Die Forderung nach Schutz: Diese Art beschränkt sich auf die daḫāla in den folgenden zwei Fällen:

---

[167] ʻAbbādī (1976): 265f.

1) Im Falle des Geständnisses der Tat. Hat der Beduine eine Straftat begangen und fürchtet er vom Stamm des Opfers angegriffen zu werden, dann betritt er das Antlitz eines bekannten Scheichs, einer Familie oder Stammes, um somit die Verletzung von ihm oder seinen Verwandten und deren Eigentum zu verhindern, bis der Fall geklärt wird. Gewöhnlicherweise vermittelt der Besitzer von wağh bei den Verwandten des Opfers, um eine Ruhepause zu erreichen. Dann beginnt die Arbeit zur Beendigung des Falles.
2) Im Falle, dass der Angeklagte die Tat abstreitet: Wird ein Beduine verdächtigt, eine Tat begangen zu haben und leugnet er dies aus Furcht vor der Verletzung seiner Person, seiner Verwandten und deren Eigentums, so sucht er Schutz, indem er in das Antlitz eines Scheichs tritt und ihm die Sache darlegt. Der Scheich übt dann Druck auf die Verwandten des Opfers aus, um eine Ruhepause zu erreichen, ohne das es ein Geständnis gibt. Jedoch müssen sich der Beduine und seine Verwandten bereit erklären, die notwendigen Maßnahmen zur Klärung des Falles einzuleiten und das Ergebnis des Richterspruches zu akzeptieren.

Die Forderung nach dem Recht: Diese Art gibt es bei straf- und zivilrechtlichen Fällen gleichermaßen. Der Beduine, der sich dieser Art bedient, hat meist eine schwache Position gegenüber der anderen Seite. Es gibt drei Arten dieser *daḫāla*:

a) Die Forderung des Rechts in einer juristischen Angelegenheit: Wenn ein Beduine einen Rechtsanspruch gegenüber einem anderen hat und der Schuldner leugnet die Schuld. Der Gläubiger geht nun verschiedene Wege gemäß den *sawālif/sawādī/'awāyid*, um sein Recht zu erhalten. Einer dieser Wege ist die Zufluchtnahme zur *daḫāla*, um auf den Schuldner Druck auszuüben, damit er seine Obligationen erfüllt.
b) Die Forderung des Rechts in Straffällen: Verdächtigen die Verwandten des Opfers eine bedeutende Person, Einfluss auf die Begehung der Straftat gehabt zu haben, und leugnet der Angeklagte dies, indem er Einwände gegen die Prozedur der *sawālif/sawādī/'awāyid* zur Feststellung der Schuld bzw. Unschuld äußert, dann benutzen die Verwandten die *daḫāla* im Angesichts eines bedeutenden Scheichs, um den Angeklagten zu zwingen, den Grundlagen des beduinischen Rechtes zu folgen.
c) Die Forderung nach Recht in zivilrechtlichen Fällen: Der bedeutendste dieser Fälle ist die *ǧīra* bzw. *daḫāla* der väterlichen Cousine (*bint 'amm*). Wenn der Cousin des Mädchens, das einen fremden Mann heiraten will, sich an einen Scheich wendet, um diese Heirat zu verhindern, da er ein Vorrecht auf sie hat. Die beiden Begriffe *ǧīra* und *daḫāla* haben hier die gleiche Bedeutung und dienen dem gleichen Zweck, der Verhinderung der Heirat des Mädchens mit einem Fremden.

Die Länge der *dahāla*

Es gibt bei den großen Stämmen Zentralarabiens Unterschiede in der Länge der. Während die 'Aǧmān, Ẓafīr, Dawāsir, 'Anaza, Qaḥṭān, Subā'i und Šammar die *dahāla* für drei ein drittel Tage erlauben, kann sie bei den Muṭair und 'Utaiba auf ein Jahr ausgedehnt werden. Die *dahāla* der ersten Gruppe nennt man kurze *dahāla* oder auch *al-muharrabāt* (die Verbindung zur Wurzel h-r-b „fliehen" ist ersichtlich) und die *dahāla* der anderen Stämme nennt man ‚lange *dahāla*'.[168] Sowohl der Täter als auch seine Verwandtschaft können in das Schutzverhältnis eintreten. Wichtig ist auch hier, dass die Verwandtschaft des Opfers davon in Kenntnis gesetzt wird. Während der *dahāla* versucht der Patron den Stamm des Opfers zu überzeugen, die *diya* anzunehmen und auf die Blutrache zu verzichten. Gelingt dies nicht, haben die Angehörigen des Opfers nun das Recht und die Pflicht, die Blutrache auszuüben.

8.6.3. Die Nachbarschaft, *ǧīra*

In vielen juristischen Fällen verwendet die Beduinen den Ausdruck *ǧīra*. Zweifellos meinen sie damit in den meisten Fällen die unter B) beschriebene dahāla oder die unter E) beschriebene *'aṭwa*, außer bei der *ǧīra* der Aufwallung des Blutes.[169] Der Begriff der *ǧīra* leitet sich von der Bedeutungsgruppe „Nachbarschaft" ab. Die Rechte des Nachbarn in den beduinischen Traditionen sind weitreichend und fast unbegrenzt. *ǧīra* ist daher ein allgemeiner Ausdruck für gutnachbarliche gegenseitige Beziehung mit verschiedenen daraus resultierenden Pflichten für beide Seiten. Dem Begriff der *dahāla* fügen sie eine stärkere Bedeutung hinzu.

Bezüglich der *ǧīrat faurat ad-damm* und ihrer Frist von drei ein drittel Tagen, so ist sie der einzige Fall, der zwischen der *'aṭwa* und der *dahāla* steht. Besteht keine *ǧīra*, können die Angehörigen des Opfers in diesen drei Tagen sich am Täter und seiner Verwandtschaftsgruppe ungestraft rächen. Die *ǧīra* ähnelt daher der *'aṭwa* und wird mancherorts als *'aṭwa* betrachtet, da sie nur für eine begrenzte Zeit gilt im Gegensatz zur *dahāla*, die keine Zeitbegrenzung kennt. Das Gewohnheitsrecht schreibt vor, dass die Familie des Opfers dieser *ǧīra* zustimmen muss. Es reicht dem Vermittler dabei, wenn er mit einem Kind oder einer Frau dieses Stammes spricht, um die Zustimmung zu erhalten. Es wäre eine Schande für die Familie des Opfers, würden sie dies ablehnen. Es scheint indes, dass die Zustimmung zur *ǧīra* meist unwesentlich ist im Gegensatz zur *'aṭwa*, wo sie notwendig und öffentlich ist. Aus dieser Perspektive gilt sie als Mittelweg zwischen *dahāla* und *'aṭwa*.

---

[168] Maḥǧūb (1997): 279

[169] جيرة فورة الدم

Das Ziel in der *ǧīra faurat ad-damm* liegt darin, dass sie der Familie des Täters anzeigt, dass sie nun mit ihrem Tieren in eine sichere *dīra* ziehen können. Wurden die anderen Stammesangehörigen nicht davon unterrichtet besteht jedoch immer noch die Gefahr, der Blutrache ausgesetzt zu sein. Ebenso könnten die Herden und das Eigentum des Täters und seiner Verwandten straffrei geraubt werden. Die Bekanntgabe und Verbreitung der *ǧīra* der Aufwallung des Blutes ist daher ein wesentlicher Teil dieses Schutzverhältnisses.

Die Beduinen unterscheiden

- einen *ǧār*, der zum gleichen Stamm gehört,
- einen *ǧār*, der zu einem anderen Stamm gehört,
- einen *ǧār*, der Schutz sucht,
- einem *ǧār*, der Unterstützung braucht.

Daraus resultieren verschiedene Begriffe, die im folgenden näher untersucht werden:

a) Der *daḫīl*: Er hat den größten Anspruch auf Hilfe und Unterstützung.
b) Der *ṭanīb*: Dieser Beduine flieht zu einem anderen Stamm und bittet um Schutz vor Bedrohungen und Gefahren, die gegen sein Leben und Eigentum gerichtet sind.
c) Der *qaṣīr*: Dieser Beduine zieht mit seiner Familie zu einem anderen Stamm und bittet um Hilfe von den Schwierigkeiten der Wüste. Ihm widerfuhr kein bestimmtes Verbrechen, doch kann er nicht mehr allein in der Wüste leben.
d) Der eigentliche *ǧār*: Der Beduine, der neben den anderen wohnt und zum gleichen Stamm gehört.

Man kann die Beziehung zwischen einem Beduinen und seinem Nachbarn am besten beschreiben, dass sich einer für den anderen aufopfert, um die Ehre und die Hochachtung seines Nachbarn zu bewahren. Dabei spielt der Ruf der jeweiligen Nachbarn eine große Rolle. Man unterstützt sich gegenseitig mit Essen und Trinken und sieht über kleine Fehler des anderen hinweg. Je mehr man in die Aufrechterhaltung guter Beziehungen zu den Nachbarn investiert, desto besseren Schutz und schnellere Unterstützung bekommt man, wenn man sie selber braucht. Auch bei der Ausrichtung von Feierlichkeiten, wie Hochzeiten, kann man auf die Hilfe der Nachbarn zählen.[170]

---

[170] Ǧudī (1991):82

Anwendungsbeispiel:

Im Jahre 1940 wohnte ein Mitglied der Ibn Rimāl/Sinǧāra/Šammar in der Nähe eines Mitglied einer anderen Abteilung, der Zāmil, des gleichen Stammes. Er galt als *qaṣīr* dieser Leute, denn er war nicht von ihrer Abteilung. Eines Tages betrat eine andere Person der Sinǧāra das Zelt des qaṣīr mit der Absicht, dessen Frau zu vergewaltigen. Der Mann kam hinzu und erschoss den Eindringling. Dann sprach er mit dem Nachbarn und man beschloss den Leichnam zu verstecken. So verblieb die Sache für einige Zeit, bis der Täter seine Tat vor dem Gericht gestand, wofür er 15 Jahre Haft bekam. Die Verwandten des Opfers begannen nun, den Nachbarn des *qaṣīr* zu verfolgen, da sie von seiner Mitschuld überzeugt waren. Beide Parteien gingen zum Richter Ibn Sa'dī der folgendes Urteil fällte: Er verbot die Verfolgung des Nachbarn, da entsprechend der sawālif/sawādī/'awāyid dieser verpflichtet war, dem *qaṣīr* in allen Angelegenheiten zu helfen, selbst wenn es sich um die Verheimlichung einer Straftat handelt. Danben beschloss der Richter die Beschlagnahmung der Tiere, die der Verheimlichung der Straftat dienten, und gab sie der Familie des Opfers.[171]

8.6.4. Der *ṭanīb* und der *nāṣī*

Der Begriff *ṭanīb* leitet sich vom Wort *ṭunub/aṭnāb*, Zeltstrick, ab. Diesen muss der Schutzsuchende berühren, wenn er seine Forderung bzw. Bitte nach Schutz vorträgt. Es ist jedoch auch ausreichend, wenn man seine Absicht in der Nähe des Zeltes der Person kundtut, in deren Schutz man eintreten will. Der Status eines *ṭanīb* ähnelt dem eines politischen Flüchtlings heute.

ṭanīb kann eine einzelne Person, eine Familie oder eine ḫamsa-Gruppe sein. Der Besitzer des Zeltes ist zur Annahme der Forderung verpflichtet. Ebenso muss der den Schützling helfen, seine Angelegenheiten zu erledigen, ohne nach dem Vorleben des der Person zu fragen.

Der *ṭanīb* muss sich während seines Aufenthaltes selbst versorgen. Seine Herden weiden jedoch mit den Herden des Patron, ebenso verkehren die Frauen miteinander. Er selbst darf an offiziellen Essen nur mit Einladung des Scheichs teilnehmen. Schließlich soll er sich so wenig wie möglich zeigen. Kommt es doch zu einer Verletzung oder einem Übergriff gegen die Ehre oder das Eigentum des *ṭanīb*, muss der Patron für die Wiederherstellung des Rechts seines Schützlings sorgen.

---

[171] Interview mit Turkī aš-Šammarī im Oktober 1999

Auch der *ṭanīb* ist eine Einrichtung, die schon in der *ǧāhilīya* existierte. An dem bewussten Zeltstrick hängt jeder, der diese Art von Schutz begehrt, entweder sein Pferd, Kamel, seine Tasche, *ġabāba*, usw. Um in den Genuss des Schutzes zu kommen, müssen bestimmte Floskeln der Bitte und der Zustimmung gesprochen werden.[172] Anschließend trinkt man gemeinsam Kaffee oder nimmt eine Mahlzeit ein.

Personen mit schlechtem Leumund wird der *ṭanīb* verweigert. Hingegen kann selbst ein Feind oder Verbrecher an der Familie des Patrons zum *ṭanīb* werden, dies jedoch nur für die kurze Zeit von drei ein drittel Tagen, danach beginnen Verfolgung und Krieg von neuem.

Die Strenge des Schutzverhältnisses und die große Verantwortung des Patron für seinen Schützling wird durch Erzählungen untermalt, die von schweren Bestrafungen gegen die berichten, die gegen die Regeln des ṭanīb, der *daḫāla*, des nāṣī, usw. berichten. Da gilt auch für die Familienangehörigen des Patrons.

Das folgende Beispiel stammt von den Ẓafīr, einem Nachbarstamm der Šammar: ʻAbdallah Bin Mandīl, ein Scheich der Banū Ḫālid aus al-Aḥsā, war Nachbar von Sunaiṭān Bin Suwaiṭ,[173] dem Scheich der Ẓafīr. Der Sohn des Scheichs, Ḏārī Bin Sunaiṭān, grollte gegen den Nachbarn, da dieser eine erfolgreiche ġazū durchgeführt hatte. Er tötete den Gast, welche neben seinem Vater saß und floh. Der Onkel von Ḏārī verfolgte ihn und brachte ihn zurück zum Scheich, welcher ihn sofort tötete und ihn noch vor dem Gast beerdigte.
Ein weiteres Beispiel beschreibt, als Sālim al-ʻAzzāmī Gast war bei ʻAuda Abū Ṭayyī, und Ḥamīd aš-Šarārī in dessen Zelt eindrang und auf den Gast eine Kugel feuerte, ihn aber verfehlte. Daraufhin wandte sich ʻAuda an den Scheich der Šarārāt, Kāsib al-Ḥāwī, und beschwerte sich über das Verbrechen an seinem Gast. Ḥāwī gab ihm und dem Gast jeweils 40 Kamele, ein Pferd und ein Schwert.[174]

Auch Frauen haben ein Anrecht auf Schutz. Meistens nehmen sie zur daḫāla Zuflucht, wenn es sich z.B. um eine Hirtin handelt oder eine Frau ohne Familie. Oder eine Frau sucht Schutz vor den Gewalttätigkeiten ihres Ehemanns bzw. will ihren Ehemann vor Gefahren schützen. In allen diesen Fällen ist auch die Beduinin berechtigt, ein Schutzverhältnis zu verlangen.

---

[172] ʻAbbādī (1976): 291

[173] Nach einer anderen Version handelte es sich um Ḥamūd Bin Suwaiṭ.

[174] قال: قد أصلحت الأمر, يا شيخ عودة, خذ لك ولضيفك أربعين ناقة وفرسا وسيفا ومضي سبيلك. (nach Kīlānī 1972)

Der *nāṣī*

Der Begriff leitet sich vom Wort *nāṣīya* ab und bedeutet Stirn. Eine Person erwählt sich einen Scheich, eine Persönlichkeit oder eine andere Person, in deren Angesicht er Schutz sucht, z.B. auf einer Reise. Diese Vorsichtsmaßnahme soll ihn vor Problemen während der Reise schützen. *Nāṣī* ist nach 'Abbādī mit dem Weggefährten gleichzusetzen.[175] Dabei können die Regeln des nāṣī oft ein besserer Schutz sein als bewaffnete Gefährten, da schon ihre Androhung den Täter zur Besinnung bringt. Derjenige, der dem *nāṣī* Schutz bietet, muss im Falle eines Übergriffes auf ihn, die Blutrache ausüben. Der Schutz umfasst den *nāṣī*, sein Eigentum und seine Gefährten. Die Strafe für einen Überfall auf einen *nāṣī* ist doppelt so hoch wie bei einer einfachen Straftat.[176]

Folgende Geschichte soll dies untermalen: Scheich 'Aqāb Bin 'Aǧāl von den Šammar im Naǧd suchte Zuflucht bei 'Aǧīl al-Yāwir, dem Scheich der Šammar im Irak, vor der Verfolgung durch Ibn Saud. Trotzdem es zwischen der saudischen und der irakischen Regierung ein Abkommen über die Auslieferung von politischen Flüchtlingen gab, weigerte sich 'Aǧīl, seinen Schützling auszuliefern.[177]

Scheich Muḥammad Bin Sumair von den 'Anaza nahm im Jahre 1912 einen Beduinen als Nachbarn auf, welcher zuvor einen türkischen Offizier getötet hatte. Bei einem Besuch in Damaskus wurden Muḥammad und sein Bruder von den türkischen Behörden festgenommen. Man wollte sie zwingen, den Mörder auszuliefern. Muḥammad ging auf das Angebot ein, woraufhin er freigelassen wurde, um den Täter zu bringen. Sein Bruder verblieb in Haft. Nach der Ankunft in seiner *dīra*, begann Muhammad erneut mit den Behörden zu verhandeln, die am Ende der Zahlung der *diya* zustimmten. So bezahlte er 400 Kamele und 800 Schafe. Dadurch konnte er seinen Bruder aus der Haft befreien und seinen Schützling vor der Verfolgung retten.[178]

Der Scheich der Tūmān von den Šammar im Naǧd, hatte einen Nachbarn von den Ḥarb aus dem Ḥiǧāz, dem ein Kamel gehörte. Zur gleichen Zeit wurden die Kamele des Emirs von Hail, Muḥammad Bin 'Abdallah Āl Rašīd, von einem heftigen Fieber befallen. Der Emir nahm sich das Kamel des Ḥarbī und markierte es mit seinem Brandzeichen. Der Scheich der Tūmān verlangte daraufhin das Kamel zurück, was der Emir ablehnte. Bei einem Angriff auf die

---

[175] 'Abbādī (1976): 301
[176] Ǧūdī (1991): 81-82
[177] Ẓāhirī (1402): 76
[178] Mušāriqa (1988): 213

Herden des Emirs holte er sich das Kamel zurück und floh zu den Fad'ān nach Syrien. Im Gegenzug überfiel der Emir die Fad'ān.[179]

Manchmal ist der Patron jedoch nicht in der Lage, dem Schützling ausreichend Schutz zu bieten. Dann muss er ihn aus dem Schutzvertrag entlassen und der Schützling muss sich um neuen Schutz kümmern, da er nun wieder der Rache bzw. der Verfolgung unterliegt. Doch als Grundregel gilt, dass die *daḫāla* oder der *ṭanīb* nur abgelehnt werden können, wenn der Antragsteller einen schlechten Ruf und Leumund hat.

8.6.5. Der Waffenstillstand, *'aṭwa*

Dies ist eine modernere Rechtsauffassung der Beduinen, an deren Stelle einst die *daḫāla* stand. Sie ist eine Art Burgfrieden, der für eine bestimmte Zeit anhält. Ihrer bedient sich der Beduine in Straffällen wie Mord und Ehrfragen. Hingegen in zivilrechtlichen Fällen und bei Diebstahl gibt es sie nicht. Verübt ein Beduine ein Verbrechen, so ist er mit seinem Stamm bestrebt, einen neutralen Stamm auf der Seite des Opfers zu finden, der den Waffenstillstand für eine gewisse Zeit erzielen kann. Dieser neutrale Stamm wendet sich dann an den Stamm des Opfers und verhandelt diesen aus. Dies sind die Ziele des Waffenstillstandes in der frühen Phase eines Konfliktes:

1) Er garantiert den Schutz des Täters, seiner Verwandten und deren Eigentum vor der Beschädigung durch die andere Seite.
2) Der augenblickliche Status Quo wird beibehalten, ohne dass weitere Streitigkeiten zwischen den Parteien ausbrechen.
3) Beide Seiten können sich mit ihrem Stamm beraten, um eine Lösung für den Konflikt zu finden.

Die Dauer des Waffenstillstandes

Sie schwankt zwischen Tagen und Monaten entsprechend der Schwere der Straftat und der Situation des Opfers. In schweren Fällen wie Mord und Ehrfragen dauert sie nur kurz. Sie wird auch *ǧīra* genannt (s. dort) und umfasst die schwierige Zeit, welche die Beduinen Aufwallung des Blutes nennen. Sie beträgt drei ein Drittel Tage und beginnt von der Stunde der Begehung des Verbrechens. Die normale Ruhepause beträgt hingegen einen oder zwei Monate, manchmal auch drei. Verstreicht die Frist vor der Lösung des Falles, muss sie durch die Vermittler erneuert werden.

---

[179] Blunt (1881): 287

In allen zivilrechtlichen Fällen gilt die sogenannte vollständige *'aṭwa*, d.h. sie wird ohne Vorbehalte und Bedingungen gegeben und angenommen. Sie umfasst den Täter und seine Familie sowie deren Eigentum. In schweren Fällen gilt die unvollständige *'aṭwa*, wenn es sich z.B. um einen besonders grausamen Fall handelt. Dann ist die Partei des Opfers unnachgiebig und fordert manchmal sogar den Ausschluss des Täters aus der *'aṭwa*, jedoch nicht den Ausschluss seiner Verwandten. Somit würde er praktisch aus dem Solidaritätsverband seines Stammes ausgeschlossen werden. Er ist dann vogelfrei, sein Blut kann mit Zustimmung des ganzen Stammes jederzeit vergossen werden. Das gilt jedoch nur, wenn er von den Bestimmungen der *'aṭwa* durch Beschluss beider Seiten ausgeschlossen wurde.

Die *'aṭwa* ist als Ehrenangelegenheit kostenlos, wie es unter den Beduinen üblich ist. Nur einige Stämme verlangen als Gegenleistung für die Zustimmung zur *'aṭwa* einen Geldbetrag oder eine Anzahl von Tieren, den man *'ulūq al-'ānī* nennt. Das ist der Betrag, den der Täter an das Opfer bezahlt als Gegenleistung für dessen Zustimmung zur *'aṭwa* als Vorstufe der Versöhnung. Diese Regel ist aber nicht allgemein gültig. Einige Stämme, wie die Ḥuwaiṭāt und die Rwala, wenden sie an. Andere, wie die Šammar, Ḥarb oder die Banū 'Aṭīya hingegen nicht. Gewöhnlich ist der Betrag etwa 40 JD/400SR oder ein vierjähriges Kamel.

Wenn sich nun die Notabeln eines Stammes an den Stamm des Opfers wenden, um die *'aṭwa* zu erbitten, so muss man sie ehrenvoll empfangen. Man bietet ihnen Kaffee an, den sie aber höflich ablehnen. Anstatt dessen stellen sie ihre Tassen vor sich hin. Gefragt nach dem Grund ihres Verhaltens antworten sie, dass sie erst trinken, wenn sie die Zustimmung zur *'aṭwa* erhalten haben.

Die *'aṭwa* und die *daḫāla*

Die *'aṭwa* ähnelt in vieler Hinsicht der *daḫāla*. Doch gibt es auch einige Unterschiede zu verzeichnen:

1) *'aṭwa* ist ein Ausdruck für einen Burgfrieden von bestimmter Zeit, welcher mit der Beendigung des Falles erlischt. Die *daḫāla* hat keine zeitliche Begrenzung. Sie endet erst, wenn der Streit bzw. der Gegenstand der *daḫāla* beendet ist.
2) *'aṭwa* entsteht erst durch ein Abkommen zwischen beiden Seiten im Gegensatz zur *daḫāla*, welche sofort beginnen kann.
3) Der Ort der Unterzeichnung der *'aṭwa* ist meist das Zelt des Opfers oder seiner Verwandten. Die *daḫāla* wird gewöhnlich im Zelt des Besitzers von *wağh* abgeschlossen, wenn er denn anwesend ist. Ansonsten kann sie an

jedem beliebigen Ort abgeschlossen werden, auch wenn der Patron abwesend ist.

4) Die *'aṭwa* bedarf der Vermittlung durch eine neutrale Partei auf Seiten des Opfers. Die *daḫāla* hingegen bedarf keiner Vermittlung, sondern erfolgt sofort nach Verkündigung durch den Schutzsuchenden.

Die *'aṭwa* und die *kafāla*

1) Das Ziel der *'aṭwa* liegt im Erreichen einer Waffenruhe. Das Ziel der Bürgschaft liegt in der Beendigung des Konfliktes.
2) *'aṭwa* entsteht zu Beginn eines Konfliktes, die *kafāla* kommt am Ende des Konfliktes.
3) Die Frist der *'aṭwa* ist begrenzt. Die *kafāla* hat ebenfalls keine bestimmte Frist, sie gilt jedoch nur bis zur Erfüllung der Obligationen.
4) Auch wenn beide aus Abkommen der beteiligten Seiten resultieren, so hat die *kafāla* die Bürgen, die für die Einhaltung der Vereinbarungen garantieren, währenddessen die *'aṭwa* hat nur ein *waǧh* besitzt, welcher den Vorgang beobachtet und überwacht.

Arten der *'aṭwa*:

1) Die *'aṭwa* der Sicherheit, *'aṭwat al-amnīya*: Sie gilt in Ehr- und Mordfällen während der Aufwallung des Blutes für drei Tage. Es wird ein Bürge der Unverletzlichkeit für den Täter gestellt.
2) Die *'aṭwa* der Untersuchung, *'aṭwat at-taftīš*: Wenn der Täter nicht bekannt ist, haben die Notabeln 10-60 Tage Zeit, dies herauszufinden.
3) Die *'aṭwa* der Akzeptanz, *'aṭwat al-qubūl*: Die Annahme der Versöhnung oder eines Richterbeschlusses. Zeit: 10-30 Tage, währenddessen die Zeremonien der Versöhnung durchgeführt werden. Das geht natürlich nur, wenn die Opferseite auf die Durchführung der Blutrache verzichtet hat.[180]

Die Regeln der *'aṭwa* bei den Stämmen im Gebiet von Tabūk bei den 'Anaza:

1) Die 'aṭwa der Untersuchung gilt für drei Monate. Bei der Zahlung von 1.000 SR kann sie nochmals um drei Monate verlängert werden. Dieser Betrag wird am Ende von der *diya* abgezogen.
2) Die *'aṭwa* der Zustimmung zur Versöhnung währt einen Monat, währenddessen die Versöhnung hergestellt werden muss.
3) Im Falle von Unklarheiten und Verdacht gibt es die *'aṭwa* des Rechts ohne Gegenleistung.

---

[180] Ġubain (1989): 76

4) Wird die *'aṭwa* abgelehnt, kann sie auch mit Gewalt durchgesetzt werden.
5) Eine verschärfte Strafe ist im Falle der Verletzung der *'aṭwa* auszusprechen.
6) Die *'aṭwa* für unabsichtlichen Mord und Ehebruch wird ohne Gegenleistung gegeben.[181]

Verletzt die Partei des Opfers die *'aṭwa*, verliert sie ihren Rechtsanspruch. Verletzt die Partei des Täters die Abmachungen der *'aṭwa*, verliert sie ihren Schutz und unterliegt der Blutrache. Außerdem muss dem Bürgen der *'aṭwa* Schadensersatz geleitstet werden sowie sein Antlitz wieder weiß gemacht werden.

Die *'aṭwa* kann erst in Kraft treten, wenn auf beiden Seiten Bürgen die Einhaltung der Waffenruhe garantieren. Kommt es aber während des von den Bürgen garantierten Waffenstillstandes zu Übergriffen bzw. wird die Blutrache am Täter vollzogen, muss der Attentäter 40 weiße Kamele dem Bürgen übergeben. Eine solche Tat ist schlimmer noch als der vorangegangene Mord, da die Seite des Opfer nun Schuld auf sich geladen hat. Der erste Mord wird somit durch den zweiten aufgehoben.[182]

8.6.6. Die Bürgschaft, *kafāla*

Im Folgenden werden Regeln zur Bürgschaft im Gewohnheitsrecht vorgestellt. Oftmals bedienen sich die Beduinen Bürgen bei der Beilegung ihrer Konflikte. Da es in der Gemeinschaft der Beduinen keine anderen Autoritäten gibt, welche die Gesetze durchsetzen und die Urteile vollstrecken könnten, muss der Beduine an den Respekt der Mitglieder seiner Gemeinschaft appellieren, als Bürgen aufzutreten und die Vollstreckung der Urteile und Bestimmungen zu garantieren. Bedingung ist, dass diese geachtete Personen der Gesellschaft sein müssen und von einer einflussreichen Familie abstammen. Handelt es sich um einen *kafīl wafā*, dann muss er auch begütert sein, um im Notfall den Schaden ersetzen zu können, falls die verbürgte Person dazu nicht in der Lage ist. Bürge kann eine Person, eine Familie oder ein Stamm sein entsprechend dem Bereich und der Bedeutung der Bürgschaft. Jede Partei kann eigene Bürgen ernennen. Es ist auch möglich, dass ein *kafīl* für beide Seiten gleichzeitig Bürge ist. Dann können beide Streitparteien beginnen, zu prozessieren.

Ursprünglich wurde die Bürgschaft durch ein Abkommen der beiden Parteien über die Durchführung einer bestimmten Aufgabe vermittelt. Doch Bürgen können in allen Ebenen des Prozesses auftreten, so als Bürge, dass die verurteilte Partei die Auflagen des Richters erfüllt oder die geschädigte Partei

[181] Interview am 10.11.1999 mit zwei Angehörigen der 'Anaza in al-'Ulā.
[182] Klocker (1995): 140-41

den Gegner nach der Bezahlung nicht mehr belästigt. Für fast alle Rechtsangelegenheiten muss ein oder mehrere Bürgen gestellt werden, welche für die Erfüllung der Verpflichtung einstehen. Erfüllt der Verurteilte seine Pflichten nicht, wendet sich die Opferseite an den Bürgen, um ihr Recht zu bekommen. Erfüllt der Bürge seine Pflicht nicht, verfällt er der Schande und wird von allen verächtlich gemacht. Über die Rehabilitierung der Bürgen entscheiden die „Aufheller der Gesichter".[183] Der Verurteilte, der eine Verpflichtung nicht erfüllt, für die ein Bürge bestellt wurde, wird als unehrenhaft betrachtet, da er das Antlitz der Bürgen zerschneidet.[184] *waǧh* heißt Antlitz, Gesicht, übertragen Ehre und wird manchmal auch für Bürgschaft benutzt. Der Bürge ist daher hier der Besitzer der Ehre, *ṣāḥib al-waǧh.*

Bedingungen der Bürgschaft: Sie ist freiwillig,[185] kollektiv, bindend. Manchmal verlangt sie eine Gebühr.

Zu den verschiedenen Arten der Bürgschaft gehören:

1) *Die Bürgschaft für rechtliche Maßnahmen*: Jede der Parteien ernennt einen Bürgen zur Absicherung folgender Dinge:
   a) Die Anwesenheit am festgelegten Tag zur Durchführung der Maßnahme.
   b) Die Abwehr von Unklarheiten und Missverständnissen bei der Zahlung der *rizqa* und anderer Kosten.
   c) Die Akzeptanz des Ergebnisses und seine Vollstreckung bzw. der Einspruch gemäß den bekannten Regeln der *sawālif/sawādī/'awāyid.*

2) *Die Bürgschaft der Verbannung*: Hier wird verbürgt, dass die Täter erst nach Beendigung des Streites in ihre dīra zurückkehren. Widersetzt sich der Täter dem, dann ist sein weiterer Gegner nicht mehr die Partei des Opfers, sondern der Bürge, der die Einhaltung der Verbannung garantiert hat.

3) *Die Bürgschaft der Versöhnung*: Sie tritt ein, nachdem beide Seiten verkündet haben, dass sie die Bedingungen der Versöhnung akzeptieren. Auf einer Sondersitzung verkünden beide Parteien die Namen ihrer Bürgen zur Durchsetzung der Pflichten. Zu den Bürgen der Versöhnung gehören:
   a) *kafīl wafā*: Er verbürgt dem Verurteilten den Geldbetrag, der ihm im Ergebnis der Versöhnung auferlegt wurde.

---

[183] مبيض الوجوه, vgl. Kapitel Richter und Gerichte

[184] Vgl. Kapitel Zerschneidung des Antlitzes

[185] الدخل الزام والكفل احشام Der Schutz ist Pflicht und die Bürgschaft ist eine Ehrenangelegenheit. Beide Kategorien gelten für Personen, die nicht zu den Streitparteien gehören. Schutz zu garantieren für eine schwächere Gruppe ist Pflicht, besonders wenn diese in Gefahr ist. Bürgschaft wird mit *ḫašm* gleichgesetzt, d.i. Ehre.

b) *kafīl dafā*: Er verbürgt den Schutz des Verurteilten und seines Eigentums vor Verletzungen von Seiten des Opfers und dessen Verwandten in der Zukunft.
c) *kafīl širā*: Er garantiert die Durchführung der Bestimmungen des Kaufes durch den Täter gegenüber den Verwandten des Opfers.

Regeln der Bürgschaft:[186]

1) *Die Ehre (Bürgschaft) liegt nicht nur auf dir allein, sondern auf der gesamten Gruppe.*[187]
Die Person, die bürgt, verpflichtet nicht nur sich selbst, sondern seine ganze Blutrache-Gruppe. Wenn er seiner Verpflichtung nicht nachkommt, müssen das andere Mitglieder seiner ḫamsa tun.
2) *Der Erbe übernimmt die Bürgschaft.*[188]
Stirbt der Bürge vor der Erfüllung seiner Pflicht, muss sein Erbe diese übernehmen.
3) *Der Name* (des Stammes; S.M.) *umfasst alle.*[189]
Wenn ein Bürge für jemanden aus einem anderen Stamm bürgt, so ist des Bürgen gesamter Stamm mitverantwortlich, falls er seinen Pflichten nicht nachkommt. *ism* steht hier für *qabīla*, Stamm.
4) *Der Bürge, der hinter einer bedeutenden Person steht, kann keine Bürgschaft geben.*[190]
Der Bürge muss ein hervorragendes Mitglied der Gemeinschaft sein.
5) *Die Bürgschaft ist wie ein Berg, sie wird weder kleiner noch größer.*[191]
Ein Bürge kann nicht von seiner Entscheidung zurücktreten, bis sie erfüllt ist.
6) *Die Ehre (Bürgschaft) kann nur der aufheben, der sie festhält.*[192]
Nur der, dem etwas verbürgt wird, kann diese Verantwortung wieder vom Bürgen nehmen.

Die Maßnahmen der Bürgschaft für die Zahlung der Obligationen, *al-wafā'*

Kommt es zu einer Verzögerung bei der Erfüllung der verbürgten Obligationen, so wendet sich die davon betroffene Seite an den Bürgen, damit dieser die vereinbarten Bedingungen erfüllt und sei dies mit seinem eigenen Besitz.

---

[186] Die folgenden Redewendungen wurden von Bailey (1992) unter den Beduinen des Sinai gesammelt. Es wurden aber in diese Arbeit nur diejenigen aufgenommen, die ebenfalls von Informanten im Naǧd bestätigt wurden.
[187] الوجه مو هو لم من حالك. الوجه للخمسة كلها
[188] الوارث الوجه معه
[189] الاسم بيشمل الكل
[190] الكفيل اللي وراء كبير ما له كفالة
[191] الكفالة زي الجبل لا أتنحل ولا تنشل
[192] الوجه ما يحله غير الي لقطه. الوجه ينطلق بلي فيه

Folgende Maßnahmen muss die geschädigte Seite zur Erlangung ihres Rechtsanspruches erfüllen:

1) Nach Ablauf der vereinbarten Frist muss sie sich zuerst an die andere Partei wenden.
2) Lehnt diese die Erfüllung ab, wendet sich die geschädigte Partei an den Bürgen der Bezahlung und informiert ihn über die Vorkommnisse.
3) Der Bürge bittet die geschädigte Partei, sich nochmals an die andere Partei zu wenden und dies in Gegenwart dreier Zeugen. Wird die Erfüllung dann immer noch verweigert, dann können die Zeugen dies dem Bürgen bestätigen.
4) Die geschädigte Partei berichtet dem Bürgen über die erneute Ablehnung in Gegenwart der Zeugen. Dieser gibt der geschädigten Partei einen kleinen Geldbetrag, den die Beduinen Halfter des Geldes, *rasn al-māl* nennen.
5) Der Bürge bittet die geschädigte Seite erneut, dass sie zur anderen Partei zurückkehrt und ihr den Betrag aushändigt. Dies geschieht zur Erinnerung, dass der Bürge diesen Betrag aus seiner eigenen Tasche bezahlt hat.
6) Besteht die andere Partei jedoch auf ihrer Ablehnung, so kann die geschädigte Partei vom Bürgen die Erfüllung sämtlicher Verpflichtungen verlangen.
7) Dann fordert der Bürge von der säumigen Partei, dass sie ihm den ausgelegten Betrag vierfach[193] zurückzahlt.
8) Lehnt der Bürge die Erfüllung der Obligationen ab, so kann die geschädigte Seite sein Antlitz schwärzen. Die Anschwärzung ist eine schwere gesellschaftliche Strafe mit großen Auswirkungen. Um ihr zu entgehen, erfüllt der Bürge daher lieber die Verpflichtung und sei dies von seinem eigenen Geld. Später kann er sich dies von der anderen Partei zurückholen.

Die Arbeitsweise der Bürgschaft

1) *Wenn dein Gegner flieht, nimm das Blut von der Ehre deines Bürgen.*[194]
Die Funktion des *kafīl wafā* ist, dass die vom Gericht verhängte Strafe bezahlt wird, entweder von der verurteilten Person oder vom Bürgen selbst. Das Verb für sammeln ist hier *kaiyyala*, was die Beduinen normalerweise für „Reserven anlegen" verwenden.
2) *Der Bürge der Bezahlung bringt das Geld auf und richtet (zwingt) die Männer.*[195]

---

[193] Bailey (1992) berichtet von einer Verdoppelung der Ansprüche des Bürgen. Unter den Šammar und in anderen Quellen (Abū Ḥassan, Mušāriqa) wird von einer Vervierfachung gesprochen.
[194] إن شرد قبيلك إكيلْ الدم في عِرض كفيلك
[195] كفيل الوفا يحت المال ويحكم الرجال

In umgekehrter Ordnung sind hier die zwei Pflichten des *kafīl wafā* genannt: den Verurteilten zur Zahlung seiner Strafe zu zwingen und alternativ dazu, an seiner Stelle zu bezahlen, wenn dieser es nicht tut.
3) *Die Rechte des Bürgen verdoppeln sich: Zwei qirš für einen und zwei Tiere für ein Tier.*[196]
Muss ein Bürge für eine säumige verurteilte Partei bezahlen, so muss er seine Auslagen doppelt ersetzt bekommen.
4) *Vierzig Nächte sind die Gnadenfrist.*[197]
Wenn ein Bürge aufgefordert wird, eine säumige Strafe zu zahlen, so hat er 40 Tage Zeit, das Geld zusammenzubringen. Diese Gnadenfrist ist notwendig für ihn, um Tiere zu verkaufen, damit er die nötige Summe aufbringen kann.
5) *Das Wohlergehen (die Wärme) kommt nach der Bezahlung.*[198]
Nachdem die Strafe vollständig bezahlt wurde und die Pflicht des Bürgen erfüllt ist, erhält die verurteilte Partei einen Bürgen der Wärme, *kafīl dafā*. Wärme bedeutet hier Sicherheit. Der Ankläger kann dann den Fall nicht noch einmal aufrollen ohne den Bürgen zu beleidigen. *dafā* reimt sich mit *wafā*, um die Wichtigkeit der zwei Formen der Bürgschaft zu betonen.
6) *Der Schutz hat keine Vorrechte über die Bürgschaft.*[199]
In Eigentumsprozessen, z.B. über den Besitz eines Kamels, muss jede Partei einen Bürgen ernennen, der verbürgt, dass der Verlierer das Kamel aufgibt und, falls erforderlich, die Strafe bezahlt. Damit es nicht passiert, dass sich eine der Parteien, wenn sie feststellt, dass der Prozess nicht gut für sie läuft, das Kamel und seinen Besitzer unter den Schutz einer bedeutenden Person stellt, um so den Prozess zu umgehen. Das Gesetz sieht aber vor, dass, sobald der Prozess mit Bürgschaft begann, man sich nicht mehr unter den Schutz begeben kann.
7) *Das Schwärzen der Ehre betrifft die gesamte Gruppe.*[200]
Kommt ein Bürge seiner Bürgschaft nicht nach, kann sein Gesicht von der verbürgten Person geschwärzt werden, symbolisch durch das Aufstellen eines Haufens geschwärzter Steine an einem öffentlichen Platz zur Darstellung seiner Unehrenhaftigkeit. Schwärzen ist nicht nur eine Quelle öffentlicher Verachtung, sondern disqualifiziert den Bürgen von weiterer öffentlicher Arbeit. Aufgrund des Prinzips der kollektiven Verantwortung, auf der das Prinzip der Blutrachengruppe basiert, ist jede Verpflichtung, die der Bürge eingeht, auch für seine gesamte Gruppe bindend. Dementsprechend wird auch die kollektive Ehre ihrer Mitglieder geschwärzt, falls er versagt.
8) *Die Ehre eines Bürgen kann nur durch die verbürgte Person weiß gemacht werden.*[201]

---

196 حق الكفيل مثنى قرش بقرشين وسوق بسوقين
197 اربعين ليلة مفنونين
198 الدفا يوم الوفا
199 الدخل ما يركب على الكفل
200 السوداء على الخمسة كلها

Dieser Punkt betont die Bedeutung für die Ehre durch Erfüllung der Pflicht als Bürge. Auch wenn es keiner besonderen Zeremonie bedarf, dass Gesicht eines pflichtbewussten Bürgen weiß zu machen, so beweist der Fakt, dass dessen Gesicht nicht geschwärzt wurde, dass er ein Mann von Ehre ist und sein Gesicht weiß bleibt.

Der Unterschied zwischen *daḫāla* und *kafāla*

Beide gehören als Stützen der Stabilität der Gesellschaft der Beduinen zu den wichtigsten juristischen Maßnahmen. Trotz ihrer Ähnlichkeit weisen sie doch essentielle Unterschiede auf:

1) Die *daḫāla* kann ohne Zustimmung des Beschützers eintreten. Dieser darf sie nicht ablehnen, sei sie eine abwesende oder anwesende *daḫāla*. Im Falle der *kafāla* erfolgt die Ernennung des Bürgen nach einem Abkommen zwischen den beteiligten Seiten. Der Bürge hat das Recht, dieses Amt abzulehnen, wenn er anwesend ist.
2) Die *daḫāla* ist nicht erblich. Sie beschränkt sich auf den Beschützers und wird nicht auf dessen Erben übertragen. Die *kafāla* kann auf den Sohn des verstorbenen Bürgen übertragen werden, wofür eine Gebühr zu entrichten ist.
3) Der Beschützer nimmt für seinen Schutz keine Gebühr. Eine Ausnahme bilden die Stämme im Gebiet von Irbid/Jordanien.[202] Gewöhnlich erhält der Bürge eine Bezahlung für seine Aufgabe in Form von Kamelen. Heute ist es üblich, ihm 10% der auferlegten Summe zu geben. Der *kafīl wafā* bekommt seine Gebühr vom Gewinner und der *kafīl dafā* seine Gebühr vom Verlierer des Prozesses.
4) Die *daḫāla* beginnt sofort, wenn eine der Seiten den Beschützer um Hilfe bittet zu jeder Zeit der Auseinandersetzung. Die *kafāla* beginnt erst nach der Einigung beider Seiten über die Obligationen, gleich ob diese Bedingungen den Streit beenden oder nicht.

Bedingungen der Bürgschaft

1) Der Bürge muss ein bekannter Mann mit gutem Ruf sein. Er muss vermögend und mächtig genug sein, um die Verpflichtungen auch erfüllen zu können.
2) Er muss von der verbürgten Person das Geld in Empfang nehmen und weiterleiten oder es selber an die dazu berechtigte Person zahlen. Muss er

---

[201] لا يبيض الوجه غير إلا فيه

[202] Abū Ḥassan (1987): 242

letzteres tun, kann er sich danach seine Ausgaben vierfach von der säumigen Person ersetzen lassen.

3) Einigen sich die Parteien auf die Regeln der Versöhnung und verletzt eine der Parteien diese Regeln, muss sie die doppelte *diya* zahlen. Auch der Bürge hat dann das Recht, die doppelte *diya* zu verlangen.
4) Weigert sich ein Bürge, seinen Zahlungsverpflichtungen nachzukommen, nennt man ihn *bāyiq*, Abweichler, Übeltäter. Die berechtigte Person kann nun eine schwarze Fahne vor dem Zelt des säumigen Bürgen hissen und sein Antlitz schwärzen, d.h. seine Ehre ist beschmutzt.
5) Zahlt der Bürge die vereinbarte Summe, hat er das Recht, sie von der verbürgten Person zurückzufordern. Weigert sie sich, dies zu tun, kann der Bürge etwas vom Eigentum dieser Person beschlagnahmen.[203]

Weitere Formen der Bürgschaft

Bürgschaft des Rückzuges: Der Bürge garantiert, dass die Verbannten nicht mehr in ihr Stammesgebiet zurückkehren, sondern erst, wenn der Fall geregelt und beigelegt ist. Verletzt der Täter diese Regel, wird er vom Bürgen und nicht von der Opferseite verfolgt.
Bürgschaft der Versöhnung: Nachdem beide Seiten ihre Zustimmung zu den Bedingungen der Versöhnung gegeben haben, benennt jede Seite einen Bürgen, der die Vollstreckung der Bestimmungen garantiert. Bei der Versöhnung gibt es den *kafīl wafā, kafīl dafā, kafīl širā* (Er garantiert, dass der Täter die Bedingungen gegenüber den Verwandten des Opfers erfüllt) und den *kafīl al-māl* (Er verbürgt alle mit Eigentum verbundene Bestimmungen).
Bürgschaft der Regeln: Hier erklärt sich ein Bürge bereit, für die Vollstreckung der Obligationen beider Seiten zu bürgen, d.h. man braucht nur noch einen Bürgen, wenn dem beide Seiten zustimmen.[204]
Bürgschaft der rizqa: Die *rizqa* ist die Gebühr für den Richter. Ein Bürge sammelt die Gebühr vor der Anklageerhebung von beiden Seiten ein und übergibt nach der Urteilssprechung an den Richter.[205]
Bürgschaft der ġurra: Auch die *ġurra*[206] hat gewöhnlich einen Bürgen. Sie wird den Verwandten des Opfers erst nach seiner Ernennung übergeben. Er garantiert, dass das Mädchen nach der Geburt eines Sohnes zu ihrer Familie zurückkehren darf.

---

[203] Tall (1997): 118-120
[204] Abū Ḥassan (1987): 24
[205] Mušāriqa (1988): 241
[206] Mit dem Begriff *ġurra* wird ein Mädchen aus der Verwandtschaft des Straftäters bezeichnet, welches als Teil des Schadensersatzes an die Familie des Opfers gegeben wird. Sie heiratet ein Mitglied dieser Familie und bleibt bei ihm, bis sie einen Sohn geboren hat. Dann kann sie entweder zu ihrer Gruppe zurückkehren oder bei ihrem Mann bleiben, der dann aber den Brautpreis entrichten muss.

In den meisten Rechtsangelegenheiten der Beduinen wird ein Bürge ernannt, der die Umsetzung der vertraglich vereinbarten Bestimmungen überwacht. Dies gilt für den Verkauf von Pferden, bei Schulden, bei Kauf und Verkauf im allgemeinen. Gibt ein Mann einem anderen seine Tochter zur Frau und ist diese noch minderjährig, so ernennt er einen Bürgen, der über sie wacht, bis sie volljährig ist. Auch bei der Scheidung zieht man Bürgen hinzu.

8.6.7. Der Tribut, *ḫūwa*

Die *ḫūwa* ist ein Schutzverhältnis, bei dem der Schützling dem Patron einen Geldbetrag bezahlen muss, damit er vor Überfällen und sonstigen Bedrohungen geschützt wird. Kommt es dennoch zu einem Übergriff, ist der Patron verpflichtet, dem Schützling zu seinem Recht zu verhelfen, selbst wenn der Täter ein Verwandter des Patrons war.

Die Bezahlung von Tributen, *ḫūwa*, von Halbnomaden und Sesshaften an die Beduinen wurde seit alters her als ein System der Bezahlung für Schutz angesehen. Daher wird der Tribut auch Bruderschaft, *ḫūwa*, genannt. Burckhardt schreibt dazu:

„Der Tribut wird im allgemeinen an den Scheich oder einige respektable Männer des Stammes gezahlt. Nachdem man sich zuerst darüber geeinigt hat, verlangt der Beduine meist die sofortige Zahlung eines Teiles der ausgemachten Summe. Zusätzlich verlangt er für sich und seine Freunde etwas zu essen, als Zeichen, dass sie den Vertrag bezeugen, indem sie einen Teil der ḫūwa gegessen haben.“[207]

Aber nicht nur der eigentliche Beschützer erhielt den Tribut. Wallin berichtet, dass

„im allgemeinen der Tribut aus Geschenken in Form von Kleidung, nicht nur an den obersten Scheich des Stammes, sondern auch an fast jede einflussreiche Person der verschiedenen Abteilungen besteht.“[208]

Ein bedeutender Teil der *ḫūwa* blieb in den Händen der Stammeselite, doch auch die einfachen Stammesangehörigen erhielten ihren Anteil. Die sesshaften und halbnomadischen Stämme richteten ihre Zahlungen meist an mehrere Stämme und diese erhielten Tribute von verschiedenen Oasen und schafzüchtenden Stämmen.[209] Manchmal legten die halbnomadischen Stämme, welche die ḫūwa

---

[207] Burckhardt (1831) : vol. 1, S.193-94
[208] Wallin (1850): S. 122
[209] Guarmani (1938): 109-110; Huber (1891): 592

an die vollnomadischen kamelzüchtenden Stämme bezahlten, ebenso schwächeren Stämmen oder Oasen Tribute auf. Somit wurden weitverzweigte, hochentwickelte Systeme der Abhängigkeit entwickelt. Die *ḫūwa* brachte den Stämmen beträchtliche Einnahmen, weshalb man für die Rechte, die Tribute einzusammeln, kämpfte und sogar die Tributpflichtigen tötete. Somit wurde das Wort ḫūwa zu einem zynischen Symbol der Abhängigkeit, gegen die man sich nur selten erfolgreich auflehnen konnte.

Die Tributbeziehungen wandelten sich schnell in ein Vasallenverhältnis um, bei dem sich der unterworfene Stamm an den Beutezügen des überlegenen Stammes beteiligte; so zahlten sie den Bluttribut. Ein Vasallenscheich zeigte so seinen Respekt an den Sieger. Einige Stämme war so stark abhängig, dass Dickson sie als Diener oder Sklaven ihrer Herren bezeichnete. Das galt für den Rašā'id-Stamm als quasi Leibeigene der Muṭair und die 'Awāzim als Diener der 'Aǧmān.[210] Beide Berichte beziehen sich auf den Beginn des 20. Jahrhunderts. Man kann davon ausgehen, dass ähnliche Verbindungen schon vorher existierten.

Die Beduinen legten auch den Händlern und Pilgerkarawanen Steuern auf, welche ebenfalls *ḫūwa* genannt wurden. Ibn Bišr verwendet das Wort *iḫāwāt*, ein Wort, was schon bei Ibn Khaldun zu finden ist.[211] Im 18. und 19. Jahrhundert musste die Hohe Pforte bedeutende Summen an die Beduinen zahlen, um die Sicherheit der osmanischen Pilgerkarawanen nach Mekka zu gewährleisten. Burckhardt schätzte diese Zahlungen auf 50.000 bis 60.000 £ pro Jahr.[212] Im Jahre 1756 verspätete sich der Pascha von Damaskus mit der Zahlung und richtet sogar die Scheichs hin, die zum Abholen des Tributes kamen. Zwei Jahre später vernichteten die vereinten Beduinenstämme die Wächter der Pilger, plünderten die Karawane und zwangen die osmanischen Autoritäten zur Wiederaufnahme der Zahlung.[213] Die Stammeselite erhielt eine Zahlung, die durch den üblichen Brauch festgesetzt wurde und dem Schutz der umherziehenden Handwerker und Händler diente.[214]

Der Begriff *ḫūwa* leitet sich von der arabischen Wurzel *aḫ*, Bruder, ab. In diesem Zusammenhang bedeutet er Tributzahlungen unterworfener Stämme, die aber bis zu einem gewissen Grad unabhängig bleiben. Die wirtschaftlich und militärisch starken kamelzüchtenden Stämme wie die Šammar oder Rwala legten schwächeren Gruppen, z.B. Schafzüchtern oder Oasenbewohnern, eine

---

210 Dickson (1951): 572-73
211 Ibn Bišr (1391): 126
212 Burckhardt (1831): vol. 1, S. 194; vol. 2, S. 9, 34
213 Niebuhr (1991): 178-79
214 Musil (1927): 280-82

Steuer auf, die entweder in Geld oder Naturalien zu zahlen war. Diese Zahlung spiegelt ein Arrangement zwischen zwei ungleichen Partnern wider, die nun in einem halbverwandtschaftlichen Verhältnis stehen. Im Gegenzug für die Zahlung des Tributes erhalten die Geber verschiedene Rechte. So dürfen sie die Weiden und Brunnen des Empfängers mit benutzen. Außerdem werden sie beschützt und verteidigt.

Die *ḫūwa* wurde natürlich auch von den militärisch unterlegenen sesshaften Bauern verlangt, die für ihren Schutz vor Raubüberfällen eine Abgabe in Form von Getreide machen mussten. Die Überfälle gingen dabei entweder vom beschützenden Stamm selber oder anderen Stämmen aus. Diese Tribut-Raub-Beziehung war eine einfache wirtschaftliche Übereinkunft, bei der die Nomaden das nötige Getreide und die Bauern den benötigten Schutz erhielten. Im Prinzip unterschied sich dies nicht sehr von der weitverbreiteten Austauschbeziehung Tiere gegen Datteln oder Getreide.

Durch die *ḫūwa* wurden die Rechtssysteme beider häufig nomadischer und sesshafter Gruppen vereinigt. Durch den Schutz waren die Geber vor den Raubzügen der Empfänger und anderer Stämme sicher. Gestohlenes Gut und Kamele mussten zurückgegeben werden.

Die Zahlung eines Tributes bedeutete nicht die sofortige Unterdrückung oder Absorption des Stammes. Der Patron hatte keine Möglichkeit, seine militärische Überlegenheit auf Dauer aufrecht zu erhalten. Vielmehr versuchte er, die stets vorhandene militärische Macht der Stämme durch Subsidien und gelegentliche Überfälle auf rebellische Stämme zu neutralisieren.[215] Stämme, die nicht von den Subsidien profitierten, setzten die Überfälle weiterhin fort.
In den letzten 50 Jahren hat sich die Tribut-Raub-Beziehung überlebt und findet nur noch in der oben erwähnten wirtschaftlichen Austauschform Anwendung. Auf dieser Basis finden die Beziehungen zwischen Nomaden und Sesshaften statt.

8.6.8. Der Rückzug, *al-ǧalā'*

Der Rückzug ist einer der wichtigsten Faktoren bei der Verminderung der Auswirkungen einer Straftat, da er eine Begrenzung für eventuell entstehende zusätzliche Maßnahmen festlegt. Er erfolgt sofort nach Begehen des Verbrechens noch bevor sich die Nachricht darüber verbreitet. Die *sawālif/sawādī/'awāyid* verpflichten die nächsten Stämme zur Unterstützung der Verwandten des Täters beim Umzug mit ihren Herden und ihrem Eigentum in ein sicheres Gebiet, welches von der dīrades Stammes des Opfers weit entfernt

[215] Rasheed (1991): 115-16

ist. Somit werden vorschnelle gewalttätige Reaktionen vermieden. Auch der Rückzug wird nur bei Mord oder Ehrfragen angewendet. Andere Worte mit der gleichen Bedeutung sind: *al-hiğra, al-ib'ād* oder *an-nafā*. Das Ziel ist jedoch immer das gleiche, sicher zur *dīra* eines anderen Stammes zu ziehen.

Die Zeit des Rückzuges

Er erfolgt direkt nach Begehen des Verbrechens während einer Zeit von drei ein drittel Tagen. Diese Zeit nennen die Beduinen „Aufwallung des Blutes", da in dieser Zeit die Verwandten des Opfers versuchen, sich selbst sofort zu rächen. Es sei nochmals auf die Schnelligkeit des Rückzuges verwiesen, um dem zu entgehen.

Der Rückzugsort, *al-mağlā*

Der Rückzugsort ist der neue Aufenthaltsort des Täters und seiner Verwandten, eine Art Exil. Er darf nicht zur *dīra* dieses Stammes gehören, sollte aber eine Beziehung zum Stamm haben. Die Stammesgrenzen legen auch den Ort des Rückzuges fest. Dieser Ort hat eine besondere Bedeutung. So hat jeder Stamm seinen eigenen Rückzugsort bei Auseinandersetzungen mit bestimmten Stämmen, wobei folgendes zu beachten gilt:

a) Die *dīra* des Besitzers von *wağh* ist kein Rückzugsort. Dies aufgrund der engen Bindungen zwischen dem Stamm und seinen Verbündeten. Der Sinn dabei liegt darin, dass wenn sich jemand zu einem bekannten und befreundeten Stamm zurückzieht, so kommen auch die Verwandten des Opfers oft zu dieser *dīra*. So kann es leicht so Auseinandersetzungen zwischen ihnen und dem Täter kommen. Und das steht im Widerspruch zur Theorie des Rückzuges, der eigentlich die Streitigkeiten eindämmen soll.
b) Die *dīra* des fremden Stammes ist ein Rückzugsort. Das bedeutet, dass das Gebiet, in welchem ein beiden Parteien fremder Stamm wohnt, als Rückzugsort für den Täter und seine Verwandten angesehen wird. Hier ist es ungewöhnlich, wenn Vertreter der Opferseite sich verstärkt aufhalten. Im Endeffekt werden die Möglichkeiten für Streitigkeiten dadurch verringert.
c) Die Entfernung bei der Festlegung des Rückzugsortes spielt keine Rolle.

Beispiele:

1) Die Ḥuwaiṭāt und die Banū Ṣaḫr betrachten sich gegenseitig als Rückzugsorte.
2) Das Rückzugsgebiet der Rwala liegt bei den 'Amārāt und den Šammar im Irak und den Banū Ṣaḫr in Jordanien.

3) Das Gebiet der ʻAbbād gilt als Rückzugsgebiet der Balqa, und umgekehrt gilt das gleiche.
4) Die *dīra* der ʻAbda gilt als Rückzugsort aller Šammar in Saudi-Arabien. Eine weitere Möglichkeit bietet der Rückzug zu Verwandten nach Syrien oder dem Irak.
5) Wādī al-Hubais östlich von Mādabā gilt als Rückzugsort unter den Balqa und den Banū Ṣaḫr. Er liegt zwischen den beiden *dīras*. Ein Angehöriger der Balqa zieht sich demzufolge in den östlichen Teil des Wādīs zurück, denn dort leben die Banū Ṣaḫr, und ein Angehöriger der Banū Ṣaḫr zieht sich in den westlichen Teil zurück, in das Siedlungsgebiet der Balqa.
6) Das westliche Wādī al-Ḥanū gilt als Rückzugsort der Balqa und der Banū Ḥumaida. Der Balqāwī geht in den südlichen Teil zu den Banū Ḥumaida und der Ḥumaidī in den nördlichen Teil zu den Balqa.[216]

Welche Personen umfasst der Rückzug?

Um zu wissen, wer die betreffenden Personen sind, muss man auf eine allgemeine Regel bezugnehmen, welche sich auf den Grad der Verwandtschaft mit dem Täter stützt. Dabei muss zwischen den folgenden beiden Fällen unterschieden werden:

1) Im Falle eines vorangegangenen Ausschlusses. Gab es eine vorherige Zählung unter dem Täter und seinen Verwandten vor dem Begehen der Straftat, so beschränkt sich der Rückzug auf die Verwandten bis ins dritte Glied. Die Verwandten im vierten Grad bieten dem Stamm des Opfers das Kamel des Schlafes an. Zu ihren Pflichten gehört aber die Beteiligung an der Ableistung der Strafe. Normalerweise gehört der vierte Großvater nicht mehr dazu, außer wenn der Stamm des Opfers darauf besteht. Dann müssen auch sie sich zurückziehen. Die Verwandten im fünften Glied brauchen hingegen kein Kamel des Schlafes anzubieten, sie sind auch nicht an der Ableistung beteiligt.
2) Wenn es vorher keinen Ausschluss und keine Zählung gab. In diesem Falle müssen alle Verwandten gleich welchen Verwandtschaftsgrades ins Exil. Von dort können sie dann versuchen, mit dem Stamm des Opfers Verhandlungen aufzunehmen und die Zustimmung zur Durchführung der beiden Zeremonien Ausschluss und Zählung zu erlangen. Dies bestimmt das weitere Schicksal dieser Personen. Diejenigen, die vom Rückzug umfasst sind, verbleiben im Exil mit dem Täter. Diejenigen, die der Rückzug nicht einschließt, kehren in ihre dīra zurück.

[216] Abū Ḥassan (1987): 278

Die Dauer des Rückzuges

Diejenigen, die den Täter ins Exil begleiten, nennt man *ǧalawī/ǧalawīya*. Ihr Schicksal hängt von folgenden Faktoren ab:

a) Endet der Fall mit einer Versöhnung oder einem Urteil, dann dürfen sie in ihre dīra zurückkehren.
b) Endet der Fall nicht mit einer Versöhnung, da der Stamm des Opfers dies boykotiert, so erlauben manche Stämme die Rückkehr nicht, andere hingegen erlauben sie nach einer Frist von sieben Jahren. Dies ist der Fall bei den Banū Ṣaḫr. Die Rückkehr ist häufig noch an weitere Bedingungen geknüpft, z.B. müssen sie alles versucht haben, um den Fall zu lösen oder ein Scheich muss als *waǧh* fungieren, um weitere Streitigkeiten zu unterbinden.
c) Häufig verbleiben die Verbannten in ihrem Exil aufgrund des Ergebnisses der Angelegenheit. Viele der heutigen Stämme leben in ihren Gebieten als Ergebnis eines Rückzuges ihrer Vorfahren. So lebt z.B. eine Abteilung der Ḥuwaiṭāt, die al-Faṭana, in Syrien, nachdem sie sich dorthin nach einem Mordfall zurückgezogen hat. Auch eine Familie der Banū Ṣaḫr lebt unter den Ḥuwaiṭāt in Süden Jordaniens. Eine Familie der ʻUṭūn/ Ḥuwaiṭāt lebt unter den Rwala aufgrund eines Mordfalles.

Pflichten des Stammes, zu dem die Verbannten kommen

Dieser Stamm übernimmt die Pflichten eines *kafīl dafā*, was mit vielen Aufgaben verbunden ist, u.a. wacht er über die Durchführung aller Obligationen des Stammes im Exil. Eine Verletzung dieser Pflichten wäre eine große Schande für den Stamm und dessen kommenden Generationen. Weiterhin gehören zu den Pflichten:

1) Schutz des Täters und seiner Verwandten einschließlich ihres Eigentums und ihrer Ländereien,
2) Unterstützung bei der Lösung des Falles, sowie Zugang zu Wasser und Weiden,
3) Aufrechterhaltung der Würde und des Respekts des Stammes,
4) Weiterbenutzung der alten Brandzeichen,
5) Hilfe bei der Herbeischaffung der Überreste ihres Eigentums von der ursprünglichen *dīra* in das Exil.

Das Kamel des Schlafes, *baʻīr an-naum*

Wenn der Stamm des Opfers seine Zustimmung gegeben hat, dass der vierte Grad der Verwandtschaft des Täters aus der Verantwortung fällt, wird ihm dafür das Kamel des Schlafes übergeben. Dies ist das Zeichen der Unversehrtheit dieser Personen. Des weiteren wird dem Stamm des Opfers ein weiteres Kamel angeboten. Dies erlaubt es den in ihrer dīra verbliebenen Verwandten des Täters, weiterhin ihre Weiden zu benutzen. Das Alter dieses Kamel schwankt zwischen zwei und drei Jahren.

9. DIE STRAFTATEN UND IHRE RECHTSFOLGEN

Auch in der beduinischen Gesellschaft werden verschiedenste Verbrechen begangen. Dabei gibt es bei der Benennung der meisten dieser Straftaten Äquivalente in der staatlichen Gesetzgebung, z.B. bei Mord, Vergewaltigung oder Diebstahl. Einige Verbrechen werden aber von anderen hervorgehoben, da sie sich gegen bestimmte Institutionen der beduinischen Gesellschaft richten, die eine fast sakrale Bedeutung unter den Wertevorstellungen einnehmen. Diese Institutionen sind Schützlinge, Gäste und Nachbarn. Straftaten gegen diese Personen gelten als Verbrechen, während die anderen Straftaten ein weniger negatives Image haben und mehr als persönliches Fehlverhalten oder Beutemachen angesehen werden. Dies gipfelt im institutionalisierten Überfall, der *ġazū*, die einen hohen moralischen Stellenwert unter den Beduinen besitzt.

In diesem Kapitel wird ein besonderer Fokus auf die verschiedenen Verbrechen und Delikte gelegt, die entsprechend den gewohnheitsrechtlichen Bestimmungen der Beduinen als Straftaten gelten. Daneben werden die verschiedenen Formen der Bestrafung, Ersatzleistungen und besonders die diya diskutiert.

9.1. Einteilung der Straftaten

A) Schwere Straftaten:

1) Mord
2) Totschlag
3) Körperverletzung
4) Vergewaltigung
5) Ehebruch
6) Entführung
7) Zerschneidung des Antlitzes
8) Hausfriedensbruch
9) Straftaten gegen Gäste, Flüchtlinge und Schützlinge

B) Leichte Straftaten:

1) Diebstahl
2) Eigentumsdelikte
3) Raubzüge
4) Beschimpfungen und Verleumdungen

C) Sonderfälle:

1) Fragen zu Ehe und Scheidung

2) Fragen zu Land, Wasser und Weide
3) Verkehrsunfälle

9.1.1. Die Einordnung der Strafen

1. Die Strafen, die der Beduinenrichter verhängt:

a) Körperstrafen
b) Ersatzstrafen
c) Folgestrafen
d) Materielle Strafen:
    i) Das Blutgeld
    ii) Der Schadensersatz
e) Disziplinarstrafen
f) Prozessgebühren

2. Gesellschaftliche Maßnahmen, welche die beduinische Gemeinschaft demjenigen auferlegt, der die traditionellen Werte verletzt. Dazu gehören:

a) Sicherheitsmaßnahmen:
    i) Das Antlitz
    ii) Die Schutzverhältnisse *daḫāla* und *ǧīra*
    iii) Die Bürgschaft
    iv) Der Waffenstillstand und die Ruhepause
    v) Die Verbannung
    vi) Die Versöhnung
b) Strafmaßnahmen:
    i) Die Vermeidung des Zusammenlebens mit dem Täter
    ii) Die Vermeidung der Zusammenarbeit mit dem Täter
    iii) Die Verweigerung von Heiratsbeziehungen
    iv) Die allgemein schlechte Behandlung des Täters im Stamm
    v) Die Verbannung und der Ausschluss

3. Vergeltungsmaßnahmen von Seiten des Opfers gegen den Täter:

a) Die Verbannung
b) Die Blutrache
c) Der Raub des Eigentums
d) Die Raubzug

9.1.2. Besonderheiten der Strafen

Die Ungleichheit

Die Strafe in der Stammesgesetzgebung unterscheidet hinsichtlich der Stellung des Täters und des Opfers. Die Stammesmitglieder sind bei der Auferlegung der Strafe nicht gleich. Es gilt zwar allgemein die Regel, dass Blut nur durch Blut reingewaschen werden kann. Gemeint ist hier jedoch, dass der Bluträcher von der gleichen Ehre und Position sein muss. Das Blut eines Edlen kann nicht mit dem Blut eines Gemeinen reingewaschen werden, ebenso wenig das Blut des Herren mit dem Blut des Sklaven. Manchmal reicht es einem Stamm nicht, dass nur ein Mitglied des Stammes des Täters getötet wird, sondern muss das Blut einer großen Gruppe fließen.

Auch in der *diya* gibt es Ungleichheiten. Die *diya* eines Mitgliedes eines angegliederten Stammes ist die Hälfte der *diya* des Freien, denn der Verbündete hat nicht die gleich Stellung wie ein freier Sohn des Stammes. Und die *diya* für einen Edlen kann bis zu 1000 Kamelen betragen, die für einen Gemeinen nur 100 Kamele.

Diese Regeln werden bis heute angewendet. So beträgt die *diya* für einen Scheich normalerweise das Doppelte der *diya* für ein normales Stammesmitglied. Bei Ehrfragen verdoppelt sich die Strafe wenn das Opfer aus einer Scheichfamilie stammt oder von großer gesellschaftlicher Bedeutung ist. Ist sich der Stamm seiner Stellung bewusst, kann sich auch der Betrag der diya erhöhen.[217] Dies steht im Gegensatz zu modernen Rechtsystemen, wo die Gleichheit vor dem Gesetz bei der Bestrafung zu den wichtigsten Prinzipien gehört.

Die Unpersönlichkeit

In den modernen Gesetzgebungen ist die Strafe eine persönliche Angelegenheit, die sich nicht auf die Verwandten des Täters auswirkt. Das Gewohnheitsrecht steht dem entgegen, insofern die Strafe den Täter, seine Familie und Freunde umfasst. Die Gesetzgebung der Beduinen kennt das Prinzip der kollektiven Verantwortung, nach der sich die Bestrafung auch auf den Täter und seine Verwandten bis ins fünfte Glied und manchmal den gesamten Stamme ausstreckt.

---

[217] Ḥusain (1967): 282. Es wird auch erwähnt, dass die Verletzung des Rechts des Scheichs zur Verdoppelung von *ḥašm* und einer Nebenstrafe führt. Das bedeutet, dass der Täter wie z.B. bei den Dawāsir, für zwei Jahre ins Exil gehen muss. Immer wenn das Opfer eine vornehme Person war, wurde diese Strafe verhängt.

Bei den Beduinen ist die Strafe nicht vorher für jede Straftat festgelegt. Es gibt keine juristischen Texte oder Handbücher, die sie organisieren und ihren genauen Betrag definieren. Man überlässt dies den Stammesscheichs und den Richtern, die entsprechend des Gewohnheitsrechts und der Traditionen ihre Urteile fällen. Diese sind nicht festgelegt, da die Regeln nicht aufgeschrieben wurden. Hinzu kommt noch, dass sie sich von Stamm zu Stamm und Region zu Region unterscheiden.

9.1.3. Die *diya*

Die *diya* umfasst in ihrer Bedeutung sowohl eine Strafe als auch eine Entschädigung. Sie ist eine Strafe, denn sie ist die Vergeltung für ein Verbrechen, die nicht aufgrund der Forderung einzelner Personen ausgesetzt werden kann. Und sie ist eine Entschädigung, da sie die Versöhnung nach sich zieht. Der Betrag der *diya* ist einzig und allein für das Opfer und seine Angehörigen bestimmt und geht nicht in die Staatskasse.

Schon in der *ǧāhilīya* kam diese Möglichkeit als Ersatz zur Blutrache zur Anwendung. Die *diya* in der islamischen *šarī'a*[218] basiert auf den gleichen Grundlagen, d.h. sie bestraft und entschädigt zur gleichen Zeit, wie es die Rechtsgelehrten festgelegt haben.[219]

Im altenarabischen Stammessystem war das Individuum selbst für die Durchführung der Rache verantwortlich. Dies beinhaltete jedoch auch das Prinzip der innertribalen Solidarität, d.h. das der Stamm jedes seiner Mitglieder unterstützt, wenn es verletzt wurde, es rächt und sein Blut einforderte. Der Stamm wurde zum Wächter der individuellen Rechte und Freiheiten, aus denen sich das Prinzip der kollektiven Rache entwickelte. Das Blutgeld war vorgeschrieben in Form von Kamelen, Vieh und Geld, wobei die Bezahlung durch verschiedene Komponenten erfolgen konnte:

1) Tiere: Als Viehzüchter spielen die Tiere im Leben der Beduinen eine große Rolle. Daher ist es auch nicht verwunderlich, dass sie den größten Anteil an der Ableistung haben.
2) *al-ġurra*: Dieses Mädchen wird bei Mordfällen oder Ehrfragen als Teil der *diya* angerechnet. Sie heiratet einen Verwandten des Opfers. Das Ziel dabei ist die Mehrung der Nachkommenschaft dieser Seite. Gebärt sie einen Sohn, so darf sie zu ihrem Stamm zurückkehren oder aber ihr Mann bezahlt für sie den Brautpreis.
3) Materielle Forderungen:

---

[218] Vgl. Sure 4/Vers 92-93

[219] Vogel (2000): 114, 127, 224; Ẓafīr (1421/2000): Bd. 2, 469

a) Gewehre
b) Pferde
c) Reitkamele

Ursprünglich waren es nur Kamele, und wer in Kamelen bezahlt, braucht nichts anderes zu geben. Bei den meisten Stämmen wird die *diya* heute mit Geld bezahlt, da sowohl die Kamele als auch Waffen bzw. Pferde ihren praktischen Wert verloren haben.

Bei den alten arabischen Stämmen betrug die *diya* für vorsätzlichen Mord 100 Kamele. Auch bei fahrlässiger Tötung waren 100 Kamele zu zahlen, jedoch in einer anderen Zusammensetzung, d.h. weniger wertvolle Tiere, wie Milchstuten, mussten im Betrag enthalten sein. Heutzutage regelt das Gewohnheitsrecht die diya für vorsätzliche Tötung mit 100.000SR/1.000JD und für fahrlässige Tötung mit 30.000SR/333JD. Die islamische *šarī'a* schreibt für vorsätzliche Tötung, halbvorsätzliche Tötung und fahrlässige Tötung jeweils 100 Kamele vor.

Die *diya* hängt auch vom gesellschaftlichen Stand des Stammes, seiner Stärke und der Position des Opfers ab. Handelt es sich bei dem Opfer um ein bedeutendes Mitglied eines großen und einflussreichen Stammes, übersteigt die *diya* die Grenze von 100 Kamelen. Ist das Opfer jedoch Mitglied eines kleinen unbedeutenden Stammes, reichen manchmal 10 Kamele, für einen Sklaven gar 5 Kamele. Die *diya* für die Frau beträgt das Vierfache der *diya* für einen Mann. Dieser Betrag nimmt mit dem steigenden Grad der Sesshaftwerdung ab und erreicht bei manchen Stämmen 50% der *diya* des Mannes.

Die Höhe des ausgehandelten Blutgeldes richtet sich auch nach den Umständen der Tat. Unterschieden wird zwischen Mord und Totschlag, wobei als Unterscheidungskriterien die Absicht und die Tatwaffe[220] herangezogen werden. Eine Tötung mit einem Gewehr gilt immer als Mord, auch wenn es sich nur um einen Unfall handelte. Es ist die volle *diya* zu entrichten.

Die volle Höhe des Blutgeldes bei den Aulād 'Alī liegt heute bei 3000 Guineen und 20 Schafen. Wenn man ein Schaf mit 100 Guineen veranschlagt, ergibt sich ein Gesamtbetrag von 5.000Guineen, der von allen Männern der Familie des Täters gemeinsam getragen und an die Männer der Gegenseite verteilt wird.[221]

Dickson beschreibt die Zahlungen der verschiedenen Arten von Verletzungen und Tötung in Kuwait wie folgt:

---

220 Im Gegensatz zum islamischen Recht, wo die Tatwaffe über den Vorsatz oder die Fahrlässigkeit entscheidet.

221 Müller-Mahn (1989): 152

a) die volle *diya*: bei Tod, Wahnsinn, Blindheit, Stummheit, Taubheit, Verlust der Stimme, beider Hände, beider Füße, beider Ohren, der Nase, des Penis,
b) die halbe *diya*: bei Verlust der Hand, des Fußes, eines Auges, Hoden,
c) die viertel *diya*: teilweiser Verlust beider Ohren,
d) die achtel *diya*: Verlust eines Ohres,
e) die zehntel *diya*: Verlust eines Fingers oder Zehs,
f) die zwanzigstel *diya*: Verlust eines Zahnes.[222]

Im folgenden werden beispielhaft die verschiedenen *diya*-Beträge entsprechend der Strafart aufgelistet. Das Beispiel stammt von den Badārīn/Ḥarb:

a) Im Falle des absichtlichen Mordes und der Vergewaltigung sind 120.000SR zu zahlen.
b) Die halbe *diya* im Falle von Körperverletzung mit Dauerschaden.
c) Der Brautpreis bei Ehebruch; bei freiwilliger Entführung muss der Brautpreis an die Familie der Frau gezahlt werden.
d) Ehebruch mit Zustimmung der Frau wird an die staatlichen Gerichte weitergeleitet.
e) Die doppelte *diya* gibt es für die Zerschneidung des Antlitzes.
f) Die begrenzte *diya* von ca. 30.000SR muss man im Falle von Totschlag zahlen.
g) Der Stamm beteiligt sich an der Zahlung der *diya*, wenn es sich bei dem Mord um die Verteidigung der Würde und Ehre des Stammes handelte.
h) Im Falle der Vergewaltigung zahlen der Täter, sein Vater, Söhne und Brüder allein.
i) Die *diya* wird verteilt, wie sie gesammelt wurde, d.h. sie wird von den männlichen Mitgliedern der *ḫamsa* des Täters erhoben und unter den männlichen Verwandten des Opfers verteilt. Nur die Minderjährigen erhalten nichts. Es sei denn, sie haben kein anderes Einkommen.
j) Der Schadensersatz von Gericht oder Armee wird nicht von der *diya* abgezogen.

Wird der Täter von einem staatlichen Gericht verurteilt und hingerichtet, ist seine Familie von der Zahlung der *diya* befreit.

Da die Seite des Täters in den wenigsten Fällen in der Lage ist, diese horrenden Summen aufzubringen, versucht man schon bei den Versöhnungsverhandlungen, den Preis nach unten zu drücken. Dies geschieht durch die Anrufung verschiedener bedeutender Personen oder religiöser Komponenten, für die jeweils ein Teil der *diya* erlassen wird. So wird z.B. zu Ehren der Notabeln, welche die Versöhnung aushandeln, ein Teil abgezogen, für Gott und die Propheten, usw.

---

[222] Dickson (1949): 527

Der verbleibende Betrag kann in Raten über mehrere Jahre bezahlt werden, was durch das Stellen von Bürgen garantiert wird. Die *ḫamsa* des Täters und sein gesamter Stamm beteiligen sich am Aufbringen der Summe.

Die *ḫamsa* des Täters trägt die *diya*, wobei der Täter und seine Verwandten ersten und zweiten Grades zwei Drittel zahlen und die Verwandten dritten und vierten Grades ein Drittel. Von den Verwandten vierten Grades wird ein Anteil abgezogen, das sog. Kamel des Schlafes, denn es ist ein Teil der *diya*. Auch andere Angehörige des Stammes beteiligen sich an der Zahlung der *diya*.

Die Verteilung der *diya* ist unter den arabischen Stämmen verschieden geregelt. Bei den Stämmen in Saudi-Arabien und Jordanien bekommen der direkte Erbe des Opfers und die Verwandten ersten und zweiten Grades zwei Drittel, während die Verwandten dritten und vierten Grades ein Drittels bekommen. Unter den Stämmen im Süden des Irak erhalten die Verwandten des Opfers bis ins 5. Grad ein Drittel, während die beiden verbleibenden Drittel unter den restlichen Stammesmitgliedern gleichmäßig verteilt werden. Im Falle, dass ein Mann seine Ehefrau tötet, bekommt der Stamm der Frau die diya und der des Ehemannes indes nichts. Nur wenn die getötete Frau schwanger war, geht die *diya* für das Embryo an den Mann und die *diya* für die Frau an ihren Stamm.

Die *diya* kann in den folgenden Fällen auf ein Vierfaches der normalen *diya* erhöht werden:

- Bei vorsätzlicher Tötung und Verbergung des Leichnams,
- Bei Ermordung einer Frau,
- Bei Ermordung des paternalen Cousins des Täters,
- Bei einem unehrenhaften Mord aus niederem Antrieb, so aus Begierde nach der Ehefrau des Opfers oder dessen Reichtümern,
- Bei Mord an einem Scheich oder einem Notabeln des Stammes,
- Bei Mord nach vereinbarter Versöhnung und bereits erfolgter Zahlung der diya.

In folgenden Fällen ist man von der Zahlung der *diya* befreit:

- Wenn ein Vater seinen Sohn tötet, gibt es keine *diya*. Jedoch wenn eine Mutter ihren Sohn tötet, so gibt es keine Befreiung, sondern wird die *diya* an ihren Stamm gezahlt.[223]
- Wenn ein Cousin seine Cousine tötet, da sie ihn nicht heiraten will.[224]

---

[223] Kīlānī (1972): 147

[224] Ḥusain (1967): 275

- Bei einem Mord an einem Vergewaltiger, Ehebrecher, Entführer, d.h. bei Morden aus Fragen der Ehre, bei Zerschneidung des Antlitzes, im Militärdienst.

Wenn es bei einem Krieg zwischen zwei Stämmen zu Todesfällen auf beiden Seiten kam, wird die *diya* unter ihnen verrechnet. Der Stamm, der mehr Personen getötet hat, zahlt die übriggebliebene Summe.

Dass die Anwendung der *diya* kein Phänomen ist, welches sich auf die Arabische Halbinsel beschränkt, mögen das im Anhang erwähnte Beispiel aus Libyen und das folgende Kapitel aus dem Gesetz der Oase Siwa in Ägypten verdeutlichen:

Gesetz der Oase von Siwa, Artikel 14 über die Wiedervergeltung und die Rache bei Körperverletzung: Da durch persönlichen Streit zwischen lineages die Sicherheit der gesamten Gemeinschaft in Frage gestellt wird, behandelt der Rat selbst die Schlichtung dieser Fälle. Hauptziel ist die Wiedergutmachung. Erst wenn diese verweigert wird, beginnt die Blutrache. Damit unterscheidet sich Siwa vom tribalen Berberecht, wo die Blutrache kaum abzuwenden ist und noch heute nicht unter Kontrolle der Zentralmacht ist. Auch im Gegensatz zum Niltal, wo Blutrachen zwischen zwei lineages über Jahrhunderte andauern können, versucht man in Siwa, den ausgebrochenen Konflikt wieder zu stoppen, u.a. durch die Androhung von Strafen an die Rächer. Die Geldstrafen bzw. das Blutgeld werden von der lineage gemeinsam aufgebracht. Schon zu Beginn des 19. Jahrhunderts spielte dabei Bargeld eine große Rolle. Man kann sagen, dass dadurch das Geld als Zahlungsmittel seinen Eingang in Siwa gefunden hat, obwohl alle anderen Angelegenheiten ohne Bargeld erfolgten.[225]

Moderne Veränderungen bei der Bezahlung der *diya*

Durch den verstärkten Kontakt zu sesshaften Bevölkerungsgruppen wird die *diya* zunehmend als Kompensationsmittel anerkannt. Doch ist diese Form schon aus der Zeit vor Muhammad bestätigt.[226] Mit dem Aufkommen des Islams in den urbanen Gebieten ersetzten Versöhnung und Rechtsprechung häufig die Ausübung der Blutrache. Wahlweise konnte entweder der Täter an das Opfer bzw. dessen Stamm ausgeliefert werden oder es wurde eine Entschädigung für den entstandenen Schaden bezahlt. So diente die *diya* dem Verhindern von Streitigkeiten. Jedoch konnte sie das Blut nicht abwaschen. Viele Stämme lehnten daher weiterhin die Versöhnung ab und wendeten bis in die heutige Zeit die Blutrache unter dem Einfluss von zwei Faktoren an:

[225] Bliss (1985): 120f.
[226] Klocker (1995): 39-42

1) Das moralische Dogma, welches besagt, dass die Annahme von Geld dem Stamm Schande bringt.
2) Das volks-religiöse Dogma, welches besagt, dass der Geist des Getöteten erst dann zur Ruhe kommt, wenn die Blutrache am Täter oder seinen Verwandten vollzogen wurde.

Mit der Entstehung von Nationalstaaten und der Verbreitung kodifizierter staatlicher Rechtsnormen nahmen auch die Anstrengungen zu, die Anwendung der Blutrache einzuschränken und die Zahlung der *diya* zu akzeptieren; in manchen Ländern wurde die *diya* wurde obligatorisch. Erleichtert wird dieser Schritt durch die positive Einstellung des Islams zur *diya*.

Ursprünglich galten die Kamele als wertvollster Besitz der Beduinen, als Ausdruck der wirtschaftlichen und sozialen Stellung ihres Besitzers. Demzufolge waren sie das Zahlungsmittel für die *diya*. Doch nicht alle Stammes-mitglieder verfügten über große Herden und häufig mussten der Täter und seine Verwandten sich entweder Tiere borgen oder eine Ersatzlösung finden. Diese stellte sich in Form von Schafen dar, wobei als Regel galt, dass ein Kamel sieben Schafen entsprach.

In der heutigen Zeit besitzen nur noch wenige Familien Kamelherden. In den meisten Fällen sind die Beduinen zur Schafhaltung übergegangen, wofür es verschiedene Gründe gibt.[227] Für die Rechtsprechung hat das zur Folge, dass das Urteil zwar immer noch im traditionellen Stil die Ableistung in Kamelen verkündet, anschließend aber den Wert der Kamele in Geld umrechnet. Auch hier gibt es schon feste Regeln. Der Preis eines vierjährigen Kamels beträgt 4.000SR., der eines zweijährigen 3.000SR.

Angehörige der königlichen Familie in Saudi-Arabien übernehmen in manchen Fällen die Zahlung der *diya*, was entscheidend zur Festigung ihrer Reputation unter den Stämmen beiträgt.

9.2. Leichte Straftaten

9.2.1. Raubzüge

Da es über Jahrhunderte keine starke Zentralmacht gab, konnten die Beduinen regelmäßig ihre Nachbarn überfallen. Das Hauptaugenmerk galt dabei nicht der Zerstörung des Zeltlagers und dem Raub von Haushaltgegenständen oder der Entführung von Personen, sondern richtete sich meistens auf die Herden. Es gab

---

[227] Dazu gehören u.a. die zunehmende Sesshaftigkeit, der Übergang zur Landwirtschaft, die verbesserte Mobilität, die erhöhte Nachfrage nach Schaffleisch, der Wertverlust des Kamels

eine klare Unterscheidung zwischen einem Beutezug, *ġazū*, und einem richtigen Krieg um Weideland und Brunnen.

Burckhardt schreibt dazu:

„Die arabischen Stämme lebten in einem ständigen Kriegszustand. Es passierte nur selten, dass ein Stamm mit all seinen Nachbarn in Frieden lebte. Streitigkeiten brachen schnell aus, aber ebenso schnell wurde Frieden geschlossen. Der arabische Krieg ist ein Krieg von Guerilla, große Schlachten werden selten geschlagen. Den Gegner mit einer plötzlichen Attacke zu überraschen und das Lager zu plündern, waren die Hauptziele. Das ist einer der Gründe, warum bei diesen Kriegen wenig Blut vergossen wurde. Der Gegner wird von einer Mehrheit überrumpelt und versucht erst gar nicht, Widerstand zu leisten. Sein Ziel ist vielmehr, später an einem schwächeren Stamm Rache zu nehmen. Die fürchterlichen Auswirkungen der Blutrache verhinderten ebenso viele blutige Konflikte.“[228]

Volney schrieb über die Hintergründe der Raubzüge:

„Der Beduine ist mehr ein Plünderer als ein Krieger, er vermeidet Blutvergießen: Er attackiert den Gegner nur zum Beutemachen und wenn er auf Widerstand trifft, dann beschließt er, dass es sich nicht lohnt, dafür zu sterben. Um ihn zu verbittern, muss man sein Blut vergießen, aber dann wird er ebenso hartnäckig wie gefährlich in seiner Rache. Den Beduinen wird häufig vorgeworfen, eine Neigung zum Beutemachen zu haben. Man muss sich jedoch vor Augen führen, dass ihr Verlangen nach Beute sich nur gegen Fremde richtet, die als Feinde angesehen werden. Und dieses Verlangen basiert auf dem öffentlichen Recht fast jeder Nation.“[229]

Beutemachen zählte zu den hervorragendsten Beschäftigungen und die Vorstellung von großer Beute erfreute stets die Vorstellungskraft der Beduinen. Die Teilnahme an den Beutezügen war freiwillig, praktisch konnten die jungen Männer eines Stammes eine Einladung nicht ablehnen. Wer es ablehnt, an einem Beutezug teilzunehmen, wurde als Feigling gebrandmarkt, als einer, der den Respekt seiner Verwandten und Stammesangehörigen nicht verdient. Die Namen erfolgreicher Beutemacher waren in aller Munde und wurden von den Poeten des Stammes gepriesen. Selbst noch Sänger im 20. Jahrhundert sangen über diese glorreichen Helden mit ihrer beduinischen Verwegenheit, *furūsīya*.[230]

---

[228] Burckhardt (1831): vol. 1, S. 133
[229] Volney (1787): 211
[230] Sowayan (1992): 45

Ein einfacher Beduine konnte durch die Teilnahme an einem erfolgreichen Raubzug sein Stellung teilweise erheblich verbessern. Die *ġazū* war zweifellos ein Grund der Beharrlichkeit der Beduinen, an ihrer nomadischen Lebensweise festzuhalten. Sie machten die Stammeselite reicher, da sie den größten oder den besten Teil der Beute bekamen.[231] Die Beutezüge wurden entweder vom Scheich selbst oder einem militärischen Führer, *'aqīd*, geleitet. Der Scheich bekam jedoch seinen Anteil, auch wenn er selbst nicht an der Aktion teilgenommen hatte, wodurch Beutezüge zu einer Hauptquelle der Einnahmen der Stammeselite wurden.

Natürlich richteten die permanenten Raubzüge einen großen Schaden in der Wirtschaft der betroffenen Regionen an. Einige von ihnen brachten großes Blutvergießen mit sich und führten zu grausamen, zerstörerischen Kriegen. Ganze Verwandtschaftsgruppen oder Stammesabteilungen konnten so ausgelöscht werden, entweder durch den Kampf selbst oder durch die Notlage nach der Niederlage.

Stämme, die einst stark und mächtig waren, konnten verfallen, Menschen, Herden und Weiden verlieren, dann sich anderen Stämmen unterstellen oder gar in ihnen aufgehen. Die militärische Stärke der verschiedenen Stämme beruhte nicht nur auf dem Mut der Kämpfer und dem Geschick der Anführer, sondern auch auf dem Charakter der beduinischen wirtschaftlichen Aktivitäten. Es waren die Kamelzüchter, welche die größte militärische Stärke besaßen. Kamele trugen sie schnell über lange Strecken durch trockene Gebiete, wodurch sie in der Lage waren, ihre Kräfte zu konzentrieren und schnell zuzuschlagen. Wurden sie geschlagen, zogen sie sich in die Wüste zurück, einem Ort, der für die Gegner meist nicht erreichbar war. Die Kamelzüchter waren üblicherweise erfolgreich in ihren Beutezügen, gewannen die wichtigsten Schlachten und hatten keine Feinde außer anderen Kamelzüchtern. Insgesamt gesehen war die Balance aus Gewinn und Verlust durch die Raubzüge mehr zugunsten der Nomaden als zugunsten der halbnomadischen Schafzüchter. Die Sesshaften vermieden daher Konfrontationen mit den „wahren" Beduinen auf dem offenen Schlachtfeld. Die Sicherheit ihres Handels, ihre Herden und Weiden in der Wüste und Steppe, ihre Felder und Palmenhaine, all dies hing von ihren Beziehungen mit den Beduinen ab. Schwächere Stämme konnten sich durch den Abschluss von Protektoratsverträgen und die Zahlung eines Tributs bzw. Schutzgeldes, der *ḫūwa*, von der Last der *ġazū* befreien. Sie stellten sich einfach unter den Schutz eines starken Stammes. Alle Angriffe gegen den Tributzahler, werden nun als Angriffe gegen die Proteges gewertet und geahndet. Die stärkeren Kamelzüchter erhielten von

---

[231] Burckhardt (1831): vol. 1, S. 140-141; Guarmani (1938): 116; Doughty (1921): vol.1, S. 251, 334

den schwächeren, meist schafzüchtenden Stämmen und den Sesshaften Tribute. Die *ġazū* diente dazu, andere in diese Abhängigkeit zu bringen.

Zu den Motiven der Raubzüge

1) *ġazū* gilt als Ausdruck der Männlichkeit unter den Beduinen, weil man durch den Raub von Tieren den anderen Stamm demütigt und seinen eigenen Mut beweist.
2) *ġazū* dient der Wiederauffüllung an Ressourcen, falls diese versiegen. Sie ist hier eine Quelle des Lebensunterhaltes und ein Ausdruck für den Kampf um den Verbleib in der lokalen Wüstengemeinschaft.
3) Die Durchsetzung der Überlegenheit über andere, schwächere Stämme, d.i. das eigene Selbstvertrauen und die Verachtung der anderen. Ist sich ein Stamm seiner Kraft bewusst und sind die benachbarten Stämme schwach, so versammelt man seine Streitkraft und überfällt die anderen, um Beute zu machen und die Überlegenheit zu demonstrieren.
4) *ġazū* ist einer der Werte, den die Stammesgesellschaft honoriert. Sie ist ein Beweis für die Stärke und Kraft der eigenen Gruppe.

Zu den wichtigsten Regeln

1) Man darf keine *ġazū* gegen einen verbündeten Stamm unternehmen.
2) Man darf keine Frauen und Kinder töten und nicht den gesamten Stamm ausrotten.
3) Verletzte dürfen nicht getötet oder ausgeraubt werden. Normalerweise sollen sie vom Schlachtfeld gebracht werden.
4) Flieht eine Person vom Schlachtfeld, gilt er als Feigling. Sein Ansehen kann nur durch eine hervorragende Tat wieder hergestellt werden. Dies galt aber nur für die Seite des Angreifers. Bei den Verteidigern war es sehr wohl üblich, bei einem Überfall schnell das Weite zu suchen. Militärisch wäre eine Gegenwehr sinnlos. Auch wussten sie ihre Frauen und Familien in Sicherheit, da diese durch die Tradition geschützt waren.

Kamele waren die Hauptangriffsziele.[232] Die beste Zeit für einen Angriff war, wenn sich die Tiere an den Wasserstellen aufhielten oder wenn sie auf die Weide geführt wurden. Die Strategien variierten dabei entsprechend der Jahreszeit, der Anzahl der Teilnehmer und dem Zweck des Raubzuges.

Im Sommer versammeln sich die Stämme mit all ihren Herden um die wenigen permanenten Brunnen. Diese sind ein unwiderstehliches Ziel, jedoch aufgrund

---

[232] Uṯaimīn (1991: 205) berichtet, dass die Bewohner von Ǧubba im einem Sommer über 1000 Kamele von den Šarārāt erbeuten.

der vielen Zelte und Personen auch ein großes Risiko. Nur große Anführer mit einer entsprechenden Zahl an Kriegern konnten es wagen, das Risiko eines Angriffs einzugehen. In der Regenzeit waren die Stämme und Abteilungen weit verstreut auf der Suche nach guten Weiden. In dieser Zeit zogen vor allem einzelne Diebe zu Fuß[233] durch die Wüste und versuchten, an möglichst vielen Orten einzelne Kamele zu stehlen.

Nach der Rückkehr von einem siegreichen Raubzug wird ein Kamel geschlachtet und mit dessen Blut das Fell der anderen Kamele angemalt. Kamen sie zu ihrem Lagerplatz, zeigten sie die Beute und sangen Siegeslieder dabei. Anschließend wurde die Beute entsprechend des Ranges und der Leistung verteilt.[234]

Wollte ein Stamm die Weiden eines anderen Stammes ständig besetzen, so führte der Scheich den gesamten Stamm in eine große Schlacht[235] und versuchte, dessen Territorium in Besitz zu nehmen. Beide Stämme stellen Kriegszelte auf. Wird das Zelt eines Stammes zerstört, bedeutet dies die endgültige Niederlage. Vor dem Überfall muss den Leuten, die überfallen werden, eine Mitteilung gemacht werden. Der Fehdezustand zwischen zwei Abteilungen bleibt solange bestehen, bis ein Frieden vermittelt wird. Hat man sich geeinigt, wird gegenseitig abgerechnet, was durch Bürgen gesichert wird.

Die herrschende Gruppe in Hail, die Āl Rašīd, behielten bis in die 20er Jahre des letzten Jahrhunderts die Tradition der Raubzüge bei, welche die Šammar-Nomaden schon immer als zusätzliches Einkommen zur Weidewirtschaft durchführten. Die Emire zogen im Frühjahr aus, um unloyale Stämme zu bestrafen und ihre Kontrolle über die anderen Oasen aufrechtzuerhalten. Die Raubüge brachten die Herrscher näher an ihren nomadischen Ursprung und stärkten die Einheit zwischen dem Emir und den Stammesangehörigen. Die Emire von Hail gingen aus verschiedenen Gründen auf Raubzüge. Ausdehnung, Beute und Verteidigung waren wichtige Gründe. Der Reichtum, den die Šammar in Form von Beute aus den Raubzügen anhäuften, wurde gewöhnlich unter den Teilnehmern verteilt. Auch dies führte zur Stärkung des Bandes mit den Āl Rašīd und erlaubte es den letzteren, für lange Zeit unbedrängt zu herrschen.[236]

Man sagt den Šammar nach, dass sie die allgemeinen Regeln der Raubzüge eingehalten haben. Das Ziel dieser Überfälle war nicht, den gegnerischen Stamm zu vernichten, sondern lediglich ihn zu schwächen und Beute zu machen. Dabei

---

233 *ḥanšal*
234 Uṯaimīn (1991): 204
235 *manāḫ*
236 Rasheed (1993): 146, 151

durften Frauen, Sklaven und Hirten nicht angegriffen werden. Wer sich ergab, dessen Leben wurde geschont. Auch Schutzbefohlene, *daḫīl*, *ǧār*, usw. wurden möglichst nicht belästigt. Wurde deren Eigentum oder gar das Leben genommen, musste Schadensersatz geleistet werden. Als oberste Regel aber galt, die Tötung des Gegners zu vermeiden, da die daraus resultierenden Konsequenzen schwer zu kontrollieren waren. Die Verpflichtung zur Blutrache trug somit zur Verringerung des Gewaltmaßes bei.

Die Verteilung der Beute

Jede Gruppe behält die Beute, die sie während des Überfalls gemacht hat. Lediglich der *'aqīd* bekommt ein Extrakamel von jeder Gruppe. Im Falle von Streitigkeiten über die Verteilung der Beute, wendet man sich an den darauf spezialisierten Richter, der die Verteilung mit seinem Urteilsspruch regelt. Diesen Richter nennt man *qāḍī al-ḥarām*. Bei den Ḥuwaiṭāt ist dies Ibn Ḏiyāb, eine auch in der Nafūd-Wüste bekannte Persönlichkeit.

Nach Lancasters Sicht waren Raubzüge[237] eine der wichtigsten wirtschaftlichen Aktivitäten, die jedoch mehr zur Vermehrung des Ansehens als des Reichtums als solchen dienten. Der Überschuss an Kamelen aus der Beute wurde verschenkt und weggegeben, um die Reputation zu erhöhen. Feuerwaffen ermöglichten es den Beduinen seit Beginn des 20. Jahrhunderts, die traditionellen Regeln der Raubzüge zu ignorieren. Eine dieser Regeln war, dass Blutvergießen aus Angst vor der Blutrache möglichst vermieden werden sollte. Mit den modernen Feuerwaffen konnte die wahre Identität des Täters aber gewahrt werden. Zur Durchführung der Blutrache sollte man aber schon wenigstens einen Verdacht haben, ebenso bei den Gerichtsverhandlungen durch die Richter und Stammesscheichs. Die Mitglieder der Familie des Täters wollten es schließlich vermeiden, in den Konflikt mit hineingezogen zu werden, da sie als Mitglieder der *ḫamsa* für die Taten des einzelnen Mitgliedes mitverantwortlich sind. Mit dem Aufkommen der Feuerwaffen änderte sich dieses Schema. Unkontrollierbare Racheaktionen aufgrund vager Verdächtigungen führten häufig zu schweren Auseinandersetzungen auf Stammesebene.

Die Einführung der Automobile und die damit verbundenen Transportmöglichkeiten für die Zentralregierungen waren ein weiterer Grund. Die Regierungen waren nun in der Lage, sich effektiver in die Angelegenheiten der Beduinen einzumischen. Daneben zerstörte das Auto gleichzeitig den Markt für Kamele und somit eine weitere ökonomische Grundlage der Beduinen. Mitte der 30er Jahre hatte die *ġazū* keinerlei wirtschaftliche Bedeutung mehr. In den

[237] Lancaster (1981): 143-44

nächsten 20 Jahren kam es nur noch sehr selten zu Strafmaßnahmen unter den Stämmen,[238] die Regierung hatte längst die militärische Autorität in der Steppe gewonnen.

Durch das Verbot der Raubzüge kam es zu Spannungen zwischen den Stammesgruppen und ihren Anführern, da die letzteren den Beutedrang der Stammesmitglieder nicht zu zügeln oder zu kanalisieren wussten. Während die Āl Rašīd dieses Problem nicht zu lösen verstanden, nutzte Ibn Saud dies indes zu seinem Vorteil aus, indem er die *ġazū* in einen *ǧihād* gegen diejenigen umwandelte, die sich nicht zum Wahhabitentum bekannten. So konnte die Stämme, bzw. die *iḫwān*, weiterhin *ġazūs* unternehmen, jedoch unter einem anderen Banner und zu anderen Bedingungen.[239]

ġazūs wurden noch bis weit in die 40er Jahre des 20. Jahrhunderts durchgeführt. Auch wenn die Regierungen der betroffenen Länder entsprechende Gesetze zum Verbot der Raubzüge erließen,[240] gelang es ihnen erst nach vielen Jahren, diese wirkungsvoll einzudämmen. Dabei bediente man sich hauptsächliche der „Teile-und-herrsche"-Politik, indem man die Stammesführer auf die eigene Seite brachte, die wiederum in ihrem Stamm die Durchsetzung des Verbotes überwachten. Dabei wendeten die staatlichen Behörden Methoden und Regeln des Gewohnheitsrechtes an, um die Stammesfehden zu unterdrücken. So wurden bei Bekanntwerden einer *ġazū* der Täter und seine *ḫamsa* verhaftet und ihr Eigentum beschlagnahmt.

9.2.2. Diebstahl und Eigentumsdelikte

Hinsichtlich der sozialen Bedeutung steht nicht das Eigentum an erster Stelle, sondern die Ehre der Gruppe, die sich im entsprechenden Verhalten ihrer Mitglieder, vor allem der weiblichen, manifestiert. Aber natürlich gibt es Eigentum bei den Beduinen, ebenso Vorschriften, wie damit umgegangen werden soll.

Eine wichtige Unterscheidung wird in der Frage des Besitzes von Eigentum gemacht. Man findet individuelles und gemeinschaftliches Eigentum. Als allgemeine Regel gilt, dass das Weideland gemeinsamer Besitz des Stammes oder einer Unterabteilung ist. Jeder Stamm hat ein bestimmtes Gebiet, die *dīra*,

---

238 Lancaster berichtet von eine *ġazū* 1951/52 in Sakākā; Waṣfī Zakarīya zählt einige Beispiele für die Šammar in der Ǧazīra nach dem Ende des II. Weltkrieges auf.

239 Rasheed (1991): 238-39

240 Irak: 1927; Jordanien: 1927, 1936; Palästina: 1942. In Saudi-Arabien endeten sie mit der Niederschlagung der *iḫwān*-Rebellion 1929-30 und des Aufstandes von Ibn Rufaida 1932. S. zu letzterem Punkt: Pfullmann (1996): 377ff.

innerhalb dessen er umherzieht, sich niederlässt oder Brunnen unterhält. Die Grenzen dieses Gebietes sind nicht immer klar ersichtlich, jedoch den Beteiligten bekannt.

Eigentum an Grundstücken wird durch Erbe, Besitzergreifung oder Kauf erworben. Die Besitzergreifung war früher die häufigste. Man geht mit Zeugen zu dem Stück Land, worauf man Anspruch erhebt und verkündet diesen öffentlich. Das Eigentum an Tieren wird durch das Brandzeichen deutlich gemacht. Für Kleinvieh gibt es private Zeichen, für Großvieh gilt das Zeichen der lineage. Wer ein Tier ohne Zeichen findet, kann es behalten. Wer ein Brandzeichen ändert, macht sich strafbar. Das Brandzeichen ist das Haupterkennungsmerkmal einer Gruppe zur Kennzeichnung des Eigentums an Tieren. Manchmal wird es auch an besonderen Punkten in der Landschaft angebracht zur Kennzeichnung der *dīra* eines Stammes, ebenso an Zelten und Gräbern.

Die gegenseitige Zusammenarbeit innerhalb eines Stammes wird ebenfalls durch die *sawālif/sawādī/'awāyid* reguliert. Benötigt ein Beduine etwas, kann er sich jederzeit an einen anderen Beduinen, am besten an seinen Nachbarn, wenden und die benötigten Dinge von ihm ausleihen.

Bei den Harassis im Leeren Viertel besitzen alle Familienmitglieder ihre eigenen Herden, die sie gemeinschaftlich hüten. Sollte ein Familienmitglied den Verband verlassen, hat es das Recht, seine Herde mitzunehmen. Das gilt auch für die Frauen. Eigentumsfragen werden dann bedeutend, wenn es ans Schlachten oder Verkaufen geht. Kamelherden werden nur an die Söhne vererbt, Ziegen sowohl an die Töchter als auch die Söhne. [241]

Im Gegensatz zu Landfragen sind Fragen des persönlichen Eigentums leichter zu klären. Jedes Mitglied der Familie hat das Recht auf Besitz, selbst Frauen und Kinder. Hauptbesitzgut sind die Herden und Tiere. Zweitwichtigstes Gut ist die Wohnstatt, früher das Zelt, heute meist das Haus. Grundlegend ist die Kernfamilie Besitzer dieser beiden Güter, wobei es individuelle Regeln geben kann.[242] Der Frau gehören neben der Mitgift die Haushaltsgegenstände, aber auch Vieh und Bargeld. Das islamische Erbrecht, das häufig in Verbindung mit dem gewohnheitsrechtlichen Erbrecht angewendet wird, garantiert Töchtern und Ehefrauen einen Erbteil, so dass viele Frauen in Saudi-Arabien einen beträchtlichen Reichtum haben. Da sie rechtmäßig auch in der Lage waren, ihr Geld und Eigentum zu benutzen, so konnten sie im Falle einer Scheidung wirtschaftlich überleben. Nach beduinischen Auffassungen erbt die Frau

[241] Chatty (1996): 114-115
[242] So kann die Zeltausstattung persönliches Eigentum der Frau sein.

hingegen nichts, sie ist trotzdem in der rechtlichen Position, Eigentum zu erwerben, sei es durch Heirat, Schenkung oder Verdienst.
Eigentum kann durch Erbschaft, Finden, Züchtung, Entschädigungen und Dienstleistungen erworben werden. Wichtig ist im Vorfeld immer die Feststellung des ursprünglichen Eigentümers. Dies geschieht durch das oben erwähnte Brandzeichen, welches meist an Tieren, aber auch an Gegenständen angebracht werden kann. Jeder Stamm, jede Unterabteilung, manchmal auch die Großfamilie und sogar die Kernfamilie haben eigene Brandzeichen.

Wichtige Regeln gibt es hinsichtlich der Übertragung von Eigentum. So kann ein Beduine mit seiner Familie und seinem Eigentum sich einem anderen Stamm anschließen. Er ändert seine Stammes-, Blut- und Eigentumszugehörigkeit. Andere Schutzverhältnisse unterstützen den Besitzer bei der Verteidigung seines Eigentums, indem er es unter den Schutz einer einflussreichen Person stellt, die für die Sicherheit der Person und ihres Eigentums verantwortlich ist.

Solche Versicherungen und Schutzverhältnisse waren notwendig, da man jederzeit sein persönliches Eigentum verlieren konnte, z.B. durch einen Raubzug. Bei diesen ging es hauptsächlich um die Erbeutung von Tieren, während anderer Besitz und der Besitz von Frauen, Nachbarn und Schützlingen nicht angetastet bzw. zurückgegeben wird.

Im Schadensfall hat die betroffene Person zwei Möglichkeiten: Entweder zur Selbsthilfe zu greifen oder sich an einen Richter wenden. Auch hier hilft die häufig zitierte öffentliche Meinung bei der Durchsetzung von Rechtsansprüchen. Ziel ist in erster Linie die Wiederherstellung des gestörten Gleichgewichts zwischen den Parteien und nicht die Bestrafung des Verbrechens. Dies ist mehr der Fall bei personenbezogenen Vergehen, wie dem Diebstahl. Hier steht die Bestrafung des Verbrechens sowie die abschreckende Wirkung dieser Bestrafung im Vordergrund.

Diebstahl

Verschiedene Bereiche des Diebstahl werden bei den Beduinen als ehrenhaft angesehen. Dazu gehören Beutezüge, die nicht als strafrechtliche Handlung gelten. Somit war der Viehdiebstahl die häufigste Form von Eigentumsdelikten in der Beduinengesellschaft. Über die Auswirkungen des Diebstahls gibt folgende Geschichte Auskunft:

Die Angehörigen der Baqqāra, einem Stamm am mittleren Euphrat, beschwerten sich über häufige Diebstähle innerhalb des Stammes. Der Scheich des Stammes, Ḥamīd al-Bašīr, der paternale Onkel des jetzigen Scheichs Raǧīb al-Bašīr, rief darauf den Ältestenrat des Stammes zusammen, um die Lage zu beraten. Verschiedene Lösungsansätze wurden vorgeschlagen, bis sich einer meldete und vorschlug, dem Dieb die Hand abzuschlagen. Darauf erwiderte der Scheich: Möchtest du jedem der Baqqāra die Hand abschlagen?[243]

Als Grundregel gilt, dass das gestohlene Gut vierfach ersetzt werden muss. Vorher muss jedoch der Beweis durch Zeugen erbracht werden. Bei Nichtvorhandensein von Zeugen werden der Eid bzw. das Ordal herangezogen. Bei Diebstahl von Kamelen oder der Änderung von Brandzeichen entscheiden besondere Richter über die Wiedergutmachung.

Der Kameldiebstahl

Dieser umfasst die Entwendung und unartgerechte Verwendung von Kamelen anderer. Neben der Rückgabe der gestohlenen Tiere beinhaltet das Urteil noch eine zusätzliche materielle Strafe. Bei der Betrachtung solcher Fälle spielen Bündnisse und Abkommen zwischen den betroffenen Seiten eine wichtige Rolle, ebenso die Wahl des Richters, der den Fall behandelt. Sind die betroffenen Stämme nicht durch ein Abkommen, *qalad*, oder Bündnis, *ḥilf*, miteinander verbunden, behandelt der *ziyādī* den Fall. Dabei wird zuerst das Kamel zurückgegeben und dann wird zusammen mit den *musauwaq*, einem Experten bei der Bewertung von Kamelen, der Wert des Tieres bestimmt, nachdem sich die Höhe der Strafe richtet. In der Regel beträgt sie ein Viertel des Wertes des Kamels. Der Experte übergibt die Strafe dann dem Besitzer des Kamels. Besteht zwischen den Stämmen jedoch ein Bündnispakt, so wird der Fall dem *ḥasīb* des Stammes des Diebes vorgetragen, der die Rückgabe des Kameles veranlasst und eine Strafe verhängt, die sich ebenfalls nach dem Wert des gestohlenen Kamels richtet.

Handelt es sich bei dem gestohlenen Gut um Tiere, die ein Brandzeichen besitzen, bedarf es keiner Beweisführung. Gibt es aber kein Brandzeichen oder handelt es sich um andere Dinge, so muss der Kläger sein Eigentumsrecht durch Zeugen unterlegen. Kann der Kläger keine Beweise vorlegen, verfährt man wie folgt:

a) Er kann vom Angeklagten einen Eid verlangen. Lehnt dieser den Eid ab, wird er wegen Diebstahl verurteilt.
b) Er kann vom Angeklagten die *biš'a* Zeremonie verlangen. Lehnt er diese ab, gilt das als Eingeständnis der Tat.

Der Richter muss bei der Urteilsfindung folgende Dinge beachten:

---

[243] Mušāriqa (1988): 188

a) Wer ist der rechtmäßige Besitzer des gestohlenen Gutes?[244]
b) Ereignete sich der Diebstahl außerhalb des Hauses, so muss der Dieb das gestohlene Gut vierfach ersetzen.
c) Geschah die Tat innerhalb des Hauses, so muss der Täter ebenfalls den vierfachen Wert bezahlen plus ein vierjähriges Kamel für sein Eindringen in das Haus und ein weiteres vierjähriges Kamel für das Verlassen des Hauses. Außerdem wird noch eine Geldstrafe festgelegt.

Ist der Angeklagte des Diebstahls überführt und verurteilt, kann er in Zukunft nicht mehr als Zeuge vor Gericht auftreten außer in anderen Fällen von Diebstahl.

Die Höhe und Art der Bestrafung des Diebes unterscheidet sich von Stamm zu Stamm, liegt jedoch immer zwischen einer moralischen Strafe und dem vierfachen Preis der gestohlenen Güter. Es gibt jedoch auch Fälle, wo das Blut des Diebes vergossen werden kann ohne das man dafür die *diya* bezahlen muss.

Anwendungsbeispiele:

A) Im Jahre 1965 beging eine Person einen Diebstahl in einer Pflanzung im Wādī al-Fara'. Der Besitzer der Pflanzung bemerkte den Dieb und erschoss ihn. Da die Tat in Zusammenhang mit dem Diebstahl erfolgte, brauchte der Täter keine *diya* zu zahlen.[245]

B) Im Jahre 1971 stahl eine Person in der Nacht eine Anzahl Schafe im Dorf Ṭal'at Timyāṭ in der Nähe von Rafḥā. Der Besitzer der Schafe bemerkte den Dieb und erschoss ihn. Auch hier musste der Mörder keine *diya* bezahlen, da die Tat im Zusammenhang mit einem Diebstahl erfolgte.[246]

Eine weitere wichtige Komponente in Eigentumsfragen ist der Schutz des Eigentums von abhängigen Personen. Persönliches und gemeinschaftliches

---

[244] Das folgendes Beispiel stammt von den Rūqa/'Utaiba: Vier Männer besaßen gemeinsam ein Kamel. Sie sagten zu dem einem: Binde es an! Das machte er, jedoch riss es sich los und kehrte nicht mehr zurück. Die drei Männer verklagten ihn beim Richter und der Mann gestand. Der Richter verurteilte ihn zum Schadensersatz. Als er den Richter verließ, fand er den Sohn des Richters beim Spielen mit den Kindern. Dieser fragte den Mann, ob der Richter gegen ihn oder für ihn entschieden hatte. Gegen ihn, antwortete er. Der Junge sagte: Sprich mit ihm und sage ihm: Wir waren vier, und das Kamel hat vier Teile. Ich habe nur meinen Teil angebunden. Sie verließen ihre Teile. Nur mein Teil ist verschwunden. Darauf kehrte der Mann zum Richter zurück und sagte: Ich lege bei dir Berufung ein. Das akzeptierte der Richter und verurteilte seine Gefährten.

[245] Diskussionsforum

[246] Interview mit Muḥammad Rimāl im September 1999

Eigentum eines Stammes sind jederzeit in Gefahr, geraubt zu werden. Lebt aber bei diesem Stamm ein Schützling oder eine andere Person, die einen besonderen Status hat, wie *ṭanīb*, *ǧār* oder ein Gast, darf dieser nicht besohlen werden. Sein Eigentum steht unter dem Schutz des Patrons und ist tabu.

Beispiel: Die Tochter von ʻUqūb Ibn Suwaiṭ

In dieser Erzählung sind die Āl Suwaiṭ, die Scheichs der Ẓafīr, in einen Streit mit den Muntafiq verwickelt. Deren Scheichs, die Āl Saʻdūn, versicherten sich der Hilfe der Āl Rašīd, um die Suwaiṭ zu überwinden. Jedoch wurden die Suwaiṭ vor der drohenden Niederlage gerettet, da der Ṭiwāla-Clan der Šammar sich einmischte. Um die Saʻdūn nun zu beschwichtigen, schlugen die Ṭiwāla vor, dass es den Saʻdūn erlaubt sein sollte, Kamele als eine Art Bestrafung von den Ẓafīr zu nehmen. Die Saʻdūn konfiszierten daraufhin eine Reihe von Kamelen der Ẓafīr. Es stellte sich jedoch heraus, dass sie diese nicht von den Herden der Ẓafīr nahmen, sondern vom Zelt eines Nachbarn, einer Frau von den Muṭair, die mit ihnen lebte. Als die Ẓafīr von den Verhandlungen nach Hause zurückkehrten, wird Scheich ʻUqūb von seiner Tochter begrüßt: „Oh Vater, wenn du doch hier gewesen wärest. Er fragte: Was ist passiert? Sie antwortete: Es ist wegen unsern Nachbarn. Ihre Kamele wurden weggenommen. Sie schrie auf und zerriss ihr Kleid. Er sagte: Sie schrie auf? Ja, antwortete sie. Er griff mit seiner Hand nach dem Kamelsattel und als sie näher kamen, stellten sie fest, dass er tot war. Hier starb Scheich ʻUqūb aufgrund der Schande, die er durch die Verletzung der Zeltrechte seines Nachbarn fühlte. Der Tod von ʻUqūb ist ein sehr bedeutsames Ereignis in den Traditionen der Ẓafīr, die ihren Stolz darin sehen, das Leben und Eigentum von Flüchtlingen, Schützlingen und Nachbarn zu verteidigen.[247]

Zusätzliche Aspekte

Es gibt die Möglichkeit, dass man, um seiner Sache Nachdruck zu verleihen, beim Beschuldigten eine Pfändung vornimmt. Hierbei sind aber bestimmte Regeln einzuhalten, da sonst der Verdacht des Diebstahls aufkommt. Unpfändbar sind Pferde, Waffen und Kleider. Bei der Pfändung müssen Zeugen anwesend sein. Ist die Angelegenheit bereinigt, muss das Pfand zurückgegeben werden.

Die *ʻadāya*

Dies ist eine besondere Form des Diebstahl, die toleriert wird, wenn der Schaden später behoben wird. Steigt ein Gast bei einem Beduinenhaushalt ab, welcher

[247] Ingham (1986): 72

dem Gast keine Speise bieten kann, so darf der Hausherr sich beim Nachbarn ein Schaf borgen. Dabei sind folgende Bedingungen zu beachten:

1) Der Gastgeber kann die Tat selber begehen oder jemand damit beauftragen. Man nimmt sich ein Schaf des Nachbarn, des eigenen Stammes, der benachbarten Stammes.
2) Es dürfen nur Schafe, keine Hammel oder Lämmer genommen werden. Das Mitnehmen anderer Tiere gilt als richtiger Diebstahl.
3) Man darf nur für einen bereits anwesenden Gast ein Schaf borgen gehen. Ist der Gast noch nicht da, gelten die Regeln des Diebstahl.
4) Man darf das Schaf auch bei Abwesenheit des Besitzers oder Hirten nehmen, muss die Betreffenden aber später darüber informieren.
5) Als Faustregel gilt: Die Information muss binnen dreier Tage erfolgen und das Schaf innerhalb von zwei Wochen zurückgegeben werden.
6) War das Schaf trächtig, muss auch ein trächtiges Tier zurückgegeben werden.
7) Bei Streitigkeiten um die *'adāya* wendet man sich an die Beduinenrichter, meist die *zuǧūd*, die entsprechend der Gewohnheiten ein Urteil fällen.[248]

Wenn eine dieser Bedingungen nicht erfüllt wird, betrachtet man die *'adāya* als illegitim und die Person, der die Verletzung widerfahren ist, kann den Täter zum Richter bringen. Der Täter muss dann den vierfachen Preis des gestohlenen Besitzes bezahlen.

Zusammenfassend lässt sich sagen, dass die individuellen Eigentumsverhältnisse fester und umfassender werden, je sesshafter der Stamm wird. Dies wird nicht nur im Bodenbesitz deutlich, sondern auch in der Abnahme gruppenbezogener Eigentumsdelikte (*ġazū*) und der gleichzeitigen Zunahme persönlicher Vergehen (Diebstahl).

9.2.3. Drohungen, *at-tau'īd*

Es gibt Richtlinien zur Einteilung der Bedrohungen und ihrer Bestrafung entsprechend der Schwere und Gefährlichkeit und Wahrscheinlichkeit der Bedrohung:

1) mündliche Bedrohungen werden *tau'īd* (von *wa''ada*: geloben, androhen) genannt.
2) Drohungen unter Zuhilfenahme eines Stockes oder einer Waffe.
3) Drohungen, die aus dem Verraten von Informationen resultieren und aus denen Streitigkeiten entstehen.
4) Sticheleien und Andeutungen.

---

[248] Mušāriqa (1988): 206-207

Anwendungsbeispiel:

Im Jahre 1972 klagte ʻAlī Bin Sabʻā von den Nuʻaimāt gegen ʻAbd al-ʻAzīz Sālim Ramaḍān von den Maʻān, dass letzterer ihn mit einem Revolver bedroht und bespuckt habe und einen Streit anfangen wollte. Beide Seiten gingen daraufhin zum Richter Ǧūnis Abū Halala, der nach der Anhörung zu folgendem Urteil kam:

1) ʻAbd al-ʻAzīz hat 20 JD an Ali zu zahlen, da er ihn bespuckt hat.
2) ʻAbd al-ʻAzīz hat 40 JD an Ali zu zahlen, da er ihm aufgelauert hat.
3) ʻAbd al-ʻAzīz hat 40 JD an Ali zu zahlen, da er seine Hand auf die Waffe gelegt hat.
4) ʻAbd al-ʻAzīz muss einen Eid leisten, dass er die Waffe nicht auf Ibn Sabʻā richten wollte. Lehnt er dies ab, muss er einen Betrag von 80 JD zahlen. Er schwur den Eid nicht und musste demzufolge den Betrag zahlen.
5) Der Gesamtbetrag des Urteils war 180 JD, von denen ʻAlī nur 20 JD annahm und den Rest aus Gnade erließ.[249]

9.3. Schwere Straftaten

Zu den schweren Straftaten bzw. Kapitelverbrechen im Gewohnheitsrecht der Beduinen gehören:

1) Mord,
2) Totschlag,
3) Körperverletzung,
4) Vergewaltigung,
5) Ehebruch,
6) Entführung,
7) Zerschneidung des Antlitzes,
8) Hausfriedensbruch,
9) Straftaten gegen Gäste, Flüchtlinge und Schützlinge.

Bei schweren Straftaten kann eine Ruhepause/Waffenstillstand vor Beginn der Wiedervergeltung zwecks Einleitung eines Versöhnung beantragt werden.[250] Antragsteller ist der Angeklagte. Das Gesuch wird durch einen neutralen Vermittler an die Verwandten des Opfers weitergeleitet, die das Recht zur Entscheidung haben. Bei Körper- und Ehrenverletzung muss die Ruhepause innerhalb von drei Tage nach der Tat beantragt werden, bei Mord erst nach der Abkühlung des Blutes. Diese Frist kann bis zu einem Jahr betragen. Auch hier

---

[249] Abū Ḥassan (1987): 395

[250] vgl. Kapitel Sicherheits- und Schutzmaßnahmen

überwachen Bürgen die Einhaltung des Waffenstillstandes. Verstöße werden vom *manšad* hart geahndet.
In dieser Zeit muss der Angeklagte versuchen, eine Versöhnung mit dem Verletzten bzw. Opfer zu erzielen. Gelingt ihm dies nicht, unterliegt er von nun an der Rache des Klägers. Lehnt der Kläger den Waffenstillstand ab, so kann sich der Beklagte in den Schutz eines angesehenen Mannes begeben, der ihm für eine bestimmte Zeit Asyl gewährt. Während dieser Zeit darf keine der beiden Parteien feindliche Aktivitäten gegen die andere unternehmen. Geschieht das dennoch, setzt auch hier wieder die harte Bestrafung ein. Kommt es zu einer Einigung, wird die *diya* vereinbart. Bei Körperverletzungen muss ein Anteil entsprechend des verletzten Körperteils bezahlt werden. Gibt es keine Kamele, ist ihr Wert in Geld zu zahlen. Bei Streitigkeiten über die Höhe der *diya* wird der Preis der Kamele von drei Sachverständigen festgelegt, die entweder ernannt oder ausgelost werden.[251]

Etablierte Emirate, wie die der Āl Rašīd in Hail oder der Āl Sa'ūd in Riyadh, versuchen, die Verwandten des Opfers zur Annahme des Blutgeldes zu bewegen. Dies geschieht, um die Sicherheit zu verbessern und weitere Fehden abzuwehren. Die Höhe des Blutgeldes ist verschieden. Bei den 'Anazah waren dies 50 weibliche Kamele, 1 Dalul, 1 Stute, 1 Sklave, 1 Panzer und ein Gewehr. Andere Stämme verlangen bis zu 100 weibliche Kamele und Bargeld.[252]

Mit dem Auftauchen des Islams konnte man eine Tendenz der verstärkten Annahme der *diya* anstelle der Vergeltung beobachten, was auch vom Propheten Muḥammad gutgeheißen wurde.[253] Der Preis für einen getöteten Mann betrug derzeit 100 Kamele.

9.3.1. Blutfälle

Eine Siedlung der Rwala im Naǧd ist eigentlich eine Seltenheit. Doch findet man die Abteilung der 'Anaza, die eigentlich im Norden Saudi-Arabiens, in Jordanien und Syrien leben, auch in der ḥillat Daǧāmin bei der Stadt Bukairīya. Die Siedler verließen nach einer Blutfehde ihren Stamm und zogen nach Qasim aufgrund der Möglichkeiten, hier in Sicherheit Ackerbau und Viehzucht betreiben zu können.[254] Wie es zu solch gravierenden Auswirkungen, selbst auf die Wahl des Siedlungsgebietes in der *dīra* eines traditionell feindlich gesinnten Stammes kommen kann, soll im folgenden untersucht werden.

---

[251] Pritsch (1938): 17-18
[252] Käselau (1927): 74
[253] Watt (1981): 135
[254] Shamekh (1975): 228

Als Beispiel für die Anwendung der Prinzipien des *'urf* sei das Verfahren in Mordfällen aufgeführt. Ein Mord wird nicht als Vergehen eines einzelnen Täters angesehen, mit dessen Aburteilung das Verbrechen gesühnt wird, sondern die Tat selbst liefert den Anlass für eine Konfrontation zwischen zwei Stammessegmenten, der Familie des Täters und der Familie des Opfers. Ziel des Verfahren ist deshalb nicht eine Bestrafung des Täters, sondern ein Ausgleich zwischen den beteiligten Gruppen. Zwei Prinzipien bilden die Grundlage für den Ausgleich:

a) Die Wiedervergeltung
b) Die kollektive Verantwortung der gesamten Familie des Täters

Ein Ausgleich nach einem Mord zwischen zwei sich gegenüberstehenden Gruppen kann grundsätzlich auf zwei Wegen herbeigeführt werden: Entweder wird, entsprechend dem ersten Prinzip, Blutrache geübt und ein Mann aus der Familie des Täters getötet, oder es wird, entsprechend dem zweiten Prinzip ein friedlicher Ausgleich dadurch gefunden, dass die Familie des Täters an die des Opfers Blutgeld bezahlt. Da unmittelbar nach einem Totschlag nicht nur der Täter selbst, sondern alle Männer aus seiner Verwandtschaft von der Blutrache bedroht sind, haben sie ein gemeinsames Interesse daran, den Fall auf friedliche Weise mit einer Versöhnung zu lösen.[255]

Blutfälle sind nicht nur hinsichtlich der Straftat, sondern auch hinsichtlich der Bestrafung mit Blut verbunden, da sie als eine mögliche Form der Bestrafung die Blutrache bzw. die Wiedervergeltung kennen. Die Blutrache ist eine rechtliche Institution aus der Zeit vor dem Islam. Einige Autoren datieren sie in die Zeit vor der *ǧāhilīya*, wohl um zu verdeutlichen, dass dieser Brauch schon immer unter den Araber/Beduinen existiert hat.[256] Verbunden war dieser Brauch mit der Vorstellung, dass die Seele des Getöteten zu einem Vogel wird, der solange über dem Grab des Ermordeten umherschwebt, bis dessen Seele gerächt wurde.

Versuche staatlicherseits, die Blutrache zu kontrollieren oder gar einzuschränken, schlugen fehl. Wird ein Mörder von der Staatsmacht zu etlichen Jahren Gefängnis als Strafe für den Mord verurteilt, wartet sicherlich der Bluträcher am Tag seiner Entlassung aus der Haft und versucht, die Blutrache zu vollziehen.

[255] Müller-Mahn (1989): 151
[256] Mušāriqa (1988); Ǧum'a (1989)

Der „perfekte“ Mord

Schematische Darstellung der Prozesse und Abhängigkeiten im Mordfall zwischen zwei Stammesgruppen:

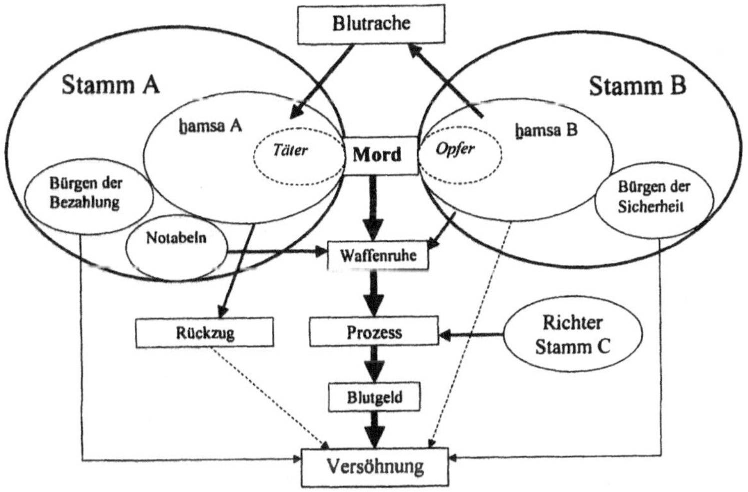

Ereignet sich ein Mordfall, innerhalb eines Stammes, ist die Familie des Opfers zur Bestrafung des Täters berechtigt. Sie hat dabei zwei juristische Optionen, einmal die persönliche Rache und andererseits die Rechtsprechung durch einen Beduinenrichter. Ereignet sich der Mord zwischen zwei Personen unterschiedlicher Stammeszugehörigkeit, so kann der Stamm des Opfers die Blutrache auf der Grundlage der Stammessolidarität ausüben. Auch hier gilt die Regel: Ich und mein Bruder gegen meinen Cousin; und mein Cousin und ich gegen den Fremden.[257]

Die Familie oder der Stamm des Opfers haben das Recht, das Blut des Täter oder seiner Verwandten bis ins fünfte Verwandtschaftsglied zu vergießen. Während der ersten drei Tage nach dem Begehen der Straftat, der Zeit der Aufwallung des Blutes, können sie dies ungestraft und zu jederzeit tun, wenn die Partei des Täters sich nicht rechtzeitig unter den Schutz einer einflussreichen Person oder Stammes begibt bzw. den üblichen Schutzmechanismen bei Mordfällen folgt. Die Zeit der Aufwallung beträgt zwischen einem und drei Tagen. Danach ist es nicht mehr erlaubt, dass Eigentum des Täters zu rauben.

---

257 أنا وأخي على ابن عمي وأنا وابن عمي على الغريب

Die Täterseite versucht dem, durch einen schnellen Rückzug bzw. dem Verlassen ihres angestammten Wohnsitzes zu entgehen.

Einigen sich die Parteien während der durch die Notabeln ausgehandelten Waffenruhe auf eine gerichtliche Lösung des Falles, kommen die Stammesrichter zum Einsatz. Um die Versöhnung zu erreichen muss in der Regel eine bestimmte Summe als Kompensation für den Verlust bezahlt werden. Die Einhaltung des Urteils wird von Bürgen überwacht, die von den beteiligten Seiten gestellt werden.

Ein Mord bleibt in der Stammesgesellschaft der Beduinen immer ein Mord, auch wenn er unabsichtlich begangen wurde. Demzufolge bleibt auch die Verantwortung bei Totschlag bestehen, lediglich das Strafmaß ändert sich, insofern bei versehentlichen Tötungen zum größten Teil die *diya* der Blutrache vorgezogen wird.

Anwendungsbeispiel:

Ein Mann von den ʿUtaiba war Gast eines Beduinen von den Ḥarb. Er hatte sein Gewehr bei sich, welches er nach der Begrüßung an die Zeltwand lehnte. Bald darauf erschien ein zweiter Gast, Kaffee wurde gereicht und die Unterhaltung begann. Als plötzlich ein starker Wind aufkam und warf dieser das geladene Gewehr um. Dabei löste sich ein Schuss, welcher den zweiten Gast auf der Stelle tötete. In der sich anschließenden Gerichtsverhandlung wurde festgestellt, dass es sich hier nicht um einen absichtlichen Mord handelte. Die Richter konnten sich jedoch nicht auf eine *diya* einigen. Einer sagte, der Besitzer der Gewehres muss sie bezahlen, der zweite Richter meinte, der Gastgeber wäre verantwortlich und der dritte meinte schließlich, beide müssten die *diya* bezahlen. Man einigte sich am Ende auf einen Kompromiss, der dem Tatbestand Rechnung trug: Die *diya* setzt sich aus drei Teilen zusammen, ein Teil für den Wind, ein Teil für den Besitzer des Gewehres und ein Teil für den Gastgeber. Im Endeffekt waren also nur zwei Drittel der *diya* zu zahlen. [258]

In einigen Mordfällen kann es zu einer Verschärfung der Strafe kommen, die ebenfalls vom Richter bestimmt wird. Das betrifft Fälle, in denen der Mord aus Interesse an der Ehefrau des Opfers begangen wurde oder das Opfer ein Cousin, eine Frau, ein Schutzbefohlener war oder es sich um einen Meuchelmord handelt. In den folgenden Fällen muss eine höhere *diya* gezahlt werden:

1) Meuchelmord,
2) Mord an einer Frau,
3) Mord an einem Sklaven,

---

[258] Interview mit ʿAyiḍ al-ʿUtaibī im September 2001

4) Mord an einem Schlafenden,[259]
5) Mord an einem Schützling oder Gast,[260]
6) Vergewaltigung,
7) Mord mit Bloßstellung,
8) Mord an einem Scheich,
9) Mord aus einem unehrenhaften Grund.

Die Verschärfung der Strafe entsprechend des Tatmotivs: Wird aus unehrenhaften Motiven getötet, z.B. um die Frau oder das Eigentum des Opfers zu erlangen, so wird die *diya* vervierfacht. Bei den irakischen Stämmen war es üblich, dass der Täter zusätzlich noch vier Frauen, sein Land und seine Herden geben musste. Er durfte auch nicht mehr in das Viertel oder den Stamm zurückkehren.[261]

Die Verschärfung der Strafe entsprechend der gesellschaftlichen Werten des Stammes: Übt jemand nach Erzielung der Versöhnung die Blutrache aus, so verschärft sich die Strafe für ihn, da er die Werte und die Ehre des Stammes verletzt hat, obwohl der eigentliche Fall bereits durch die Versöhnungszeremonien abgeschlossen wurde. Dadurch wird die Ehre der Bürgen geschwärzt, die nach Beendigung des Falles die Sicherheit der Beteiligten garantieren. Die *diya* ist auch hier viermal so hoch wie im Normalfall.[262]

Die Verschärfung der Strafe entsprechend der Art und Weise des Verbrechens: Wird nach einem Mord der Leichnam des Opfers verstümmelt oder versteckt, gilt dies als Grund der Verschärfung der Strafe für einen normalen Mordfall. Auch hier gibt es die vierfache *diya*.

Die Geschichte der Beduinen ist voll mit Beispielen, wie Mordfälle und Blutrache ganze Familien und Stammesverbände aufrieben. Ein Beispiel dieser Art ist der Konflikt zwischen zwei Abteilungen der Ḥarb und der Muṭair aus

---

259 Es zählt zu den schwersten Verbrechen, einen Schlafenden zu töten. Dies verlangt eine vierfache diya. Der Brauch verlangt es, dass der Angreifer sein Opfer aufweckt und ihn warnt, bevor er das Feuer eröffnet.

260 Im Jahre 1919 zur Zeit der Herrschaft von Ibn Šaʿlān im Gebiet von Ǧauf hatte Scheich Dardāḫ al-Baḫīt al-Fāyis von den Banū Ṣaḫr einen Gast in seinem Zelt. Da kam ein Mitglied der Jahāwisha von den Banū Ṣaḫr und erschoss den Gast. Scheich Dardāḫ begann umgehend mit der Suche nach dem Mörder, konnte ihn aber nicht finden. Nach einiger Zeit begegnete Dublān al-Baḫīt, der Bruder des Scheichs, dem Mörder in al-Quraiyat und erschoss ihn aus Blutrache für den Mord am Gast seines Bruders

261 ʿAbd al-ʿAzīz (1990): 54

262 s. dort S. 50

dem Jahre 1923, welches den Gerechtigkeitssinn der Beduinen und das Bedürfnis nach einer weisen Führung in Konfliktfällen widerspiegelt:[263]

Ein Mitglied der Ḥarb wurde in einem Streit von einem Muṭairī schwer verprügelt. Dieser Muṭairi hätte besser daran getan, den Konflikt vor einem *mağlis 'urfī* auszutragen, als sofort den Kampf zu beginnen. Dies tat er jedoch nicht, vielmehr schlug er sofort zu. Daraufhin hätten die Stammesältesten eingreifen müssen, um die Sache beizulegen. Dies taten sie jedoch nicht und so nahm die Sache seinen Lauf. Eine Gruppe der Ḥarb brach in das Lager der Muṭair ein und fand den Mann, der ihren Verwandten geschlagen hatte. In Gegenwart des 12-jährigen Sohnes schlugen sie so sehr auf den Vater ein, dass er bald darauf an den Folgen verstarb. Mord bringt gewöhnlich Krieg unter den Stämmen, wenn niemand etwas zur Beruhigung der Lage tut. Während sich die Muṭair für einen Kampf mit den Ḥarb rüsteten, um ihren Verwandten zu rächen, nahmen andere Mitglieder des Stammes drei Ḥarbis gefangen und brachten sie ins Lager. Man nahm sich keine Zeit für eine langwierige Gerichtsverhandlung, sondern wollte sofort Rache. Man brachte den Sohn des Ermordeten, um die Mörder zu identifizieren. Einer der drei gehörte zu den Verdächtigen. Der Sohn schwor einen Eid, dass er ihn wiedererkannt hat. Daraufhin gab man ihm eine Pistole und er erschoss den Mann. Erst dann trafen sich die Scheichs der beiden Stämme und unterschrieben ein Abkommen zur Beendigung aller Feindseligkeiten. Darin wurden die Parteien auch verpflichtet, künftig alle Streitfälle vor dem *mağlis 'urfī* zu verhandeln, auch Mordfälle.

Dass auch andere Wege der Beilegung von Konflikten aus Mordfällen möglich sind, beweist das folgende Beispiel:

Mu'ḍid Bin Muni' von den Ṯābit/Šammar suchte im Jahre 1943 nach einem Blutfall Zuflucht bei Šaqī Bin Šamān von den 'Amārāt/'Anaza. Einige Zeit später tötete der Sohn des Schützlings während einer Jagd unabsichtlich den Sohn des Patrons. Die Eltern des getöteten Jungen vergaben dem Nachbarn und akzeptierten die Zahlung der *diya* von 60 Kamelen. Als es zur Zahlung kommen sollte, lehnten die Eltern aber selbst dies ab und vergaben dem Šammarī.[264]

Die Beduinen bestrafen Mord ohne Unterschied, ob er an einem Embryo oder an einem Lebenden begangen wurde. Abtreibung gilt als Mord und wird mit *diya* wie für einen Lebenden bestraft. Sie unterscheidet sich in ihren Grundregeln und der Bestrafung nicht von einem Mord, welcher an einem lebenden Menschen begangen wurde. Diese Bestimmung gilt bei allen Stämmen der Region, sei es in

[263] Diskussionsforum
[264] Interview mit Muḥammad Rimāl im September 1999

Saudi-Arabien, Syrien, Irak und Jordanien.[265] Natürlich ist die Abtreibung ein schwer nachzuweisendes Vergehen, da die beteiligten Seiten bestrebt sind, den Fall nicht an die Öffentlichkeit dringen zu lassen.

In den folgenden Fällen ist es legitim, zu töten:

1) Der Mord als Blutrache für einen vorangegangenen Mordfall.
2) Der Mord als Selbstverteidigung oder zur Verteidigung der Ehre bzw. des Eigentums: Falls jemand versucht, eine Person, ein Mädchen oder die Herden anzugreifen, ist die Verteidigung legitim, selbst bis hin zur Tötung des Angreifers.
3) Der Mord zur Verteidigung des Stammes: Beleidigt jemand den Stamm einer anderen Person, und sei es nur eine bestimmte Person dieses Stammes, so hat jedes Mitglied dieses Stammes das Recht, dies zu unterbinden, selbst wenn dies die Tötung der Person beinhaltet.
4) Der Mord zur Verteidigung des Hauses: Als Tabuzone des Hauses gelten 40m in jeder Richtung.
5) Der Mord zur Verteidigung eines Weggefährten oder Schützlings.
6) Der Mord als Blutrache für die Zerschneidung des Antlitzes.

Die Rechtsprechung in Mordfällen

Wird die Blutrache nicht durchgeführt, wenden sich die beteiligten Parteien an einen auf solche Fälle spezialisierten Beduinenrichter. Probleme gibt es nur, wenn der Täter nicht bekannt ist. Gibt es einen Verdacht gegen eine oder mehrere Personen, dass ein Mordfall vorliegen könnte, können sich die betroffenen Parteien an einen Richter wenden. Dessen Urteilspruch entscheidet über Schuld und Unschuld. Lautet das Urteil unschuldig, ist der Fall automatisch beendet. Lautet das Urteil schuldig, greift man wieder auf die *sawālif-sawādī*/*'awāyid* zur Beendigung des Falles zurück. Die generelle Regel besagt: Blut und Schande kennen keine Zeugen,[266] d.h. der Richter akzeptiert bei der Urteilsfindung in Mordfällen keine Zeugen. Leugnet der Angeklagte die Tat und gibt es keine schlüssigen Beweise, kann der Stamm des Opfers vom Richter fordern, dass der Angeklagte einen Eid ablegt und die *biš'a*-Zeremonie durchführt. Bestätigt sich die Unschuld des Angeklagten, ist der Fall beendet.

War das Opfer ein Mann und wurde nicht sofort Blutrache geübt, erstreckt sich die Verantwortung auf die *ḫamsa* des Täters. Diese versuchen dann mit der Familie des Opfers, die *'aṭwa* auszuhandeln, währenddessen die Bemühungen um eine versöhnliche Lösung beginnen. Die *ǧāha*, eine Gruppe von bedeutenden

---

[265] Kīlānī (1972): 97
[266] الدم ما عليه شهود والعيب ما عليه ورود

Personen des Stammes des Täters, führt die Verhandlungen zur Festlegung der *diya*, entsprechend der Bräuche des Stammes des Opfers.

Gehörte der Mörder zu einem fremden Stamm, ist die *diya* nicht so hoch, wie wenn er vom selben Stamm wie das Opfer wäre. Wenn es zu einem Mord zwischen zwei Stämmen, Abteilungen oder lineages kommt, wird die Angelegenheit mit der Zahlung der *diya* meist schnell erledigt. Jedoch bei einem Mordfall innerhalb einer Familie oder Großfamilie scheint es oftmals keinen Ausweg zu geben. Weder die Zahlung der *diya* noch die Blutrache scheinen hier angemessen zu sein. Im Falle der *diya* würden diejenigen, die das Blutgeld bezahlen, es auch erhalten. Andererseits würde die Ausübung der Blutrache den Familienverband weiter schwächen. Im Fall der Āl Rašīd führte der Mord am machthabenden Emir stets zu weiteren Morden innerhalb der herrschenden lineage. In einigen Fällen wurden sogar alle männlichen Kinder und potentielle Kandidaten vorsätzlich getötet.[267] Diese Ereignisse führten zu einer Kette von Ermordungen, Racheakten und weiteren Fällen von Blutrache unter den eng verwandten Mitgliedern der Familie sowie zu einer generellen Schwächung der lineage.

Das schwierige rechtliche Verhältnis zwischen Beduinen und staatlicher Bürokratie lässt sich am Beispiel der Blutfehden zeigen. In der Vergangenheit konnte ein Mörder bei einer angesehenen Person Schutz und Hilfe bei der Vermittlung finden. Heute treten die Gerichte als Vermittler auf und nur die obersten staatlichen Stellen können offiziell Schutz geben. In der Praxis bedeutet dies, dass der Täter solange eingesperrt wird, bis der Fall abgeschlossen ist und die *diya* bezahlt wurde. Während dieser langen Zeit leben seine Angehörigen unter der ständigen Bedrohung der Blutrache und er selbst hat keine Möglichkeit, bei der Auftreibung der *diya* mitzuhelfen. Wurde die *diya* nicht bezahlt, besteht für den Täter, der seine Strafe abgesessen hat, immer noch die Gefahr, vom Bluträcher getötet zu werden.

Für das Jahr 1960 bezeugt die Strafstatistik Syriens 152 Fälle von Blutrache, die vor einem staatlichen Gericht verhandelt wurden. Das entspricht 4% aller Straftaten und 12,3% aller Mordfälle für dieses Jahr. Eine doppelt so hohe Anzahl von Blutfällen wurde in der gleichen Zeit vor den Stammesgerichten behandelt. Eine weitere Besonderheit Syriens ist die Befreiung der Militärangehörigen von der Beteiligung an der *diya* und anderen den Stämmen auferlegten Steuern.[268]

---

[267] Amīr Muḥammad Bin ʻAbdallah Āl Rašīd ließ die Söhne seines Bruders Ṭalāl töten. Die Söhne von Ḥamīd Bin ʻUbaid wurden nach ihren kurzen Machtübernahme von der ʻAbdallah-lineage vorsorglich getötet. Siehe den Stammbaum der Āl Rašīd im Anhang.

[268] Aḫraṣ (1961): 119

Häufig findet man Ausländer bei den Beduinenstämmen Saudi-Arabiens, die aufgrund von Straftaten, besonders Mordfällen, ihr Land verlassen haben. Die meisten Diener und Angestellten der Rwala waren Syrer und gehörten nicht zum Stamm. Viele von ihnen waren in einen Mord verwickelt, der aus Gründen der Ehre begangen wurde. Da sie aber nichts im Gefängnis auf die Versöhnung warten wollten, gingen sie einfach über die Grenze und arbeiteten als Diener der Āl Šaʿlān.[269]

Das Blutgeld für Mord

Für absichtlichen Mord muss eine diya zwischen 50.000 und 120.000SR bezahlt werden. Der Täter und seine Verwandten müssen die Region verlassen bis die Versöhnung hergestellt ist. Für unabsichtlichen Mord sind zwischen 20.000 und 50.000SR zu zahlen. Es gibt keine Rückzug. Der Besitzer des Antlitzes ist der Bürge für die Zahlung bzw. die Sicherung der Unversehrtheit. Wird das Antlitz zerschnitten, d.h. kommt man den Verpflichtungen nicht nach, wird man bestraft.[270]

In Jordanien wurde die *diya* auf 10.000JD als Äquivalent für den Preis von 100 Kamelen festgelegt. Sie ist bei jedem Mord zu zahlen, d.h. auch bei Totschlag. Jedoch kann hier die *ḫamsa* des Täters bei der Aufbringung der Summe helfen.[271]

Beispiele für die unterschiedlichen Beträge der *diya*:

Die *diya* bei den Šammar betrug in den 60er Jahren 50 Kamele und ein Pferd, bei den Aslam hingegen nur 25 Kamele und ein Pferd.[272] Bei den Šammar galt früher als Richtwert für das Blutgeld, *haqq ad-damm*, 50 Kamele, eine Stute und ein Gewehr. Nach der Einführung der Geldwirtschaft wurde der oben genannte Wert durch die Zahlung von etwa 50.000SR ersetzt. Der Brauch, ein Mädchen aus der Familie des Täters mit dem Blutgeld der Familie des Opfers zu übergeben, ist für die Šammar nicht belegt.[273] Für die Šammar sind in den letzten Jahren nur wenige Mordfälle dokumentiert, die ausschließlich entsprechend dem Gewohnheitsrecht entschieden wurden. In den folgenden vier Fällen wurde vom Stammesgericht eine Strafe ausgesprochen:

---

[269] Lancaster (1981)
[270] Šihāb (1989): 86
[271] Ǧumʿa (1989): 101-04
[272] ʿAṭṭār (o.J.) : 198
[273] Stein (1967): 129

1979 40 Kamele
1985 Todesstrafe/ Blutrache
1987 Geldstrafe/ *diya*: 60.000SR (Totschlag)
1987 Geldstrafe/ *diya*: 100.000SR (Mord)

Die Beduinen erklärten einen Mörder noch bis vor kurzem als vogelfrei und die Blutrache wurde an ihm oder seinen Verwandten bis ins fünfte Glied geübt. Ebenso konnte sein Besitz und der seiner Verwandten in den folgenden drei Tagen zerstört werden.[274] Heute nimmt die Ausübung der Blutrache stark ab, da die Angelegenheiten meist durch die Intervention der staatlichen Stellen geklärt werden. Die Partei des Opfers wird gezwungen, das Blutgeld zu akzeptieren und der Täter muss die *'aṭwa* annehmen und sich zurückziehen.

Gesellschaftliche Hintergründe der Blutrache

Schon die Araber in der *ǧāhilīya* glaubten, dass die Seele eines Menschen einem Vogel[275] ähnlich ist. Stirbt der Mensch oder wird er ermordet, steigt dieser Vogel aus dem Grab empor. Mit dem Aufkommen des Islams wurde diese Vorstellung bekämpft. Doch sie blieb noch für lange Zeit unter den Beduinen sichtbar, die glaubten, dass die *hāma* zu den Verwandten des Toten zurückkehrt und deren Nachrichten dem Toten überbringt.

Die Idee der Blutrache hängt mit dieser Vorstellung eng zusammen. Die Beduinen glauben, dass der Geist des Ermordeten erst Ruhe findet, wenn die Blutrache ausgeübt wurde. Die *hāma* gibt erst Ruhe, wenn sie das Blut des Mörders getrunken hat. So lange belästigt sie die Verwandten des Toten und erinnert sie an die Blutrache. Viele Stämme lehnen aus diesem Grund die Zahlung der *diya* ab.[276]

Die Mordanklage einer Gemeinschaft

Wird ein Mord von einer Person begangen, so ist es meist nicht schwer, den Täter zu bestimmen. Wird der Mord aber von einer Anzahl von Personen begangen, so hat der Stamm des Opfers das Recht, alle verdächtigen Personen

---

274 Auch in Jordanien war dies bis zum Erlas des Gesetzes aus dem Jahre 1936 zu den Stammesgerichten so. Der 6. Abschnitt dieses Gesetzes besagt: Es ist verboten, gleich nach der Tat, den Täter zu bestrafen. Die Bestrafung übernimmt das Gericht und verhängt Geldstrafen, Haft oder Schadensersatz. Es lässt sich feststellen, dass sich die Anwendung der Blutrache zunehmend verringerte. Nur gelegentlich tritt sie bei einigen Stämmen auf, wie Im Fall der Tirāwina aus Karak bei der Ermordung von 'Aṭa Allah Sālim at-Tirawānī durch einen Angehörigen der 'Azāzima im Jahre 1969 (s. Abū Ḥassan (1987): Anhang).

275 الهامة

276 Abū Ḥassan 1987: 323

anzuklagen. Es ist schwer, den wahren Täter unter ihnen auszumachen. Der Stamm des Opfers versucht nun, auf die Angeklagten Druck auszuüben, damit sie den wahren Täter bezeichnen. Meist wird einer bestimmten Person die Tat zur Last gelegt, was die Anklage von den restlichen Personen aufheben kann. Scheitert dieser Versuch der gegenseitigen Anklage, bleiben alle weiterhin mitverantwortlich. Auf alle werden dann die Bestimmungen der *sawālif-sawādī/'awāyid* zur Beendigung des Konfliktes angewendet und sie müssen dann gemeinschaftlich für die *diya* aufkommen.

Der Mordfall Muṣnad ad-Dammānī von den Ḥuwaiṭāt[277]

Im Jahre 1932 fand man bei Abū Dumaik ad-Dammānī, dem Scheich der Dammānīya/Ḥuwaiṭāt, ein fremdes Kamel. Daraufhin kam es zu einem Überfall durch den Stamm, dem dieses Kamel gehörte. Da die Regierung solche Überfälle aber verboten hatte, sandte sie einige Soldaten. Sie konnten jedoch Abū Dumaik nicht finden und nahmen daher das Kamel mit sich. Die Stammesangehörigen folgten ihnen und Muṣnad ad-Dammānī schoss auf einen der Soldaten und verwundete ihn. Beim anschließenden Feuergefecht wurde Muṣnad ad-Dammānī getötet und Nazāl ad-Dammānī verwundet. Die Regierung verpflichtete daraufhin die Dammānīya, keine Forderungen an die Soldaten zu stellen. Im Jahre 1969 wurde diese Forderung jedoch erneut erhoben, als der Soldat Ṣaqr 'Abṭān al-Ǧāzī, einer der beteiligten Soldaten, berichtete, dass er der Verantwortliche für die Verwundung von Nazāl war. Er gestand auch, dass der Soldat Marzūq al-'Uṭunī vom Stamm der 'Uṭūn den Muṣnad ad-Dammānī tötete. Somit konnte der dritte Soldat, 'Amīd Abū Ṭayyī, für unschuldig erklärt werden.

Nach der Tötung von Muṣnad ad-Dammānī flohen die Verwandten von Marzūq al-'Uṭunī in der Gebiet der Rwala. Während des Rückzuges starb der Täter. Es kam zu vielen Vermittlungsversuchen, die alle ohne Ergebnis endeten. Der Grund dafür ist, dass Marzūq kurz vor seinem Tod bezeugte, dass er Muṣnad nicht getötet hat. Soweit die Version der 'Uṭūn. Bezüglich der Dammānīya, so betrachteten sie dies als eine Verschleppungstaktik von über 40 Jahren im Mordfall an einem ihrer Stammesmitglieder. Ihrer Ansicht nach wurde leichtfertig mit den Werten der Beduinen umgegangen. Zur Bekräftigung ihrer Meinung verweisen sie auf folgende Fakten:

1) Der Angeklagte Marzūq und seine Verwandten verließen ihre *dīra* und zogen ins Exil. Dies gilt als eindeutiger Beweis dafür, dass Marzūq die Tat begangen hat.
2) Die Verwandten im vierten Grad boten das Kamel des Schlafes an. Auch das ist ein Indiz, dass Marzūq der Täter ist.

[277] s. dort: 325

3) Nach dem Mord an Muṣnad begannen beide Seiten mit Verhandlungen, in denen sich die ʻUṭūn bereit erklärten, die *diya* zu zahlen. Die Verhandlungen scheiterten aber daran, dass die Dammānīya eine Tochter von Marzūq als *ġurra* forderten, was die ʻUṭūn ablehnten.

Im Dezember 1972 erklärte sich ein Verwandter von Muṣnad, Ǧurūḥ Sālim Ẓāhir ad-Dammānī, zur Durchführung der Blutrache bereit. Er reiste ins Gebiet al-Aǧfār, in dem die Familie von Marzūq immer noch bei den Rwala lebte, und beobachtete die Verwandten des Angeklagten. Er entschied sich für einen 16-jährigen Jungen namens ʻAṭīya ʻAuḍ Sālim al-ʻUṭūn und tötete ihn. Danach stellte er sich freiwillig den Behörden. Sicherheitsmaßnahmen wurden für die Verwandten von Ǧurūḥ getroffen. Auch für die sichere Rückkehr von Ǧurūḥ und seinen Verwandten wurde ein Bürge gestellt.

Im Anschluss bildete sich ein Richtergremium, dass aus den Richtern Ḫalīl as-Surīr, Sāmī al-Fāyis und Saʻīd al-Qāḍī bestand und folgenden Beschluss fasste: Im Hinweis auf das Schreiben des Stellvertreters des Direktors für allgemeine Sicherheit in der Steppe, Nr. des Falles 74/72/417 vom 27.2.1973 bildete sich ein Richtergremium aus den oben genannten Personen. Nach Anhörung der Zeugen und Experten auf der Grundlage des Abkommens beider Seiten in diesem Fall beschließt das Gremium folgendes:

1) Die Zahlung des Kamel des Schlafes und der Rückzug ins Exil gelten als Geständnis von Seiten der ʻUṭūn, dass sie das Blut von Muṣnad vergossen haben.
2) Da die ʻUṭūn keinen Zeugen für die Unschuld benennen, gilt auch das Zeugnis von ʻAmīd Abū Ṭayyī nicht.
3) Bezüglich der Verwundung von Nazāl ad-Dammānī, so muss Ṣaqr Bin ʻAbṭān al-Ǧāzī nach seinem Geständnis dafür gerade stehen und die *diya* bezahlen.
4) Hinsichtlich der Verletzung von Marzūq al-ʻUṭunī, so ist sie hier kein Verhandlungsgegenstand. Sie war Muṣnad ad-Dammānī bekannt, da er es war, der sie ihm zufügte.

Auf der Grundlage dieser Fakten beschloss das Gremium im Konsens:

1) Die Ermordung von ʻAṭīya ʻAuḍ erfolgte für die Ermordung von Muṣnad ad-Dammānī.
2) Die Verletzung von Nazāl ad-Dammānī gilt als abgeschlossen und die *diya* wurde von der Familie Āl Ǧāzī bezahlt.
3) Bezüglich der Verletzung von Marzū al-ʻUṭunī, so wird beschlossen, dass die Dammānīya diese auf sich nehmen muss. Die *diya* für diese Verletzung beträgt

zwei junge Kamele bzw. ihrem finanziellen Wert, den das Gremium auf 100 JD festlegt.

Der Mordfall Sulaimān Abū Rubai'a von den Ḥuwaiṭāt:[278]

Im Jahre 1939 wurde ein Billī ermordet. Nach einiger Zeit fand man das Kamel der Ermordeten bei den Rubāyi'a. Im Laufe der Ermittlungen stellte sich heraus, dass Sulaimān Abū Rubai'a das Kamel des ermordeten Billī herbeigebracht hatte. Daraufhin wurde er der Polizei übergeben, konnte aber fliehen. Die Polizei fand ihn schließlich bei den Rubāyi'a zwischen Ramm und al-Mudauwira. Er versuchte erneut zu fliehen, doch eröffnete die Polizei das Feuer und tötete ihn. Die Hauptangeklagten der Tötung waren die Soldaten 'Alūš Abū Ṭayyī und 'Aṭallah al-Ṭaqṭaqī von den Ḥuwaiṭāt und Ġāzī al-Ḥarbī von den Ḥarb. Die Verhandlungen gingen hin und her und erstrecken sich über viele Jahre. 'Alūš suchte sein Recht bei drei Richtern der *manāqi' ad-damm*, die ihn freisprachen.

Erläuterungen zum Fall

Im Jahre 1939 wurde ein saudischer Staatsbürger in der Nähe von Quraiyat al-Milḥ ermordet. Er hatte eine Anzahl Kamele bei sich, die er für eine andere Person hütete. Bei der Suche nach den Kamelen fand man heraus, dass sie sich bei den Beduinen vom Stamm der Rubāyi'a befinden und Sulaimān Abū Rubai'a sie herbei gebracht hatte. Die Polizei verhaftete Sulaimān und sperrte ihn ins Gefängnis von al-Mudauwira. Dort konnte er eines Nachts ausbrechen. Eine 19köpfige Abteilung der Polizei nahm die Verfolgung auf. Unter ihnen befand sich auch der Angeklagte 'Alūš Daġiš von den aṭ-Ṭawāyiha. Die Beduinen der Rubāyi'a wurden umzingelt, doch Sulaimān versuchte erneut, zu fliehen. Die Polizei eröffnete das Feuer und verwundete ihn mit zwei Kugeln tödlich. Den saudischen Behörden wurde daraufhin ein Schreiben gesandt, dass vom Tod ihres Staatsbürgers berichtete und der Tötung des Mörders durch die Abteilung der Arabischen Legion. Damit wurde ein Mann für einen Mann getötet und die Angehörigen des Opfers könnten keine Forderungen mehr an die Rubāyi'a stellen. Beide Regierungen betrachteten die Sache als abgeschlossen. Nach einiger Zeit stimmte 'Alūš jedoch der Durchführung der *biš'a*-Zeremonie zu, um seine Unschuld zu beweisen. Da dies aber laut Gesetz verboten ist, wurden Vertreter der Rubāyi'a inhaftiert. Nach Einspruch beim Polizeidirektor von Ma'ān trafen sich die Scheichs der Ḥuwaiṭāt, der Billī und der Ḥarb und beschlossen, die Sache den *manāqi' ad-damm* Richtern zu übertragen. So wurde ein Gremium dieser Richter gebildet, das aus Sālim ar-Rasā'ī, Ǧarrād Bin Ġānim und Ǧudū' al-'Audāt bestand. Man beschloss, dass 'Alūš einen Eid

[278] 'Abbādī (1986): 48f.; Abū Ḥassan (1987): 333f.

leisten sollte. 'Alūš schwur und wurde daraufhin für unschuldig erklärt. Damit galt der Fall als abgeschlossen.

Der Beschluss der Richter im Detail:
Am 11.9.1969 versammelten sich die *manāqi' ad-damm*, die von beiden Seiten gewählt wurden, d.i. die Seite von 'Alūš und den Rubāyi'a und die Seite der beiden betroffenen Regierungen. Nach der Anhörung beider Seiten und der Zeugen und dem Aufstellen von Bürgen (Muḥammad Ḥamd al-Ǧāzī wurde zum *kafīl dafā* für 'Alūš gewählt und Ḥiza Ǧarrād zum *kafīl wafā* für die Rubāyi'a) beschloss das Gremium auf der Grundlage des gültigen Gesetzes der Stämme folgende endgültige Lösung des Falles:

1) 'Alūš Daġiš muss seine Unschuld beschwören.
2) Seine Brüder, Ǧal'ūd und Barrāk Daġiš schwören einen kleineren Eid über die Unschuld von 'Alūš.
3) Nach dem Ablegen der Eide gilt 'Alūš als unschuldig, was von Muḥammad Ḥamd al-Ǧāzī verbürgt wird.
4) Schwören sie ihre Eide nicht, gilt dies als Geständnis und die Zahlung der *diya* wird angeordnet

Das Ergebnis

Am 11.9.1969, nach Bekanntgabe des Beschlusses durch die *manāqi' ad-damm*, wurde der Eid von 'Alūš Daġiš beschlossen. Dann versammelten sich die beiden Parteien, die Rubāyi'a und 'Alūš mit seinen Brüdern Barrāk und Ǧal'ūd, sowie die Zeugen und 'Alūš leistet den Eid. Anschließend leisten seine Brüder den Eid auf den Quran. Damit gilt der Fall als abgeschlossen und 'Alūš als unschuldig im Sinne der Anklage. Das wird von den Bürgen garantiert. Keine Seite hat nunmehr das Recht, den Fall noch einmal aufzurollen oder Einspruch zu erheben.

Beispiel 3:

Am 26.6.1389 d.H./1969 ereignete sich ein Kampf zwischen zwei Stämmen, der auf der einen Seite drei Tote und fünf Verletzte, darunter zwei Frauen, forderte. Als *diya* für die Ermordeten wurden 48.000 SR festgelegt, die *diya* für die Verletzten errechnet sich aus der Verwundung. Der erste wurde von einer Kugel in den Mund getroffen und beschädigte seine Zähne. Die *diya* beträgt hier 5.500SR. Der zweite erhielt eine Kugel ins Bein, wofür er 1900 SR zugesprochen kam. Der dritte hatte nur eine Fleischwunde, wofür er 500SR bekam. Eine der verletzten Frauen erhielt 1.000SR für die Verletzung eines Knochens, der aber nicht gebrochen war. Die zweite Frau hatte eine ähnliche

Verletzung und bekam ebenfalls 1.000SR. Die zweite Seite hatte ebenfalls Opfer zu beklagen. Die *diya* für zwei ermordete Frauen beträgt demzufolge 16.000SR. Außerdem gab es noch sieben Verletzte, eine Frau und sechs Männer. Der erste bekam für seine Verletzung 500SR. Der zweite hatte einen Riss in einem Knochen, wofür es immerhin 20 SR gab. Der dritte hatte eine Prellung an der Seite. Dafür erhielt er 150SR. Der vierte Mann wurde von einer Kugel am Bein verletzt, wofür er 190SR erhielt. Der Fünfte hatte eine leichte Fleischwunde im Werte von 50SR. Der sechste hatte eine etwas schwerere Verletzung, wofür er 380 SR Entschädigung erhielt. Die Frau wurde nur leicht verletzt und erhielt 60SR. Der erste Stamm erhielt an Blutgeld und Schadensersatz eine Summe von 57.900SR, der zweite Stamm eine Summe von 1.7350SR. Nach der Verrechnung beider Summen verblieb dem ersten Stamm eine Summe von 40.550SR, welche die Scheichs und Notabeln des zweiten Stammes in Anwesenheit von Zeugen übergaben.[279]

9.3.2. Körperverletzung

Das Verständnis von Körperverletzungen zielte anfangs nur auf schwere äußerliche Misshandlungen, wie offene Verletzungen, das Brechen von Gliedmaßen bzw. Amputationen. Dann entwickelte sich dieses Verständnis weiter und schloss auch Handlungen ein, die nicht als schwerwiegend oder primär gefährlich eingestuft wurden, wie innere Krankheiten, leichte Verletzungen oder das Verabreichen schädlicher Substanzen. Letztlich schlossen sie auch Taten ein, die das psychologische Wohlergehen des Menschen verletzen, selbst wenn es keine physischen Verletzungen gab. Heute umfassen sie sowohl das physische als auch physiologische Wohlergehen der Person und beschränken sich nicht auf den gängigen Aspekt schwerer körperlicher Schäden.

Auf Körperverletzung steht die Zahlung der *diya*. Für die Verletzung wichtiger Körperteile muss die halbe diya bezahlt werden, z.B. die Hand, Fuß, Auge, Knochenbrüche.

Sie gliedern sich in zwei Gruppen entsprechend der Absicht des Täters:

1) Unabsichtliche Körperverletzungen
2) Absichtliche Verletzungen

Es gibt indes keinen Unterschied im Betrag der Strafe oder des Schadensersatzes zwischen beiden Fällen. Jedoch besteht ein Unterschied in Fragen der Milde und der Blutrache. In den meisten Fällen unabsichtlicher Verletzungen ist der Stamm

[279] Ǧūdī (1991): 221f.

des Opfers zur Milde geneigt. Absichtliche Verletzungen führen hingegen meist zu Blutrache.

Daneben kann man die Körperverletzungen auch nach ihrer Schwere und Gefährlichkeit einteilen:

1) Verletzungen, die zu Dauerschäden führen: Dazu zählen der Verlust einer Hand, eines Beines oder Auges. Die Einschätzung der Strafe oder des Schadensersatzes richtet sich nach dem Umfang des Schadens für die militärische und wirtschaftliche Kraft des Stammes.
2) Einfache Verletzungen: Hierzu zählen Verletzungen an allen anderen Körperteilen. Die Bemessung des Schadens wird vom *qaṣṣāṣ*-Richter durchgeführt. Als Maßeinheit gilt der Fingernagel. Für eine bestimmte Anzahl von Fingernägeln, entsprechend der Größe der Verletzung, muss ein bestimmter Schadensersatz gezahlt werden. Handelt es sich um eine tiefe Verletzung, verdoppelt sich dieser Betrag.

Der Richter, der Fälle von Körperverletzung behandelt, ist der *qaṣṣāṣ*. Unter Anwendung früherer Präzedenzfälle bestimmt er den zu zahlenden Schadensersatz. In den meisten Fällen fügt er dem noch eine Folgestrafe hinzu, wie die Amputation der Hand bzw. das Freikaufen von der Amputation der Hand. Dies dient der Abschreckung und Verhinderung von Wiederholungen dieser Straftat. Die meisten Fälle von Körperverletzung enden auf dem Weg der Versöhnung zwischen beiden Parteien.

In der Regel ordnet er die Zahlung der *diya* an, welche sich nach dem Ausmaß der Körperverletzung richtet. Verletzungen am Kopf und im Gesicht werden höher bestraft als Verletzungen am restlichen Körper. Besonders bei Gesichtsverletzungen werden hohe Strafen verhängt, was man vor allem beim Verlust von Barthaaren feststellen kann. Bei der Verhandlung über den Betrag der *diya* wird jedes Barthaar einzeln berechnet.

Tritt ein schwerer Schaden auf, eventuell sogar eine ständige Behinderung als Folge der Körperverletzung, kommt es erneut zu einer Verschärfung der Strafe. Heutzutage beinhaltet die *diya* in solchen Fällen die Kosten für den Krankenhausaufenthalt oder die laufende Behandlung. Natürlich müssen dafür im Vorfeld Garantien abgegeben werden. Bei einigen Stämmen wird bei der Bewertung der Körperverletzung ein Arzt hinzu gezogen, der die nötigen Vorarbeiten für den Richter leistet.[280]

[280] Fauwāl (1974): 197

Hier einige Strafmaße für bestimmte Verletzungen:[281]

Verlust des Auges	30 Kamele
Verletzung des Gesichtes	2 Kamele
Verlust des Fingers	1 junges Kamel
Verlust des Fußes	20 Kamele
Schussverletzung	10 Kamele
Verlust der Hand	40 Kamele
Gebrochene Rippe	1 Kamel

Einzelne Arten der Körperverletzung und die entsprechende *diya*:

- für jeden ausgeschlagenen Zahn, ein Kamel.
- für ein Auge, die halbe *diya* des Mannes.
- für den Hoden, die vollständige *diya* eines Mannes.
- für Kopf- und Gesichtsverletzungen muss der doppelte Betrag wie für gleiche Verletzungen am restlichen Körper gezahlt werden.

Der *qaṣṣāṣ* fordert vom Verletzten, dass er sich in weiter Entfernung von ihm aufstellt und langsam auf ihn zugehen soll. Sobald der Richter die Verwundung erkennen kann, muss der Verletzte anhalten. Von nun an zählt der *qaṣṣāṣ*-Richter jeden weiteren Schritt bis der Verletzte ihn erreicht. Die Anzahl dieser Schritte bilden die Grundlage für die Errechnung der Strafe, da jeder Schritt ein vierjähriges Kamel beträgt.

Bei Schlägen richtet sich die Höhe der *diya* auch nach dem verwendeten Tatwerkzeug. Solange kein Blut fließt, ist die *diya* gering, der Täter braucht nur einen entsprechenden Geldbetrag zu zahlen. Sobald aber Blut fließt, erweitert sich auch der Prozessrahmen und muss eine höhere Summe bezahlt werden. Bei Schlägen mit Eisenstäben ist die *diya* höher als für Schläge mit Holzwaffen. Wenn auf das Opfer geschossen wird, gibt es eine besondere *diya*, auch wenn es sich bei dem Täter um einen Anführer handelt. Für das Ausreißen von Haaren werden 500 qirš pro Haar berechnet, beim Bart sogar 1.000 qirš.[282]

Schadensersatz bei Knochenbrüchen

Der Richter fällt in diesen Fällen sein Urteil erst nach Verlauf eines Vierteljahres. Stellt sich im Verlauf dessen heraus, dass der Bruch verheilt ist,

---

[281] Diese Angaben gelten für die Šammar im Jahr 1999. Die Ableistung der Strafe erfolgt indes nicht in Kamelen, sondern durch den Geldbetrag, der dem Preis der Kamele entspricht. Von Bedeutung ist die Beachtung des Alters, des Geschlechts und der Herkunft des Kameles, was in den Preis einfließt.

[282] Ḥassanain (1967): 234

dann fließt dies in sein Urteil ein. Gleichermaßen wirkt es sich negativ auf das Urteil aus, wenn nach einem Vierteljahr der Knochen nicht verheilt ist, was als ein dauerhafter Schaden anzusehen ist.

Dauerschäden.

Führt der Schlag zu einer ständigen Verletzung beim Opfer, so ist die *diya* des verletzten Gliedes die doppelte diya eines vollständigen Gliedes. Ist die Funktion nicht vollständig verloren, so ist die *diya* entsprechend der Bedeutung des Gliedes. Eine Ausnahme bilden die Finger und Zehen, für die es eine besondere *diya* gibt. Geschah die Tat unabsichtlich, wird die halbe *diya* für unabsichtlichen Mord verlangt, d.h. 15.000SR, geschah sie absichtlich, wird die halbe *diya* für absichtlichen Mord verlangt, d.h. ca. 50.000SR

Fallbeispiel:

Am 12.4.1412 schlug ein junger Mann einen Angestellten auf einer Farm im Wādī al-Fara', so dass dieser sein Gehör verlor. Der Besitzer der Farm verlangte das Recht seines Arbeiters und brachte den Fall vor Gericht. Ein Richtergremium erkannte die Vollmacht des Farmbesitzers an, anstelle seines Arbeiters zu sprechen. Die Verwandten des Angeklagten erschienen. Dann begann der Kläger sein Anliegen vorzutragen, konnte aber keine Zeugen benennen, welche die Verletzung beobachtet hatten. Das Gericht verlangte daraufhin vom Angeklagten, dass er bei Gott schwört, den Arbeiter nicht geschlagen zu haben, was dieser ablehnte. Auch die Seite der Anklage lehnte es ab, einen Eid darauf zu schwören. Da beschloss das Gericht, dass die *diya* in diesem Fall die halbe *diya* eines Mannes beträgt. In diesem Fall wurde auf 40.000SR entschieden, d.h. die Strafe betrug 20.000SR für den Angeklagten. Da die Seite des Angeklagten die Anklage generell ablehnte und die Seite der Anklage den Eid verweigerte, entschieden die Richter auf ein Urteil gegen unbekannt. Somit verblieb für den Angeklagten die Hälfte der zu zahlenden *diya*, d.h. 10.000SR, welche er mit Hilfe seiner Verwandten aufbringen muss. Nach einigen Vermittlungsversuchen und Versöhnungsgesprächen stimmte die Seite der Anklage einer Reduzierung der Strafe auf 7.000SR zu Ehren der Notabeln zu. Die Verwandten beider Seiten fungierten gleichzeitig als Bürgen. Somit endete der Fall.[283]

9.3.3. Fragen der Ehre

Der gesamte Kodex an Vorschriften, die sich mit Fragen der Ehre befassen, wird *šaraf* genannt. Ehre gilt nicht nur für die einzelne Person, sondern auch für die Familie und den ganzen Stamm. Die Reputationen werden von Generation zu

[283] Diskussionsforum

Generation weitergegeben, gute wie schlechte. Selbst weniger vermögende oder verarmte Familien können ein hohes Ansehen innerhalb ihrer Gruppe besitzen. Ehre misst sich nicht an materiellen Gütern, sondern am respektablen Verhalten des Einzelnen.

Die am häufigsten gebrauchten Worte für Ehre bei den Beduinen sind *'irḍ* und *wağh*. Die Ehre der Frauen, *'irḍ*, spielt eine bedeutende Rolle bei der Definition von *šaraf*, der Ehre der Gruppe. *'irḍ* kann man nur durch besonders verachtenswerte Taten verlieren. Die Frauen eines Beduinenhaushaltes sind ein geschützter Teil der Gesellschaft. Die Folgen von Indiskretionen durch eine Frau, verheiratet oder nicht, sind demzufolge sehr hart: In einigen Stämmen wird sie selbst heute noch sofort von ihrem Vater oder Bruder getötet.

Diese Fälle, die vor dem manšad behandelt werden, untergliedern sich in Sexualstraftaten und andere Straftaten. Ein Sexualverbrechen ist immer eine Verletzung von *'irḍ* des für die Frau Verantwortlichen, niemals eine Verletzung von *wağh*. Alle anderen Fälle, Fragen der Bürgschaft und des Schutzes, beziehen sich eindeutig auf *wağh*. Im Gegensatz zu *'irḍ* kann *wağh* niemals abgelegt werden.[284]

Der Preis der Ehre: Das Blut der Frau

Für viele Beduinen reduziert sich die Definition des Begriffes Ehre auf die Jungfernhaut ihrer Frauen. Hier konzentriert sich die Ehre der Familie und des Stammes. Die Keuschheit der Frau ist die Grenze zwischen Respekt und Schande. Eine unkeusche Frau ist für viele schlimmer als Mord, da sie nicht nur materiellen Schaden anrichtet, sondern vor allem ihrer Familie und ihrem Stamm schweren moralischen Schaden zufügt. Diese schwer nachvollziehbare Logik endet in der Regel mit Mord; die verdächtigten Mädchen oder Frauen werden getötet, um die Familienehre wieder rein zu waschen. Es ist immer die Frau, die härter für außerehelichem Sex bestraft wird. Manchmal reichen schon Gerüchte zur Verhängung des Todesurteils.

Benimmt sich die Tochter oder Frau eines Mannes unkeusch, kann dieser nicht mehr mit den anderen Männern sitzen. Niemand wird ihm Kaffee reichen, und alle werden auf ihn herabsehen, bis er die Frau tötet. In Saudi-Arabien ist der Mord aus Ehre nicht so verbreitet, da die strikte Anwendung der islamischen Bestimmungen zu Ehebruch und Unzucht eine wirksame Abschreckung darstellt.

---

[284] Stewart (1994): 99

Stammesführer in Jordanien hingegen, die als Vermittler in vielen solcher Straffälle fungieren, unterstützen den Mord aus Ehre. Die einzige andere Möglichkeit sehen sie in der Verehelichung der Beteiligten noch bevor Gerüchte aufkommen können. Weigert sich der Mann, stellt ihm der Vermittler die Frage, ob er wünscht, dass die Frau von ihrer Familie getötet wird? Auch bei Vergewaltigungen versucht man, eine Heirat zu arrangieren. Selbst wenn es nicht ihre Schuld war, die Frau hat meist keine andere Wahl. Doch welche Wahl ist das? Der Vergewaltiger wird nicht bestraft, vielmehr erhält er sein Opfer zurück, an dem er sich jetzt legal vergehen kann. Somit bevorzugen viele Familien den Mord als bessere Alternative.

Ehre und Gesetz[285]

Stewart beschreibt anschaulich, wie in Europa und der westlichen Welt sich die Vorstellungen der Ehre weitgehend außerhalb des normalen Rechtssystems bewegen. In diesen Ländern stand die Ehre meist außerhalb des offiziellen Gesetzes und oftmals im Widerspruch zum Gesetz des Staates. Heute wurde die Ehre durch den Begriff der Würde ersetzt und hat in die grundlegenden Rechtsdokumente westlicher Systeme Eingang gefunden.

Der Ehrenkodex der vergangenen Jahrhunderte konnte z.B. die pünktliche Erfüllung von Verpflichtungen verlangen, wie z.B. Spielschulden. Er konnte einen Mann dazu bringen, einen anderen zum Duell für eine Beleidigung fordern, die der Staat als zu unbedeutend erachten würde. Der Kodex bestand darauf, eine Wiedergutmachung für Beleidigungen zu geben, die vollständig außerhalb des Strafgesetzes standen. Auch wenn das Gesetz Schadenersatz anbietet, so kann die Ehre verlangen, dass man dies ablehnt und zur Selbsthilfe greift. Wer das Gesetz anruft, um eine Wiedergutmachung für eine Beleidigung der Ehre zu erlangen, entehrte sich dabei in den Augen der anderen meist selbst.

Die Situation unter den Beduinen ist dagegen sehr verschieden. Die Ehre spielt gleich mehrere Hauptrollen im Hauptteil des Beduinenrechts. Fast keine Rechte oder Pflichten, die mit der Ehre verbunden sind, funktionieren außerhalb des Gewohnheitsrechts.

Es gibt zwei Fälle, wie man die Ehre eines anderen verletzen kann. Einer ist die primäre Verletzung, z.B. die sexuelle Beleidigung einer Frau. Jede Frau, verheiratet oder nicht, steht legal unter der Verantwortung ihres Vormundes, d.i. ihr nächster männlicher Verwandter. Hat nun ein Mann eine sexuelle Beziehung mit einer Frau, die nicht seine Ehefrau ist, so verletzt er die Ehre ihres Vormundes und macht sich somit ihm gegenüber straf- und haftbar.

---

[285] Stewart (1994): 87ff

Der springende Punkt ist, dass der Akt die Ehre des sekundären Opfers verletzt: Es wurde nicht mit Respekt behandelt. Eigentlich war dies nicht die Absicht des Angeklagten, der nur an der Frau interessiert war und nichts gegen ihren Beschützer hatte. Doch nun muss er die doppelten Konsequenzen tragen, für die Verletzung der Frau und der Ehre ihres Vormunds.

Die andere Art, wie A die Ehre von B verletzen kann, ist „Ihn schwarz machen."[286] A kann dabei sagen: Gott soll das Gesicht von B schwarz färben.[287] A kann auch eine schwarze Fahne oder einen schwarzen Stein an einer auffälligen Stelle positionieren, z.B. an einem Brunnen, wo ihn die Leute sehen und danach fragen. Schwarzmachen ist eine Anklage, dass B schon etwas getan hat, dass A entehrt: Sein Recht auf Respekt wurde verleugnet und seine Reputation beschädigt.

Die Liste der Taten, welche einen Mann entehren können, ist kurz und allgemein anerkannt. Die schlimmste Tat ist, wenn man seiner Verpflichtung als Bürge nicht nachgekommen ist. Es ist nicht völlig entehrend, wenn ein Mann eine illegale sexuelle Beziehung mit einer Frau hat. Aber es wird so, wenn eine besondere Vertrauensbeziehung aufgebaut wird, z.B. wenn der Mann die Frau auf einer Reise begleitet oder beide im selben Lager wohnen. Es ist entehrend, seinen Gefährten auf der Reise anzugreifen oder seine Gefährten im Kampf zu verlassen. Raub ist nicht entehrend, aber ein Diebstahl hinter dem Rücken des Opfers ist es. Es ist entehrend, etwas Anvertrautes zu unterschlagen.

Eine klassische Beleidigung der Ehre ist mit der Institution der Vormundschaft verbunden, wenn z.B. ein Mann stirbt, nachdem er seinen Freund zum Vormund, *wadī'*, seiner Kinder gemacht hat. Es ist jetzt dessen gesetzliche Pflicht, deren rechtliche Interessen zu vertreten., d.h. sie in allen Fragen, die mit ihrem Eigentum zusammenhängen, zu vertreten. Wenn er nun Vorteile daraus für sich zieht, z.B. ihr Eigentum für sich verwendet, dann haben sie das Recht, ihn zu schwärzen.

Die Ehre der Beduinen ist reflexiv: Wenn man nicht entsprechend auf eine Verletzung seiner Ehre reagiert, sei es nun primär oder schwärzen, so verliert man seine Ehre. Wenn man von seinen Schützlingen angeschwärzt wird, gibt es nur zwei Wege, die Ehre zurückzugewinnen. Einer ist aufzugeben, und ihnen ihr rechtmäßiges Eigentum zurückzugeben. Der andere ist, sie vor dem manšad anzuklagen. Wenn der Richter davon nicht überzeugt ist, dann muss man den Forderungen der Schützlinge nachkommen. Jedoch ist die Ehre anschließend wieder hergestellt. Wenn man den Fall gewinnt, d.h. wenn der Patron einen

---

286 *taswīd*

287 الله سوّد وجه فلان

Ersatz zugesprochen bekommt, dann wird die Ehre auch wieder vollständig sein. Die symbolischen Elemente im Urteil des *manšad* sind der Gegensatz zu den symbolischen Elementen des Schwärzens. Die Schützlinge müssen dann überall weiße Fahnen aufziehen.

Die Straffälle zu Fragen der Ehre lassen sich in vier Gruppen unterteilen:

9.3.3.1. Vergewaltigung

Die Beduinen bezeichnen das vergewaltigte Opfer als „Schreiende". Die Tat als solche gilt als eines der schweren Verbrechen, die mit der Blutrache geahndet werden, um die Ehre des Stammes wiederherzustellen. Die Arten der Blutrache können von Mord bis Plünderung reichen. Die Beduinen unterschieden zwei Arten der Vergewaltigung entsprechend der Zeit, in welcher das Verbrechen begangen wurde:

1) Die am Tage Schreiende: Diese Vergewaltigung wurde am Tage begangen während das Mädchen z.B. mit Holz bzw. Wasser holen beschäftigt war oder die Herden hütete. Als Zeichen ihres Widerstandes sind ihre Kleider zerfetzt und ihr Schmuck beschädigt. Die Frau muss also Kampfspuren aufweisen, dass sie die in ihr verkörperte Ehre des Stammes verteidigt hat. Weitere Anzeichen sind Tränen, das Haar in Unordnung und natürlich laute Schreie. Sie muss beweisen, dass der Täter Gewalt anwenden musste, um sie zu bezwingen. Dann hat die Familie der Frau das Recht, den Vergewaltiger oder einen Verwandten bis zum fünften Grad zu töten sowie drei Tage lang deren Eigentum plündern. Danach verhängt der Richter eine schwere Strafe, die aus weißem Stoff, Tieren und Silber besteht, da der Täter die Ehre des Opfer geschwärzt hat. So muss er sie nun wieder weiß machen.
2) Die am Abend Schreiende: Diese Tat wird im Schutze der Nacht begangen. Hier muss die Frau schnellstens ihre Verwandten benachrichtigen, damit sie nach Spuren der Tat suchen können. Insgesamt hat es die Frau bei einer Vergewaltigung am Abend oder in der Nacht schwerer, da die Beweislast für ihre Unschuld bei ihr liegt. Sie gilt nicht als Opfer, sondern als Mittäterin, d.h. Ehebrecherin. Man nennt sie *'āqibat as-sirḥ*, d.h. die verspätet mit den Tieren von der Weide kommt. Diese Verspätung ist Indiz für ihre Zustimmung zur Tat.

Vergewaltigt jemand ein Mädchen, das nicht zu seinem Stamm gehört, wendet sich das Mädchen an seine Verwandten und bittet um Hilfe noch bevor Zeichen einer Schwangerschaft sichtbar werden. Ein Vermittler wirft die *ǧīra* zwischen die Parteien und bringt den Angeklagten vor den *manšad.* Dieser verurteilt den Täter zur Zahlung einer Strafe von durchschnittlich 10 Kamelen. Außerdem muss er das Mädchen für einen hohen Brautpreis heiraten. Weigert er sich, das Mädchen zu heiraten, verfällt er der Blutrache und man kann ihn jederzeit töten, ohne die *diya* bezahlen zu müssen.

Wendet sich das Mädchen nicht sofort an jemand um Hilfe und wird schwanger, so lautet das Urteil nur auf 8 Kamele. Handelt es sich dabei um ein Mädchen des eigenen Stammes, so beträgt die Strafe sogar nur 6 Kamele, einschließlich Verheiratung, Brautgeld und entsprechender Garantien.

Beispiele:

1) Im Jahre 1957 überfiel Ḏabān al-Marāʻī ein Mädchen der Rukaibāt von den Sulaimāniyīn. Das Mädchen schrie dabei laut. Beide Seiten gingen daraufhin zum Richter, in diesem Falle Raṯān Bin Ḏiyāb, wo der Angeklagte gestand, dass er versuchte, das Mädchen zu überfallen. Folgendes Urteil wurde gefällt:

a) Der Täter geht mit nacktem Körper von seinem Lager zum Lager des Mädchens.
b) Von seinem Eigentum und Tieren und dem Eigentum und den Tieren seiner *ḫamsa* wird ein Teil der Familie des Mädchens gegeben.
c) Er muss einen Eid schwören und dafür die üblichen Gebühren bezahlen[288].

2) Im Jahre 1960 überfiel ein Mitglied der Šarārāt ein Mädchen des gleichen Stammes, welches ebenfalls laut um Hilfe rief. Die Verwandten beider Seiten gingen daraufhin zum *manšad* des Stammes, hier Ibn Saif, der folgendes Urteil erließ:

a) Der Angeklagte muss sich ausziehen und auf einen mit Asche eingeriebenen Kamelsattel setzen. Alle Körperteile, die dadurch schwarz werden, sollen mit dem Schwert abgeschlagen werden.
b) Sein Eigentum und das Eigentum seiner *ḫamsa* geht an die Verwandten des Mädchens.
c) Er muss einen Eid schwören, dass er sie nicht berührt hat. Das kostet ein Kamel für den Eintritt in den Stand des Schwörens und ein Kamel für den Austritt.

Beide Seiten akzeptierten das Urteil. Nachdem der Täter sich auf den Sattel gesetzt hatte, brachte der Vater des Mädchens ein Schwert. Doch er verzieh dem Täter und stimmte dem Freikauf des Täters zu. Außerdem nahm er nur das Eigentum des Täters und nicht das seiner *ḫamsa*.[289]

---

[288] Šihāb (1989): 86
[289] ʻAzīzī (1414/1993): 64

3) Ein Gast bei den Šammar betrat das Frauenabteil des Zeltes des Gastgebers. Die Frauen dachten, es sei der Herr des Hauses und zogen sich zurück. Es verblieb nur die Ehefrau des Gastgebers. Auch sie war in der Annahme, dass es sich um ihren Gatten handelt. Er vollzog den Geschlechtsverkehr mit ihr und kehrte daraufhin zur Gesellschaft der Männer zurück. Nach dem Ende der Gesellschaft begab sich der Ehemann zu seiner Frau, welche ihn aber zurückwies im Glauben, dass ihr Mann vor kurzem mit ihr geschlafen hatte. Lediglich die Kleidung war anders. Schnell stellte sich heraus, dass der Gast der Übeltäter war, worauf sich ein großes Geschrei erhob. Der Fall wurde dem Stammesrichter vorgelegt, welcher die Vergewaltigung als solche anerkannte und eine Strafe von 10 Kamelen festlegte.[290]

9.3.3.2. Entführungen

Es werden zwei Arten von Entführungen unterschieden:

1) Die zwangsweise Entführung: Hier entführt der Täter ein Mädchen seines Stammes oder eines anderen Stammes mit Gewalt, um sie zu vergewaltigen. Dies kann noch schwerwiegendere Folgen als ein Mord haben.
2) Die freiwillige Entführung: Hier erfolgt die Entführung mit Zustimmung des Mädchens. Daraufhin wenden sich beide an einen dritten Stamm und suchen dort Schutz. Dieser Stamm muss sich vergewissern, dass das Mädchen, oder in den meisten Fällen die Verlobte, freiwillig mit dem Entführer gegangen war. Trifft dies zu, übernimmt der Stamm eine Vermittlerrolle mit dem Stamm des Mädchens, um den Konflikt friedlich zu beenden. Grund für freiwillige Entführungen ist, dass die Familie des Mädchens der Heiratswahl des Mädchens nicht zustimmt oder umgekehrt, das Mädchen die Wahl der Eltern ablehnt. Bei der freiwilligen Entführung treten wichtige Unterscheidungskriterien auf:
   a) Die Entführung mit Zeugen: Diese Zeugen werden *mubrī'a* genannt. Sie begleiten den Entführer zum Haus seiner Verlobten und bestätigen, dass er sie ordnungsgemäß behandelt hat. In den meisten Fällen hat die Familie des Mädchens Nachsicht mit ihr, und erlaubt die Heirat nach der Zahlung des Brautpreises und einer symbolischen Strafe.
   b) Die Entführung ohne Zeugen: Dies ist eine riskante Art, die Zustimmung der Familie der Frau zur Heirat zu erhalten, die schwerwiegende Auswirkungen haben kann. Eine solche Entführung wird wie eine unfreiwillige Entführung behandelt, d.h. die vierfache *diya* muss bezahlt werden, wenn nicht gar die Familie des Mädchens den Täter aus Blutrache tötet. Die *ḫamsa* beteiligt sich nicht an der Zahlung.

---

[290] Interview mit Muḥammad Rimāl am 14.5.1999

Anwendungsbeispiele:

1) Im September 1972 entführte ʻAlī Bin Raḍwān von den Aḫaiwāt eine Tochter von Scheich Ṣubaiḥ as-Sāḫin vom gleichen Stamm. Den Täter begleiteten dabei drei Zeugen. Anschließend begaben sie sich in den Schutz von Scheich Muṭlaq Bin Naǧād. Beide Parteien trafen sich später beim Richter, dem *manšad* Salmān Bin Muṭlaq az-Zawāyida, der folgendes Urteil fasste:

1) Die Zeugen müssen beschwören, dass sie die Verlobte von ihrem Zelt zum Zelt des Beschützers begleitet haben, und dass der Entführer sie ordnungsgemäß behandelt hat.
2) Der Entführer muss einen Eid aus neun Worten leisten, in dem die Ehre des Mädchens und ihres Stammes reingewaschen wird.
3) Der Entführer zahlt eine Strafe von 375 JD.
4) Die Tochter des Bruders des Entführers wird mit dem Bruder der Verlobten verheiratet.

Das Urteil wurde von allen beteiligten Parteien angenommen.[291]

2) Im Jahre 1940 entführte ein Mitglied der Šurūr von den Laiyāṯina ein Mädchen von den Manāǧiʻa von den Ḥuwaiṭāt, wobei er von einem Zeugen begleitet wurde. Anschließend trat er unter den Schutz von Scheich ʻAiḍ Bin Mūsā ar-Rawāǧifa. Dieser unternahm viele Anstrengungen, um die Zustimmung der Familie des Mädchens zur Heirat zu erhalten. Diese lehnten jedoch alle Vorschläge ab. Daraufhin wandte sich der Scheich an den Entführer und schlug ihm folgende zwei Möglichkeiten vor: Entweder bringt er sie an einen sicheren Ort oder er begleitet sie zu den Behörden, um die Ehe rechtmäßig zu vollziehen. Der Entführer floh daraufhin zu seinem Stamm und der Scheich brachte das Mädchen zurück zu ihrer Familie.[292]

9.3.3.3. Der Ehebruch

In diesem Fall wird vom beiderseitigen Einverständnis des Mannes und der Frau ausgegangen, wodurch die Urteilsfindung erleichtert wird. Beide tragen die gleiche Verantwortung. Die Verurteilung der Frau beinhaltet auf jedem Fall ihre Verheiratung mit dem Mann, wodurch im Grunde genommen der Konflikt schon beendet wird. Drei verschieden Fälle werden unterschieden:

1) Die Frau war einem Überfall ausgesetzt und benachrichtigt die anderen erst nach Verlauf einiger Zeit. Diese Verspätung entzieht ihr den Status einer

---

[291] Abū Ḥassan (1987): 347
[292] Šihāb (1989): 87

Schreienden, was ihre Rechte und Ansprüche entscheidend schmälert. Der Fall gilt als Form des Ehebruchs.

2) Die Frau berichtet nichts über ein eventuelles Verbrechen bis ihre Schwangerschaft ersichtlich ist. Meist wird sie dann von einem ihrer Verwandten ermordet, um die Ehre der Familie zu wahren.
3) Die des Umherschweifens Bestrafte: Normalerweise werden die Tiere am frühen Morgen auf die Weide getrieben und am Abend zurück zum Lagerplatz des Stammes. Die Mädchen müssen dabei vor Sonnenuntergang zurück im Lager sein. Wer länger ohne Grund ausbleibt, dessen Verhalten wird getadelt. Im Schadensfall hat das Mädchen keine Rechte. Ein Verbrechen wird dann nicht an einer Schreienden, sondern an einer Leichtsinnigen begangen.

Das Schicksal der Ehebrecherin war in der Vergangenheit die Hinrichtung, die einzige Art der Bestrafung. In der heutigen Zeit hat sich dies unter den Beduinen etwas gewandelt. Normalerweise werden beide miteinander verheiratet, nachdem der Mann den Brautpreis und eine unterschiedlich hohe Strafe bezahlt hat. Andererseits lehnten viele Beduinen die Verheiratung der Ehebrecher ab, da dies als eine Unterstützung dieser Straftat angesehen wird. So wäre es möglich, dass jeder Junge ein Mädchen vergewaltigt, um damit die Zustimmung ihrer Familie zur Heirat zu erlangen. Daher beschränkt man sich auf die Zahlung einer hohen Strafe durch den Ehebrecher.

Betreffen die Fragen der Ehre ein unverheiratetes Mädchen, so liegen alle Rechte und Pflichten bei der Familie des Mädchens. Ist das Opfer aber eine verheiratete Frau, dann müssen folgende Regeln beachtet werden:

1) Der Ehemann kann die Ehebrecher sofort töten, wenn er sie auf frischer Tat ertappt.
2) Der Ehemann kann von der Familie der Frau den Brautpreis zurückverlangen. Dies geschieht aber erst, nachdem die Familie der Frau ihr Recht vom Ehebrecher verlangt hat.
3) Der Ehemann kann eine Verschärfung der Strafe verlangen, wenn die Tat innerhalb des Hauses geschah. Dies gilt als Hausfriedensbruch.

Der Mord an Frauen aufgrund von Verdächtigungen oder Beweisen der Unzucht ist ein Thema, welches zur Zeit in der Region, vor allem in Jordanien und Palästina, große Aufregung entfacht, was sich in zahlreichen Publikationen und Artikeln widerspiegelt.[293]

---

[293] vgl. hierzu: Abduh (1999); Khayyat (1993); Goodenough (1995)

9.3.3.4. Fälle, die den guten Ruf des Mädchens schädigen

Zu den wichtigsten Aufgaben der Frauen gehört es, ihren guten Ruf zu bewahren. Ebenso müssen die Männer eines Stammes darauf bedacht sein, die Ehre ihrer weiblichen Stammesmitglieder zu verteidigen.

Beispiel: Im Jahre 1972 wurde ein Photo gefunden, welches einen jungen Beduinen vom Stamm der Banū Ṣaḫr mit einem lächelnden Mädchen vom gleichen Stamm zeigt. Zwischen den Familien der beiden entsprang daraufhin ein Rechtsstreit. Sie wandten sich an Richter Udub Bin Zubn, der folgendes Urteil fällte:

1) Die Hand des Jungen soll abgeschlagen werden bzw. soll er sie von der Familie des Mädchens freikaufen.
2) Die Verwandten des Jungen müssen die Ehre des Mädchens bei drei großen Scheichs wieder weismachen.
3) Die *rizqa* beträgt 9 Kamele oder 270 JD.

Gibt es Probleme bei Fragen der Ehre, wenden sich die Streitparteien an einen dafür spezialisierten Richter, den *manšad*. Die Ḥuwaiṭāt nennen ihn *al-'uqbī*, andere Stämme *qāḍī al-muqalladāt*. Diese Richter genießen großen Respekt, da sie die Rolle des Vaters bzw. des Beschützers des Mädchens vertreten. Unterschiede gibt es bei der Autorität zur Behandlung spezieller Fälle. So behandelt der *'uqbī* Entführungsfälle von Ehefrauen, während der *manšad* Entführungsfälle von Mädchen behandelt. Auch wenn sich die Fälle ähneln, so ist der erste Fall jedoch viel schwerwiegender als der zweite, welcher mit der Verheiratung der Beteiligten beigelegt wird.[294]

Zwei Grundregeln haben bei der Behandlung solcher Fälle eine besondere Bedeutung:

a) Das Mädchen gilt erst einmal als unschuldig.
b) Zeugen werden nicht akzeptiert.

Lehnt der Angeklagte die Tat ab und gibt es kein Geständnis oder andere Beweise, so hilft nur noch der Eid oder das Ordal.

Im Gegensatz zu vielen Berichten aus dem islamischen Umfeld über Tötungen von Frauen aus Gründen der Ehre,[295] bietet das Gewohnheitsrecht den betroffenen Frauen die Möglichkeit, ihre Ehre wieder reinzuwaschen, wenn sich

---

[294] 'Abd al-'Azīz (1990): 56
[295] Sunday Star-News: 02.07.2000

die Anschuldigungen als unwahr erweisen. Verleumdungen hingegen ziehen schwere Strafen nach sich.

Bei vielen Straftaten kommt es zu einer doppelten Verletzung bzw. Bestrafung. Ereignete sich eine Vergewaltigung z.B. innerhalb der Tabuzone des Hauses, wird der Fall erst aufgrund der Vergewaltigung vor dem 'uqbī bzw. *manšad* verhandelt und anschließend vor dem Richter der Schande. Nach der Tat greifen die selben Maßnahmen wie bei den Fragen der Ehre, d.h. zuerst die *ǧīra*, danach *waǧh* bei einer bedeutenden Person. Nach der Akzeptierung der *ǧīra*, wendet man sich an den *aḥmadī*, welcher den Täter zu einer Strafe von 5 bis 15 Kamelen verurteilt, wenn es sich um eine Tat im Inneren des Hauses gehandelt hat. Wurde der Täter aber während seiner Tat vom Hausherrn überrascht und getötet, haben seine Angehörigen kein Anrecht auf die *diya* oder die Blutrache. Geschah die Tat außerhalb des Hauses, aber innerhalb der Tabuzone, beträgt das Urteil meist nur eine Strafe von 3 bis 5 Kamelen. Der Hausherr hat dann auch nicht das Recht, den Täter zu töten. Tut er dies trotzdem, unterliegt er den Regeln der *diya* und der Blutrache.

9.3.4. Die Zerschneidung des Antlitzes

Wenn sich ein Beduine bedroht fühlt, sein Leben, Eigentum oder seine Familie in Gefahr sieht, oder wenn er einen Rechtsanspruch hat, den aber nicht verwirklichen kann, wendet er sich an einen bedeutenden Stamm, eine Familie oder Scheich, die man *waǧh*[296] nennt, mit der Bitte um Unterstützung. Er stellt sich damit in das Antlitz der betroffenen Person, was als Sicherheitsgarantie bzw. Bürgschaft für Zahlungsleistungen angesehen werden kann. Daraufhin darf der Schützling nicht mehr verletzt werden, sondern er wird von seinem Beschützer mit Gut und Leben verteidigt. Der Besitz von *waǧh* ist automatisch zur Hilfe verpflichtet. Materiell ist er dazu in der Lage. Er gewinnt daraus nichts als Ansehen und Respekt. Jedoch ist er für die Konfliktlösung von immenser Wichtigkeit, da er für gerechte Prozesse sorgt, Schwächeren zu ihrem Recht verhilft und die Vollstreckung der Urteile garantiert. Dieser Schutz erstreckt sich auf den gesamten Stamm des Beschützers. Normalerweise erfolgt der Schutz nach mündlicher Vereinbarung. Liegt er aber schriftlich vor und enthält die Verpflichtungen und Bedingungen, so nennt man ihn *waṯr/wuṯūr*. Dieser Vertrag umfasst in seiner Gültigkeit den gesamten Stamm.[297] Es gibt drei Arten von *waǧh*:

1) *waǧh* als Schutz, d.i. die *daḫāla*.

---

[296] *waǧh* bedeutet Gesicht, Antlitz. In diesem Fall verkörpert sich die Ehre der Person in ihrem Antlitz.

[297] Ṣabbān (1979): 34

2) *waǧh* als Mittel zur Durchsetzung von juristischen Verpflichtungen, d.i. die Bürgschaft.
3) *waǧh* als Mittel zur Vermeidung von Racheakten bis der Fall durch das Gewohnheitsrecht geregelt wird, d.i. die *'aṭwa.*

Frauen können kein *waǧh* anwenden.[298]

Waǧh können Gott, Propheten, Scheichs, die Vorfahren und natürlich auch einfache Menschen sein. Doch haben letztere nicht den gleichen Reichtum, Einfluss oder Respekt, der bei der Durchsetzung von *waǧh*, d.h. dem Schutz der anvertrauten Person, notwendig ist. Häufig ist es nur der Ruf und die Angst vor der moralischen Anprangerung, die den Angreifer von einer Verfolgung seines unter dem Schutz des *waǧh* stehenden Opfers absehen lassen. Führe er indes mit seinen Angriffen und der Verfolgung fort, und tötet er seinen Gegner, unterliegt er der Gerichtsbarkeit, da er das Antlitz des Patron seines Gegners zerschnitten hat. Dessen Ehre ist nun befleckt, da er durch das Verbrechen nicht in der Lage war, seiner Verpflichtung nachzukommen. Auch hier haben wir es wieder mit zwei Straftaten zu tun: Einmal wurde der Schützling angegriffen und andererseits wurde die Ehre des Patrons verletzt. Verliert der Schützling Eigentum oder Tiere durch Übergriffe, so muss sein Patron diese ihm ersetzen. Er verlangt sie dann vom Übeltäter zurück.

Unter den Beduinen ist die gebräuchlichste Form, jemanden zur Erfüllung seiner Obligationen zu zwingen, einen Bürgen für diese Obligationen zu benennen. Wenn z.B. eine Person A eine andere Person B verklagt, dann will A auch sicher sein, dass B vor Gericht erscheint und im Falle einer Niederlage auch die vom Richter verhängte Strafe bezahlt. Um A zu beruhigen, stellt B einen Bürgen C, der dafür gerade steht, dass B seinen Verpflichtungen nachkommt. C schwört dies bei seiner Ehre, welche er somit in die Hand von A legt. Kommt B seinen Verpflichtungen nicht nach, dann ist es die Pflicht von C, entweder B dazu zu zwingen oder falls dies scheitert, A Schadensersatz zu zahlen. Kommt C seiner Verpflichtung A gegenüber nicht nach, so hat A das Recht, das Gesicht von C zu schwärzen.

Arten der Bürgschaft

1. Die Bürgschaft für einen Geldbetrag: Das Verbrechen wird dann begangen, wenn der Schuldner gegen die Bezahlung des fälligen Betrages in der festgelegten Zeit verstößt, wie z.B. die Entrichtung der *diya.*
2. Die Bürgschaft für eine Person: Wenn sich ein Beduine verpflichtet, seine Tochter an jemanden zu verheiraten, sobald diese das heiratsfähige Alter

[298] 'Abbādī (1976): 326

erreicht, unter der Bürgschaft einer Persönlichkeit. Verletzt der Vater des Mädchens bei Erreichen der Frist dieses Abkommen, so zerschneidet er das Gesicht des Bürgen. Dieser ist dann berechtigt, die Heirat einzuklagen als Strafe für den wortbrüchig gewordenen Vater. Anschließend verklagt der Bürge den Vater auf die Verletzung seines Antlitzes, wofür er z.B. auch ein Mädchen verlangen könnte.

3. Die Bürgschaft für eine Übergabe bzw. Kaufabschluss: Eine Person einigt sich mit einer anderen über den Verkauf eines Pferdes. Der Käufer bringt einen Bürgen für die Übergabe der Geldes an den Verkäufer. Wenn der Käufer sich weigert, den Preis in der vereinbarten Zeit zu zahlen, oder der Pferdehändler hält sich nicht an die Abmachungen so begeht man dieses Verbrechen gegenüber dem Bürgen.
4. Die Bürgschaft für das Verbot einer Gewaltanwendung bzw. Verletzung: Eine Person bürgt einer anderen Person für den Schutz vor einer Verletzung durch eine dritte Person.

Wenn die verbürgte Person trotzdem verletzt wird, begeht man ein Verbrechen, wie der folgende Fall zeigt: Im Jahre 1965 stritt sich Mug̱him al-Māḍī mit dem Verklagten Ḏiyāb Ḫazīr. Die Versöhnung zwischen den beiden Seiten wurde erzielt und der Bürge dieser Versöhnung war Ḥamd ʻAwwād al-Māḍī, welcher Mug̱him al-Māḍī vor der Verletzung durch Ḏiyāb Ḫazīr verbürgte. Im Jahre 1966 tötete Mug̱him al-Māḍī den Ḏiyāb Ḫazīr, woraufhin der Bürge ihn auf Zerschneidung des Gesichts verklagte. Der Richter Scheich Udūb az-Zubn befasste sich mit der Klage. Nach Festigung des Verdachts verurteilte er die Mug̱him zur Sendung einer Abordnung an den Bürgen Ḥamd ʻAwwād al-Māḍī, die aus den bedeutenden Scheichs der Stämme besteht, und verpflichtete ihn, alle Kosten der Abordnung zu tragen. Außerdem verurteilte er ihn, ein Zelt an den Bürgen zu schicken und es neben dessen Zelt aufzubauen. Die Vorderseite soll mit weißem Stoff bespannt werden, um sein Gesicht wieder weiß zu machen. Zusätzlich verpflichtete er ihn, 40 Kamele, ein Schlachtkamel und zwei Pferde dem geschädigten Bürgen zu übergeben. Anschließend wurde der eigentliche Mordfall verhandelt.[299]

Verletzt eine der Parteien die Verpflichtungen des Bürgen, so begeht sie damit das Verbrechen „Zerschneiden des Antlitzes". Die andere Seite, die durch dieses Verbrechen geschädigt wird, wendet sich daraufhin an den Besitzer des Gesichtes und macht ihn dafür verantwortlich. Man wirft ihm vor, seine Pflichten nicht erfüllt zu haben. Nun ist es am Besitzer des Gesichtes, die säumige Partei zu bestrafen. Meistens geht er mit seinem Fall zum Richter. Es ist die Pflicht des Bürgen, dem Gläubiger seinen Anteil von seinem eigenen

[299] Kīlānī (1972): 25

Besitz zu zahlen. Dann kann er sich an den Schuldner wenden und legal den vierfachen Betrag zurückverlangen.

a) Das Schwärzen des Gesichtes: Die geschieht, wenn der Besitzer des Gesichtes in schweren Fällen es versäumt, seinen Verpflichtungen als Bürge nachzukommen. Die geschädigte Seite kann dann sein Gesicht schwärzen, gleich ob es sich dabei um einen Scheich, eine Familie oder einen ganzen Stamm handelt. Dies geschieht öffentlich und wird in der Kennzeichnung des Brandzeichens oder des Zeltes mit einer schwarzen Markierung deutlich. Er hisst eine schwarze Flagge und ruft: „Möge Gott dein Antlitz schwarz machen, oh So-und-so!“[300] Die so gekennzeichnete Person gilt als ehrlos und der Umgang mit ihr wird deutlich eingeschränkt, wenn nicht gar unterbunden.
b) Das Weißmachen des Gesichtes: Dies geschieht, wenn der Besitzer des Gesichtes seinen Pflichten nachkommt. Auch nach der Anschwärzung ist das noch möglich, was auf folgende Weise geschieht: Die Person, die zur Weißmachung verpflichtet wurde, reitet von Stamm zu Stamm und verkündet die Weißmachung des Gesichtes. In der Regel besucht er drei ausgewählte und bedeutende Scheichs. Während der Versammlung des Stammes tritt er in die Mitte und verkündet die Weißmachung des Gesichtes der entsprechenden Person.

Im Falle der Anschwärzung des Gesichtes eines Bürgen im Zuge der *daḫāla*, *kafāla*, *ǧīra* oder *ʻaṭwa*, springt ein anderer Scheich ein, der dem Gläubiger seine Bereitschaft erklärt, die Pflichten des ursprünglichen Besitzers des Gesichtes zu erfüllen. Er kann auch die Anschwärzung beenden, indem er die Bedingungen erfüllt, die dazu geführt haben. Ein Grund für sein Eintreten kann sein, dass er die Schande, die mit der Anschwärzung eingetreten ist, beseitigen will oder er Reputation gewinnen will.

Anwendungsbeispiele:

1) Ende des 19. Jahrhunderts tötete Ruwaišid al-Ḥarḥašī von den Banū Ḥassan ein Mitglied von den Ḫawālida von den Banū Ḥassan. Der Täter und seine *ḫamsa* flüchteten daraufhin in das Gebiet der ad-Daʻǧa unter den Schutz des Antlitzes von Scheich Abū Ǧamūs. Angehörige der Ḫawālida holten sich daraufhin einige Lämmer der Verwandten des Täters aus dem Gebiet Suḫna, womit sie das Antlitz von Scheich Abū Ǧamūs zerschnitten. Im folgenden Rechtsstreit wurde beschlossen:

a) Das Mordopfer wiegt die Zerschneidung des Gesichtes auf.

---

300 سود الله وجهك يا فلان

b) Die Tiere müssen ersetzt werden.[301]

2) Im Jahre 1971 ereignete sich in Faid bei Hail ein Mordfall. Der Täter war ein Mitglied der 'Abda und das Opfer gehörte zu den Banī Tamīm. Im Zuge der Versöhnung wurde Scheich Maslaṭ Bin Šuraim zum Bürgen der Zahlung ernannt, d.h. er legte sein Antlitz bzw. seine Ehre auf den Fall. Nachdem die Notabeln beider Stämme sich eingefunden hatten, um die Versöhnungszeremonien abzuschließen, trat eine Frau von den Verwandten des Opfers hervor und versuchte, den Anführer der 'Abda-Gruppe mit einem Stock auf den Kopf zu schlagen. Jedoch der Besitzer des Gesichts konnte dies verhindern. Der Tatversuch galt jedoch als Zerschneidung des Gesichtes, gegen die sich der Bürge verwahrte. Der getötete Mann galt damit als ausgelöst und der Fall war damit beendet.[302]

9.3.5. Straftaten gegen Gäste und Schützlinge

9.3.5.1. Straftaten gegen Gäste

Die Respektierung des Gastes gehört zu den bekanntesten und wichtigsten Bestandteilen der Wertevorstellungen der Beduinen. In einem Land, wo es nur wenige Menschen gibt, die weit voneinander leben, und es nur wenig natürliche Ressourcen gibt, um das Leben zu fristen, da wird die Gastfreundschaft überlebenswichtig. Reisende bekommen alle Bedürfnisse kostenlos im nächstgelegenen Beduinenzelt, Essen, Trinken und Ruhe. Dabei spielt die Herkunft des Gastes keine Rolle. In der Regel wird der Gast willkommen geheißen bevor man nach seinem Namen fragt.

Jeder Durchreisende ist willkommen, man grüßt sich und fragt nach Neuigkeiten, wobei die höfliche Antwort immer lautet: Es gibt keine oder nur gute Neuigkeiten. Dann gibt es als Erfrischung für den Gast kleine Schalen mit Kaffee oder Schwarzen Tee. Hat man genug, zeigt man dies, indem man das Glas hin und her schwenkt. Wenn man getrunken hat, kommt die Zeit, um die wirklichen Neuigkeiten austauschen und den Grund für den Besuch nennen. Dieser Ausdruck der Gastfreundschaft beeindruckte viele westliche Reisende, deren Bücher voll von Geschichten über freigiebige Empfänge durch die Nomaden sind, welche sich selbst beraubten, um ihre Gäste zu befriedigen.

In der Vergangenheit ging jeder Reisende, wenn er ein Zelt sah, sofort hin, weil er wusste, dass er hier freundlich empfangen wird. Im Austausch für seine Neuigkeiten erhielt er Tee, Kaffee und eine Einladung zum Essen. Entsprechend

---

[301] Aḫraṣ (1961): 124
[302] Interview mit Turkī aš-Šammarī im Oktober 1999

dem Brauch, wurde ihm auch Essen und Unterkunft für die nächsten drei Tage versichert. Dies war und ist immer noch ein System der gegenseitigen Unterstützung. In der Wüste kann der Gast von heute morgen dein Gastgeber sein.[303]
Der Sinn für Gastfreundschaft ist Teil einer komplexen und strikten Struktur von Ehre und Schutz in einer Welt, die voll ist mit Gefahren von der Natur und dem Menschen. Einmal willkommen, erfreut sich der Gast nicht nur des Essens und Schlafens, sondern auch der Sicherheitsgarantie durch den Gastgeber während seines Aufenthaltes und der nächsten drei Tage.

Einen Gast zu unterhalten und zu beschützen, gehört zu den bedeutenden Faktoren, mittels derer man seine Ehre und Reputation offenbaren und steigern kann. Der Gast wird seine Reise fortsetzen und allen von der Generosität berichten, die ihm sein Gastgeber widerfahren lassen hat. Um die auch bildlich darzustellen, schlachtet der Gastgeber manchmal ein Schaf und bestreicht das Kamel seines Gastes mit dessen Blut. Dies ist ein signifikantes Zeichen, dass dem Reiter die Ehre der Gastfreundschaft gegeben wurde. Nach dem Essen in einem Zelt ist es bei einigen Stämmen üblich, seine Hände an der Zeltwand abzuwischen. Die Fettspuren sind auch eine Zeichen für die Gastfreundschaft des Zeltbesitzers. Ein anderes Zeichen ist, dass der Teetopf nicht vom Ruß gesäubert wird, sondern schwarz bleibt, als Beweis, wie oft der Eigentümer Tee für seine Gäste macht. Wenn eine Familie einen Gast hat und ihm nichts anbieten kann, fragt sie heimlich ihre Nachbarn und erklärt ihnen ihre Lage. Sie wissen, dass ihre Verwandten sie unterstützen werden, damit es später nicht heißt, der Stamm ist nicht in der Lage, gastfreundlich zu sein. Ist keiner der Nachbarn anwesend, kann sich der Gastgeber aus dem Herdenbesitz seines Nachbarn ein Tier nehmen. Dies ist kein Diebstahl, sondern dient lediglich der Verköstigung des Gastes.[304]

Die Pflichten des Gastgebers sind genau festgelegt. Doch manchmal kann es zu Streit darüber kommen, wer den Gast aufnehmen darf. Selbst dafür gibt es einen Fachrichter, den Richter der Gäste, dessen Urteil endgültig den Aufenthalt des Gastes entsprechend seiner Beziehungen zum Gastgeber regelt. Normalerweise kann der Gast drei Tage bleiben, ohne dass er nach einem Grund gefragt wird. Selbst wenn er bloß zum Essen bleibt, entsteht daraus die Verpflichtung für den Gastgeber für die Zeit von drei Tagen, den Schutz des Gastes und seines Eigentums zu verbürgen.

Ein Gastgeber wird nie seinen Gast direkt fragen, was er tut und woher er kommt, da dies seine eigene Sache ist. Er ist nur verantwortlich dafür, dass die

---

[303] ʿAnizī (1415): 393
[304] vgl. Kapitel Eigentumsfragen

Bedürfnisse des Gastes befriedigt werden, ohne dabei an Gewinn zu denken. Ein extremes Beispiel, welches häufig an Lagerfeuern erzählt wird, spiegelt die hohe Stellung der Gastfreundschaft wider: Ein Beduine, der einen Fremden bewirtete, stellte fest, dass dieser das Gewehr seines Sohnes trug. Er musste ihn folglich ermordet haben. Die guten Sitten hinderten ihn daran mehr zu tun, als sich nur nach der Geschichte der Waffe zu erkundigen. Obwohl der Gast stolz berichtete, wie er einen jungen Mann getötet und seine Waffe erobert hatte, war sein Gastgeber, gebunden an den Kodex, gezwungen, ihn höflich zu behandeln. Er kann seinen Sohn erst nach drei Tagen rächen.

Wie gesagt, dies ist ein extremes Beispiel. Der Gastgeber ist eigentlich nur bestrebt, Neuigkeiten über die Verteilung der Beduinen in den Gebieten zu erfahren, durch die sein Gast gekommen ist. Auch Informationen über Niederschläge und gute Weideplätze sind sehr wertvoll und eine gute Möglichkeit für den Gast sich durch einen genauen Bericht bei seinem Gastgeber zu revanchieren.

Aufgrund der exponierten Stellung des Gastes in den Rechts- und Wertevorstellungen der Beduinen werden Straftaten gegen ihn ebenso hart bestraft. Diebstahl unter Gästen und Gastgebern bringt große Schande für die Beteiligten mit sich. Deswegen muss der Dieb, gleich ob es der Gastgeber oder der Gast ist, das gestohlene Eigentum vierfach ersetzen sowie eine Strafe zahlen, die vom Richter festgelegt wird.

Die Rechtsprechung

Eine Straftat gegen einen Gast gilt unter den Beduinen als eine schandvolle Tat. Der Gastgeber hat laut den *sawālif/sawādī/ʻawāyid* das Recht auf Blutrache gegenüber dem Täter. Insgesamt entstehen drei verschiedene Rechtsansprüche aus dieser Tat:

- Das Recht des Gastgebers gegenüber dem Täter
- Das Recht des Gastes gegenüber dem Täter
- Das Recht des Gastes gegenüber dem Gastgeber, der die Pflichten der Gastfreundschaft nicht eingehalten hat.

Bezüglich des Gastes, so erhält er im Schadensfalle einen vierfachen Ersatz. Der Gastgeber kann den Täter durch die Blutrache töten. Zu den Pflichten des Gastes gehört es, auf Fragen des Gastgebers über Raubzüge oder andere Gefahren, die dem Gastgeber drohen, zu antworten. Ebenso muss der Gastgeber seinen Gast vor eventuellen Gefahren warnen.

Anwendungsbeispiele:

Das folgende Beispiel stammt von den Beduinen in Südjordanien. Wie eingangs schon erwähnt gibt es große Gemeinsamkeiten in den Bräuchen und Traditionen zwischen diesen Beduinenstämmen und denen im Naǧd und Ḥiǧāz. Daher wurde dieses detaillierte und gut dokumentierte Beispiel herangezogen:[305]

Vertrag zwischen

a) Scheich Faiṣal al-Ǧāzī, 'Affāš al-Ġaḏāwī und Hārūn al-Ǧāzī
b) Mamdūḥ 'Auda, 'Abd al-'Azīz 'Auda, Ǧudū' 'Auda, 'Abdallah Nazāl und 'Alī Ḥusain.

Beide Seiten einigten sich auf folgenden Sachverhalt: Die zweite Seite beging eine Straftat im Haus der ersten Seite. Dabei verletzten sie den Hausfrieden und den Gast Ibn Ǧāzīs. Folgende Regeln wurden festgelegt:

1) Scheich Ǧudū' 'Auda gilt als Anführer der zweiten Seite und ist somit verantwortlich.
2) Drei Richter wurden ernannt: Ǧarrād Bin Ġānim, 'Auda Bin Naǧād und Muḥammad Abū Ṭayyī. Die erste Seite wählte Muḥammad Abū Ṭayyī ab, die zweite Seite Ǧarrād Bin Ġānim. Somit wird 'Auda Bin Naǧād zum Richter in diesem Fall.
3) Am 8.5.1970 traf man sich im Haus dieses Richters. Bürgen der ersten Seite waren Sind Bin Sab'ā und 'Abd al-'Azīz Abū Ṣuqūr. Bürgen der zweiten Seiten waren Muḥammad Bin Ṣufūq und Sālim Ḥaišān.
4) Beide Seiten werden den Richterspruch anerkennen und durch ihre Bürgen garantieren.

Beschluss des Richters 'Auda Bin Naǧād

Anklage: Die zweite Partei beging Hausfriedensbruch bei der ersten Partei. Folgendes Urteil wurde gefällt.

1) Ibn Ǧāzī erhält für die Verletzung seines Hauses 40 Kamele, für die Verletzung seiner Kaffeekanne 10 Kamele und für seine Tassen sechs Kamele.
2) Alle Waffen, die während der Straftat abgefeuert wurden, müssen Ibn Ǧāzī in dessen Zelt übergeben werden.
3) Die Hand von Ǧudū' 'Auda wird abgeschlagen oder mit 500JD freigekauft.
4) Die 'Audāt müssen in den Zelten von Seite a) die Worte der Weißmachung sprechen.

---

[305] Abū Ḥassan (1987): 159ff.

Bemerkungen zum Urteil

Ǧudū' musste einen Eid schwören, dass er nicht mit der Absicht eines Verbrechens gegen den Gast Ibn Ǧāzīs in das Zelt eintrat. Die Waffen der Mitglieder vom Stamm der 'Audāt, die das Haus von Ibn Ǧāzī betraten, wurden beschlagnahmt. Diejenigen, die nicht zur Unterstützung von Ǧudū' kamen, sondern zur Aufklärung des Sachverhaltes, erhalten ihre Waffen zurück. Jedoch müssen sie vorher einen Reinigungseid darüber schwören. Ǧudū' muss ein weißes Stofftuch über das Haus von Ibn Ǧāzī spannen als Zeichen der Weißmachung seines Antlitzes.

Beispiel 2:

Der Scheich einer Abteilung der Šammar siedelte in der Nachbarschaft von vier Brüdern seiner Frau. Eines Tages besuchte ihn ein Gast. Da kam einer der Brüder und erschlug den Gast. Der Scheich stellte fest, dass er zu schwach war, um Genugtuung zu verlangen. Daher begann er seinen fünfjährigen Sohn auszubilden und ihn zu einem Krieger zu erziehen. Als dieser erwachsen war, forderte er seinen Onkel zum Duell und tötete ihn aus Blutrache für den Mord am Gast seines Vaters.[306]

9.3.5.2. Verbrechen gegen einen Eintretenden

Der *daḫīl* ist ein Flüchtling, welcher bei einem anderen Stamm vor seinen Verfolgern Schutz sucht. Der Ausdruck wird für die Bitte um die Gewährung der *daḫāla* verwendet, wobei bestimmte standardisierte Redensarten und Floskeln verwendet werden. Mit dieser Absichtserklärung wird die *daḫāla* gewährt und der Schützling bekommt die unter den Stämmen bekannten Rechte des daḫīl und den geforderten Schutz. Nun sendet der Patron einen Boten an die Verfolger des *daḫīl* und informiert sie, dass dieser von nun an sein *daḫīl* ist und warnt sie davor, sich ihm während der Dauer der *daḫāla* zu widersetzen.

Der Schutz des *daḫīl* ist tief in der Psyche der Beduinen verwurzelt, denn er ist mit den Prinzipien der Ehre und der Gastfreundschaft verbunden, welche bei den Beduinen einen sakralen Status haben. Dieser verbietet die Untreue gegenüber dem *daḫīl* und dem Gast, wie auch immer seine Art ist, und dessen Auslieferung an seine Feinde oder Verfolger. Dies würde eine Verletzung der Ehre und unauslöschbare Schande bedeuten sowie eine Erniedrigung ihres Prestiges.

Der Schutz des *daḫīl* ist daher in der Stammesgesellschaft obligatorisch. Niemand kann den Schutz einer anderen Person verweigern, wenn sie bei ihm

---

[306] Ẓāhirī (1402): 203

eintritt. Dies wäre mit den Sitten der Stammesgesellschaft und ihren Bestimmungen zu Anständigkeit und Hilfe für die Schwachen und Beistand für den Besorgten unvereinbar. Der Schutz ist auch dann vorgeschrieben, wenn der *daḫīl* ein Feind desjenigen ist, bei dem er eintritt oder jemanden von seinen Verwandten getötet hat. Er bleibt drei Tage in seinem Schutz, dann bringt er ihn an einen Ort seiner Wahl und versichert ihm, dass er die Blutrache erst ausführen wird, nachdem er ihn an den sicheren Ort gebracht hat.[307] Zweifellos trug zur Verwurzelung dieser Regel in der Stammesgesellschaft bei, dass es keine Abmachungen unter den Stämmen gab, welche die Auslieferung von Verbrechern regelten. Das Nichtvorhandensein solcher Regelungen führt in unserer Zeit immer wieder zu Konflikten mit den staatlichen Stellen, da es immer wieder Straftäter gibt, die sich in den Schutz eines einflussreichen Beduinenscheichs im Nachbarland begeben. Dieser ist dann an die Bestimmungen des Schutzes des *daḫīls* gebunden und darf ihn den Behörden nicht übergeben.

9.3.5.3. Verbrechen gegen einen ṭanīb

ṭanīb ist eine Bezeichnung für die drei Institutionen, welche die Beduinen mit besonderem Respekt behandeln: der Nachbar, der Gast und der Schützling. Ein *ṭanīb* ist derjenige, der den Zeltstrick hat. Damit ist der Strick des Zeltes gemeint, mit dem es festgezogen wird. Im Sprachgebrauch der Beduinen ist dies eine Person, die sich neben dem Zelt eines Scheichs niederlässt und dessen Zeltstrick mit seinem Zeltstrick verbindet. Es gibt keine zeitliche Frist für den Schutz des *ṭanīb*. Der *ṭanīb* bleibt Nachbar des Stammes, der ihn schützen muss selbst wenn er viele Jahre bliebe. Wenn der ihn beschützende Scheich stirbt, so bleibt der Stamm weiter für seinen Schutz verantwortlich. Seabrook berichtet,[308] dass ein Österreicher zum Stamm der ʻAnaza kam. Nach 30 Jahren fragte der Sohn des Stammesscheichs seinen Vater über die Verschiedenheit des Gesichts dieses Mannes und seiner Gedichte und Stimme vom Rest des Stammes, und warum er hier ist. Der Vater antwortete, dass er zum Zelt des Großvaters kam und unter dessen Schutz bis zum Tod des Großvaters blieb. Dann kam er unter den Schutz seines Sohnes. Nie wurde er gefragt, wo er herkam und wohin er gehen will, da diese Frage unanständig gewesen wären.

Der *ṭanīb* hat das Recht auf Schutz vor jeder Verletzung, die ihm widerfahren kann. Der Schutzgeber muss dem *ṭanīb* seinen Schutz verleihen, ihm seinen Schaden bezahlen und denjenigen bestrafen, der ihn verletzt. Er muss die Blutrache ausüben, falls er getötet wird.

---

[307] Ṭāhir (1955): 26

[308] Seabrooke (1956): 144

Beispiel: Im Jahre 1931 eröffnete ein Angehöriger der Ẓafīr das Feuer auf einen Muṭairī, der Schutzbefohlener der Ẓafīr war. Scheich Ǧad'ān befahl, dass man ihm den Mörder brachte und tötete ihn selbst.[309]

Die Strafen für die Verletzung des ṭanīb

Die Verletzung eines *ṭanīb* gehört zu den schweren Straftaten bei den Beduinen aufgrund derer es in der Vergangenheit immer wieder zu blutigen Kriegen zwischen den Stämmen kam. Eine in diesem Zusammenhang häufig kolportierte Geschichte ist die folgende:

Sa'd al-Ǧarmī wurde *ṭanīb* und *ǧār* bei al-Bassūs Bint Munqiḏ, der Tante von Ǧassās Bin Murra Sa'īd von den Bakr. Ǧarmī hatte ein Kamel, welches mit den Kamelen von Ǧassās weidete. Die Kamele von Ǧassās weideten aber auch mit den Kamelen von Ḥamīd Sa'īd von den 'Anaza. Ḥamīd und Ǧassās gingen eines Tages gemeinsam auf die Weide, wo Ḥamīd das prächtige Tier von Ǧarmī sah. Es entspann sich zwischen beiden ein Streit, der damit endete, dass Ḥamīd am nächsten Tag das Kamel von Ǧarmī tötete. Als Bassās dies sah, rief sie laut, dass der *ṭanīb* verletzt wurde. Ǧassās hörte dies, ging zu Ḥamīd und tötete ihn. Der daraufhin ausbrechende Krieg zwischen den beiden Stämmen dauerte knapp 40 Jahre.[310]

Auf die Verletzung der Rechte des *ṭanīb* steht die Blutrache. Natürlich kann man den Fall auch von einem Beduinenrichter entscheiden lassen. In der Regel wird der Scheich des Stammes aufgefordert, den Schaden zu ersetzen, d.h. die *diya* zu bezahlen. Der Täter selbst wird öffentlich bloßgestellt und angeprangert, womit er seine beduinischen Grundrechte verliert.

Beispiel: Im Jahre 1923 reiste ein Händler durch das Stammesgebiet der 'Aǧmān. Dafür wählte er sich einen Begleiter namens Ḥamd Bin Qar'ān, der ihn beschützen sollte. Dieser verlies ihn aber unterwegs, ohne sich weiter um ihn zu kümmern. Kurz darauf wurde der Händler von einer ġazū der 'Aǧmān überfallen und getötet. Derjenige, der den Händler tötete, war ein Onkel von Ḥamd. Einige Zeit später reisten Ḥamd und sein Onkel erneut durch das Gebiet und kamen an den Ort des Geschehens. Der Onkel lachte plötzlich ohne ersichtlichen Grund. Als Ḥamd ihn daraufhin fragte, antwortete er: Der Besitzer dieses Grabes lacht mich aus, ein Händler, den ich tötete. Kurz vor seinem Tod rief er deinen Namen aus, ohne zu wissen, dass ich dein Onkel bin. Dann tötete er Ḥamd und begrub ihn neben seinem ehemaligen Reisegefährten.[311]

---

309 'Askar (1418/1997): 53

310 Ǧūdī (1991): 123

311 Mušāriqa (1988): 223

9.3.5.4. Die Verletzung des nāṣī

Der *nāṣī* ist eine Person, die auf der Suche nach Wasser und Weide umherzieht, ein verlorenes Kamel sucht, auf Reisen ist, d.h. keiner direkten physischen Gefahr ausgesetzt ist. Auch sie stellt sich unter den Schutz eines bedeutenden Scheichs, um sicher und ohne Angst vor einem Überfall die Angelegenheiten regeln zu können. Jeder Angriff auf den *nāṣī* gilt als Angriff auf die Ehre des Scheichs. Er ist es, der den *nāṣī* verteidigen und rächen muss. Wichtig ist hier, dass der Angreifer von den Schutzverhältnis erfährt. Ansonsten gilt die Tat als normales Verbrechen gegen das Individuum.

Im Ḥiǧāz werden gern wichtige Persönlichkeiten als Patron für den *nāṣī* gewählt. Früher waren dies z.B. Ibn Saud oder Ibn Mu'ammar, der Emir von Taif. Heute ist der Brauch aufgrund der erhöhten Mobilität kaum noch anzutreffen, lebte aber in gewisser Weise im *maǧlis*-System der Emire, Scheiche und anderen Würdenträger fort.

Bei den meisten Stämmen, so auch den Šammar und den Ḥarb, ist es zwingend notwendig, dass der Scheich den Schutz verleiht. Es ist jedoch auch möglich, dass die Ankündigung der Annahme des Schutzverhältnisses schriftlich erfolgen kann, indem dem *nāṣī* ein Dokument überreicht wird, welches er mit sich trägt und das die Unterschrift des schützenden Scheichs beinhaltet. Dies ist das oft zitierte und allseits bekannte Geleitschreiben, dessen sich die frühen Reisenden in diesen Gebieten bedienten. Seabroock weißt in seinem Buch daraufhin:

„Der Emir rüstete mich mit einem Sicherheitsbrief aus, aus Ausdruck dessen, dass ich und mein Begleiter Fuad al-Timani unter dem Schutz von Mithqal al-Faiz, dem Oberhaupt der Banu Sakhr, durch die unerforschten Gebiete der Wüste reisen, was eine große Hilfe vor den vielen Gefahren war, die vor uns lagen.“[312]

Wenn ein *nāṣī* verletzt wird, dann sendet der Scheich, der den *nāṣī*-Schutz verliehen hat, den Täter zum Stammesrichter, wo er bestraft wird und den Schaden ersetzen muss. Es gelten die gleichen Bestimmungen wir für die Verletzung eines ṭanīb.

9.3.6. Hausfriedensbruch

Das Haus bzw. Zelt genießt unter den Beduinen eine besondere Achtung, man kann sogar fast von einer Tabuzone sprechen, die kein Unbefugter betreten darf. Der Sicherheitsabstand um das Zelt wird vom Besitzer des Zeltes festgelegt,

[312] Seabrock (1956): 143

indem er einen Stein oder einen Stock vom Zelteingang wirft. Wo der Stein bzw. Stock aufschlägt, befindet sich die Grenze. Ansonsten gelten 40m als allgemein gültiger Abstand.

Folgende Bestimmungen müssen beim Tatbestand Hausfriedensbruch erfüllt sein:

1) Es muss eine Verletzung einer Person, von Eigentum oder der Ehre vorliegen.
2) Der Ort des Verbrechens muss innerhalb der Sicherheitszone des Hauses oder Zeltes liegen.

Rechtliche Bestimmungen:

1) Der Täter muss für jeden Zeltstrick eine Strafe zahlen.
2) Der Täter muss dem Besitzer des Hauses ein Kamel für die Verletzung des Hauses geben.
3) Der Täter muss das Zelt mit weißem Stoff bedecken.
4) Der Täter muss das Antlitz des Zeltbesitzers wieder weiß machen, indem er in drei Zelten von bekannten Scheichs verkündet, dass das Antlitz des Opfers wieder weiß gemacht wurde.

Das Opfer der eigentlichen Straftat kann zusätzlich seine Rechte vom Täter fordern. Diese haben aber keine Beziehung zu den Rechten des Zeltbesitzers, die sich nur vom Hausfriedensbruch ableiten. Auch hier gilt eine Vervierfachung des Betrages bzw. der Rechte. Steht ihm in normalen Fällen z.B. ein Betrag von 100 SR zu, so erhöht sich dieser auf 400 SR, wenn die Tat im Zusammenhang mit einem Hausfriedensbruch begangen wurde.

Beispiele:

1) ʻAlī Bin Zāyid von den Sinǧāra verletzte in den 60er Jahren Ṣubaiḥ Bin Mufarraʻ vom gleichen Stamm im Gastbereich des Zeltes von ʻAfnān Bin Surūr. ʻAlī beleidigte Ṣubaiḥ, woraufhin dieser ʻAlī mit der flachen Seite des Schwertes schlug. ʻAfnān riss daraufhin sein Zelt ab und schwor, es erst wieder aufzubauen, wenn ihm Recht geschieht. Daraufhin gingen alle zum Richter Ibn Rimāl, dem Richter der Sinǧāra, der folgendes Urteil fällte:

a) Beide Täter geben dem Besitzer des Zeltes einen Sklaven für jeden Pfosten des Zeltes bzw. kaufen den Sklaven für einen vom Besitzer des Zeltes festgelegten Preis.

b) Beide Täter geben dem Besitzer des Zeltes einen Diener für jeden Strick des Zeltes bzw. kaufen den Diener für einen vom Besitzer des Zeltes festgelegten Preis.
c) Beide Täter müssen das Zelt mit weißem Stoff bedecken.
d) Beide Täter geben dem Besitzer des Zeltes ein Kaffeegeschirr.[313]

2) Marzūq Bin ʻArfān al-Kulaiṯamī schoss einst in der Nähe des Zeltes von Mahḏal Bin Ḥamdān al-Ǧābirī auf ʻAuda Bin Sulaim al-Badrānī von den Banū ʻAmrū. Nachdem man einen Stock geworfen hatte, um den Sicherheitsabstand des Zeltes festzustellen, bemerkte man, dass sich die Tat außerhalb dessen ereignete. Daher wurde hier nicht auf Hausfriedensbruch, sondern nur auf Verletzung plädiert.[314]

Eine gängige Strafe ist heute bei den Ḥarb im Wādī al-Faraʻ die Zahlung einer pauschalen materiellen Strafe von 5.000SR. Ist die Absicht nur ein Diebstahl, beträgt die Strafe zusätzlich 1.000SR bzw. gelten die entsprechenden Regeln für Diebstahl. Dringt der Täter aber ein, um jemanden zu verletzen oder zu töten, gelten zusätzlich die Strafen für die Zerschneidung des Antlitzes.[315]

---

[313] Interview mit Turkī aš-Šammarī am 21.3.2001
[314] Diskussionsforum
[315] Diskussionsforum

10. BESONDERHEITEN

Neben den vielfältigen Regelungen zum Strafrecht beschäftigt sich das Gewohnheitsrecht auch mit bestimmten zivilrechtlichen Aspekten, die in anderen arabisch-islamischen Gemeinschaften vom Islamischen Recht behandelt werden. Zu diesen Besonderheiten gehören die Auswirkungen von Allianzen zwischen Stämmen, die Definition der Machtausübung in der Gemeinschaft, Fragen von Ehe und Scheidung, das Problem der Nutzung von gemeinschaftlichen Ressourcen, Handel, Kauf und Verkauf, das Erbrecht und, als moderner Aspekt, Verkehrsunfälle.

10.1. Zu Allianzen, Bündnissen und Pakten[316]

Neben der Blutverwandtschaft bestehen enge Beziehungen auch mit verbündeten Stämmen. Dieses Bündnis ist Ausdruck eines gegenseitigen Schutzverhältnisses. Die Mitglieder eines schwächeren Stammes ziehen in die Nähe eines stärkeren Stammes und stellen sich unter dessen Schutz. Der Bündnispartner zieht mit dem Stamm auf Überfälle, kämpft gegen dessen Feinde und unterwirft sich den Regeln und Bräuchen des schutzgebenden Stammes. So ein Bündnis kann temporär oder ständig sein. Im Falle eines unabsichtlichen Mordes unterstützen sich beide bei der Zahlung der *diya*. Gemeinsam fordern sie auch die *diya*, wenn eines ihrer Mitglieder ermordet wurde. Die *ǧīra* gilt für verbündete Stämme nicht.[317]

Zwischen zwei benachbarten Stämmen können Verträge geschlossen werden, welche die gemeinsamen Grenzbeziehungen regeln. Dabei wird zwischen Verträgen unterschieden, die die Stämme zu Partnern bzw. Verwandten macht, und denen, die freundschaftliche Beziehungen zum Ziel haben. Diese Einteilung wird z.B. bei der Verteilung der Beute deutlich. Die von einem Partner stammende Beute wird zurückgegeben, die von einem befreundeten Stamm indes nicht.[318]

Außerdem gibt es Bündnisse, um Raubzüge und Krieg zu verhindern, bzw. um Raubzüge und Krieg durchzuführen. Diese Bündnisse haben unterschiedliche Auswirkungen auf die Rechtsbeziehungen zwischen den beteiligten Stämmen, insbesondere regeln sie Eigentumsverhältnisse bzw. -delikte.

Auf der Arabischen Halbinsel findet man viele Allianzen unter den Stämmen gleichen Status. Man bezeichnet sie als *i'tilāf al-aḫmās*. Diese Allianzen, z.B.

---

[316] Folgende Ausdrücke finden Verwendung: حِلف, ائتلاف, معاهدة

[317] Aṣalī: (1989): 16

[318] Gräf (1952): 14

zwischen den Ḥarb, Muṭair und ʿAǧmān oder den Ẓafīr, den Ḥawāzim und den Šammar, umfassen Fragen der Weide, der Beutezüge und des Krieges. Sichtbar werden sie in den Heiratsbeziehungen der Scheichfamilien, denn nur diese haben das Recht auf eine Heirat außerhalb des Stammes, sowie in der gerechten Aufteilung der Beute aus der gemeinsamen *ġazū*.[319]

Daneben gibt es noch Verbindungen zwischen Stämmen, die einen unterschiedlichen Status haben. Diese Verbindungen drücken sich in Heiratsbeziehungen, Beutezügen und Tributzahlungen aus. In der Regel erhöht sich der Status des schwächeren Stammes durch das Bündnis. Dem dient auch die Heirat von Frauen des schwächeren Stammes mit Männern des stärkeren Stammes. Umgedreht ist es den Frauen des stärkeren Stammes nicht erlaubt, die Männer des schwächeren Stammes zu heiraten.[320]

Die Šammar betrachten andere *aṣīl*-Beduinen, wie die ʿAnaza, Ẓafīr, Qaḥṭān usw. als ihresgleichen. Sie waren entweder Verbündete, zwischen denen gute Beziehungen herrschten, oder Feinde, zwischen denen es häufig zu gewaltsamen Auseinandersetzungen kam. Die Šammar traten in Allianzen mit anderen gleichrangigen Beduinenstämmen. So ein ḥilf umfasste z.B. die Šammar, Ḥarb, Ẓafīr und Muntafiq während der Schlacht von Mulaida.[321] Die Allianz bildete jedoch keine stabile Form der Zusammenarbeit, da sich die Beziehungen zwischen den Stämmen schnell ändern konnten. Dies erlaubte es den Stämmen, neue Allianzen mit anderen Stämmen zu bilden, wann immer es ihnen nützlich erschien.

Eine andere Allianz war der Zusammenschluss der drei Abteilungen Sinǧāra, Aslam und ʿAbda zum Stamm der Šammar oder der *ḥilf* zwischen Ibn Ṭiwāla, dem Scheich der Aslam, Ibn Timyāṭ, dem Scheich der Tūmān und Ibn ʿAlī, dem vormaligen Herrscher in Hail. Diese Allianz spaltete die Šammar für kurze Zeit während der Phase der Machtergreifung der Āl Rašīd Mitte des 19. Jahrhunderts. Sie spiegelt aber auch gleichzeitig die Ungebundenheit der Stammesführer innerhalb der Konföderation der Šammar wider. Gleiches lässt sich bei den anderen Stämmen finden.

Wer für das Interesse der Gemeinschaft von Nutzen war, mit dem wurde ein Abkommen über gegenseitigen Schutz und Unterstützung abgeschlossen. Die Verbindung zwischen den unterschiedlichen Gruppen wirkte sich sowohl auf die Eigentumsverhältnisse aus, da der Partner die Stammesweiden mitbenutzen

---

319 Ḫūrī (1991): 39-40

320 s. dort: 41-42

321 Zu den Ergebnissen und Auswirkungen der Schlacht, s. Rašīd (1966): 13; Philby (1955): 270-73

konnte, als auch auf die politischen Verhältnisse aus. Beutezüge und Diebstahl waren nicht mehr erlaubt. Gestohlenes Gut musste zurückgegeben werden. Das Bündnis dient ausschließlich dem Nutzen beider Seiten, die vertraglich gleiche Rechte und Pflichten hatten.

Jeder Gruppe stand es frei, mit anderen Gruppen ihrer Wahl Allianzen einzugehen oder Verträge abzuschließen. Die konnte auch bedeuten, dass die eine *faḫḏ* des Stammes mit einem anderen Stamm in Feindschaft lag, während eine andere *faḫḏ* mit dem befeindeten Stamm verbündet war. Wichtig war vor allem die Aufrechterhaltung der eigenen Hegemonie über die Ressourcen und die Wahrung der reinen Charakters der Gruppe.[322]

10.2. Zu Fragen der Machtausübung

Jede Form der Gruppierung, sei es ein Clan, ein Stamm oder eine Konföderation, hat einen Führer, den Scheich. Sie werden eingeteilt in Scheichs, Stammesscheichs und oberste Scheichs, je nach der Art ihrer Position. Ein oberster Scheich führt eine Konföderation an. Scheichs werden immer aus der selben Familie gewählt. Es muss aber nicht immer der älteste Sohn sein, der Nachfolger seines Vaters wird. Die beduinische Gesellschaft ist sehr egalitär in solchen Fragen. Respekt und Führungsrolle fallen dem Mitglied der Familie zu, welches am meisten qualifiziert dafür ist. Wenn ein neuer Stamm oder Unterstamm gebildet wird, ist die Wahl des Scheichs gewöhnlich klar: einer der alten Männer, welche die Familie von der größeren Gruppe weggeführt haben, wird neuer Scheich.

10.2.1. Die mit der Führung des Stammes zusammenhängenden Gewohnheiten

Diese umfassen alle Regelungen im Gewohnheitsrecht, die mit der Ernennung des Stammesscheichs und seiner Ratgeber oder zeitweiligen Unterstützer zusammenhängen. Weiterhin umfassen sie die Definition der Pflichten des Stammessscheichs und seine Vollmachten, ebenso die Pflichten der Stammesangehörigen und seine Rechte ihnen gegenüber. Sie umfassen die Aufgaben des Scheichs, die Tribute bzw. Unterstützungen, welche er einfordern kann, sei es von einem Staat, einer Siedlung, einer Gruppe oder einer Person des Stammes, um imstande zu sein, den Bedürfnissen und Pflichten der Scheichwürde gerecht zu werden.

---

322 Ḥarbī (2000) berichtet von einer Reihe solcher Abkommen, die innerhalb eines Stammes zwischen verschiedenen Unterabteilungen geschlossen wurden. Daneben findet man aber auch einzelne Abkommen zwischen Unterabteilungen benachbarter Stämme oder zwischen einzelnen Familien.

Zur Kennzeichnung des Unterschiedes zwischen ihm und dem Anführer in Krisen- und Kriegszeiten, dem *'aqīd*, wird der Scheich auch *'ālim* genannt. Manchmal kommt es vor, dass beide Personen von der gleichen Familie kommen, wie es z.B. bei den Ḥuwaiṭāt in der ersten Hälfte des 20. Jahrhunderts der Fall war. Der *'ālim* der Abteilung Muḥlif war Ḥusain Bin Naǧād, der Vater des bekannten Richters 'Auda Bin Naǧād. Der *'aqīd* der Gruppe war 'Alī Bin Naǧād, ein Halbbruder des Scheichs.

Häufiger ist es aber so, dass beide Personen aus unterschiedlichen Familien kommen. Das trifft z.B. für die Ḥuwaiṭāt zu. Während der Auseinandersetzungen mit den Banū 'Aṭīya und den Stämmen von Karak in den 30er Jahren war 'Arār Bin Ǧāzī der *'ālim* der Ḥuwaiṭāt und Sālim Bin Ḏiyāb ihr *'aqīd*.

Das ein und die dieselbe Person beide Funktionen zur gleichen Zeit ausübt, ist sehr selten. Man findet diesen Fall bei 'Auda Abū Ṭayyī, dem berühmten Scheich der Ḥuwaiṭāt, der sich von der Herrschaft seines *'ālims*, Ibn Ǧāzī, freimachte und seine eigene Gruppe anführte. Dies bedarf aber einer starken und mächtigen Persönlichkeit.[323]

---

[323] Über die Vorgänge, wie es zur Abspaltung von 'Auda Abū Ṭayyī kam berichtet Abū Ḥassan (1987): 377-79: Der oberste *'ālim* der Ḥuwaiṭāt war zum Ende der Osmanenzeit Fāris Bin Salāma al-Ǧāzī. Scheich Muḥammad Abū Ṭayyī , der Bruder von 'Auda Abū Ṭayyī, verlangte nun von Ibn Ǧāzī, ihn als *'ālim* der al-Furaiǧāt anzuerkennen. Dieser lehnte das Ansinnen jedoch mit dem Argument ab, dass Abū Ṭayyī damit seinen Machtbereich betreten würde. Abū Ṭayyī übte jedoch weiterhin Druck auf Ibn Ǧāzī aus und trat sogar unter den Schutz des Antlitzes von Scheich Ḏiyāb Ibn Maqbūl von den al-'Umrān im Gebiet von Ma'ān. Der Scheich versuchte zwischen beiden Parteien zu vermitteln und erreichte, dass Ibn Ǧāzī dem Auszug Abū Ṭayyīs aus seinem Machtbereich unter der Bedingung zustimmte, dass er in den Machtbereich von Ibn Maqbūl zieht. Somit war die Sache vorerst beendet. Ibn Maqbūl hingegen stellte ebenfalls einige Bedingungen, bevor er bereit war, Abū Ṭayyī in seinem Bereich zu dulden. So durfte Abū Ṭayyī keine eigene Meinung bezüglich von Überfällen haben, da die Entscheidung einzig bei Ibn Maqbūl lag. Ibn Maqbūl bestimmte auch, welche Stämme Abū Ṭayyī überfallen durfte, und dass dieser ihm im Bedarfsfall zur Hilfe eilen musste.

Das lehnte Abū Ṭayyī jedoch ab und kehrte in den Machtbereich von Ibn Ǧāzī zurück, da er dessen Cousin war. Nach einiger Zeit verschlechterte sich die Situation jedoch wieder, als Muḥammad Abū Ṭayyī den Stamm der al-Ǧaḏwān überfiel, welcher zum Machtbereich von Ibn Ǧāzī gehörte. Er nahm ihre Kamele und führte sie nach al-Ǧa'far, dem Lager der al-Furaiǧāt. Als Antwort auf diesen Überfall führte Sālim Bin Ḏiyāb, ein Verwandter Ibn Ǧāzīs, einen Raubzug gegen die Furaiǧāt durch, wobei er die gestohlenen Kamele zurück eroberte. In dieser Schlacht wurden jedoch sechs seiner Leute und einer von Abū Ṭayyīs Leuten getötet, dazu noch Angehörige anderer Stämme. Daraufhin entließ Ibn Ǧāzī den Muḥammad Abū Ṭayyī aus seinem Machtbereich, wodurch er ein unabhängiger Anführer wurde und somit gleichberechtigt mit Ibn Ǧāzī.

Auch bei den Āl Sa'ūd und Āl Rašīd gab es in der Regel eine Ämtertrennung. Gerade bei letzteren war es der Bruder des Dynastiebegründers, welcher die Funktion eines Anführers in Kriegszeiten ausübte und dieses Amt an seinen Sohn weitergab.

Der militärisch-demokratische Charakter der Stammesorganisation wurde in der Gewaltenteilung zwischen ziviler Macht (Scheich) und militärischer Macht (*'aqīd*) deutlich. Burckhardt schreibt dazu:

„*Jeder Stamm hat neben dem Scheich einen Aqid und es passiert nur sehr selten, dass beide Funktionen in einer Person vereint sind, mir ist kein solcher Fall bekannt. Obwohl einige Araber berichteten, dass sie einen Scheich unter den Basrah Arabern gesehen haben, der auch als Aqid fungierte... Wenn sich der Scheich an dem Zug beteiligt, untersteht er dem Kommando des Aqid, dessen Befehlsgewalt endet, wann immer die Kämpfer nach Hause zurückkehren; dann erhält der Scheich seine Autorität zurück.*“[324]

Die Šammar hatten bis zum Untergang des Emirates der Āl Rašīd einen *'ālim*, der von allen Abteilungen als oberste Autorität anerkannt wurde. Zur gleichen Zeit wurde aber auch jede Abteilung bzw. Unterabteilung der Šammar von einem Scheich angeführt, der eine untergeordnete, in seinem Einflussgebiet aber vergleichbare Stellung einnahm. Das Amt ist wie das des Richters innerhalb einer Großfamilie erblich. Nur spielen hier nicht Ansehen und Kompetenz die entscheidende Rolle bei der Auswahl des Kandidaten, sondern Durchsetzungskraft und Bündnispolitik.

Die lokalen Scheichs der Šammar haben ihre Position auch nach der Machtübernahme durch die Āl Sa'ūd und die Einverleibung des Ǧabal Šammar in das Königreich Saudi-Arabien 1921 aufrechterhalten können. Ein Grund dafür ist das hohe Ansehen und die unbestrittene Legitimität, die sie in der Gesellschaft genießen. Durch eine kluge Heirats- und Bündnispolitik konnten verschiedene Familien ihre Macht über Jahrzehnte hinweg sichern.

Obwohl die Šammar in vielerlei Hinsicht den anderen kamelzüchtenden Stämmen der Arabischen Halbinsel, wie den 'Anaza, 'Utaiba oder 'Aǧmān, ähnlich waren, gab es bei ihnen jedoch die einzigartige Form der kombinierten politischen Herrschaft. Die zentralisierte Führung der Āl Rašīd in Hail existierte neben der traditionellen Führung der Scheichs der verschiedenen Abteilungen der Šammar. Erstere lebten in der Oase, während die anderen bei ihren Stammesabteilungen blieben und nomadisierten. Die Durchsetzung von Recht und Ordnung in Hail lag in den Händen einer Polizeitruppe, die der Emir

---

[324] Burckhardt (1831) Bd.1: 296

aufstellte und unterhielt. Diese richteten über Diebe, Räuber und andere Straftäter. Außerhalb der Stadt galten indes die traditionellen Regelen des Gewohnheitsrechtes.[325]

Doch lässt sich schon hier die Symbiose des Sonderfalles der Šammar erkennen, die mit der Anerkennung einer Zentralmacht Mitte des 19. Jahrhunderts einen großen Schritt zur Vereinheitlichung der Rechtsnormen und ihrer Durchsetzung getan hatten. Die Zentralmacht war es, die von nun an die Nomaden beschützte und dafür von ihnen einen Tribut erhielt. Die Regelung war für die Šammar aber von Vorteil, da sie sich nun über ein größeres Gebiet ausbreiten konnten und einen besseren Zugang zu den Ressourcen, einschließlich der Subsidien des Amirs, hatten.

Oftmals hört man, dass der Scheich eines Stammes gleichzeitig auch der Richter des Stammes ist. Dies trifft aber nicht immer zu. Dem Scheich gebührt die Führung des Stammes. Er entscheidet über Krieg und Frieden und vertritt den Stamm bei Versöhnungsverhandlungen. Außerdem entscheidet er über die Zeiten der Wanderung und wählt das neue Weidegebiet aus. Er empfängt die Gäste und muss die Armen seines Stammes unterstützen. Er entscheidet über besondere juristische Fälle, wie Streitigkeiten um Landbesitz, und bei dringlichen Straffällen. Er kann aber niemals die Funktion eines Richters übernehmen.[326]

Im Gegensatz dazu findet man unter den Stämmen im Norden des Jemen viele Scheichs, der Hauptfunktion die Schlichtung von Streitigkeiten unter Anwendung des Gewohnheitsrechtes innerhalb ihre Stammes war.[327] Doch ist diese Bindung von politischer und juristischer Autorität unter den Stämmen im Norden der Halbinsel nicht üblich.

Wird ein Scheich gefragt, eine Schlichtung vorzunehmen, dann hat er im Gegensatz zum Richter keine Macht, seine Entscheidung auch durchzusetzen. Vielmehr muss er auf seine moralische Autorität und die Zustimmung der Gemeinschaft zu seinem Standpunkt bauen.

Ein wichtiger Punkt ist die Frage der Konfliktregelung mit sesshaften Gemeinschaften. Auch hier kann die Entscheidung des Scheichs nicht zwangsweise durchgesetzt werden. Die Ausführung beruht auf dem persönlichen Einfluss und der moralischen Integrität des Mannes selbst. Obwohl er theoretisch eine endgültige Autorität besitzt, so basiert diese doch auf der

---

[325] Rasheed (1987): 34
[326] Ǧūdī (1991): 91
[327] s. hierzu Dostal (1967), Ṣabbān (1979); Serjeant (1991)

ständigen Evaluierung der tribalen Gedankenwelt. Zu häufige Dissonanzen mit der allgemeinen Meinung können zu einem allmählichen Autoritätsverlust und dem Aufstieg einer anderen Scheichfamilie führen.[328]

10.2.2. Aufgabenbereiche des Scheichs

Eine der Hauptaufgaben des Scheichs ist Vermittlung und Verhandlung. Er hat indes nur beschränkte Autorität, im Namen des Stammes zu sprechen. Er kann ihn zwar repräsentieren, muss dann aber die Mitglieder des Stammes überzeugen, die Ergebnisse seiner Verhandlungen zu akzeptieren. Deshalb braucht er Ansehen und Reputation. Er ist mehr das Sprachrohr der öffentlichen Meinung seines Stammes, für die er einen Konsens erzielen muss. Heute gehört noch zu seinen Aufgaben, dass er einen Ausgleich zwischen Staat und Stamm schafft. Aufgrund seiner persönlichen Beziehungen kann er zum Nutzen seines Stammes arbeiten, wird er zum Botschafter des Stammes, der über mehrere Staatsgrenzen hinweg agiert.[329]

Eine weitere Hauptaufgabe des Scheich ist es, die Stammesmitglieder als saudische Staatsbürger zu registrieren. Die saudische Regierung erkannte die großen Stämme, wie die Šammar, Ḥarb oder Ẓafīr, als saudischen Stamm an. Somit war jedes ihrer Mitglieder ein Saudi. Es war daher nur notwendig, den Stammesältesten zu beweisen, dass man ein Ẓafīrī war. Dies geschah vor dem Stammesrat, dass man seine Vorfahren aufzählte, bis eine Person dem *mağlis* bekannt war, sowie durch Befragung zu anderen Personen, die mit ihm bekannt waren. Wenn der Prozess für die Stammesältesten zufriedenstellend ausgegangen war, wurde die Person in das Stammesregister aufgenommen. Das war eine wichtige Angelegenheit, insofern eine staatliche Kommission eingesetzt wurde, um die Stämme der Region aufzuzeichnen.

Fast jede andere administrative Aktivität bedurfte eines Briefes des Scheichs, z.B. wenn es um einen Job, eine Reisegenehmigung oder einen Prozess ging. Es gab auch Abmachungen mit anderen Stämmen, falls ein Stammesmitglied im Gebiet eines anderen Stammes in Schwierigkeiten geriet, so half der örtliche Scheich.

Der Scheich traf große Entscheidungen erst nach Beratung mit den Stammesnotabeln bzw. dem *mağlis*, dem Stammesrat.[330] Dieser bewahrte die Eigenschaft eines demokratischen Stammesorganisation. Nach Doughty:

---

[328] Chatty (1996): 4-5
[329] Lancaster (1981): 89
[330] Burckhardt (1831) Bd.1: 117

„Lass ihn ruhig hier sprechen, selbst die Stimme des Einfachsten wird hier gehört, er ist ein Stammesmitglied.“[331]

Und Burckhardt schreibt:
„Der Scheich kann nicht Krieg erklären oder Frieden schließen, ohne die einflussreichen Männer im Stamm zu befragen; wenn er wünscht, dass das Lager verlegt wird, so muss er vorher die Meinung seiner Leute hören.“[332]

Der *mağlis* war das öffentliche Tribunal. Hierher brachten die Stammesangehörigen ihre Fälle. Der Scheich berät sich in der Zwischenzeit mit den anderen Scheichs, alten Männern und einflussreichen Personen; ihr Urteilsspruch wird im allgemeinen unvoreingenommen gegeben, immer jedoch ohne Bestechung. Diese Entscheidung ist endgültig.[333]

Das Stammesoberhaupt hatte in der Regel keine besonderen Machtattribute und keine besonderen Zeremonien wurden ihm zu Ehren von den Stammesangehörigen durchgeführt. Einfache Beduinen betrachten sich ihm gleichwertig. Wurde der Scheich alt oder starb, so wurde ein neuer in seine Position gewählt. Zu den Eigenschaften eines Stammesoberhaupts zählten Großzügigkeit, Mut, Weisheit, Umsicht und Reichtum an Land und Vieh. Er musste zahlreiche Anhänger haben, sowohl Verwandte als auch Diener.[334]

Im Prinzip kann jeder Beduine Scheich werden. Jedoch wird aus den oben aufgelisteten Eigenschaften deutlich, dass die Straße zur Macht für die Armen geschlossen war. In den meisten Stämmen verblieb die Scheichwürde unter den Mitgliedern der gleichen edlen Familie für Dekaden und manchmal gar Jahrhunderte. Wie Doughty feststellt:

„Kein Gemeiner, noch jemand von fremden Blut kann das Oberhaupt einer nomadischen Ashira werden, auch wenn er alle Männer an Reichtum übertrifft.“[335]

Die Macht wurde oft vom Vater auf den Sohn vererbt, aber wenn die Nachkommen die notwendigen Qualifikationen nicht hatten, wurde an ihrer Stelle ein anderer Vertreter der Stammeselite gewählt. Die gleiche Regel galt für den *'aqīd*. Scheichs und *'aqīd* waren Rivalen innerhalb des gleichen Stammes, und einige der *'aqīd* errangen auch zivile Macht. Aber auch die Richter gehörten

---

[331] Doughty (1921): 248-49
[332] Burckhardt (1831) Bd. 1: 117
[333] Doughty (1921): 248
[334] Jaussen (1910): 128-29
[335] Doughty (1921): 251

zur Stammeselite.[336] Ein ständiger Kampf um die Macht tobte innerhalb der herrschenden Klasse eines Stammes, mit Intrigen, Mord und inneren Spaltungen.

Nach Burckhardts Beobachtungen hatte der Scheich keine aktuelle Autorität über die Individuen in seinem Stamm. Er kann jedoch durch seine persönlichen Qualitäten einen entsprechenden Einfluss gewinnen. Sollte ein Disput zwischen zwei Individuen auftreten, kann der Scheich versuchen, die Angelegenheit zu bereinigen, aber wenn beide Parteien mit seinem Rat nicht einverstanden sind, kann er keinen Gehorsam fordern. In der Realität versucht selbst der mächtigste Scheich der 'Anaza, sich nicht in die Konflikte selbst des ärmsten Mann seines Stammes einzumischen, ohne eine tödliche Rache von ihm oder seinen Verwandten zu riskieren.[337] Diese Aussagen treffen auch für einen heutigen Scheich zu.

Die Scheichs hatten auch noch andere Vorrechte, aber auch viele Pflichten. Zur Regulierung der saisonalen Wanderung und für die Teilnahme an der Verteilung der Weiden beanspruchten die einflussreichen Familien besondere Landrechte. Für die Herden des Scheichs wurden immer die besten Weiden reserviert. Diese Regelung der reservierten Weideflächen, ḥima, existiert schon seit alters her. Teile der Wasserquellen gingen auch in Privateigentum der Stammesnotabeln über, die für die Benutzung des Wasser von den einfachen Beduinen eine Zahlung erhielten.

Äußerlich kommt die ökonomische Sonderstellung der Anführer auch darin zum Ausdruck, dass sie besondere Brandzeichen, wasm, zur Kennzeichnung ihrer Herden verwenden, während die übrigen Stammesmitglieder gemeinsam ein einheitliches Kennzeichen verwenden. Im Sommerlager wird das Zelt stets in unmittelbarer Nähe des Brunnens aufgeschlagen, während die der einfachen Stammesmitglieder weiter entfernt errichtet werden.[338]

Im Gegenzug für ihre Loyalität und die Aufrechterhaltung von Recht und Ordnung in den Stammesgebieten erhielten die Stammesführer vom König finanzielle Unterstützung und die Zusage einer minimalen Einmischung in die tribalen Angelegenheiten. Unter diesem System konnten Vergehen und Verstöße durch den verantwortlichen Scheich bzw. den Rechtsvertreter des jeweiligen Stammes geahndet werden. Die aus Stammesmitgliedern rekrutierte National-garde fungierte als eine zusätzliche Komponente zur Unterstützung, falls die tribalen Autoritäten den Konflikt nicht beenden konnten.

---

[336] Burckhardt (1831) Bd.1: 119-23
[337] s. dort S. 116-17
[338] Stein (1967): 131

Über die Rolle der Stammesscheichs als lokale Führer und Politiker ist in der letzten Zeit ein heftiger Streit entbrannt. Die am meisten diskutierte Frage ist, ob der Scheich in der Lage ist, die Aufgaben eines staatlichen Verwaltungsfachmanns, z.B. eines Bürgermeisters, übernehmen kann und soll.[339]

10.3. Ehe und Scheidung

Die Männer machen den Stamm, und die Frauen weben das Netz. (beduinisches Sprichwort)

Folgende gesellschaftlichen Institutionen prägen das Bild der Beduinin:

1. Die endogame Ausrichtung der Gemeinschaft: Der Frau kommt die Rolle eines gesellschaftlichen Bindegliedes in Form der *bint-'amm*-Ehe[340] zu. Sie dient dem Zusammenhalt der Stammesgruppe.
2. Die exogame Ausrichtung der Gemeinschaft: Durch Ehen zwischen verfeindeten Stämmen werden Streitigkeiten beendet und neue Allianzen gebildet. Durch Heirat mit einer anderen Familie oder einem anderen Stamm verbunden zu sein, bringt neue Rechte und Pflichten und stellt die gegenseitige Akzeptanz auf ein neues Niveau.
3. Der Brautpreis: Er ist eine Kompensation für die Familie der Frau für die bisherige Aufsicht, die über die Frau geleistet wurde. Der mahr ist kein Kaufpreis, da die Frau immer rechtliche Angehörige der Familie ihres Vaters bleibt. Manchmal wird nur ein Teil des mahr ausgezahlt, den Rest bekommt im Falle einer Scheidung der Vater oder die männlichen Verwandten. Dies steht im Widerspruch zum Islamischen Recht, wo er der Frau zugesprochen wird.[341]

Ein anderer Widerspruch tritt bei der sogenannten Tauschehe auf, wenn zwei Töchter gegeneinander ausgetauscht werden. Im Islamischen Recht ist das nur erlaubt, wenn für beide der Brautpreis ausgezahlt wird.[342] Bei der beduinischen Tauschehe muss im Falle der Scheidung auch die andere Frau ihren Mann verlassen, da sie als Teil des *mahr* gilt.[343]

---

[339] Zum Verlauf der Debatte vgl. al-Waṭan Dezember 2001 und Januar 2002.

[340] Hier heiratet der junge Mann seine väterliche Cousine. Gleichzeitig wird häufig auch seine Schwester mit dem Bruder der jungen Braut verheiratet.

[341] Levy (1933): 114

[342] s. dort :105

[343] Chelhod (1971): 106

Heiratspräferenzen

Zuerst gilt es, die eigene Gruppe durch die Heirat mit der Parallelcousine zu stärken. Wurde dem genüge getan, kann man sich nach einer Frau aus dem erweiterten Umfeld der eigenen Abteilung umschauen, vielleicht sogar aus einer anderen Abteilung des Stammes. Nur wenn es politische, wirtschaftliche oder rechtliche Gründe erforderlich machen, wird einer außertribalen Heirat zugestimmt. Heiratet ein reicher Beduine indes eine *madanīya*, ein Mädchen aus der Stadt, wird er meist nur belächelt oder beneidet.

Arten der Eheschließung

1) Die normale Ehe: Sie wird mit einem Vertrag zwischen beiden Seiten geschlossen gemäß den lokalen Bräuchen
2) Die Tauschehe: Ein Beduine heiratet ein Mädchen und ein Verwandter des Mädchens heiratet eine Verwandte des Beduinen. In diesem Falle gelten die Mädchen als gegenseitiger Brautpreis. Ein Problem entsteht allerdings, wenn eine der beiden Ehen geschieden wird.
3) Die Heirat der *ġurra*: Ein Verwandter des Opfers einer Straftat heiratet ein Mädchen aus der Familie des Täters, um die beiden Gruppen einander näher zu bringen Das Mädchen ist Teil des Schadensersatzes. Hat sie einen Jungen geboren, darf sie zu ihrer Familie zurückkehren. Will der Mann die Frau auch danach noch behalten, wenn der Sohn erwachsen ist, muss er nachträglich den Mahr entrichten. Sehr deutlich tritt der Ersatzcharakter des *mahr* bei der *ġurra*-Ehe (Blutpreisehe) und dem Austausch der Töchter zum Vorschein, da er hier entfällt.[344]
4) Die Entführungsehe: Ein Junge entführt ein Mädchen, das er heiraten möchte, aber aus verschiedenen Gründen nicht kann. Hierbei sind bestimmte Bedingungen einzuhalten.
5) Die Ehe der Entschädigung: Wenn ein Beduine einem Mädchen oder einer Frau einen Schaden zufügt oder er eine gute Tat zum Wohle eines Stammes vollbringt, kann eine Ehe vollzogen werden. Im ersten Fall als Teil der Strafe, im zweiten Fall als Belohnung.

In vielen Fällen wird die Heirat zwischen paternalen Cousins bevorzugt, d.i. die Hochzeit der Tochter des Vaterbruder mit dem Sohn des Vaterbruders aufgrund der Stärkung der Familienbande und Verringerung des Brautpreises. Diese Verbindung gilt als ideal und wurde von den Beduinen einfach als alter Brauch erklärt und gilt als Teil ihrer Identität. Der Verwandtschaftsgrad der *bint ʿamm* kann dabei verschieden sein: Es kann die direkte Cousine väterlicherseits sein, oder aber in übertragenem Sinne eine entfernte patrilineare Cousine. Man kann

---

[344] Hess (1958): 137; Musil (1907-8) Bd. III: 363-367; Chelhod (1971): 106

daher eine Endogamie innerhalb der Familie, der Großfamilie, der lineage, der Stammesabteilung, usw. feststellen.[345] Eine Person, die keinen Cousin zum Heiraten hatte, wird bemitleidet. In solchen Fällen sucht man sich einen Partner zumindest aus der gleichen *faḫḏ*. Manchmal wird auch eine Hochzeit mit dem matrilinearen Zeig der Familie organisiert, meist aus familienpolitischen Gründen. Wichtig ist aber immer der gleiche reine Status der Abstammung[346]. Solche Personen findet man natürlich am einfachsten in seiner eigenen patrilinearen Gruppe. Dabei hat der Cousin ein Vorrecht auf die Heirat mit seiner Cousine, welches es ihm erlaubt, andere Anwärter abzulehnen. Dabei wendet er die *ǧīra* an, um die Heirat seiner Cousine mit einem Fremden zu verhindern. Sollte ein Mädchen es ablehnen, ihren Cousin zu heiraten, so hat er gemäß einigen Stammesregeln das Recht, sie straflos zu töten. Es kann sein, dass der Cousin selber ein anderes Mädchen liebt und so auf sein Recht bezüglich seiner Cousine verzichtet. Alternativ dazu kann er deren Hochzeit mit einem anderen Mann auch zustimmen und er bekommt dafür einen Betrag, der ihm bei der Suche nach einer anderen Braut hilft.

Vorbedingung für die Eheschließung ist die Zahlung des Brautpreises an den gesetzlichen Vertreter der Frau.[347] Im Gegensatz zu islamischen Auffassungen[348] erhält die Frau den Brautpreis nicht. Der Brautpreis besteht meistens aus Tieren und Geld, die der Vormund des Mädchens erhält und verteilt. Heute übersteigt der Brautpreise für stammes- und familienfremde Frauen oft die Grenze von 100.000 SR,[349] was für viele junge heiratswillige Menschen ohne Kredite, langjährige Verschuldung und Unterstützung durch die Gruppe unerreichbar ist. Langsam entfacht sich daher auch in der Öffentlichkeit eine Debatte mit dem Ziel der Festsetzung des Brautpreises auf eine bestimmte Summe.

Die Frage des Brautpreises wird regional unterschiedlich gehandhabt. Im Gewohnheitsrecht gibt es keine entsprechenden Regeln dafür, lediglich einige

---

345 Zu den Heiratsstrategien der Āl Rašīd s. Rasheed (1991): 188-91; Pfullmann (1996): 480-83

346 Musil (1908): 8 schreibt dazu: „*Ibn Sha'lan würde es niemals erlauben, dass seine Tochter oder Schwester einen Huwaiti oder Atiwi heiratet, selbst wenn es Auda Abu Tayyi oder der reichste Mann dieser Stämme wäre. Vor etwa 60 Jahren zahlten die Huwaitat und die Bani Atiya noch die Khuwa an die Shararat. Sie waren zufrieden, wenn man ihnen erlaubte, als Nachbarn neben ihnen zu zelten und den Schutz zu genießen. Solche Dinge vergisst man nicht so schnell und aus diesem Grund würde Ibn Sha'lan niemals sein Blut mit einem Nachkommen dieser feigen Vorfahren vermischen.*“

347 Hat das Mädchen keinen Vater, übernimmt erst der Onkel, dann der Neffe, dann der Cousin das Amt des Vormundes.

348 Sure 4/Vers 3

349 Ǧubail (1999): 1

Anregungen. So geben die Sulaiṭ von den Šammar ein nachahmenswertes Beispiel:

Die Scheichs der Sulaiṭ von den Šammar kamen auf einer Ratssitzung überein, den Brautpreis auf 50.000 SR festzulegen. Außerdem wurden folgende Regeln aufgestellt:
1. Der Brautpreis ist 50.000 SR. Keine andere Zahlung oder Forderung ist zulässig.
2. Es ist verboten, eine große Feier in den Festsälen durchzuführen und Sänger zu engagieren. Die Feier soll im Haus des Ehemannes oder einer Gaststätte, falls ersteres nicht ausreicht, stattfinden. Nicht mehr als 15 Tiere werden geschlachtet. Die Einladung beschränkt sich auf die Verwandten und Nachbarn ohne dass man eine gedruckte Einladung braucht.
3. Falls ein Mann eine Frau heiratet, die nicht von den Sulaiṭ ist, dann soll die Feier wie oben geschildert stattfinden. Gleiches gilt für den seltenen Fall, wenn ein Mädchen des Stammes nach außerhalb heiratet.
4. Es gibt keine Ausnahmen von den oben genannten Regeln. Verletzt jemand diese Regeln, so verlassen alle anwesenden Männer und Frauen die Feier.[350]

Hochzeitszeremonien

Heirat ist bei den Beduinen immer mehr ein gesellschaftlicher Vertrag denn eine Liebesangelegenheit. Deshalb ist auch die Heiratszeremonie sehr einfach. Wenn zwischen dem zukünftigen Ehemann und der Familie der Braut eine Übereinkunft getroffen wurde, wird ein Brautpreis festgelegt. Der Vertrag wird vor einer Autoritätsperson bekannt gegeben, z.B. einem Scheich. Mit dem Bräutigam und einem männlichen Vertreter der Braut, idealerweise ihrem Vater, wird dann die Hochzeit vor Zeugen bestätigt. Die Braut muss dabei nicht anwesend sein, obwohl sie meist im Hintergrund mithören kann. Dann wird sie entweder von einer Gruppe von Frauen ihrer eigenen Abteilung oder einer Eskorte von Stamm des Mannes zum Zelt ihres neuen Mannes gebracht. Das war dann schon alles. Mädchen werden normalerweise im Alter von 16 bis 22 verheiratet, wo hingegen die Männer meist viel älter sind, zwischen 18 und 30.

Die Hochzeitszeremonien stehen im Widerspruch zur eigentlichen Abgeschlossenheit der Frau. An diesem Tage steht sie im Mittelpunkt der Öffentlichkeit, was an der segensreichen Ausstrahlung und Kraft der jungfräulichen Braut liegt. Die Zeremonien lassen sich in zwei Phasen gliedern, die Trennungsriten und die Riten der Angliederung an die neue Familie. Das Errichten des Hochzeitzeltes war schon in der *ǧāhilīya* einer der wichtigsten

[350] al-Waṭan vom 20.9.2000

Bräuche der Hochzeit.[351] Der Bräutigam muss seiner zukünftigen Braut einen Vorhang übergeben, der als Zeltteiler im diesem Zelt verwendet wird. Dieser wird gewöhnlich von seiner Mutter gefertigt und kostet bis 1.000SR. Die Eltern der Braut erhalten zusätzlich eine Zahlung von 1.000SR, ebenso die Braut, die von ihrem Bräutigam Goldschmuck, Ringe und Ketten zu verschiedenen Anlässen erhält. Zur Hochzeit schlachtet die Familie des Bräutigams ein junges Kamel, so dass sich die Gesamtkosten der Hochzeit auf etwa 5.000SR belaufen. Dies entsprach in den 50er und 60er Jahren einem Jahreseinkommen. Mittlerweile sind die Brautpreise enorm angestiegen, ebenso die Hochzeitsnebenkosten, wie Feier, Schlachttiere und andere Geschenke. Viele junge Beduinen müssen daher für einige Zeit, manchmal einige Jahre, eine Lohnarbeit aufnehmen, um das zur Hochzeit nötige Geld zu verdienen. Polygamie ist selbstverständlich erlaubt, wird aber nur selten angewendet.

Nach der Hochzeit zieht die Frau endgültig zur Familie des Mannes, auch ihre Kinder zählen zu ihr. Sie ist ihrem Mann untergeordnet, aber nicht rechtlos. Die doppelte Stellung der Frau wird auch hier wieder deutlich: ihre Familie bleibt weiterhin für sie verantwortlich, ihre Kinder gehören jedoch zur Familie des Mannes.

Die Veränderungen der letzten Jahre in Eheangelegenheiten führten dazu, dass Individuen häufiger eigene Entscheidungen bei der Partnerwahl treffen können. Die alte Form der Tausch-Ehe gibt es nur noch selten. Hochzeiten werden in den meisten Fällen arrangiert. Dies beinhaltete Verhandlungen zwischen den betreffenden Familien, wobei die Frauen beider Gruppen eine wichtige Rolle hinter den Kulissen spielen. Trotzdem werden die formellen Entscheidungen unter den Männern gefällt.

Heute versuchen die gebildeten jungen Leute zumindest die Fassade der überlieferten Form der Partnerwahl zu wahren. Auch wenn man sich oftmals schon vor der Hochzeit kennengelernt hat, so wählt man doch den traditionellen Weg über die Mutter und danach den Vater, damit die Öffentlichkeit nichts von der Änderung der Bräuche erfährt. So gibt es nach außen hin kein Anzeichen dafür, dass die Hochzeit nicht arrangiert war und das Paar sich auf die herkömmliche Weise getroffen hat.

Erst wenn dieser Trick nicht mehr funktioniert, sucht man bei anderen Methoden Zuflucht, d.h. man brennt durch. Dies nennt man im beduinischen Sprachgebrauch eine freiwillige Entführung, *ḫaṭf*[352]. Das Paar sucht bei einem bekannten Scheich Zuflucht, der dann den Vater der Braut benachrichtigt. Er

---

[351] Wellhausen (1893): 444

[352] vgl. Kapitel 9.3.3.2. Entführungen

versucht, ihn zu überreden und der Heirat zuzustimmen. Manchmal kann es passieren, dass der Vater dies ablehnt. In solchen Fällen kehrt das Mädchen aus Angst vor ihrer Ermordung nicht mehr nach Hause zurück. Wenn der Vater zustimmt, kann er auch zur Bedingung machen, dass das Mädchen vor ihrer Heirat nach Hause zurückkehrt. Er muss dann dem Scheich und anderen Personen, die auch zur Vermittlung herangezogen wurden, garantieren, dass ihr kein Leid geschieht.

Der Ausdruck Entführung anstelle von durchbrennen erlaubt es, die Situation zu entschärfen. Der Begriff Durchbrennen beinhaltet eine Verletzung der Normen von arrangierten Hochzeiten und die persönliche Auswahl des Ehemannes, was eine schwere Beleidigung für den Vater darstellt. In manchen Fällen lehnt der Vater die Vermittlung ab und versucht stattdessen, seine Tochter zu finden, um einer ihrer Brüder zu schicken und sie zu töten.

Der Unterhalt

Nach der Heirat zieht die Frau zum Zelt ihres Mannes und bringt verschiedene Hausratgegenstände mit sich. Im Notfall wird ihre eigene Familie sie unterstützen. Außerdem bekommt sie zu verschiedenen Anlässen Geschenke und Gaben von ihrem Mann und ihrer Familie.

Im Falle, dass die Frau ihren Ehemann auf der Suche nach einem besseren Gatten verlassen hat, bekommt sie keinen Unterhalt. Verlässt sie das Zelt aber aufgrund der Schuld des Ehemannes, dann hat sie Anspruch auf Unterhalt, welcher von einigen Stammesrichtern auf ein vierjähriges Kamel pro Jahr, das sind etwa 4.000SR, festgelegt wird. Eine Frau, die das Zelt ohne triftigen Grund verlässt, erhält keinen Unterhalt.

Die Scheidung

Es gibt verschiedene Möglichkeiten der Scheidung. Der direkte Weg ist gleich dem islamischen, durch das dreimalige Aussprechen der Scheidungsformel: Ich verstoße dich. Willigen beide in die Scheidung ein, geschieht dies durch vertragliche Regelung, einen Vermittler oder einen Richter. Auf jedem Fall müssen beide Seiten einen Bürgen stellen.

Eine Beduinin kann sich nicht von ihrem Mann scheiden lassen. Sie kann ihn nur dazu bringen, sich von ihr zu scheiden, indem sie immer wieder wegläuft. Es liegt dann an ihm, ob er versucht, sie zur Rückkehr zu überzeugen. Er hat aber kein Recht, sie zu zwingen. Es hängt von den Gründen ihrer Unzufriedenheit ab, ob ihrer Familie sie dabei unterstützt. Auf jeden Fall müssen sie ihre

Entscheidung respektieren. Wenn die Frau sicher ist, dass sie nicht zurückkehren will, wird ihr Mann bald der Scheidung zustimmen. Die Rückzahlung des Brautpreises ist dann Verhandlungssache. Das Gewohnheitsrecht gestattet es in diesem Fall nicht, die Ehe fortzusetzen. *'urf* gibt der Frau nur in zwei Fällen das Recht, die Scheidung zu verlangen, was vom Ehemann jedoch anerkannt werden muss. Die Gründe dafür sind Vergewaltigung und Impotenz. Die Scheidung ist unkompliziert, jedoch verliert der Mann den Brautpreis. Die Kinder verbleiben nach Erreichen eines bestimmten Alters bei der Familie des Mannes.

Scheidung und Wiederheirat sind weit verbreitet. Manche Männer verstoßen ihre Frauen nach den Wechseljahren, was als ungehörig angesehen, aber nicht bestraft wird. Andere Scheidungsgründe sind Unfruchtbarkeit und Konflikte zwischen den Ehepartnern und den Schwiegereltern.[353]

Die Scheidung unter den Beduinen ist eine relativ einfache Angelegenheit und beinhaltet keinerlei Schande für beide Partner. Beide werden frei, so dass sie erneut heiraten können ohne ihr Ansehen zu zerstören. Die erste Hochzeit endet sehr oft in der Scheidung, was für den Mann meist einige Jahre warten bedeutet, ehe er erneut heiratet. Wenn ein Mann sich von seiner Frau scheiden lassen will, braucht er seine Absicht nur in Anwesenheit von Zeugen auszusprechen und die Sache ist erledigt. In diesen Fällen behält die Frau ihren Brautpreis.

Eheregeln

Die Anteil an Eheschließungen unter Cousins ersten Grades ist im Nahen Osten sehr hoch. Unter den Beduinen wird der Heirat mit dem Kind des Vaterbruders, dem patrilinearen Parallelcousin, höchste Priorität gegeben. Es ist hierbei wichtig, nochmals zu erwähnen, dass die Beduinen traditionell ihre Verwandtschaft patrilinear definieren, d.h. immer zuerst über die Vaterseite.

Die dunkel gekennzeichneten Personen im Diagramm[354] sind alle patrilinear miteinander verwandt.

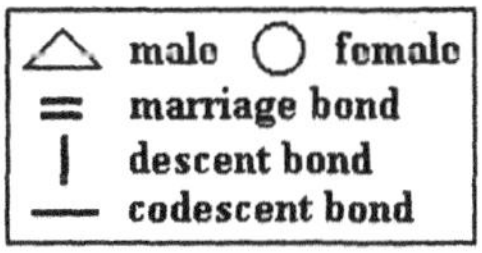

[353] Cole and Altorki (o.J.): 5

[354] Die Diagramme entstammen einer kopierten Version einer englischsprachigen Publikation zum Thema Ehe und Beduinen ohne Titelangabe. Sie wurden trotzdem übernommen, da sie genau die beschriebenen Eheregeln widerspiegeln.

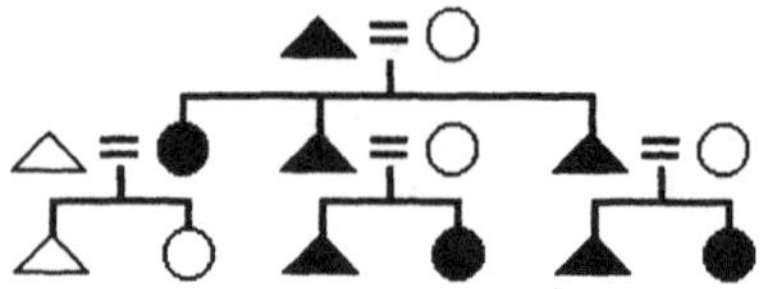

Beduinen unterscheiden zwischen Cousins, die Mitglieder ihrer erweiterten patrilinearen Familie sind, den Parallelcousins, und den Kreuzcousins, die nicht Mitglied sind. Durch die Heirat der Tochter des Vaterbruders heiratet man die nach Mutter, Schwester und Tante nächste weibliche Verwandte.

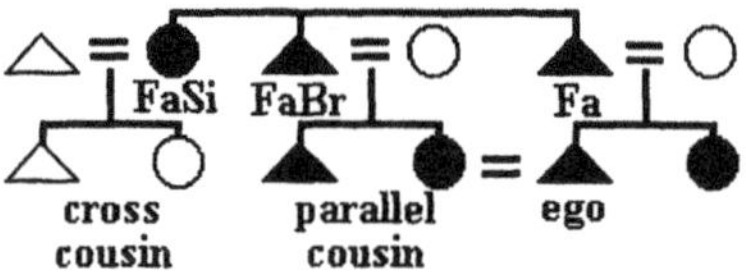

Die Heirat der Parallelcousine stärkt die Solidarität innerhalb der erweiterten Großfamilie und verringert die Verpflichtungen gegenüber anderen. Somit bleibt die Familie eine relativ geschlossene und isolierte Gruppe, die Allianzen mit anderen Gruppen nur eingeht, wenn es die sozialen oder politischen Umstände erfordern.

Die Stellung der Frau im Gewohnheitsrecht

Frauen genießen im Strafrecht der Beduinen einen besonderen Rechtsschutz. 'urf bestraft Verbrechen an ihnen besonders hart und richtet Straftaten von Frauen milde. Die Ehre der Beduinen repräsentiert sich in der Frau. Ehebruch oder Vergewaltigung sind daher besonders schwere Verbrechen. Hier ist die Ehre der gesamten Familie betroffen.

Schlägt ein Beduine sein Frau oder behandelt sie schlecht, kann sie zu ihrer Familie zurückkehren. Diese kann dann rechtliche Schritte gegen den Ehemann einleiten. Trägt die Ehefrau Verletzungen davon, wendet man sich an den *qaṣṣāṣ*. Dieser verurteilt den Ehemann entsprechend der Größe der Verletzung zu einer Geldstrafe. Außerdem wird die Ehe geschieden.

Der rechtliche Wert einer Frau ist viermal so hoch wie der eines Mannes, der Mörder einer Frau zahlt den vierfachen Blutpreis, der gewaltsame Entführer das Blutgeld für vier Männer.[355]
Erwähnenswert ist noch die sakrosankte Stellung der Frau. Im Kriegsfall spornt eine Jungfrau, die auf einem besonders guten Kamel in die Schlacht reitet, die

[355] Gräf (1952): 169

Krieger eines Stammes durch das Ausrufen des stammeseigenen Kriegsrufes an, alles zu tun, um ihre Ehre, d.i. die Ehre des Stammes zu verteidigen.[356]

10.4. Zum Erbrecht

Da diese Fragen nicht Inhalt der Interviews waren, kann auf diesen Punkt auch nur kurz eingegangen werden. Grundlage der Informationen sind generelle Aussagen einiger Beduinen sowie Literaturangaben früherer Untersuchungen.

Im Erbrecht der Beduinen gibt es einen grundsätzlichen Unterschied zum Islamischen Recht. Als Grundregel gilt, dass die Frau nichts bzw. fast nichts bekommt. Sie steht ihr gesamtes Leben unter der Vormundschaft und Fürsorgepflicht ihrer männlichen Verwandten. Die Söhne sind Haupterben, nur mit ihrer Zustimmung erben Töchter auch etwas. Stirbt die Frau, erhalten ihre Kinder und ihr Mann jeweils zur Hälfte. Erbt die Frau doch etwas, so soll sie diesen Besitz treuhändlerisch verwalten, bis ihre minderjährigen Söhne berechtigt sind, den Besitz zu übernehmen. Als Ausnahme der Regeln gilt nur das Eigentum der Mutter. Stirbt sie, nimmt die Tochter einen Teil des Schmuckes der Mutter.

Die gängige Erbfolge ist: Erbfolge: Sohn - Vater - Bruder - Onkel[357]

Neben dem eigentlichen Erbe vergibt der Familienvater vor seinem Tod einen besonderen Anteil, *al-kibra*, welcher der Aufrechterhaltung der Familienbande dient. Aus diesem Topf sollen bedürftige Familienmitglieder unterstützt werden. Normalerweise erhält der älteste Sohn diesen Anteil. Doch erscheint er dem Vater als dafür nicht geeignet, kann auch ein anderer Sohn dafür ausgewählt werden. Man nennt diesen bevorzugten Sohn den „Bevorzugten", *al-fāliḥ*.

Diese Regel ist auch auf Stammesebene bekannt, wo man sie *kibrat aš-šaiḫ* nennt. Hier erhält der Scheich einen besonderen Anteil aus der Erschließung neuer Ländereien, um diese zum Wohle des Stammes einzusetzen.

Wendet sich eine Familie an ein staatlich-islamisches Gericht, wird ihr der quranische Anteil zugebilligt.

10.5. Land- , Wasser- und Weiderechte

Bei den Beduinen auf der Arabischen Halbinsel gibt es im Gegensatz zu den dortigen sesshaften Gruppen traditionell kein Privateigentum an Landbesitz. Die Stammesabteilung kontrolliert den gemeinsamen Besitz an natürlichen

356 Procksch (1899): 48
357 Mušāriqa (1988): 267-68

Ressourcen im traditionellen Weidegebiet des Stammes, wozu Weide, Holz, Wasser und die Jagd gehören. Doch gibt es auch Ausnahmen, wie bei den beduinischen Stämmen in Kuwait, wo es keine besonderen Weiderechte für Stammesabteilungen gibt, sondern jede Familie sich ihre Weide nach dem „Recht der Hand auflegen" sucht.[358] Diese Tradition wird unter den großen Stämmen im Norden der Arabischen Halbinsel jedoch nur auf lokaler individueller Basis angewendet, und dann auch nur in Auseinandersetzungen mit sesshaften Gruppen oder staatlichen Institutionen bzw. wenn der traditionelle Anspruch der Gruppe keine Zustimmung findet.

Allen Mitgliedern einer Abteilung ist es gestattet, auf den Weiden des Stammes kostenlos ihre Herden zu weiden. Absprachen mit den benachbarten Abteilungen oder andern Stämmen regeln die Verhältnisse an den Grenzgebieten. Aufgrund der Begrenztheit der wirtschaftlichen Ressourcen kommt es aber immer wieder zu Auseinandersetzungen um Weideland und Wasserstellen, die mitunter auch zu Todesfällen führen. Bis in unsere Zeit halten sich daher auch die Blutfehden. Zur Lösung des Konfliktes wird die Zahlung der *diya* angestrebt, wofür die gesamte Großfamilie verantwortlich ist.[359] Nach der Beendigung des Blutfalles kann der Streit um die Weiderechte geklärt werden, was in der Regel durch den Abschluss von bilateralen Nutzungsverträgen erfolgt.

Der Austausch zwischen Gruppen und die Bewegungen zwischen den Territorien wurde durch Allianzen, Klientelbeziehungen, Schutzverhältnisse und gutnachbarliche Beziehungen geregelt, die ihren Ausdruck im Stammesrecht fanden. Im Allgemeinen gilt, dass Land nur dann als Privatbesitz gilt, wenn es intensiv bearbeitet wird. Unbearbeitete Naturressourcen, wie Brunnen, Perlenbänke, Weiden und bis zu einem gewissen Grad auch Regenfarmgebiete waren Eigentum der gesamten Gruppe. Exklusive Rechte regulieren nur Gebiete intensiver Kultivierung mit einem hohen Grad an Investitionen, z.B. Bewässerungsanlagen. Güter, Vieh, Gebäude, bestimmte Brunnen, Fischnetze, Boote waren ebenfalls in Privatbesitz. Private wir kollektive Eigentumsansprüche verfallen nicht. So haben die Šammar, die im 18. Jahrhundert in die Ǧazīra zogen, noch immer Gärten und Plantagen im Naǧd, die sie von Lohnarbeitern versorgen lassen und zu denen sie jederzeit zurückkehren können.[360]

---

[358] Maḥǧūb (1997): 272. Die meisten kuwaitischen Stämme weisen einen höheren Grad der Sesshaftigkeit als ihre saudischen Bekannten auf.
[359] Janzen, (1980): 69
[360] Als der Scheich der Šammar in der Ǧazīra, Ṣufūq Bin Fāris 1843 getötet wurde, zog seine Familie zurück in den Naǧd und lebte für einige Jahre auf dem Gebiet, welches sie vor ca. 100 Jahren verlassen hatten. Waṣfī Zakarīya (1997): 637

Das Land ist bis auf wenige Ausnahmen als Staatsland eingetragen. Die Ausbeutung des Landes hingegen war eine gewohnheitsrechtliche Angelegenheit. Die Beduinenfamilien der Šammar betrachteten sich selbst als Eigentümer allen Landes und erlaubten niemandem, ohne ihre Erlaubnis darauf zu bauen oder es zu bestellen. Sie schufen ein Monopol über Weide und Wasser in einem Gebiet, das nun ihre *dīra* wurde.[361]

Durch die Aufhebung der traditionellen Weidevorrechte, der *dīra* und der *ḥima*,[362] die individuelle Landzuweisung und die Einbindung der Stammesführer in das System der großen Agrarbetriebe, wurde die Gewohnheit abgeschafft. Heute gilt der Staat als oberster Besitzer des Landes.

In Saudi-Arabien haben die Beduinen nach der Auflösung des *dīra*-Systems das Besitzrecht über ihr Land gegenüber dem Staat geltend zu machen. Das Land, was sie bearbeiten, ist in der Regel nicht auf ihren Namen registriert, sondern wird gewohnheitsrechtlich als Besitz der Gruppe erachtet. Um privates Landeigentum zu registrieren, braucht man einen Personalausweis. Um einen Personalausweis zu erhalten, muss man nachweisen, dass man Landbesitz hat und ein Schreiben vom Stammesscheich vorlegen, welches die Mitgliedschaft bestätigt. Zufällig ist der Stammesscheich meist auch größter private Landbesitzer des Stammes. Diese Situation lässt viele Beduinen befürchten, dass die Regierung ihnen irgendwann ihr Land wegnehmen wird. Ein ähnliches Problem entsteht beim Antrag auf Kredite für den Aufbau eines privaten landwirtschaftlichen Betriebes. Hier helfen jedoch die *kibār*, einflussreiche Stammesmitglieder, die eng mit den lokalen staatlichen Behörden, besonders dem Ministerium für Landwirtschaft und Bewässerung, zusammenarbeiten. Ihr Lohn ist kein materieller, vielmehr können sie dadurch ihre Reputation innerhalb der Gemeinschaft vermehren.

Im Zuge der Neuorientierung der saudischen Beduinenpolitik nach den großen Dürren der 50er und 60er Jahre wurde auch eine Wiederbelebung des traditionellen Systems für Weidewirtschaft, *ḥima*, vorgeschlagen. Experten schlugen vor, die ehemaligen Weiderechte der Beduinenstämme im Rahmen einer modernen Kooperative wieder einzuführen.

Als eine weitere allgemeine Regel gilt, dass Landbesitz bei den Nomaden niemals permanent war und von der Stärke der Gruppe abhing. Vielfach stimmten das politische und das wirtschaftliche Gebiet eines Stammes nicht überein, gab es Überschneidungen und Einschränkungen. Manche Gebiete wurden von mehreren Stämmen wirtschaftlich genutzt, politisch aber nur von

[361] Rasheed (1987):34

[362] Vgl. die Arbeit von Shoup (1991) zum Ursprung von *ḥima*

einem „besessen".[363] Ansprüche und Gegenansprüche wurden in solcher Art gegeneinander ausgespielt, dass jede Gruppe ein eigenes Lebens- und Weidegebiet hatte. Die Grenzen wurden durch die Tradition und Abkommen gezogen. Sie konnten sich im Verlauf von Jahrzehnten ändern. Meistens war dies jedoch ein langwieriger Prozess, der mit der Wanderung ganzer Stammesgruppen einherging. Entsprechend dem Gewohnheitsrecht gehörte das Land dem ganzen Stamm, jedoch de facto besaß die Regierung den endgültigen legalen Anspruch. Dies erklärt, warum das Land der Nomaden, sei es nun im Eigentum der Regierung oder der Gemeinschaft, nicht legal verkauft oder übertragen werden konnte.

Im Gegensatz zu den Weideflächen blieben die traditionelle Rechte an Wasserstellen und Brunnen weitgehend erhalten.[364] Heute ist die Steppe jedoch offen für alle. Zusätzlich ließ die Regierung noch eigene Brunnen graben, die den Zugang zum Weideland auch den Stammesgruppen ermöglichen, die weder gewohnheitsrechtliche Ansprüche noch Siedlungen in der Steppe hatten.

Am Südrand des Leeren Viertels wurde auf ähnliche Weise mit den Ressourcen an Weide und Wasser umgegangen. Bevor 1974 das tribale Land im Norden des Oman nationalisiert wurde, basierte Landeigentum und -nutzung auf der Grundlage des Gewohnheitsrechts. Die Nomaden glaubten, dass alles Land Gott gehört. Er erlaubte den Menschen nur, es zu benutzen. Sie beanspruchen immer noch die Landnutzungsrechte auf die Weide, auf der schon ihre Vorfahren lebten und weideten. Ebenso haben sie die exakten Grenzen zwischen den verschiedenen Stammesgebieten und den Unterabteilungen noch nicht vergessen. Die tribalen Grenzen waren jedoch nicht undurchlässig: viele inner- und intertribale Abkommen erlaubten es den benachbarten Stämmen, die Gebiete des anderen mitzubenutzen. Wurden diese Abkommen verletzt, versuchten die darin verwickelten Stammesscheichs eine Lösung auszuhandeln. Schwere Fälle wurden vor eine höhere Instanz, in diesem Fall den Wali von Dhofar in Salala, gebracht.[365]

Im Versuch der Einflussnahme auf die nomadischen Stämme verabschiedeten die Regierungen der betroffenen Länder neue rechtliche und moralische Konzepte, die die bisherigen Praktiken untergruben. Die Ausweitung der

---

[363] Doughty (1888): 445, beschreibt den Fall einer besonderen Regelung zwischen den Muwāhib und den Šammar im nördlichen Ḥiǧāz. Diese gestatten sich gegenseitig, die Stammesgebiete des anderen zu benutzen, wenn in einem Gebiet nicht ausreichend Weideflächen vorhanden sind.

[364] Man unterscheidet in jedem Stamm zwischen privaten Brunnen, meist im Besitz einer Familie, und öffentliche Brunnen, die allen Stammesmitgliedern zugänglich sind.

[365] Janzen (2000): 163

staatlichen Legislative und Judikative auf die tribalen Gebiete führte zu einer signifikanten Schwächung der Unabhängigkeit der Stämme. Dies beinhaltete in erster Linie den Verlust der Exklusivrechte über das Land. Die formellen rechtlichen Konditionen ermöglichten es dem Staat, neue Entwicklungsmaßnahmen einzuführen, ohne dafür die Zustimmung der Stämme zu benötigen oder eventuelle Schadensersatzansprüche fürchten zu müssen. Als Entschädigung erhielten die Beduinen dann Landzuteilungen in Gebieten, die nicht zu ihrem vormaligen Sieglungsgebiet gehörten.[366]

Im Zuge der Grenzziehung nach den I. Weltkrieg durch die Briten wurden zwei neutrale Zonen in Nordarabien mit dem Ziel geschaffen, für die Stämme, die auf beiden Seiten der Grenze lebten und wanderten, die Weiderechte zu sichern.[367] Eines der Probleme der nordarabischen Stämme war die Grenzziehung nach der Konferenz in Ḥadda im November 1925. Faktisch wurde das Weidegebiet der Banū Ṣaḫr, Banū Ḫālid, Sirhān und einiger Abteilungen der Rwala und 'Anaza zweigeteilt, da deren Winterweiden im Wādī Sirhān unter saudischer Hoheit und die Sommerweiden unter jordanischer, d.h. britischer Oberherrschaft. Das galt auch für die Grenzziehung zwischen dem Naǧd und Irak. Hier betraf es vor allem die Šammar und die Ẓafīr, die ihre Weidegründe plötzlich auf zwei unterschiedliche Nationalstaaten mit konträrem Herrschaftsansatz verteilt sahen. Dazu wurden sie in die politischen Auseinandersetzungen dieser Staaten einbezogen und ihre Ansprüche und traditionellen Anrechte zum Spielball der internationalen Politik gemacht.[368] Eine Phase der rapiden Eskalation der intertribalen Überfälle war die Folge. Zwischen 1926 und 1931 erbeuteten die Stämme aus dem Ḥiǧāz und dem Naǧd über 6.700 Kamele, 6.200 Schafe und töteten 95 Mitglieder jordanischer Stammesabteilungen. Auf der Gegenseite eroberten diese von den Stämmen in Saudi-Arabien etwa 3.000 Kamele, 950 Schafe und töteten 41 Stammesmitglieder.[369]

Entsprechend dem gegenwärtigen Stand ist alles Weideland zur freien Benutzung offen. Nach der Nationalisierung blieben viele Familien nicht länger in ihrem alten Stammesgebiet und die Wanderbewegungen änderten sich drastisch. Nun ist es den Kamelzüchtern erlaubt, ihre Herden auf den Grasweiden der Schafzüchter zu weiden, deren traditionelle Ansprüche nicht länger anerkannt werden. Regelmäßige Auseinandersetzungen, oftmals auch

---

[366] Hajrah (1982): 5ff

[367] Wilkinson (2000): 53

[368] Pfullmann (1996): 390 berichtet von umfangreichen Zahlungen des haschemitischen Königs Faiṣal an die Šammar, Ḥarb und 'Utaiba mit dem Ziel der konstanten Bedrohung der saudischen Herrschaft.

[369] Bocco (2000): 206

gewalttätig, sind die Folge. Hier kommt den Vermittlern und Landrichtern eine große Bedeutung auch in unserer Zeit zu.[370]

Im Hauran in Syrien kam es im Jahre 2000 zu gewalttätigen Auseinandersetzungen zwischen drusischen Bauern und Beduinen um die Nutzung von Acker- und Weideflächen, die mehrere Tote zur Folge hatten. Grund waren gewohnheitsrechtliche Ansprüche, welche die Beduinen der Region geltend machten, als sie ihr Vieh auf den Ackerflächen einer landwirtschaftlichen Genossenschaft weiden ließen.[371] Einer der örtlichen Scheichs verkündete nach einiger Zeit den Versuch einer versöhnlichen Lösung, um die Konfrontation zwischen beiden zu beenden. Unterstützt wurde er dabei von einflussreichen Persönlichkeiten beider Seiten sowie Vertretern der Regierung. Die syrische Regierung bot jeder Familie, die ein Mitglied in den Auseinandersetzungen verloren hatte, die Summe von 350.000 SL (ca. $ 7.000) als Schadensersatz an. Den etwa 40 verwundeten Personen wurden jeweils 100.000 SL ($ 2.000) angeboten. Vergleicht man das mit anderen *diya*-Zahlungen in Saudi-Arabien (die *diya* für Mord beträgt hier fast das Fünffache), so ist die Summe doch recht bescheiden. Erwähnenswert ist jedoch der Lösungsansatz der staatlichen Behörden, den Konflikt mit traditionellen Mitteln beizulegen.

Mit der zunehmenden Sesshaftigkeit und Auflösung der Stammesgebiete werden die Eigentumsverhältnisse bezüglich Land- und Bodeneigentum immer komplizierter, da es nun häufig zu Schnittstellen mit anderen Rechts- und Wirtschaftssystemen kommt. Hinzu kommt auch das Vorhandensein von Privateigentum an Boden und Weideflächen bei den Stammesscheichs, die durch Bodenreformen, Enteignungen und Abschaffung des gemeinschaftlichen Eigentums an Boden zu Großgrundbesitzern wurden. Die einfachen Stammesmitglieder wurden hingegen Pächter im Dienste des Scheichs, wodurch sich die gesamte Sozialstruktur des Stammes und viele ethische Grundlagen der Beduinenkultur veränderten. Dies gilt auch für die Šammar und ihre Anführer. Die Āl Rašīd erwarben Grundbesitz und Dattelplantagen in den Oasen um Hail, deren Schutz sie verschiedenen Kräften, u.a. verarmten Beduinen, anvertrauten.[372]

---

370 8 Personen wurden getötet und 10 verletzt als es zwischen zwei Abteilungen der al-Ḥašīd im Süden Saudi-Arabiens zu bewaffneten Auseinandersetzungen um den Besitz eines Stück Landes kam. Vermittler von außerhalb versuchten den Konflikt beizulegen, scheiterten aber im ersten Versuch. Erst als sich die Scheichs von benachbarten Stämmen einmischten, konnte der Versöhnungsprozess fortgesetzt werden. (s. Arab News, 09.09.2001)

371 al-Bayān, vom 29.11.2000; Reuters, 19.12.2000

372 Rasheed (1987): 36

Dass reiche Nomaden rurale Landbesitzer werden, wird am Beispiel der Oasen in der Ostprovinz Saudi-Arabiens deutlich wird. Viele dieser Dattelhaine in Hufūf und Qaṭīf gehören der führenden Familie der Banū Ḫālid, die ihre Stammesmitglieder auf der Basis des sharecroppings hier beschäftigen.[373]

Im Zuge der Sesshaftmachung der Beduinen kam es zu vielen Konflikten über Landeigentum. Normalerweise siedelten die Beduinen auf Land, welches in ihrem traditionellen Stammesgebiet liegt und nicht vorher besiedelt war. Dafür erhielten sie die Eigentumsrechte der Regierung. In wenigen Fällen wurde ein Landstück ausgewählt, welches schon im Besitz einer anderen Seite war. Dann musste dieses Land käuflich erworben werden.[374]

Der Zusammenbruch des Ansiedlungsprogramms brachte die saudischen Regierung dazu, indirekte Strategien der Intervention zu suchen. Dazu nahm sie eine Politik an, die Landeigentum an Individuen auf privater Basis übertrug. Der rechtliche Hintergrund dieser Maßnahmen lag in der Abschaffung der Rechte der Beduinen an ihren traditionellen Territorien im Jahre 1925. Die Anwendung des neuen Systems der privaten Landzuteilung erstreckte sich nur auf Gebiete, in denen es genügend fossiles Grundwasser gab, welche Bewässerungswirtschaft erlaubte. Die daraufhin gegründeten Genossenschaften und kleinen Farmgemeinschaften schufen einen Unterschied im Reichtum zwischen den Gruppen, die von der Landzuteilung profitierten, und den Gruppen, die nichts bekommen hatten. Diese Linie verlief manchmal durch den eigenen Stamm. Die neue Regelung vollzog den Schritt vom gemeinsamen Eigentum an Ressourcen zu privatem Landbesitz und führte zu sozioökonomischen Differenzierungen zwischen den einzelnen Stammesabteilungen.

Die Maßnahmen der saudischen Regierung zielten nicht nur auf die Beendigung des Konfliktes unter den Nomaden um die Ressourcen, vielmehr sie verweigerte den Nomaden das Recht, ihre Ressourcen selbstständig zu kontrollieren und zu verwalten. Mit der Ersetzung der intertribalen Abkommen wurde der Zusammenhang der beduinischen Gesellschaft entscheidend geschwächt.[375]

Zum Schluss sei noch kurz auf die Verwicklungen hingewiesen, die im Zuge der Erdölexploration der Arabischen Halbinsel entstanden.[376] Vielfach wurden Stammesgruppen vom örtlichen Vertreter der saudischen Regierung oder direkt von Mitgliedern des Königshauses enteignet, sobald sich herausstellte, dass auf

---

[373] Ebrahim (1981): 148/49

[374] Mušāriqa (1988): 263f.

[375] Fabietti (2000): 88

[376] Vgl. die Arbeit von Vidal (1975) zu beduinischen Strategien im Umgang mit Landstreitigkeiten mit der Regierung.

dem entsprechenden Stammesgebiet Erdölvorkommen vermutet wurden. Dies trifft hauptsächlich auf die Stämme in der Ostprovinz und im Leeren Viertel zu. Zu Enteignungen kam es aber auch in Qasim und Hail, wo für die extensive Landwirtschaft neue Bewässerungsflächen requiriert wurden. Auch wenn dies im staatlichen Auftrag geschah, konnten jedoch private Ansprüche der Machthaber nicht verdeckt werden.

Enteignungen muss man sich aber nicht als einen gewalttätigen Vorgang vorstellen, der die Beduinen völlig entblößt von jeder Lebensgrundlage zurücklässt. In der Regel gibt es für jedes Stammesmitglied eine ausreichende Entschädigung, um sich anderswo niederzulassen. Die Stammesscheichs erhalten zusätzliche Leistungen. Häufig stehen die Beduinen nach einer Enteignung materiell besser als vorher dar. Und da eine spirituelle oder religiöse Bindung an das Land nicht existiert, nutzen Landenteignungen für Erdöl- oder Bewässerungsprojekte meist beiden Seiten.

10.6. Zeitgenössische Regelungen

In den folgenden Fällen wird heutzutage nicht nach Gewohnheitsrecht entschieden und keine *diya* bezahlt:
1) Zugunfällen
2) Arbeitsunfällen
3) Verkehrsunfällen, an denen der Fahrer keine Schuld trägt
4) Fälle, bei denen dem Täter vergeben
5) Militärdienstunfällen
6) Straftaten, die von Militärangehörigen begangen werden
7) Unfälle von Staatsbeamten
8) Bei der Hinrichtung des Täters

Ist der Unfall jedoch auf Unachtsamkeit zurückzuführen, dann zahlt der Täter die *diya* für unabsichtliche Tötung bzw. Körperverletzung. Die anderen Funktionen, die normalerweise mit diesen Tatbeständen verbunden sind, wie Verfolgung, Rückzug und Schutz, werden nicht anwendet, sondern eine direkte Versöhnung erzielt.

Neu ist auch der Brauch, bei medizinischen Fehlern vom behandelnden Arzt die *diya* zu verlangen. Die saudische Tageszeitung al-Waṭan berichtet von einem solchen Fall.[377] Das Gericht verurteilte jedoch nicht nur den Arzt, sondern auch dessen Stamm, in diesem Falle das Krankenhaus. Der Arzt musste nur 20% bezahlen, während die Krankenstation 30% und das Krankenhaus 50% der Summe aufbringen mussten.

---

[377] al-Waṭan vom 10.01.2001

10.7. Verkehrsunfälle

Verkehrsunfälle stellen nicht nur aufgrund ihrer Häufigkeit ein neues Problem sowohl für die tribale wie auch die staatliche Gerichtsbarkeit dar. Da es noch keine verbindlichen Regeln, Fatwas oder kodierte Gesetze gibt, entscheidet der Richter nach eigenem Ermessen. Für den Beduinenrichter bedeutet dies, dass er sich an früheren Fällen orientiert. Daher leiten sich auch die im folgenden erwähnten Beispiele ab, die sich auf Verkehrsunfälle der jüngeren Vergangenheit beziehen.

Grundlage der Beschlüsse ist die Feststellung der Schuld, einer neuer Aspekt in der Urteilsfindung, die bisher mehrheitlich von Tatsachen ausgeht. Mord war immer Mord, egal ob das Opfer erschossen oder überfahren wurde. Doch lässt sich nun eine subtilere Art der Feststellung erkennen. Eine weitere Grundlage ist die Anerkennung einer indirekten Tötung, d.h. dass die Umstände der Tat näher geklärt werden müssen. Mit anderen Worten heißt das, dass bei Verkehrsunfällen jeder Beteiligte eine gewisse Mitschuld trägt.[378] Trotzdem wird die Schuld nicht gegenseitig aufgerechnet, wie es der Fall ist, wenn es im Verlauf von Streitigkeiten zu Verlusten bei beiden Parteien kommt.

Geschah der Verkehrsunfall unabsichtlich, wird er dem Gericht, sei es das Stammes- oder das *šarī'a*-Gericht, überlassen. War es ein absichtlich herbeigeführter Unfall, werden die Bestimmungen für Mord angewendet. Folgende Regeln und Bestimmungen haben sich aus den verschiedenen Sachlagen herauskristallisiert:

1) Als Grundregel hat sich durchgesetzt, dass die Opferseite vom Täter die halbe *diya* erhält.
2) Zusammenstoß mit tödlichem Ausgang: Stellt sich heraus, dass die Ursache des Unfalls auf Unachtsamkeit, überhöhte Geschwindigkeit oder Trunkenheit zurückzuführen ist, beträgt die *diya* 100.000SR. Stellt sich heraus, dass die Unfallursache nicht auf den Fahrer zurückgeht, sondern ein technischer Schaden oder dass einer der getöteten Passagiere Schuld war, braucht die *ḫamsa* des Fahrers keine diya zahlen.
3) Schaden am Auto: Stirbt der Fahrer in Folge des Unfalls, so endet die tribale Verantwortung für ihn und seine *ḫamsa*. Die *diya* entfällt ebenfalls. Bleibt er jedoch am Leben und stellt sich heraus, dass der Unfall auf einen technischen Schaden zurückzuführen ist, so ist er von der Verantwortung und der *diya* befreit.
4) Ist der Grund des Unfalls, dass eine Tür geöffnet wurde und Personen aufgrund der Unachtsamkeit des Fahrers aus dem Auto fielen, trägt dieser die

[378] Vogel (2000): 127-29

Verantwortung. Er muss eine beschränkte *diya* von ca. 30.000 SR bezahlen. Liegt die Schuld aber eindeutig bei der betroffenen Person, ist der Fahrer der Verantwortung enthoben.

5) Kommt bei dem Unfall eine Person zu Tode, die auf der Ladefläche des Autos saß, so trifft den Fahrer keine Schuld.
6) Technischer Schaden: Stirbt der Fahrer des Wagens aufgrund eines technischen Schadens, gibt es keine *'aṭwa*, Versöhnung oder *diya*. Werden aber mehr Personen als erlaubt mitgenommen, trägt der Fahrer dafür die Verantwortung. Er muss die *diya* für unabsichtlichen Mord zahlen, d.h. bis zu 30.000SR pro Person und Versöhnung.
7) Wird ein Kind verletzt oder getötet, welches sich am Hinterteil des Autos aufhielt, hat es keine Rechte gegenüber dem Fahrer. Es kommt aber zur Versöhnung.
8) Hat der Fahrer sein Auto verlassen, ohne die nötigen Sicherheitsmaßnahmen einzuleiten (Handbremse, laufender Motor, offene Türen), sind er und seine *ḫamsa* schuldig.
9) Hat er jedoch alles ordentlich hinterlassen, und Kinder oder andere Personen haben es trotzdem geschafft, den Wagen zu benutzen und einen Unfall zu verursachen, so fällt die Verantwortung auf sie und ihre *ḫamsa*. Diese werden dann wegen fahrlässiger Tötung verurteilt.

Blutgeld-Versicherung:

Es ist heute in Saudi-Arabien möglich, eine Unfall- bzw. Haftpflichtversicherung abzuschließen. Im Schadensfall zahlt die Versicherungsagentur die *diya* bis zur vereinbarten Höhe[379] und die Reparatur des Wagens. Übersteigt der Betrag der Forderung die Versicherungssumme, zahlt der Fahrer den Rest.

---

[379] In der Regel 100.000SR

11. DIE BEENDIGUNG VON KONFLIKTEN

11.1. Die Versöhnung, *aṣ-ṣulḥ, aṭ-ṭaiba*

Die Versöhnung ist die Mutter aller Urteile.[380] (beduinisches Sprichwort)

Die große Mehrheit aller Zivilklagen endet mit einer Versöhnung. Das ist der Fall sowohl im Gewohnheitsrecht als auch an den *šarī'a*-Gerichten. Beiden liegt der Ansatz zugrunde, dass es besser ist, die Parteien zusammenzubringen, als durch ein Urteil langwierige Feindschaften entstehen zu lassen. Die Praxis der Versöhnung ist also ein Element, das einerseits religiös legitimiert ist, andererseits in seiner tribalen Urform noch aus der *ǧāhilīya* weiterexistiert. Nennen wir es eine der bedeutenden Gemeinsamkeiten zwischen den Rechtssystemen. Vogel zeigt, dass schon zu Zeiten des Kalifen 'Umar, der Versöhnung den Vorrang gegeben wurde.[381] Doch auch unter den saudischen Beduinen-Richtern der Gegenwart erfreut sie sich großer Beliebtheit. Diese Richter sind ausgezeichnete Vermittler und Versöhner. *Ṣulḥ* kann somit die Wiedereinführung von Gewohnheitsrecht an saudischen Gerichten beschleunigen, was die saudische Regierung so lange bekämpft hat.[382]

Das die Versöhnung auch im Islamischen Recht ein angestrebtes Mittel zur Konfliktregelung ist, lässt sich schon im Quran nachlesen:

„Und wenn eine Frau von ihrem Mann rohe Behandlung oder Abneigung befürchtet, ist es für die beiden keine Sünde, sich friedlich zu einigen. Es ist besser, sich friedlich zu einigen. Die Menschen sind auf Habsucht eingestellt. Aber wenn ihr rechtschaffen und Gottesfürchtig seid (ist es besser für euch). Allah ist wohl darüber unterrichtet, was ihr tut."[383]

11.1.1. Zum allgemeinen Ablauf

Die Schlichtung wird von einer Gruppen von Notabeln, *al-ǧāha* durchgeführt, welche die Seite des Opfers überreden, das Blutgeld zu akzeptieren anstelle Vergeltung zu suchen. Die Notabeln des Stammes und an ihrer Spitze der Schutzpatron des Täters sowie der Scheich des Opferstammes bilden ein Gremium, welches die Versöhnungszeremonie abhält. Alle Beteiligten gehen dann zum Lager des Opfer bzw. in ein besonderes Zelt, welches speziell für die Versöhnung errichtet wurde. Dort folgt die übliche Kaffeezeremonie, wobei

380 الصلح سيد الأحكام
381 Vogel (2000): 153-54
382 s. dort: 157
383 Sure 4/Vers 128

jedoch die Seite des Täters den Kaffee solange ablehnt, bis die Seite des Opfer offiziell dem Prinzip der *diya* zustimmt. Geschieht dies, wird das Opfer noch einmal gelobt und seine guten Eigenschaften gepriesen. Dann beginnt das Gespräch zwischen den Vermittlern und dem Scheich der Abteilung des Opfers über den Hergang der Tat sowie über ähnliche Fälle aus der Vergangenheit, die mit Versöhnung endeten. Man unterhält sich über die Verzüge der Versöhnung, die das Gute bringt und das Böse und den Hass fernhält. Die Vermittler vertreten die Sache des Täters und der Scheich die Sache des Opfers.

Nun beginnt die eigentlich Verhandlung um die Bezahlung der *diya*. Dabei versuchen die Verwandten des Opfers eine möglichst hohe *diya* zu erhalten. Der Vertreter des Opfers fordert viele Dinge, wie eine *ġurra*, eine große Zahl an Kamelen und Pferden, Haushaltgegenstände, Waffen, usw., denn er weiß, dass er im Zuge der Verhandlungen bald darauf viele dieser Dinge zu Ehren bestimmter Personen wieder zurücknehmen muss, bis ein vernünftiges Maß erreicht wird. Die Aufgabe des Vermittlers ist es dann, auf den Scheich des Opfers Druck auszuüben, dass dieser die *diya* gemäß den Präzedenzfällen auf ein erträgliches Maß senkt. Zuerst verzichtet er auf den Teil Gottes, dann dessen Propheten, dann des König und des Kronprinzen, dann des Vermittlers. Der Betrag erreicht dann eine Grenze, der alle zustimmen.[384]

Als Zeichen der erfolgreichen Versöhnung wird eine weiße Flagge vor dem Versöhnungszelt gehisst. Diese drückt auch den Respekt vor der Familie des Opfers aus, welche die *diya* akzeptiert haben, sowie die Reinwaschung ihrer durch den Mord befleckten Ehre. Anschließend wandert die Flagge zum Lager des Täters und zeigt dort ebenfalls die erfolgreiche Versöhnung an.

11.1.2. Garantien zur Annahme der Versöhnung

Nach der Durchführung der Zeremonien der Versöhnung verlangen die Notabeln von der Familie des Ermordeten, dass sie einen Bürgen stellt, der garantiert, dass keiner der Täterseite angegriffen wird. Dieser Bürge ist der *kafīl wafā*. Man verlangt von ihm, dass er jedem Übergriff auf den Täter und seine Verwandten unterbindet. Aufgrund dieser schweren Aufgabe wird ihm in der Gesellschaft hoher Respekt gezollt. Jedes Verbrechen gegen die Täterseite gilt als Zerschneidung des Antlitzes des Bürgen, d.h. ist eine Verletzung seiner Ehre. Ebenso fordern die Notabeln von der Seite des Täter, dass sie einen Bürgen stellt, der die Zahlung der diya garantiert. Dies ist der *kafīl dafā*.

[384] Der Bericht von Aḫraṣ (1961): 122-23 trifft so heute immer noch zu.

Der Versöhnung müssen die Anführer der beteiligten Gruppen zustimmen, da der Fall den gesamten Stamm bzw. die gesamte Familie betrifft. Daher wird die Verhandlung auch immer von Delegationen beider Gruppen ausgehandelt, um eine möglichst breite Zustimmung zu erhalten.[385]

Wie man erkennt, sind zur Durchführung der Versöhnung primär keine Richter erforderlich. Hauptakteure sind die Notabeln und die Vertreter der Konfliktparteien. Die Notabeln fungieren als eine Art Vermittler oder Schlichter. Dieses Amt genießt so hohen Respekt, dass ihnen zu Ehren auf einen Teil des Schadensersatzes verzichtet wird.

11.1.3. Einzelheiten der Durchführung

Das Verfahren zur Herbeiführung einer friedlichen Lösung ist in mehrere Schritte gegliedert und durch gewohnheitsrechtliche Regeln vorgezeichnet:

1) Der Anführer der Familie des Täters ruft die Gruppe zur Versammlung zusammen.
2) Man wendet sich an eine dritte, unbeteiligte Gruppe und erbittet deren Schutz und Vermittlung. Früher, als der Nomadismus noch die vorherrschende Wirtschaftsform war, musste die gesamte Familie des Täters in das Gebiet ihrer Beschützer ziehen (s. Abschnitt Rückzug im Kapitel Sicherheits- und Schutzmaßnahmen), doch ist diese Form der „Schutzhaft" seit der Sesshaftwerdung nur noch bedingt möglich. Statt dessen schickt die Vermittler-Gruppe einige Männer, die für die gesamte Dauer Verhandlungen bei der Tätergruppe bleiben. Durch ihre Anwesenheit bieten sie einen symbolischen Schutz, denn jeder Angriff würde eine Konfrontation mit der Vermittler-Gruppe zur Folge haben. Die Auswahl geeigneter Vermittler ist deshalb eine wichtige Entscheidung für den weiteren Verlauf des Verfahrens.
3) Die dritte Gruppe darf die Bitte um Gewährung der Versöhnung nicht ablehnen. Sie würde dies auch kaum tun wollen, da durch die erfolgreiche Herbeiführung einer Schlichtung ein Prestigegewinn und eine Stärkung ihrer Position in der Stammeshierarchie erzielt werden kann. Gleichzeitig mit der Entsendung der symbolischen Schutzmannschaft informieren ihre Anführer die Opfer-Gruppe, dass sie von nun an für die Verhandlungen verantwortlich sind. Wenn die Vermittler-Gruppe auch von der anderen Seite akzeptiert wird, kann das Verfahren zur Herbeiführung der Versöhnung eingeleitet werden.
4) Die Frist der Verhandlungen, *'aṭwa*, dauert bei Mordfällen in der Regel ein Jahr. Während dieser Zeit sind die Mitglieder der Täter-Gruppe in ihrer Bewegungsfreiheit eingeschränkt, um unkontrollierbare Konfrontationen mit

[385] Maḥǧūb (1997): 295

Angehörigen der Opfer-Gruppe zu vermeiden. Ziel der *'aṭwa* ist es, das Blut abkühlen zu lassen.

5) Während der *'aṭwa* versuchen die Vermittler, in Gesprächen den Tathergang zu rekonstruieren und die Forderungen und Verhandlungspositionen der Streitparteien abzuklären. Alle diese Gespräche finden jedoch nur auf informeller Ebene statt.
6) Zum Abschluss des Jahres findet eine große Versammlung der beteiligten Gruppen statt. Über die Tat braucht man jetzt im allgemeinen nicht mehr zu reden, sondern nur noch über die Höhe der *diya*. In der Verhandlung sitzen die Führer der beiden Parteien sich gegenüber, und die Vermittler führen die Verhandlungen. Sie beschließen als Schiedsrichter die Höhe und die Zahlungsmodalitäten des Blutgeldes.
7) Nachdem eine Lösung gefunden wurde, werden zur Besiegelung der Versöhnung von der Täter-Gruppe einige Schafe geschlachtet und ein großes Versöhnungsfest veranstaltet.

11.1.4. Die Arten der Versöhnung

1) Die Arten der Versöhnung entsprechend der beteiligten Parteien.

a) *Die allgemeine Versöhnung*: Sie ähnelt den Friedensverhandlungen zwischen verfeindeten Staaten. Diese Art der Versöhnung findet zwischen zwei oder mehreren Stämmen statt, nachdem es aufgrund von kriegerischen Auseinandersetzungen zu Mord, Körperverletzungen und Eigentumsbeschädigungen bei allen beteiligten Seiten gekommen ist. Meist besteht die Feindschaft schon seit langer Zeit. Man wendet sich in diesem Fall an einen neutralen Stamm zwecks Vermittlung zwischen den verfeindeten Parteien und um ein Abkommen auf der Grundlage der Prinzipien der *sawālif/sawādī/'awāyid* zu erreichen. Beide Seiten rechnen gegenseitig ihre Verluste auf, worauf der Prozess des Abwiegens beginnt. Der Stamm, der den geringeren Schaden erlitten hat, zahlt den Unterschied an den Stamm, der großen Schaden erlitten hat. Dann werden entscheidende Bedingungen aufgestellt zur endgültigen Beendigung des Streites, u.a. sollen beide Seiten vergessen, was passiert ist und neue Beziehungen aufbauen. Diesen Prozess nennt man den Prozess des Grabens und Vergrabens.[386]
b) *Die besondere Versöhnung*: In diesem Fall handelt es sich um eine bekannte und feststehende Straftat und einen bekannten Täter. Dieser und das Opfer können vom selben Stamm sein. Die Verantwortung beschränkt sich auf den Täter und seine engen Verwandten. Das Ziel dieser Versöhnung ist die Verhinderung der Blutrache durch die Familie bzw. den Stamm des Opfers.

---

[386] حفار ودفان على ما جاب وبان

2) Die Arten der Versöhnung entsprechend ihrer Auswirkungen

a) *Die vollständige Versöhnung*: Diese Versöhnung beendet alle Angelegenheiten zwischen den befeindeten Parteien und führt zur Normalisierung der Beziehungen.

b) *Die unvollständige Versöhnung bzw. die an Bedingungen geknüpfte Versöhnung*: Diese Versöhnung beendet die Streitigkeiten zwischen zwei Parteien auf der Grundlage bestimmter Bedingungen, die während des Versöhnungsprozesses ausgehandelt werden. Die Einhaltung dieser Bestimmungen ist der Faktor der Dauer einer solchen Versöhnung, da ihre Nichteinhaltung zu neuen Feindseligkeiten führen kann. Zu den Bedingungen gehören u.a.:

i) Der Ausschluss des Täters von der Versöhnung: Sie findet zwischen zwei Parteien statt, umfasst aber nicht den eigentlichen Täter. Dies gleicht dem Prozess des *tašmīs*. Das hat zur Folge, dass der Täter für vogelfrei erklärt wird und die Blutrache jederzeit an ihm ausgeübt werden kann.

ii) Die Auferlegung von Beschränkungen für den Täter: Diese Versöhnung umfasst den Täter, doch nur unter Auflagen. Diese muss er im Prozess der Versöhnung erfüllen. Tut er dies nicht, fällt er aus dem Rahmen der Versöhnung heraus und unterliegt der Blutrache.

iii) Die Arten der Versöhnung hinsichtlich von Ersatzleistungen: Es gibt Versöhnungen, für die zusätzlich zur *diya* ein bestimmter Gegenwert in Geld oder Tieren gezahlt werden muss.

11.1.5. Die Ergebnisse der Versöhnung

Die Verpflichtungen, die den beteiligten Parteien entstehen, richten sich nach dem Ergebnis, welches die Versöhnung hervorbringt. Dazu gehören u.a.:

1) *Die Zahlung der diya oder der Schadensersatz:* Die Versöhnung kann mit einem Abkommen über den Betrag der *diya* oder des Schadensersatzes entsprechend der Straftat enden. Dies erfolgt sowohl in schweren als auch in leichten Fällen. Dieser Betrag besteht entweder aus Geld, Tieren oder Land. Bei diesem Fall der Versöhnung gibt es zwei Bürgen, den *kafīl wafā* und den *kafīl dafā*. Im Falle, dass der Stamm des Opfers auf alle Forderungen verzichtet, gibt es keinen *kafīl wafā*. Der *kafīl dafā* bleibt jedoch für lange Zeit bestehen, da er den Schutz des Stammes des Täters nach der Versöhnung garantiert. Er nimmt sozusagen den Platz des Besitzers des Antlitzes bei der *'aṭwa* ein.

2) *Die Begnadigung des Täters*: In diesem Fall verzeiht die Opferseite dem Täter und stellt keinerlei Forderungen auf. Dies geschieht in Anwesenheit der *ǧāha*. Dieser Brauch tritt recht häufig auf und ist Ausdruck der Großzügigkeit

eines Stammes. Wie erwähnt gibt es hier nur einen *kafīl dafā*, der den Schutz des Täters garantiert.
3) *Der Freikauf*: Dies geschieht nur im Mordfall. Hier verpflichtet der Stamm des Opfers den Täter zur Hilfeleistung, wenn sie gefordert wird. Dies kann im Kriegsfall sein oder eine materielle Spende. Dafür berechnet der Stamm des Opfers keinen zusätzlichen Betrag für die Versöhnung. Der *kafīl dafā* bleibt aktiv. Dazu kommt noch ein *kafīl širā*, der dafür garantiert, dass der Täter seiner Verpflichtung nachkommt, wenn er dazu aufgefordert wird.

Die Abzüge

Gewöhnlich verlangt der Stamm des Opfers eine große Summe Geldes und behauptet diese Forderung vor den *al-ǧāha*. Jedoch nachdem eine Einigung erzielt wurde und das Banner der Versöhnung gehisst wurde, beginnen die *ǧāha*, auf den Stamm Druck auszuüben, um eine Verringerung der Forderungen zu erreichen. Dann beginnt eine Art Spiel der Ehre, bei dem der Betrag Schritt für Schritt auf ein akzeptables Maß gesenkt wird. Folgende Institutionen werden dabei von den *ǧāha* angerufen:

a) Gott und der Prophet: Der Abzug für Gott ist dabei größer als der Abzug für den Propheten.
b) Der Herrscher und die Machthaber: Dabei wird zwischen dem allgemeinen Herrscher und dem örtlichen Machthaber unterschieden.
c) Die Frauen: Für jede einzelne an der Zubereitung des gemeinsamen Essens beteiligte Frau kann ein Betrag abgezogen werden.
d) Das Zelt der *ǧāha*: Meist gehört dieses Zelt einer frommen und hoch angesehenen Persönlichkeit, für die ein hoher Betrag abgezogen wird. Der Täterseite wird ein vierjähriges Kamel für die Errichtung des Zeltes und ein weiteres für seinen Abbau abgezogen.
e) Der Frieden des Blutes: Da der Täter und seine engen Verwandten zum Haus der Versöhnung gekommen sind, wird ihnen zu Ehren ein weiterer Teil der *diya* oder des Schadensersatzes abgezogen.
f) Die Notabeln: Auch für die Mitglieder der *ǧāha*-Delegation wird ein Teil abgezogen, da sie in der Regel als großzügige Personen bekannt sind.

Anwendungsbeispiele:

1) Im Jahre 1935 ereignete sich ein Mordfall. Das Opfer war ein Mitglied der Banū ʻAmrū/Ḥarb aus dem Wādī aṣ-Ṣafrā und der Täter ein Mitglied der ʻAnaza. Erst im Jahre 1972 ging eine Delegation der *ǧāha* der ʻAnaza ins Lager der Ḥarb. Deren Anführer, Scheich Ahmad al-Badrānī, verlangte folgende *diya*:

a) Eine *ġurra*, d.i. ein Mädchen aus der Familie des Täters
b) Ein Gewehr für den Täter
c) Ein Gewehr für das Opfer
d) Kamele
e) 200.000SR

Nach intensiven Verhandlungen und allen Abzügen einigte man sich auf eine *diya* von 35.000SR und ein Gewehr.[387]

2) Bei einem Autounfall im Jahre 1989 starb ein Angehöriger der Ġufaila/Sinǧāra/Šammar. Der Fahrer des Wagens stammte von den Ḥawāzim/Ḥarb aus ʻUnaiza. Während der Versöhnungsverhandlung forderte der Vertreter der Šammar 200.000SR. Nach den Abzügen verblieben 40.000SR als *diya*.[388]

11.1.6. Versöhnung bei Verkehrsunfällen

1) Der Schuldige sollte sich schnellstens an die nächste Polizeistation wenden und dort den Aufenthaltsort seiner Familie bekannt geben.
2) Die Polizei schickt zu den Verwandten des Opfers und informiert sie über den Unfall.
3) Der Täter sendet zu einer einflussreichen Person, damit sie zwischen den Parteien vermittelt. Diese sendet daraufhin an die Verwandten des Geschädigten mit der Bitte um die *ʻaṭwa.*
4) War es ein tödlicher Unfall, gehen die *ǧaha* des Täters zur Beerdigung des Opfers, um dort mit den Vertretern der Opferseite zu verhandeln.
5) Dann kehren die *ǧāha* nochmals zurück, um den Tag und den Ort der Verhandlung festzulegen. Musste der Verletzte ins Krankenhaus, übernimmt die Täterseite in der Regel die Aufenthaltskosten, was der Gebühr der Zustimmung zur *ʻaṭwa* gleichkommt.
6) Dann wird der Betrag der *diya* ausgehandelt und die Bürgen ernannt.

11.2. Die Konfiszierung, *wisāqa*

Dies ist ein weiteres, wenn nicht gar das letzte Mittel zur Herbeiführung einer Versöhnung und friedlichen Beendigung des Konfliktes. Der Patron des Täters schickt dabei wie gewöhnlich eine Delegation zur Partei des Opfers und versucht sie, zur Annahme des Blutgeldes zu bewegen. Nachdem er mehrere Absagen erhalten hat, führt er einen Überfall auf das Lager des Opfers durch und beschlagnahmt dessen Vieh und Besitz. Somit wird die Partei des Opfers

[387] Diskussionsforum; Ḥarbī (1417): 83
[388] Diskussionsforum

gewaltsam gezwungen, von der Blutrache abstand zu nehmen. Erst nach einer erfolgreichen Versöhnung erhält sie ihr Eigentum zurück. Folgende Regeln sind hier zu beachten:

1) Das konfiszierte Eigentum muss dem Opfer und seiner *ḫamsa* gehören.
2) Der Patron muss Zeugen mitnehmen.
3) Nicht beschlagnahmt werden dürfen Rassepferde, Waffen, persönliche Kleidung, Transportkamele.[389]

Zeitgenössische Beispiele für die Durchführung der *wisāqa* sind dem Verfasser nicht bekannt.

11.3. Die Vollstreckung des Urteils

Die Urteile der Beduinenrichter sind sofort zu vollstrecken. Kommt es zu keiner Einigung oder wird das Urteil nicht akzeptiert, dann wendet man sich an die nächst höhere Instanz, welche den Fall endgültig beendet.

Alle richterlichen Beschlüsse müssen durch Bürgen abgesichert werden. Der Richter selber hat keine Exekutivgewalt, er liefert nur den Rahmen für die Durchführung seiner Anordnung. Beide Parteien müssen dem Urteil zustimmen bevor es rechtskräftig wird. Ebenso müssen die Bürgen namentlich gestellt sein.

Die zweite Komponente, die wesentlich zur Vollstreckung des Urteils beiträgt, ist der gesellschaftliche Druck. Da der Täter und das Opfer nie allein von der Straftat betroffen sind, sondern immer auch die Gruppe, der sie angehören, wird der Strafvollzug auf eine höhere allgemeiner Ebene gelegt.

Neben dem eigentlichen Verbrechen und dem daraus resultierenden Schaden ist auch immer die Ehre aller Beteiligten in den Fall mit einbezogen. Die Reinheit der Ehre wird von allen Gruppenmitgliedern garantiert, Vergehen gegen die Ehre von allen Gruppenmitgliedern getragen und geahndet. Das Urteil des Richters bietet daher einen ehrenhafter Ausweg, der es beiden Seiten erlaubt, am Ende eine weiße, d.h. reine Ehre zu haben.

Einziger Ausweg bzw. die Nichtakzeptanz eines Urteils ist der Verzicht auf die Mitgliedschaft in der Gemeinschaft. Wird die Umsetzung eines Urteils verweigert, sorgt die nächst höhere Ebene, d.h. zuerst die Bürgen, für moralischen und materiellen Druck. Durch die Einbeziehung der hierarchischen Ordnung und den damit verbundenen Druck einer immer größer werdenden Gruppe, ist es dem Übeltäter unmöglich, weiter mit dieser Gemeinschaft zu

[389] Gräf (1952): 83

leben. Ihm bleibt noch die Möglichkeit, bei einem anderen Stamm um Schutz nachzusuchen, was ihm gewöhnlich für eine gewisse Zeit auch gewährt wird.

Die letzte Konsequenz ist jedoch das Verlassen der Stammesgemeinschaft, d.i. seiner direkten Gruppe und des Verbandes, in dem sie eingeordnet war. Dieser Schritt kann, wie wir festgestellt haben, freiwillig erfolgen oder von der Gemeinschaft verordnet werden. Die materiellen Bedingungen sind für solche Personen in Saudi-Arabien nicht schlecht, doch auch nicht rosig. Heute braucht man auch in diesem Land Beziehungen und Verwandte, die einem beim Weiterkommen behilflich sind. Der Stamm und die Familie sind diesbezüglich die erste Adresse. Viel größer ist indes der gesellschaftliche Schaden. Als Außenseiter der Gesellschaft lebt die Person ohne Bindungen meist in den Slums der Großstädte. Doch auch hier gibt es noch tribale Strukturen, die es dem Außenstehenden erschweren, Fuß zu fassen.[390]

Wurde hingegen die Versöhnung durchgeführt und das Urteil vollstreckt, ist sowohl für den Kläger wie auch für den Angeklagten der Fall beendet. Die Beteiligten sind alle wieder volle Mitglieder der Gemeinschaft.[391] Hat die *ḫamsa* die *diya* beglichen, können der Täter und seine Verwandten aus dem Exil zurückkehren und ihrem gewohnten Leben nachgehen.

[390] Vgl. die Entstehung spontaner Ansiedlungen von Beduinen an den Rändern der Großstädte Buraida und 'Unaiza.
[391] Vgl. aber die Einschränkungen für Zeugenaussagen.

12. ZUSAMMENFASSUNG

12.1. Die beduinische Identität und tribale rechtliche Werte im Kontrast zur rapiden wirtschaftlichen Entwicklung des Landes

Das Beduinentum unserer Zeit ist nicht frei von zahlreichen Veränderungen auf wirtschaftlichem, sozialem und kulturellem Gebiet. Die Gründe dafür sind zahlreich und vielschichtig: Es ist nicht nur der Wegfall des Kamelhandels und der damit verbundene ökonomische Rückgang, sondern auch das Eindringen neuer politischer und sozialer Kategorien, so die gezielten Ansiedlungsprojekte und die Politik der Subsidien. Zu den einschneidendsten Veränderungen der beduinischen Gesellschaft gehören:

- Das Entstehen einer Zentralmacht, die den Krieg zwischen den Stämmen unterbindet
- Das Verbot der Raubzüge
- Die nominelle Unterstellung der Beduinen in das staatlich-religiöse Rechtssystem des Staates
- Die Regulierung des Ressourcen der Stämme
- Der Einzug moderner Technologie in die traditionelle Stammesgesellschaft
- Die Aufhebung der Egalität in Macht und Eigentum
- Die Eingliederung der sesshaften Beduinen in die Marktwirtschaft

Die materielle und soziale Entwicklung Saudi-Arabiens, die anfangs aufgrund finanzieller Engpässe und gesellschaftlicher Restriktionen recht zurückhaltend war, explodierte förmlich während des Ölbooms in den 70ger Jahren. Die alte Beduinengesellschaft, die vor 50 Jahren noch die Mehrheit der Bevölkerung stellte, war bis Ende der 70ger auf etwa 10% zurückgegangen. Die Urbanisierungsrate wuchs so schnell, dass plötzlich zwei Drittel der Bevölkerung Bewohner der Städte waren.[392]

Beduinen sind kein feindliches bzw. hemmendes Element für die Konstituierung und Entwicklung eines Staates. Sie verhalten sich gegenüber den meisten Neuerungen nicht ablehnend. Ist es für sie von Nutzen, so adoptieren sie Neuerungen recht schnell. Ansiedlungen, Trucks und der rasche, da profitable Übergang zur Schafzucht sind nur einige Beispiele. Die Politik des Staates gegenüber den Nomaden wurde hingegen immer unter dem Banner der Entwicklungspolitik des Landes ausgeführt. In Saudi-Arabien bedeutete dies, dass die Beduinen immer ein Ziel ökonomischer Interventionen, religiöser Missionierung und politischer Maßnahmen waren, da sie als rückständig,

---

[392] Jerichow 1997: 20

ungläubig und untreu angesehen wurden.[393] Hauptziel dieser Politik war die Detribalisierung, wofür die verschiedensten Maßnahmen ergriffen worden. Die Abschaffung der *dīra* und das Prinzip der Landzuteilung auf einer individuellen Basis ist nur ein Beispiel, welches in der Folge große Unterschiede zwischen den Stammesmitgliedern schuf. Es wurde schnell sichtbar, dass die Mehrheit der Beduinen nicht in der Lage war, ohne staatliche Subsidien Landwirtschaft auf einer regulären Basis zu betreiben.

Es ist unverkennbar, dass die entscheidenden Impulse zur Transformation der Beduinengesellschaften in Saudi-Arabien vom Staat und seinen Institutionen ausgingen. Die traditionelle Lebens- und Arbeitsweise der Nomaden in den letzten 30 Jahren wurde zu einer Randerscheinung. Die Strukturen der Stämme veränderten sich und übernahmen unter dem Einfluss staatlicher Entwicklungsprogramme neue Funktionen. Insgesamt wurde ein tiefgreifender sozialer und ökonomischer Wandel eingeleitet. Der entscheidende Faktor in diesem Prozess war die staatlich subventionierte Integrationspolitik, die in ihrer Zielrichtung und Intensität in engem Zusammenhang mit der politischen Legitimität des herrschenden Klasse standen.[394]

Obwohl es wirtschaftliche Kontakte und Austauschbeziehungen zwischen den neuangesiedelten Beduinen und den Sesshaften gibt, vermischen sie sich auf sozialer Ebene kaum, da noch immer der Status und die Abstammung von einem reinen Stamm von großer Bedeutung sind. Dies hat ökonomische Folgen. So arbeiten die Mitglieder eines Stammes bei einem stammeseigenen Arbeitgeber und gehen nicht zu einem Arbeitgeber, der Beduinen eines anderen, womöglich niederen Stammes beschäftigt.[395] Auch in der Frage der Siedlungsstruktur wird die alte Segmentierung beibehalten. Angehörige einer Gruppe wohnen eng beieinander, selbst wenn es an einem anderen Ort bessere Möglichkeiten gibt.

Sesshafte Beduinen behalten ihre traditionellen Organisationsmuster bei. Jeder Stamm siedelt innerhalb eines geschlossenen Gebietes, jede Abteilung in einem Dorf. Der Stammeschef und die traditionellen Eliten behalten ihre politischen Autorität, auch wenn Veränderungen in den Quellen der Macht und des Ansehens zu verzeichnen sind. Heute bezieht der Scheich als *amīr* der Siedlung seine Autorität aus der Fähigkeit, den Stamm gegenüber der Regierung zu vertreten und materiellen Nutzen für die Siedlung zu erzielen, sei es bei der Errichtung einer Schule, Krankenstation oder Brunnen.

---

[393] Fabietti (1998): 54
[394] Müller-Mahn (1995): 142-43
[395] Katakura (1975): 167

Die tribalen Werte bilden einen alle Stämme umfassenden Ethos. Sie repräsentieren nun eine allgemeine staatliche legitimierte Einstellung zur Tradition. Die tribalen Werte der Beduinen ersetzen jedoch die staatlichen Institutionen nicht, sondern ergänzen sie bzw. vermischen sich mit ihnen, wodurch sie verständlicher wurden und leichter anzunehmen waren. Somit wurden sie ein wichtiger Faktor bei der schrittweisen Durchsetzung der staatlichen Autorität in fast allen Lebensbereichen. Ihr Ausdruck ist im gesamten saudischen Königreich sichtbar, sei es bei der territorialen Aufgliederung, dem politischen Regime, der Sozialstruktur oder der kollektiven Identität.

Obwohl die tribale Organisation insgesamt geschwächt wurde, kann der Faktor Stamm und Verwandtschaft niemals vollständig aus der saudischen Gesellschaft verbannt werden. Selbst nachdem die Beduinen in die Städte gezogen waren, behielten sie ihr Netzwerk der gegenseitigen Unterstützung und Solidarität aufrecht. Sie bevorzugen es, zusammen zu leben und zu arbeiten, um sich von anderen Personen zu unterscheiden, die vielleicht einen geringeren gesellschaftlichen Status haben. Die Bindungen zu lineage und Stamm bestimmten weiterhin die Position des Individuums und seinen Erfolg in den Auseinandersetzungen mit den staatlichen Institutionen.[396]

Diese Assimilierungspolitik von Identitäten in Saudi-Arabien hat die Sesshaftmachung der nomadischen Gruppen des Königreiches vorangetrieben. Die genaue Prozentzahl an Vollnomaden ist unbekannt, doch nimmt sie stetig ab. In Saudi-Arabien gibt es noch immer eine beachtliche Zahl an Nomaden. Im Jahre 1965 schätzte die Regierung, dass noch 50% der Bevölkerung entweder Vollnomaden oder Halbnomaden waren. Das bedeutet bei etwa 7-8 Mio. Einwohnern, eine Zahl von 3,5 Mio. Beduinen. Für 1970 schätzte die UNO etwa 5 Mio., 1972 5,5 Mio. EW. Davon sind wahrscheinlich noch 25%, also etwa 1,4 Mio. Beduinen.[397] Für die Zeit danach gibt es keine verlässlichen Quellenangaben mehr. Man ist daher auf Befragungen und Schätzungen angewiesen.[398] Diejenigen, die weiterhin ihre Herden und Lebensweise behielten, haben trotz Hilfe der Regierung mit wirtschaftlichen Problemen und gesellschaftlicher Abgrenzung zu kämpfen. Der Anstieg der Lebenshaltungskosten und der Verlust des wirtschaftlichen Wertes von Kamelen und anderen Herdentieren, schufen ein Bedürfnis nach höheren Geldeinnahmen. Konsequenterweise zogen viele Beduinen in die Städte, um eine Lohnarbeit aufzunehmen, meist als Fahrer oder im Militärbereich. Ihre Familien blieben zurück, um auf die Herden aufzupassen.

---

[396] Katakura (1975): 167
[397] Šatta (1405/1985): 14ff.
[398] vgl. Kapitel 6.2. Die Beduinenstämme in Saudi-Arabien

Was wird aber aus den einstigen Kamelhirten, Stammesrichtern, Leibwächtern, Falknern, Dichtern und Kriegern? Viele Berufe wie *„...Weber, Schmiede, Handwerker, Polierer, Gerber und alle ... die sich ihr Brot mit ihrer Hände Arbeit oder im Schweiße ihres Angesichtes verdienen müssen,....*"[399] haben ein negatives Image. Auch die Landwirtschaft wird von klassischen Vollnomaden, die hauptsächlich Kamele züchten, als unwürdig erachtet. Diese verallgemeinernden Aussagen missachten jedoch den langwierigen Prozess des Überganges von nomadischer Viehzucht zum sesshaften Bodenbau und folgender Urbanisierung.

Was auch heute noch gilt, ist die hohe Reputation, die der Dienst in der Armee oder Polizei genießt. Verschiedene Charakteristika, die mit dem Beduinentum verbunden werden, wie Tapferkeit, Ausdauer, Kriegslust und Kriegstradition, scheinen sie für diese Tätigkeit besonders geeignet zu machen. Diese kämpferische Einstellung kam in den Raubzügen, *ġazū*, und der sozialen Instanz der Blutrache deutlich zum Ausdruck. Der Dienst in modernen Streitkräften stellt heute aber völlig neue Anforderungen an das Bildungsniveau der Beduinen. Ebenso führt der ständige Kontakt mit Nichtstammesmitgliedern und die militärische Hierarchie zur weiteren Auflösung der *'aṣabīya*, dem wichtigsten Bindeglied für die Aufrechterhaltung der beduinischen Traditionen.

Andere traditionell entwickelte Beschäftigungsfelder liegen im Handel, sei als professioneller Karawanenführer, Viehhändler oder Großkaufleute. Natürlich darf man den Schmuggel nicht außer Acht lassen. Dem war die willkürliche Grenzziehung durch die Mandatsbehörden sehr dienlich. Viele Beduinen der Region, Rwala wie Šammar, sind seid den 60er Jahren in den Schmuggel involviert, hauptsächlich Drogen, Zigaretten und Luxusgüter. Meist leben verwandte Gruppen beiderseits der Grenze, die hervorragenden Geländekenntnisse sind ein weiteres Plus. Mitunter werden ganze Herden an Schafen über die Grenze getrieben und der Gewinn in Konsumgütern für den Weiterverkauf angelegt.[400] In den letzten Jahren sind es meist moderne Luxusartikel, Autos und elektronische Geräte, die auf der Wunschliste der Abnehmer geschmuggelter Waren ganz oben stehen. Für viele Beduinen ist der Schmuggel zu einem Ausgleich für die verbotenen Raubzüge geworden. Das Ziel liegt aber nicht allein im Gewinn, vielmehr versuchen sie dadurch, tribale Rechte und Unabhängigkeit beizubehalten.

---

[399] al-Wardi 1972, S. 87

[400] Stein (1972) berichtet von jährlich 2000 Fällen von entdeckten Schmuggelaktionen vor dem Gericht in Marsa Matruh an der ägyptisch-libyschen Grenze; Lancaster (1981): 14ff und 147-48.

Andere Abteilungen litten besonders unter der großen Dürre von 1958-62. Selbst Mitglieder von Scheichfamilien wurden durch sie ruiniert, z.B. Scheich Fraiwān Bin Furaiḥ Āl Ša'lān von den Rwala. Viele ließen sich daraufhin nieder und gingen schnell zur Schafzucht bzw. zum Ackerbau über.

Bei der Wahl des Siedlungsgebietes spielen weiterhin Verwandtschaft und Abstammung eine große Rolle. Die Bindungen zwischen patrilinearen Geschwistern sind dabei größer als zwischen Eheleuten.[401] Da jeder aber mehrere Geschwister hat, kommen als nächster Faktor ökonomische Gründe hinzu. *Ibn 'amm* ist hier das Zauberwort, was auch für weitreichendere Verwandtschaftsbeziehungen angewendet wird. Die engste Zusammenarbeit findet zwischen Mitgliedern der selben patrilinearen Gruppe statt. Es gibt aber auch Verbindungen zu anderen Gruppen, Stammesgruppen oder gar anderen Stämmen. Diese Verbindungen werden von Zeit zu Zeit durch Heiraten intensiviert.

Ein anderes, vielleicht sogar das wichtigste Entscheidungskriterium für den Übergang zur Sesshaftigkeit ist die Frage der Bildung. Schulen lassen sich heute in jeder noch so kleinen Siedlung finden, manchmal findet der Unterricht noch in einem Zelt statt. Einer Umfrage der saudischen Regierung zufolge sind selbst die Āl Murra, die sich sehr heftig dem Sesshaftwerden widersetzen, in der Mehrheit dafür, ihre Kinder zur Schule zu schicken.[402] In einigen Stämmen beteiligen sich sogar die Erwachsenen am Unterricht bei Lehrern, welche die Regierung zu den Sommerlagerplätzen oder den neuen Ansiedlungen der Beduinen schickt.

Aufgrund mangelnder Bildung mussten viele Beduinen als billige saisonale Lohnarbeiter arbeiten. Jetzt nutzen sie jedoch die neuen Möglichkeiten im Bildungssektor und die Vorteile der Staatsbürgerschaft, um auf dem Arbeitsmarkt angemessene Jobs zu finden, sei es in den Streitkräften, Sicherheitsdiensten oder der örtlichen Verwaltung.

Im Gegensatz zu den Vorbehalten, mit denen dem Aufbau des Bildungssystems noch in den 20er und 30er Jahren begegnet wurde, erfreut sich heute die Bildung allgemeiner Hochachtung. Auch unter vielen Beduinenstämmen wird der Zusammenhang von formaler Bildung und den Berufschancen erkannt und schlägt sich in entsprechenden Wünschen nach einer Möglichkeit des Schulbesuchs nieder.[403]

---

[401] Lancaster (1981): 18f.
[402] Cole (1975): 75
[403] Ibrahim and Cole (1978): 65ff.

Auch wenn die Beduinen nun in festen Siedlungen sesshaft wurden, so halten sich doch weiterhin alle Šammaris, Ḥarbis oder Ẓafīris für Beduinen und nicht für *ḥaḍaris*. Dieser Unterschied beruht auf der Zusammengehörigkeit des Stammes und der Anerkennung der tribalen Werte. Jeder, der zu einem angesehenen Beduinenstamm gehört, ist ein Beduine, auch wenn alle Mitglieder des Stammes mittlerweile sesshaft sind. Wenn heute ein Scheich eines Stammes gewählt und seine Wahl von der saudischen Regierung ratifiziert wird, so ist er zwar ein Angestellter der Regierung, bleibt jedoch weiterhin Anführer seiner tribalen Gruppen mit allen daraus resultierenden Rechten und Pflichten.

Beduinen und Farmer waren in der Vergangenheit in einem gemeinsamen wirtschaftlichen System vereint. Jeder bedurfte des anderen aufgrund von speziellen Produkten und Dienstleistungen, um den eigenen Lebensstil aufrecht zu halten. Sie teilten auch eine gewisse kulturelle Einheit. Tribale Loyalitäten überbrückten Unterschiede im Leben, da die meisten Stämme sowohl sesshafte als auch nomadische Abteilungen hatten. Diese Symbiose setzt sich auch heute kontinuierlich fort, in einer Zeit, wo fast alle Beduinen zu Ackerbauern und sesshaften Viehzüchtern wurden. Doch ist die Skala noch immer sehr weitreichend. Auf der einen Seite sind die vollständig sesshaften Farmer und Händler, auf der anderen die Kamelzüchter, die hauptsächlich für den Eigenbedarf produzierten. Dazwischen gibt es viele Abstufungen. Reiche Beduinenfamilien gründen häufig einen Familienzweig in einer Oase einschließlich wirtschaftlicher und landwirtschaftlicher Investitionen. Einzelne Haushalte ziehen an dieser Skala entlang, so wie sich ihre häusliche Situation ändert. Ein Teil der Familie kann sich niederlassen, um die Schule zu besuchen, während der andere Teil die Herden beaufsichtigt.

Allianzen zwischen Beduinen und Sesshaften haben eine lange Tradition auf der Arabischen Halbinsel. Es gab immer die Option Überfall oder Tribut für Schutz. Doch so wie die Sesshaften vom Schutz der Beduinen abhängig waren, brauchten die Nomaden die sesshafte Bevölkerung für bestimmte Güter und Dienste. Nomadismus war niemals autark. Selbst die Kamelzüchter brauchen die Oasen für verschiedene Bedürfnisse. Ihr Lebensmittelvorrat bestand zum großen Teil aus Datteln, Getreide und heutzutage Konserven. Die Siedlungen boten medizinische Hilfe, Ausbildung, Religion, Zelte usw. Manche Farmer, die selbst Tiere besaßen, vertrauten diese den Beduinen an, welche im Gegenzug von deren Milch profitierten. Beduinen besaßen Dattelhaine, die sie den Bauern zur Bewirtschaftung überließen und wofür sie einen Teil der Ernte bekamen.

Dieses Verhältnis von Patron und Klient bezieht sich auf das alte System der *ḫūwa*. Der Klient wird gewöhnlich als *ḫāwī* bezeichnet. Er kann materiellen und ideellen Nutzen für sich und seine Gruppe aus dieser Beziehungen erzielen, ohne dabei an Ansehen zu verlieren. Im Gegenteil, häufig ist er es, der dem Patron, d.h. in diesem Falle dem Beduinenscheich, einen höheren gesellschaftlichen Status und Legitimität verschafft.

12.2. Das Verhältnis Stamm und Staat im Zuge einer zunehmenden Institutionalisierung der Gesellschaft

Bis zur Entdeckung der Ölreichtümer in den 30er und 40er Jahren des 20. Jahrhunderts basierten die politischen Beziehungen Ibn Sauds zu den Stämmen auf der Basis einer tribal geprägten Politik der gegenseitigen Anerkennung. Der Reichtum aus dem Öl erlaubte es Ibn Saud und seinen Nachfolgern, ihre Macht zu zentralisieren und einen Verwaltungsapparat aufzubauen. Somit benötigen sie die Anerkennung ihrer ehemaligen Verbündeten nicht mehr. Es ist ihnen aber durch eine geschickte Heiratspolitik gelungen, die Elite der Stämme an sich und das Patronagesystem zu binden.

Heute kontrolliert die Zentralregierung die Beduinen durch ihre administrativen Strukturen in den Stammesgebieten der einzelnen Provinzen. Die Stämme müssen Steuern zahlen und dem König als obersten Scheich huldigen.

Im Gegensatz zum tribalen Machtanspruch überlebten die tribalen Werte in Ibn Sauds Politik. Sie passten in das generelle patrilineare System, welches die alten Sozialstrukturen intakt ließ. Wo in den zwanziger Jahren Zentralismus und Tribalismus alternativ die Werte des Systems bestimmten, waren die nächsten Dekaden von einer zentralisierten Entwicklungspolitik bestimmt, die noch immer eine tribale Infrastruktur einschloss. Der angestrebte Integrationsprozess konnte und wollte die Trennung der saudischen Gesellschaft entlang regionaler und tribaler Linien nicht aufheben. Ziel war es nicht, die Stämme in die neue staatliche Organisation einzubinden, sondern sie ruhig und loyal zu halten. Diese Ruhe wurde mit Subsidien erkauft, die garantierten, dass sich die Stämme nicht in die Staatsangelegenheiten einmischten.

Wichtig ist es anzumerken, dass es innerhalb der Stämme ein Unterscheidungskriterium gab, nach welchem diese Subsidien gezahlt wurden. Einerseits gab es Stämme, wie die Anaza, die Subai‘ und die Muṭair, die schon immer auf Seiten des Staates gefochten hatten. Von dieser langjährigen Loyalität profitierten diese Stämme bis in die Gegenwart, während andere Stämme, ehemalige Feinde des saudischen Regimes, wie die Šammar, die Ẓafīr und seit Mitte der 70er Jahre auch die Ḥarb,[404] lange Zeit ignoriert wurden und bei der Verteilung des

---

[404] Einerseits zählen sie zu den Stämmen des Ḥiǧāz, einem Gebiet, welches schon immer in Konkurrenz zum Naǧd und dessen Herrschern stand. Andererseits beteiligten sich viele

Reichtums benachteiligt wurden. Die willkürliche Zuteilung von Subsidien war besonders während der Herrschaftszeit von König Sa'ūd (1953-64) zu beobachten.

Weiterhin gab es immer neue Versuche der staatlichen Einmischung und Integration. Diese bezogen sich auf wirtschaftliche, soziale und rechtliche Gebiete. Unter König Faiṣal (1964-75) dehnte die Regierung ihre Autorität auch über Institutionen aus, die bisher weitgehend autonom gewesen waren. Dies bezieht sich vor allem auf das Rechtssystem. Mit der Schaffung des Justizministerium und anderer staatlicher Verordnungen zum Rechtswesen wurden sowohl das religiöse als auch das tribale Rechtswesen eingeschränkt.

Schon seit 1925 ist die Durchführung von Raubzügen offiziell untersagt, die Rechte der Beduinen auf ihre Stammesterritorien, *dīra*, wurden gleichermaßen abgeschafft. Ersteres wurde von den Beduinen begrüßt, da die *ġazūs* durch den Gebrauch moderner Waffen viel gewalttätiger und tödlicher wurden. Letzteres akzeptierten die Beduinen erst, nachdem ihre Führer in Verhandlung mit der Regierung traten und das System der Subsidien aufgebaut wurde.[405]

In der heutigen Zeit bleibt der Stamm der zentrale Punkt der Identität für diejenigen, die eine Bindung an den Stamm für sich beanspruchen. Zeitgenössische tribale Führerschaft spielt immer noch eine bedeutende Rolle in den Beziehungen zwischen den Individuen und der Zentralregierung, besonders unter denen, die erst vor kurzem sesshaft wurden oder immer noch nomadisch sind.

Der tribale Führer, der Scheich, regiert mit Konsens. Er gewinnt seinen Einfluss durch seine Fähigkeit, Konflikte zu schlichten und seine Anhänger von seinem Aktionen zu überzeugen. Die Qualitäten, die seine Position dabei verlangt, sind ein detailliertes Abbild der Stammesangelegenheiten, eine hohe Reputation durch gute Ratschläge und Großzügigkeit.

Der Prozess der Konfliktregelung spiegelt das egalitäre Ethos des Stammes wider. Schlichter führen nicht die Diskussion, sondern versichern sich sorgfältig jeder Meinung zu einer aufgeworfenen Frage. Ein Konsens ist notwendig bevor Aktionen stattfinden können. Will man eine Entscheidung forcieren, untergräbt man damit seinen eigenen Einfluss. Die Anführer sind nur solange effektiv, wie sie den Erwartungen des Stammes gerecht werden.

Ḥarbis an der Besetzung der Großen Moschee von Mekka im Jahre 1979 und bekundeten dabei ihren Unwillen über die saudische Regierung und das Herrscherhaus.

[405] Fabietti (2000): 84

In der Vergangenheit regelten die Stammesführer die Angelegenheiten zwischen konkurrierenden Stämmen und Clans. Überfälle waren ein Mittel der ökonomischen Neuverteilung, welches dem erfolgreichen Clan einen hohen Status sicherten. Man konnte sich vor Überfällen schützen, indem man den Schutz einer mächtigeren Gruppe suchte. Dafür zahlte man dem Beschützer eine vereinbarte Summe, *ḫūwa*, wofür man im Gegenzug Leben und Eigentum gesichert bekam. Die Scheichs, welche die *ḫūwa* akzeptierten, waren verpflichtet, für trotzdem entstandenen Schaden aufzukommen. So wie mit der Beute von Raubzügen, konnte der Scheich seinen Einfluss nur aufrecht halten, indem er sie an seine Gefolgsleute verteilte. Diese Klientelbeziehung auf der Basis von Schutzgeld wurde in den 20er Jahren von Ibn Saud untergraben, als er schwächere Stämme aus der Verpflichtung gegenüber stärkeren Stämmen entließ und sich selber zur Quelle der Verteilung des Reichtums machte, zuerst aus eigenen Raubzügen, später aus den Öleinnahmen.

Die Beziehung zwischen Monarchie und Stamm kann man in der gleichen Weise wie die zwischen Scheich und einfachem Stammesmitglied betrachten. Sie wird als ideale Verbindung für alle saudischen Bürger angesehen. So wie man vom Scheich erwartete, Konflikte zu lösen und der Wohlfahrt zu dienen, so halten die Provinzgouverneure und der König selbst offene Audienzen ab, zu denen jedermann kommen und sein Anliegen vortragen kann. Die Großzügigkeit des Scheich bzw. heute des König spiegelt sich in den verschieden Institutionen des Staates wider, wie dem kostenlosen Gesundheitswesen, Unterstützung für Wohnungen, lukrative Jobs bei der Regierung.

Heute erkennen alle Stämme in Arabien die politische Autorität der saudischen Monarchie als über dem Stamm stehend an. Loyalität zum Staat ist jedoch keine Frage der Staatsbürgerschaft, sondern eine Frage der Loyalität zu den Āl Sa'ūd. Nicholas Hopkins beschreibt dies in seiner Studie zu den Āl Murra:

„Die Al Murra machen eine Unterscheidung zwischen daula (der Staat und die Bürokratie) und hukuma (der saudischen Familie und den Herrschern) Sie sind loyal zu letztern und fürchten erstere.“ [406]

Viele Stämme sind mit den Āl Sa'ūd durch Heiratsbeziehungen verbunden. Dieses Konzept pflegte schon Ibn Saud. In den 70er und 80er Jahren wurde diese politische Allianz durch die Hochzeiten von Stammesfrauen mit Regierungsvertretern und Prinzen erneuert. Diese Heiraten wurden häufig von den Stammesführern angeregt, da sie somit ständigen Zugang zu den Regierenden erhielten.

---

[406] Hopkins (1977): 256

Die tribale Solidarität und Bindungen mit *daula* und *ḥukūma* haben sich in der Nationalgarde am besten entwickelt. Der Emir der Āl Murra Gruppe, die Hopkins studierte, war der Anführer einer Einheit der Nationalgarde, die hauptsächlich aus Āl Murra Beduinen bestand. Die meisten Familien im Untersuchungsgebiet hatten wenigstens ein Mitglied in der Nationalgarde. Durch sie erhielten die ehemaligen Nomaden eine Ausbildung und die Möglichkeit des Aufstieges. Außerdem erhielten sie Instruktionen im Militärbereich, Zuwendungen im Wohnungs- und Gesundheitswesen und im öffentlicher Dienst für ihre Angehörigen und Familien. Die Regierung stellte ebenfalls Wasserleitungen und Märkte zur Verfügung in den Orten die einen Viehmarkt hatten. Desweiteren wurden Tierärzte, billiges Futter und Aufbewahrungsmöglichkeiten geboten.

Der Einfluss der Regierung beschränkt sich jedoch meist auf die Bereitstellung der zur Ansiedlung nötigen Infrastruktur. Ist die Siedlung fertiggestellt, findet man den Service des Staates vor allem auf dem Gebiet der Bildung, des Gesundheitswesens und der Telekommunikation. Gerichte findet man nur in den großen Ortschaften. Doch selbst da gibt es keine ständige Anwesenheit und die Richter der mittelgroßen Orte sind mit Vertretungen überlastet und müssen ein sehr großes Gebiet abdecken.

Der von der Regierung bezahlte Scheich kümmert sich um bürokratische Angelegenheiten, in der Regel Ausweispapiere, Fahrerlaubnis, Militärdienst, Subsidien, Tickets. Er hilft bei Gerichtsverhandlungen von Mitgliedern seines Stammes vor den religiösen/staatlichen Gerichten. Er braucht dafür neben einer regulären Ausbildung viele Beziehungen zu staatlichen Stellen und Institutionen. Am erfolgreichsten ist diese Verbindung dann, wenn dort ein Verwandter, oder wenigstens ein Stammesmitglied sitzt.

12.3. Auswirkungen der Sesshaftmachung der Beduinen in Saudi-Arabien

Die Einigung der Arabischen Halbinsel erfolgte zum ersten Mal im 7. Jahrhundert unter dem Banner des Islams. Der Islam bildete damit die erste Bedrohung des Beduinentums, da er zur Bildung einer Zentralmacht führte, deren urbane Gesetze und Regeln die Gesetze und Traditionen der Nomaden ersetzen wollten. Fragt man die Beduinen nach der Rolle der Religion bei der Sesshaftmachung, antworten sie, *ad-dīn ḥaḍarī*, d.h. die Religion ist die Religion der Sesshaften.

In Saudi-Arabien hat sich die Situation durch die Entdeckung der Ölreichtümer entscheidend verändert. Seit vielen Jahrzehnten versucht die Regierung, den

nomadischen Bevölkerungsanteil sesshaft und kontrollierbar zu machen. Schon Anfang der 20er Jahre wurden erste Siedlungen errichtet, die den Drang der Regierung widerspiegelten, die Kontrolle über die weitverstreuten beduinischen Gemeinschaften zu erlangen. Später wurden diese Projekte von den Einnahmen aus der Ölindustrie bezahlt, doch selbst dies konnte das Scheitern dieser Projekte[407] nicht verhindern. Die Nomaden nahmen die Angebote der Regierung nicht an. Einige kehrten zu ihrem früheren Lebensstil zurück, andere suchten neue Herausforderungen, die eher mit dem Nomadentum vergleichbar waren, wie im Transportsektor oder der Armee.
In den 70er Jahren auf der Höhe der Öleinnahmen wurde ein neues Konzept versucht: Das Prinzip der Umwandlung in individuelle Staatsbürger. Die politische Kontrolle sollte durch die Registrierung als Staatsbürger aufrecht erhalten werden. Im Gegenzug bot die Regierung verschiedene Privilegien an, meist in Form von Landzuweisungen, zinsfreien Krediten, Autos oder monatlichen Gehältern für den Dienst im Militär.

Die Siedlungspolitik und die mit ihr verbundenen gesellschaftlichen Veränderungen bei den Beduinen Saudi-Arabiens lassen sich in mehrere Etappen einteilen:
1) Die Versuche Ibn Sauds zur Einschränkung und Einbindung der tribalen Gruppen

Ibn Saud begann mit einem Programm zur Ansiedlung der Beduinen im Jahre 1912, woraus bis 1930 mehr als 200 *huğar* entstanden waren. Dies war der erste offizielle Versuch von Seiten der Regierung zur Ansiedlung der Beduinen. Er war mit dem Aufstieg und Fall der *iḫwān* verbunden und führte zur Lösung großer Segmente aus den Stammesgemeinschaften. Die Hauptprobleme lagen neben der Wasserversorgung hauptsächlich auf politischem Gebiet, da sich die *iḫwān* nur schwer kontrollieren und kaum belehren ließen.

2) Staatliche Ansiedlungsprojekte der 60er und 70er Jahre[408]

In den 50er Jahren wurde mit den Öleinnahmen nochmals die Frage der Sesshaftmachung unter Ausnutzung moderner Technologie aufgeworfen. Landwirtschaftliche Entwicklungsprojekte in ariden Gebieten zur Umwandlung der ökonomischen Basis der Nomaden wurden im Wādī as-Sirḥān und Ḥaraḍ begonnen. Diesmal wurden aber nicht verschiedene Stämme zusammen angesiedelt, sondern im Gegensatz die tribale Homogenität aufrechterhalten. Schuld am Scheitern der Projekte waren diesmal nicht nur das fehlende technische Verständnis, sondern auch der Übergang von einem traditionellen

[407] Wādī as-Sirḥān Projekt, King Faiṣal Settlement Project in Ḥaraḍ
[408] Ḫaṭīb (1401/1981): 35ff. ; Ebrahim (1981): 153ff.

System des Zugangs zu den Ressourcen zu einem neuen. Cole stellte fest, dass einige Abteilungen des Āl Murra Stammes es ablehnten, am Projekt teilzunehmen, da Mitglieder anderer Abteilungen einflussreiche Positionen innehatten, die ihnen einen besseren Zugang zum neuen System der Ressourcenverteilung gaben.[409]

Insgesamt wurden in dieser Zeit vier große Projekte zur Ansiedlung verschiedener Beduinenstämme vom saudischen Staat initiiert:

a) Wādī Sirḥān Projekt
Das Projekt im äußersten Norden Saudi-Arabiens war das erste seiner Art. Es begann 1959 als Hilfsprogramm zur Lieferung von Lebensmittel an die Bevölkerung nach der verheerenden Dürre Ende der 50er Jahre. Willkürlich wurden zwei Stämme, die ʿAnaza und die Šarārāt, für das Projekt ausgewählt.[410] Jeweils zehn Familien erhielten zusammen eine Pumpe, damit sie das ihnen zugeteilte Land bewässern konnten. Innerhalb von drei Jahren waren jedoch fast alle Siedler verschwunden. Entweder gingen sie zum Militär, da es dort wesentlich bessere Verdienstmöglichkeiten gab, oder sie kehrten zu ihrer ursprünglichen Lebensweise, dem Nomadismus, zurück. Das offizielle Ende des Versuchprojektes wurde mit seiner Einstellung 1972 verkündet. Zu den Gründen, die zum Scheitern des Projektes beitrugen, gehören nicht nur technische Mängel und Schwierigkeiten, wie die unzureichende Anzahl an Pumpen und der schleppende Nachschub an Benzin und Ersatzteilen. Auch die halbherzige Unterstützung durch die Regierung trug mit dazu bei, dass die Beduinen ihre Abneigung gegen Sesshaftigkeit und Landwirtschaft nicht aufgaben.

b) Tabūk Projekt
Nach dem Scheitern des Projektes im Wādī Sirḥān sollte ein neues Ansiedlungsprojekt die Fehler seines Vorgängers berichtigen. Insgesamt wurde es für 2.500 Familien angelegt. Man konzentrierte sich auf die Tabuk Region, die mehrheitlich von Beduinen vom Stamm der ʿAnaza bewohnt wird. Da das Projekt jedoch niemals über die Planungsphase hinauskam, konnte es nicht verwirklicht werden.

c) Yabrīn Projekt
Die zweite Schwerpunktregion für Ansiedlungsprojekte war der Nordrand des Leeren Viertels, das Stammesgebiet der Āl Murra. Dieser zahlenmäßig nicht sonderlich große Stamm besitzt großen politischen Einfluss und enge

---

409 Cole (1975): 98

410 Auch die Kombination eines „edlen“ Stammes (ʿAnaza) mit einem „niederen“ (Šarārāt) trug zum Misserfolg des Projektes bei.

Verbindungen zum Königshaus. Stark entwickelte bilaterale Heiratsbeziehungen belegen dies ebenso wie historische Bande, die während des Exils der Āl Sa'ūd nach der Niederlage gegen die Āl Rašīd 1889 geknüpft wurden. Ibn Saud verbrachte mehrere Jahre seiner Jugendzeit bei diesem Stamm. Besonders eng waren die Kontakte mit der Unterabteilung der Āl Ǧābir. Diese sollte nun in den Genuss eines besonderen Projektes kommen, welches am Sommerlagerplatz dieser Gruppe in Yabrīn, ca. 200km südöstlich von Riyadh, angelegt wurde. Da das Grundwasser in dieser Oase sehr hoch steht, war keine zusätzliche Bewässerung notwendig. Ziel war es, eine ständige Siedlung mit 5.000ha Ackerland zu errichten. Der Projektbeginn sollte nach dem erfolgreichen Anlaufen des Projektes in Ḥaraḍ erfolgen. Da aber auch dieses Projekt scheiterte, wurde der Beginn immer wieder verschoben und am Ende das ganze Projekt gestrichen.

d) König Faiṣal Projekt Ḥaraḍ

Auch das Aushängeschild unter den Ansiedlungsprojekten für die Beduinen in Saudi-Arabien existierte nicht lange. Geplant war, für ca. 1.000 Familien der Āl Murra, dass sind ca. 10.000 Personen, 9 feste Siedlungen in einem abgeschlossenen Siedlungsgebiet zu errichten. Durch Bewässerung sollten 4.000ha landwirtschaftliche Nutzfläche entstehen. Das spezifische Ziel dieses Projektes war die Integration von Beduinen in den Agrarsektor bei gleichzeitiger Verbesserung ihrer sozioökonomischen Bedingungen durch das Anbieten neuer Anbautechniken. Praktisch gesehen bedeutete dies jedoch einen hohen verwaltungstechnischen Aufwand, der mit vielen bürokratischen Schwierigkeiten verbunden war. Hinzu kam, dass ausländische Firmen und Gastarbeiter die infrastrukturellen Maßnahmen und Wartungsarbeiten übernahmen. Man wollte die Beduinen jedoch nicht gleich nach der Fertigstellung der Häuser ansiedeln, sondern erst die Wirtschaftlichkeit des Projektes, und hier besonders die Schafzucht, erhöhen. Dafür wurden jährlich mehrere Millionen Riyal an Zuschüssen bezahlt. Doch die Schafzucht erwies sich als Fehlinvestition, da die bewässerten Flächen nicht genügend Futter produzierten. Am Ende blieben die Beduinen, wo sie waren, und das Projekt wurde in eine landwirtschaftliche Großfarm umgewandelt, die ohne Einbeziehung der Beduinen Futter für die Schafzucht produzierte.

Das Scheitern der modernen, besser geplanten Siedlungsmuster als auch der steigende Inlandsbedarf an Fleisch sowie die rapide Zerstörung von Weideland zwang die Regierung und die Beduinen indes zu einer schrittweisen Reevaluierung ihrer Weidelandressourcen. Der Trend hin zu stationärer Viehzucht ließ sich nun nicht mehr aufhalten.

3) Selbstständige Ansiedlungen der Beduinen

Neben diesen staatlichen Projekten zur Sesshaftmachung gab es auch eine andere Art beduinischer Siedlungen. Das sind die Ansiedlungen in ruralen Gebieten, die man *huğar* nennt. Sie wurden nach 1930 von den Beduinen ohne Hilfe von außen gegründet. Die Mehrzahl entstand jedoch seit den 50ger Jahren. Häufig waren es Auswanderer aus den ersten staatlich errichteten *huğar* der *iḫwān*. Weiterhin richtete sich die traditionelle Auswanderung der Beduinen in die großen urbanen Zentren, als dritte Art von Beduinensiedlungen.

3a) Die modernen huğar : spontane Ansiedlungen in ruralen Gebieten

Nach 1930 entwickelten sich die *huğar* zu neuen spontanen ruralen Siedlungen als Ergebnis der Auswanderung aus den ersten *huğar*. Die Gründe hierfür waren rein ökonomisch und nicht wie früher zu Zeiten der *iḫwān* religiös begründet. Von 1952-59 entstanden im Nağd 28 neue *huğar*. Allein während der Dürre von 1952 entstanden 14 neue *huğar*. In den 60ger Jahren kamen nochmals 11 *huğar* hinzu.[411] Dafür beantragte eine Gruppe von Beduinen des gleichen Stammes, der gleichen Abteilung das Eigentumsrecht auf ein bestimmtes Stück Land, welches innerhalb ihrer ehemaligen *dīra* und in der Nähe eines Brunnen liegt. In den 60er Jahren nahm diese Bewegung aufgrund von Wasserversorgungsproblemen ab.

Zwischen 1968 und 1972 verweigerte das Ministerium für Landwirtschaft und Wasser den Bau weiterer Siedlungen, bevor nicht die Erschließung des Gebietes nach Wasser und Land vollendet war. Erst 1972 öffnete das Ministerium dann neue Gebiete für Landwirtschaft und Ansiedlung. Bis 1972 entstanden 14 neue *huğar*. Sie waren kleiner und hatten weniger umgebende Dörfer als die alten *huğar*.[412]

Nach der Auswahl des Ortes beantragt der Scheich des Stammes, der sich hier niederlassen will, von der Regierung das Eigentum über das Land. Erhält er den Zuspruch, muss er zusichern, dass alle Stammesmitglieder etwas bekommen. So spielen auch der Anführer von Untergruppen und die anderen Stammesmitglieder eine wichtige Rolle bei der Auswahl des Platzes.

Probleme entstanden den neuen Ansiedlungen vor allem im Bereich Wasser und Abwasser. Das Ministerium für Landwirtschaft fuhr kostenlos Wasser in die *huğar*, die nicht genug Wasser hatten. Aufgrund der Vielzahl an Beduinendörfern und des hohen Preises des Transport verringerte die Regierung jedoch

[411] Ebrahim (1981): 164ff.
[412] Šāmiḫ (1979): 47f

ihre Aktivitäten auf diesem Gebiet. Dafür konzentrierte sie sich auf das Bohren von Brunnen. Viele Bewohner der Siedlungen konnten den hohen Preis für die Bohrungen aber nicht bezahlen und zogen in die Städte ab, was als Fehlschlag der Siedlungspolitik angesehen wird.

3b) Spontane beduinische Ansiedlungen in urbanen Gebieten.

ḥilla[413] (Plural *ḥillal*) ist eine Siedlung oder ein Viertel der Beduinen in der Nähe urbaner Gebiete. Urban bedeutet hier die großen und alten Siedlungen des Naǧd. Wie schon die neuen *huǧar*, so entsteht auch eine *ḥilla* meist spontan und aus ökonomischen Gründen. Die meisten ihrer Bewohner haben keine Herden mehr, einige können nicht mehr mit ihrem Familien in den *huǧar* wohnen, andere sehen hier bessere Arbeitsmöglichkeiten.

ḥillal gibt es überall im Königreich. Die meisten von ihnen gibt es in Riyadh, Qasim, Hail und der Ostprovinz. In Zentral-Naǧd gibt es mindestens 18 *ḥillal* verteilt um 7 große Städte. Die ältesten sind Bāb Sāyir und Bāb al-Ǧalā'a in 'Unaiza, die bereits 1943 entstanden. Die restlichen *ḥillal* entstanden nach 1950. Die zuletzt entstandenen *ḥillal* sind in as-Salāmīya bei Buraida und die *ḥilla* des Stammes der Ṣulubba in 'Unaiza. Beide entstanden 1970. In den 50ger Jahren entstanden insgesamt 9, in den 60ger Jahren 5 und in den Jahren der Dürre von 1950-55 6 *ḥillal.*[414]

Der Anteil der Beschäftigten in der Landwirtschaft ist nicht hoch. Die meiste Arbeit finden die Beduinen der *ḥillal* in den Städten, so beim Bau, Transport, in Regierungsstellen wie Wächter, Feuerwehr, Militärdienst oder der Polizei. Die *ḥilla* der Ṣulubba in 'Unaiza hat sich aufs Schmieden spezialisiert. Die Hälfte der Familien ist jedoch arbeitslos oder Saisonarbeiter. Sie stehen auf dem Arbeitsmarkt in den Städten in Konkurrenz mit den dortigen ungelernten Arbeitern, haben dabei aber noch einen schlechten Ruf aufgrund ihrer Arbeitseinstellung.

Die Ansiedlungen der Beduinen hängen in starkem Masse von den wirtschaftlichen Möglichkeiten in den urbanen Zentren im Bereich Handel, Dienstleistung und staatlichen Leistungen ab. Buraida ist das Haupthandelszentrum für die *ḥillal.* Die durchschnittliche Entfernung zwischen *ḥilla* und Markt beträgt ca. 100 km.

---

[413] spontane Ansiedlung von Beduinen in oder neben urbaner Zentren. *ḥilal* ist abgeleitet von *ḥalla*, was „an einem Ort bleiben" oder „sesshaft werden" bedeutet. Das Gegenteil ist *irtaḥala*, „abreisen, weggehen". Beide Termini werden von den Beduinen häufig im Zusammenhang mit Sesshaftigkeit und Nomadismus verwendet.

[414] Šāmiḫ (1979): 62f.

Die Migration außerhalb der Siedlungen

Sie erfolgt weiterhin ständig in alle Teile des Landes, besonders aber in die großen Städte. Die meisten Abwanderer arbeiten für die Regierung in der Nationalgarde, den Streitkräften, der Polizei. Einige auch im öffentlichen Dienst. Andere arbeiten im Bau, Transport, Taxi, Sicherheitsdienst. Trotzdem hält der Emigrant feste Beziehungen mit seiner *hiğra* aufrecht. Meist bleiben sie auch nicht für immer weg, sondern besuchen die Familie in den Ferien.

Zusammenfassend lässt sich feststellen, dass die in verschiedenen Etappen erfolgte Ansiedlung der Beduinen einen sehr großen Teil der ehemals nomadischen Bevölkerung Saudi-Arabiens erfasst hat. Der Trend dieser Bewegung zielt auf eine Ansiedlung von Stammesgruppen gleicher Herkunft sowie die Beibehaltung der Viehzucht als Haupterwerbszweig. So formten sich auch die Siedlungen im Wādī Fāṭima südlich von Medina entlang der Stammesgrenzen: Die tribale Verteilung war wie folgt: Quraiš 30%, Ḥarb 30%, Liḥyān 15%, Šiyūf 10% u.a. Die staatliche Autorität wurde von einem Emir vertreten, daneben gab es einen Richter, einen Polizisten und zwei Angestellte sowie eine Vertretung der Religionspolizei. Für die Beduinen war die Arbeit in der Landwirtschaft eine unattraktive Beschäftigung, da sie als Schande galt. So bedurfte es einiger Zeit, bis sich einige Familien der oben genannten Stämme im Wādī Fāṭima niederließen und den Acker bestellten. Später, als mehr und mehr Familien nachzogen, nahm die Abneigung gegen die Landwirtschaft ab. Nur zur Arbeit an den Brunnen und Pumpen konnten sich die Beduinen auch später nicht durchringen (auch wenn sie viel besser bezahlt wurde) und überließen sie ausländischen Gastarbeitern.[415]

---

[415] Vasiliev (1998): 418

13. AUSBLICK

Ziel der vorliegenden Arbeit war es, den Zusammenhang zwischen der Anwendung des Gewohnheitsrechts bei den Beduinen einerseits und der judikativen und exekutiven Durchsetzung rechtlicher Einflussnahme des Staates auf die Stämme andererseits zu untersuchen. Dies geschah im Angesicht sich verändernder Wertevorstellungen und gesellschaftlicher Normen im Rahmen moderner Transformationsbewegungen auf der Arabischen Halbinsel. Das Kriterium des Gewohnheitsrechts ist dabei ein Aspekt der beduinischen Identität, der mittelbar davon betroffen ist.

Vergewissert man sich erneut der eingangs dieser Arbeit dargestellten Annahmen, so wird klar, dass diese den Verlauf, die Durchführung und die Ergebnisse der Untersuchung prägten. Dies gilt sowohl für den im theoretischen Modell des Gewohnheitsrechts skizzierten Ansatz als auch für die empirischen Daten über die Beduinenstämme sowie die Fülle der Fallbeispiele. Dieser vielleicht etwas aufgesetzt wirkende Ansatz half jedoch, den Blick aus einer alternativen Richtung auf eine Seite der saudischen Gesellschaft zu werfen.

In den letzten Jahrzehnten hat die Lebensweise und das soziale Umfeld der Beduinen einschneidende Transformationen erlebt. Diese Veränderungen gehen in Saudi-Arabien hauptsächlich auf exogene ökonomische Faktoren zurück, welche in Zusammenhang mit den Öleinnahmen des Landes stehen.

Doch schon seit den ersten Versuchen der Staatsbildung unter Ibn Saud Anfang des 20. Jahrhundert hat die Zentralmacht immer wieder Versuche unternommen, auf die beduinische Lebensweise regulierend einzuwirken. Die Gründe lagen dabei einerseits im Selbstschutz, andererseits auch in der Ausnutzung der politischen und militärischen Eigenschaften der Beduinen für die Stärkung der Staatsgewalt. Die Einbindung der Stämme in der Prozess der Staatsbildung war einer der entscheidendsten Faktoren für die schnelle Durchsetzung der Machtansprüche der Āl Sa‘ūd bei gleichzeitiger Zurückdrängung der Ansprüche anderer Stämme.

Zu den ersten Maßnahmen der Beeinflussung der Stämme zählen u.a. die Sesshaftmachung der Beduinen in den *huǧar* bei gleichzeitiger Herauslösung aus dem Stammesverband und seiner Loyalitäten, sowie die Abschaffung der Vorrechte der Stämme auf bestimmte Weideflächen, alles noch zu Regierungszeiten Ibn Sauds. Noch scheiterten diese Bemühungen, da es insgesamt nicht gelang, den stets permanenten Stammespartikularismus zu überwinden. Das gelang ansatzweise erst mit der nötigen wirtschaftlichen Stimulans. Vom enormen wirtschaftlichen Reichtum profitierten fast alle Beduinenfamilien

Saudi-Arabiens, sei es in Form von Krediten, Subventionen, Schenkungen. Somit konnte sich jede Familie mindestens einen Pick-up leisten, dessen Rolle beim Übergang zum Halbnomadismus und zur Sesshaftigkeit nicht unterschätzt werden darf. Das Auto veränderte die Migrationsintensität und Weidepraxis der Beduinen entscheidend. Wasser konnte nun von weit herbeigeschafft werden, und war nun nicht mehr der bestimmende Faktor für die Wanderungen. Die Herden konnten ebenso schnell in Gegenden transportiert werden, in denen es geregnet hatte. Durch die Abschaffung der *dīras* waren dem auch keine territorialen Grenzen mehr gesetzt.

Die neue Mobilität veränderte aber nicht nur die wirtschaftliche Seite des Nomadentums, sondern auch die gesellschaftliche. Die nomadische Welt überlappte mit der urbanen Welt, besser gesagt wurde überlappt. Saisonale Arbeitsplätze, Lohnarbeit, Ware-Geld-Beziehungen, Konsum, all diese Erscheinungen gehören zur infrastrukturellen Modernisierung der Stammesgesellschaft. Viele Beduinen verließen den Stammes- und Familienverband und suchten sich Lohnarbeit in den schnell wachsenden urbanen Zentren. Charakteristisch ist aber, dass sie meist nur für eine bestimmte Zeit arbeiten gehen und dann wieder in ihr angestammtes Milieu zurückkehren. Dieser Prozess des Pendelns zwischen zwei Subkulturen[416] ist Ausdrucksform des äußerlichen sozialen Wandels und Basis für weitere sekundäre Veränderungen. Diese zeigen sich im Entstehen einer örtlichen Infrastruktur, die vom Staat bereitgestellt wird, um die Beduinen beim Schritt in die Sesshaftigkeit zu unterstützen.

Durch die Modernisierungsbewegung in nahezu allen Bereichen des gesellschaftlichen Lebens wurde die traditionale tribale Identität zurückgedrängt. Im Gegenzug wuchs dafür eine regionale Solidarität, die für eine Öffnung der Stämme sorgte. Diese mussten zunehmend offener werden, da sie immer mehr von anderen Bevölkerungsgruppen und nichttribalen Institutionen abhängig waren. Andererseits wurden sie durch die neuen Kommunikationsmittel und die verbesserte Infrastruktur stärker miteinander verbunden und nahmen Ideen der Zusammenarbeit leichter auf.

Wesentliche Veränderungen hat es auf dem Gebiet des Rechtswesens gegeben. Das überlieferte Gewohnheitsrecht wird mehr und mehr durch die moderne Entwicklung außer Kraft gesetzt. Dadurch verlieren die Stammesrichter und Vermittler immer mehr von ihrer einstigen Geltung, ihre soziale und ökonomische Vorrangstellung schwindet dahin. Ein großer Teil des früheren Funktionsbereiches der Richter, die Schlichtung von Streitfällen, die durch Viehdiebstähle hervorgerufen wurden, ist durch die allgemeine Befriedung der

[416] Ibrahim (1983): 7

Stammesgebiete ohnehin verlorengegangen. Und bei schweren Delikten wie Totschlag, Raub, Körperverletzung, Widerstand gegen die Staatsgewalt versucht heute mehr und mehr der Kontrollmechanismus der staatlichen Gerichtsbarkeit einzugreifen.

Wenn das Gewohnheitsrecht in komplizierten Fällen nicht mehr ausreicht oder es keine klaren Richtlinien gibt, wird es zusammen mit dem Islamischen Recht angewendet, hier besonders in der Form des *qiyās*[417], dem Analogieschluss. Es hängt dann vom jeweiligen Richter ab, in wie weit er den einen Rechtsbereich über den anderen benutzt. Hinsichtlich einer allgemeinen Einschätzung kann man sagen, dass es hier zu einer konstruktiven Vermischung von rechtlichen Traditionen und Bräuchen kommt.

Mit der Veränderung der Sozialordnung durch staatliche Eingriffe gerät das Gewohnheitsrecht immer mehr unter Veränderungsdruck. In einigen Bereichen zeigen sich bereits tiefgehende Auswirkungen. Die häufige Konkurrenz mit staatlichen Gerichten führt gelegentlich zu Doppelverfahren im gleichen Fall. Die in die urbanen Zentren abgewanderten Beduinen kommen manchmal ihren Zahlungsverpflichtungen nicht mehr nach, die mit der Zugehörigkeit zu einer Blutverwandtschaftsgruppe verbunden sind. Trotzdem kann von einer Auflösung der stammesrechtlichen Grundlagen der Sozialordnung solange nicht die Rede sein, wie sie als Ideal das Denken und die Verhaltensnormen der Beduinen bestimmt. Bisher haben sich die autochtonen Verfahren der Konfliktlösung gegenüber den von staatlichen Gesetzen gestellten Anforderungen als adaptionsfähig erwiesen.

Im Vergleich der Fallschilderungen mit der aktuellen Praxis wird deutlich, dass einige neue Elemente in das stammesrechtliche Verfahren aufgenommen wurden:

1) Die häufigste gewaltsame Todesursache ist heute der Autounfall. Die Angehörigen des Opfers erhalten vom Verursacher des Unfalls die Hälfte der üblichen *diya*. Nur bei grober Fahrlässigkeit muss der volle Betrag gezahlt werden.
2) Aufgrund der erhöhten gesellschaftlichen Mobilität kommt es häufiger zu Streitfällen mit Nichtbeduinen bzw. Ausländern. Solche Fälle werden nach staatlichem Gesetz vor einem ordentlichen Gericht ausgetragen.
3) Neben den klassischen Straffällen, wie Mord, Körperverletzung oder Landstreitigkeiten, entstehen auch immer mehr Streitfälle in Bereichen, für die das Gewohnheitsrecht traditionell keine Regelungen getroffen hat. Dazu gehören

[417] Vgl. Encyclopedia of Islam CD-ROM Edition v. 1.0 (1999)

z.B. Streitigkeiten um Geld und Handelsgeschäfte. Hier werden Mischformen mit anderen Rechtssystemen bevorzugt angewendet.
4) Mordfälle lassen sich heute nicht mehr vor den staatlichen Behörden verheimlichen. Wird die Verhandlung vor einem reinen Stammesgericht durchgeführt, schicken die staatlichen Sicherheitsorgane einen Vertreter zur Verhandlung, der aber nur eingreift, wenn die staatliche Autorität in Frage gestellt wird. Findet die Anhörung vor einem *šarī'a*-Gericht und einem Richter statt, welcher der Anwendung des Gewohnheitsrechts nicht negativ gegenüber steht, kommt es auch hier zu Mischformen im Prozess und Urteil. Es gibt aber keine einheitliche Linie in der richterlichen Vorgehensweise. Manchmal wird der Täter verhaftet und zu einer langen Haftstrafe verurteilt. Die individuelle Bestrafung des Täters durch ein staatlichen Gericht beeinflusst jedoch nicht den Verlauf des stammesrechtlichen Verfahrens, dem es primär um eine Konfliktlösung zwischen den beiden beteiligten Parteien geht. Auch wenn der Täter zu lebenslanger Haft verurteilt wird, kann gleichzeitig beschlossen werden, dass seine Verwandten die *diya* zu zahlen haben.

Die Veränderungen zeigen, dass das abstrakte Modell der Versöhnung im Gewohnheitsrecht als eine Idealisierung der traditionellen Praxis anzusehen ist. Die aktuelle Praxis muss sich den veränderten Gegebenheiten und vor allem der zunehmenden staatlichen Autorität und Einmischung anpassen. Die ihr zugrundeliegenden Prinzipien blieben jedoch erhalten. Auch unter den veränderten äußeren Bedingungen bleibt das Ziel der Versöhnung, eine Konfliktlösung zwischen zwei rivalisierenden tribalen Gruppen zu erreichen, bestehen. Die ehemals in den Beduinengebieten vorherrschende Meinung, dass allein das Gewohnheitsrecht wirklich für Recht und Ordnung sorgen kann, kommt indes langsam ins Schwanken. Weiterhin bestehen bleibt die grundlegende Kritik der Beduinen, dass das staatliche Gesetz zu einer Individualisierung der Gesellschaft beiträgt und eine Straftat mit der gesellschaftlichen und manchmal physischen Vernichtung des Täters bestraft wird. Auf diese Weise ist man aber nicht in der Lage, zukünftige Verbrechen zu verhindern und friedliche Konfliktlösungen herbeizuführen. Dies ist aber nach wie vor die Funktion des Gewohnheitsrechts: Es zwingt die Mitglieder der Stammesgemeinschaft zum Nachdenken, bevor sie eine Straftat begehen, da eine unbedachte Handlung allen schweren Schaden zufügen kann.

Weit weg von den Polizei- und offiziellen Ermittlungsstellen werden jedoch immer noch Sitzungen der Stammesrichter abgehalten, die ihren Beitrag zur Beendigung von Streitfällen leisten. Es handelt sich dabei um einfache Streitfälle, wie Landfragen und persönliche Auseinandersetzungen. Dann versucht der *mağlis* selbst, diese zu lösen. Die Versammlungen werden bei den Ḥarb *al-mulimm* genannt. An ihr nehmen die Alten und Notabeln des Stammes teil, welche den Fall gemeinsam betrachten und lösen. Dies soll innerhalb des Stammes oder der Unterabteilung erfolgen. Vertreter der Regierung möchte man heraushalten.[418] Die Urteile und Beschlüsse dieser Gerichte sind für die ruralen und nomadischen Familien der Ḥarb im Ḥiğāz bindend. Die Versöhnung wird mit der Zahlung der *diya* erreicht, die bis zu 200.000SR betragen kann. Auf Mord steht die höchste *diya*, für Körperverletzungen sind bis zu 50.000SR zu zahlen, für Entführungen bis zu 20.000SR.[419]

Bei den heutigen Beduinen Saudi-Arabiens ist die kollektive Verantwortung immer noch bindend, nimmt aber im Fall einer Blutrache ab, je entfernter die Verwandtschaft nachzuweisen ist. Die Übergabe des Kamels des Schlafes gibt dem Einzelnen die Gewissheit, nicht der Blutrache zum Opfer zu fallen. Dieser Brauch ist bei den alten Arabern nicht nachweisbar[420], wohl deswegen nicht, weil eine derartige Distanzierung und Zurückweisung der Solidarität mit dem Täter als unehrenhaft angesehen worden wäre. Die anderen Verwandten des Täters müssen nach wie vor die Gegend verlassen und sich für eine bestimmte Zeit bei entfernten Gruppen bzw. Verwandten vor der Rache der Opferseite verstecken. Nach einer neuen Regelung brauchen jetzt nur noch der Täter und seine unmittelbare Kernfamilie den Stamm zu verlassen.[421] Dieser Beschluss ist noch nicht „rechtsgültig", findet aber breite Zustimmung unter den Stämmen. Er muss sich erst bewähren und mit der Zeit findet er dann vielleicht Aufnahme in die Rechtstradtionen.

Um nicht mit dem Staat in Konflikt zu kommen und andererseits die Traditionen zu wahren, ist die *ḫamsa* des Opfers heute eher bereit, einer Versöhnung zuzustimmen und die *diya* zu akzeptieren. Festzustellen ist auch, dass bei den heutigen Beduinen der Vollzug der Blutrache nach den traditionellen Gesetzen zwar gefordert ist, aber aus politischen Gründen in der Regel auf sie verzichtet wird. Daher werden Versöhnungsverhandlungen angestrebt, die durch einen Vermittler oder Richter geleitet werden. Als Schadensersatz wird ein bestimmtes Blutgeld ausgehandelt, das vom Täter und seiner *ḫamsa* innerhalb von drei Jahren zu zahlen ist.

---

[418] Auch die Sicherheitskräfte unterstützen diese Regelung, um jegliche Auseinandersetzung zwischen den Familien zu vermeiden. Erhalten sie Informationen über einen Mordfall, informieren sie die Familie des Verdächtigen, damit sie weggehen und den Rückzug antreten können. Zusätzlich hilft die Polizei mit weiteren Sicherheitsmaßnahmen und Logistik. Das Ziel der staatlichen Autorität liegt in der Einschränkung und Verhinderung von Selbstjustiz, wie Blutrache oder dem Zerstören des Eigentums des Verdächtigen.

[419] Ğarīdat al-Madīna al-munauwara vom 15.11.1999

[420] Klocker (1995): 181

[421] al-Iqtiṣād vom 26.3.2001.

Auseinandersetzungen zwischen Stammesgruppen sind heute meist komplexer und beinhalten verschiedene Aspekte. Das bedeutet, dass sie sich manchmal über lange Zeit hinziehen können, bis es einer dritten Partei gelingt, die beiden Seiten zu Versöhnung zu bewegen. Doch kann niemand zur Annahme der Versöhnung gezwungen werden. Einerseits genießen alle Stammesmitglieder eine hohe Autonomie in ihrer Entscheidungsfindung. Andererseits wird diese Entscheidungsfindung durch die zunehmende Mobilität und Individualität erleichtert und hängt immer weniger von Gruppenzwängen ab.

Eines der letzten Beispiele dieser Art von Auseinandersetzungen beschreibt Lancaster:

Die Mu'abhil/Rwala liegen mit den Ṣābiḥ/Rwala seit über 15 Jahren in einer Fehde. Ausgangspunkt war der Diebstahl eines Tieres, ob Kamel oder Schaf weiß niemand mehr genau. Dann tötete ein Mu'abhil einen Ṣābiḥ, woraufhin eine Verhandlung einberufen wurde. Die *ḫamsa* des Täters von den Mu'abhil zahlten 45 Kamele als diya an die Familie des Opfers. Damit sollte der Fall eigentlich erledigt sein. Jedoch hatte der getötete Ṣābiḥ einen Sohn, der zur Tatzeit vier Jahre alt war. Der behauptet jetzt, dass er von der Summe des Schadensersatzes nie etwas erhalten hat, sondern alles unter der *ḫamsa* aufgeteilt wurde. Er glaubt daher, immer noch einen Anspruch auf die 45 Kamele zu haben. Nun gibt es zwei Möglichkeiten, um den Konflikt einzudämmen: Entweder zahlen die Mu'abhil nochmals 45 Kamele (was bei den derzeitigen Kamelpreisen unerschwinglich ist) oder der Junge kann seinen Anspruch bei seiner *ḫamsa* geltend machen, die das natürlich ebenfalls ablehnt. Die Verhandlungen ziehen sich dahin und die Mu'abhil müssen mit der ständigen Bedrohungen einer Blutrache leben. Kein Richter kann den Jungen zwingen, seinen Anspruch aufzugeben.[422]

Nach Lage der Dinge kann die Vermutung nicht zurückgewiesen werden, dass mit der jetzt lebenden Generation der Stammesrichter ihre erbliche Funktion aufhört zu existieren, weil sie von den entsprechenden staatlichen Organen übernommen wird. Die junge Generation in Saudi-Arabien versucht, sich von den kollektiven Beschränkungen des Systems ihrer Väter zu lösen.[423] Traditionelle Werte werden zwar geachtet, befinden sich aber in einem Prozess der Umstrukturierung, der dahin geht, dass die Werte ihren historischen und kulturellen Stellenwert theoretisch behalten, in der Praxis aber von modernen Veränderungen überrollt werden. Gastfreundschaft, Hilfsbereitschaft und Familienbande gelten immer noch als nachstrebenswertes Ideal. Die zunehmende Individualisierung, das gewandelte Konsumverhalten und die

---

[422] Lancaster (1981): 76

[423] Yamami (2000): 146-49

Möglichkeiten der Telekommunikation beschränken das Gesamtmodell auf den Bereich der Theorie bzw. Historie. Nur noch in entlegenen Gebieten, die wirtschaftliche uninteressant und infrastrukturell nicht erschlossen sind, wird unter den verbleibenden Gruppen die traditionelle Form der Rechtsprechung aufrechterhalten.[424] Von hier aus setzt aber gleichzeitig ein Vermischungsprozess ein, der mit der Auflösung beduinischer Rechtsformen endet, je näher man den großen urbanen Siedlungszentren kommt.

Eine andere Form der traditionellen Regelung von Konflikten findet indes heute immer noch in den Ratssitzungen der Emire, Notabeln und Scheichs seine Fortsetzung. Dieser *mağlis* wird regelmäßig öffentlich abgehalten. Der Herrscher, hier der Emir bzw. der örtliche Scheich, leitet die Sitzungen, in denen jeder sein Anliegen, seine Beschwerde vortragen kann und in der Regel sofort eine Antwort bekommt. Der Emir spielte den Vermittler, dies aber in Zusammenarbeit mit den Stammesführern, die den Sitzungen ebenfalls beiwohnen. Die Scheichs waren verantwortlich für die Rückgabe von gestohlenem Eigentum und die Arrangements für die Zahlungen der *diya*. Heute finden diese *mağālis* überall im Lande und auf allen gesellschaftlichen Ebenen statt. Der politische Herrscher des jeweiligen Gebietes, sei es das Königreich oder die *hiğra*-Siedlung, werden hier zu tribalen judikativen Entscheidungsträgern mit beschränkten exekutiven Befugnissen.

Die Analyse von rechtlicher Entwicklung und sozialem Wandel bei den Beduinen im Norden der Arabischen Halbinsel hat gezeigt, dass die gegenwärtig ablaufenden Veränderungen in eine bestimmte Richtung weisen. Das zentrale Merkmal der sozialen Veränderung ist darin zu sehen, dass sich einerseits traditionelle Strukturen auflösen, während sich andererseits eine neue Schichtung herausbildet. Dieser Wandel lässt sich anhand von Generationsgrenzen festmachen.

Noch ist der Wandel aber nicht abgeschlossen. Vielmehr existieren hier zur Zeit Elemente der traditionellen Sozialstruktur neben den neuen Merkmalen einer kodifizierten Rechtsordnung. Dieses Neben-, Mit- und Gegeneinander alter und neuer Aspekte des Gewohnheitsrechts ist charakteristisch für die strukturelle Heterogenität, in der sich die Stammesgesellschaft gegenwärtig befindet.

Vor diesem Hintergrund kann man zumindest in einer Form optimistisch für die Zukunft der Beduinen und ihrer Sozialordnung sein: In der nahen Zukunft können die Anerkennung und Zustimmung zu den traditionellen Strukturen und Normen vorteilhaft sein angesichts des immer noch stark ausgeprägten Patronage- und tribalen Verwandtschaftssystems, welches den privaten und

[424] al-Ḥaiyāt vom 07.09.1999

öffentlichen Bereich Saudi-Arabiens nachhaltig beeinflusst. Die wichtigste Funktion traditioneller tribaler Gemeinschaften besteht weiterhin darin, dass sie der Vertretung, Unterstützung und Durchsetzung gemeinsamer Interessen ihrer Mitglieder dienen. Und dafür ist das Gewohnheitsrecht eine verlässliche Alternative.

14. ANHANG

14.1. Schematischer Fragebogen zur Anwendung bei Interviews mit beduinischen Stammesangehörigen über die rechtliche Situation

A) Persönliche Angaben und Zugehörigkeit

1. Name:
2. Stammesmitgliedschaft:
3. Abteilung:
4. Unterabteilung/lineage:
5. Familie:
6. Anzahl der Familienmitglieder / Anzahl der Familienmitglieder im Ausland:
7. Bildung und Beruf:
8. Wohnort:
9. Besitz:
   - Land:
   - Vieh:
   - Autos:

B) Identität und allgemeine Begrifflichkeit

10. Was bedeutet der Begriff Beduine für Sie?
11. Was bedeutet der Begriff Stamm für Sie?
12. Was bedeutet der Begriff *ḫamsa* für Sie?
13. Wen würden Sie als Scheich Ihrer Gruppe bezeichnen?
14. Wie sehen Sie das Verhältnis zu anderen Stämmen?

C) Kontakte mit staatlichen Institutionen

15. Besitzen Sie einen Ausweis?
16. Haben Sie häufig Kontakt zu Behörden?

- Wenn ja, zu welchen?

17. Waren Sie oder ein Mitglied Ihrer Familie schon einmal vor einem staatlichen (bzw. *šarīʿa*) Gericht?
    - wenn ja, wann und warum?

D) Rechtliche Begrifflichkeit

18. Was bedeutet der Begriff Gewohnheitsrecht für Sie?
19. Was bedeutet der Begriff Blutrache für Sie?
20. Was bedeutet der Begriff Blutgeld für Sie?
21. Kennen Sie folgende Begriffe und deren Bedeutung:
    - *daḫīl*
    - *ǧār*
    - *ṭanīb*
    - *nāṣī*?
22. Was bedeutet der Begriff Raubzug für Sie?

E) Angewandte Begrifflichkeit

23. Wenn Sie in einen Rechtsfall verwickelt sind, welche Rolle spielt Ihr Stamm bzw. Ihre Verwandten dabei?
24. Gibt es in Ihrer Gruppe einen Richter?
    - Wenn ja, wie heißt er und welche Aufgaben hat er?
    - Wenn nein, würden Sie sich an einen Richter einer anderen Gruppe wenden?
25. Waren Sie oder ein Mitglied Ihrer Familie schon einmal vor einem Stammesgericht?
    - Wenn ja, wann und warum?
26. Welche Pflichten hat ein Bürge?
27. Welche Regeln sind bei der Hochzeit und Scheidung zu beachten?
28. Was passiert bei einem Verkehrsunfall?

F) Fallbeispiele

29. Selbsterlebte Fälle
30. Fälle, die Sie von Hörensagen kennen
31. Beispiele aus der Vergangenheit
32. Gegenwärtige Beispiele

14.2. Schematische Darstellung eines Mordfalles und seiner juristischen Bearbeitung im Gewohnheitsrecht:

Zum besseren Verständnis und Einordnung der arabischen Termini wird das Schema zu Funktionsweisen und Handlungssträngen im Mordfall nochmals auf Arabisch dargestellt.

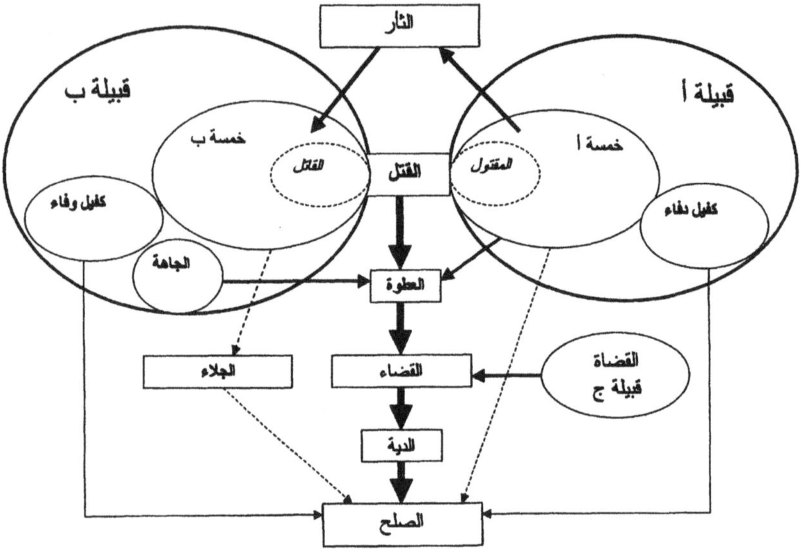

14.3. Die Verteilung der Beduinenstämme auf der Arabischen Halbinsel:

Quelle: Transworld Arabian Library (1983): 41

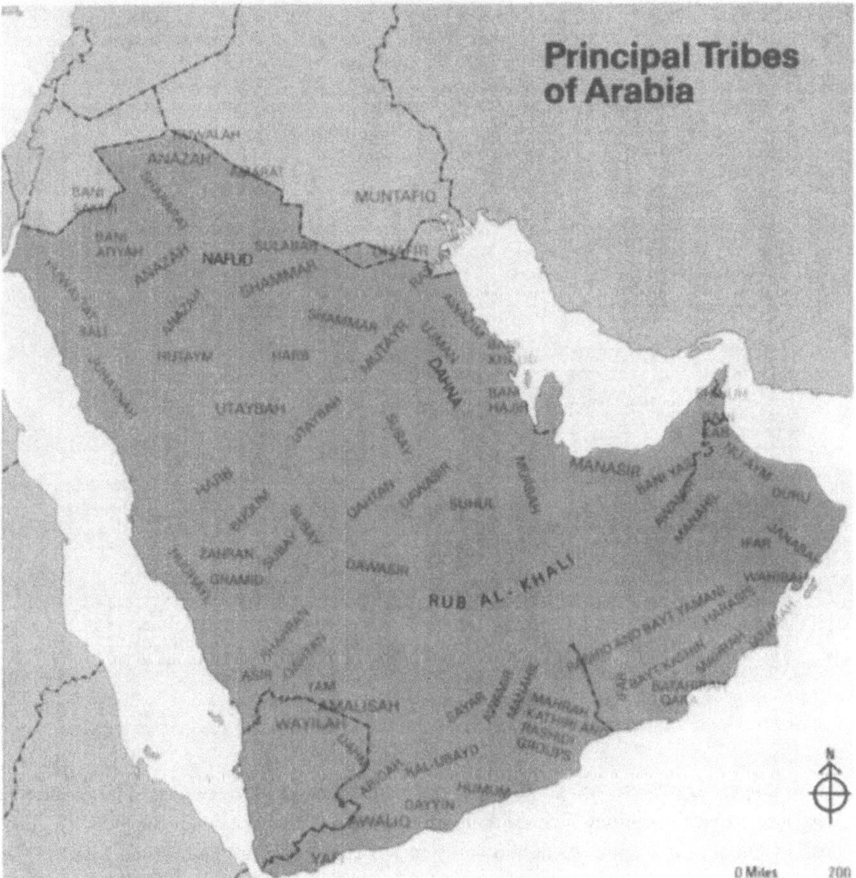

14.4. Vereinfachter Stammbaum der Āl Sa‘ūd[425]

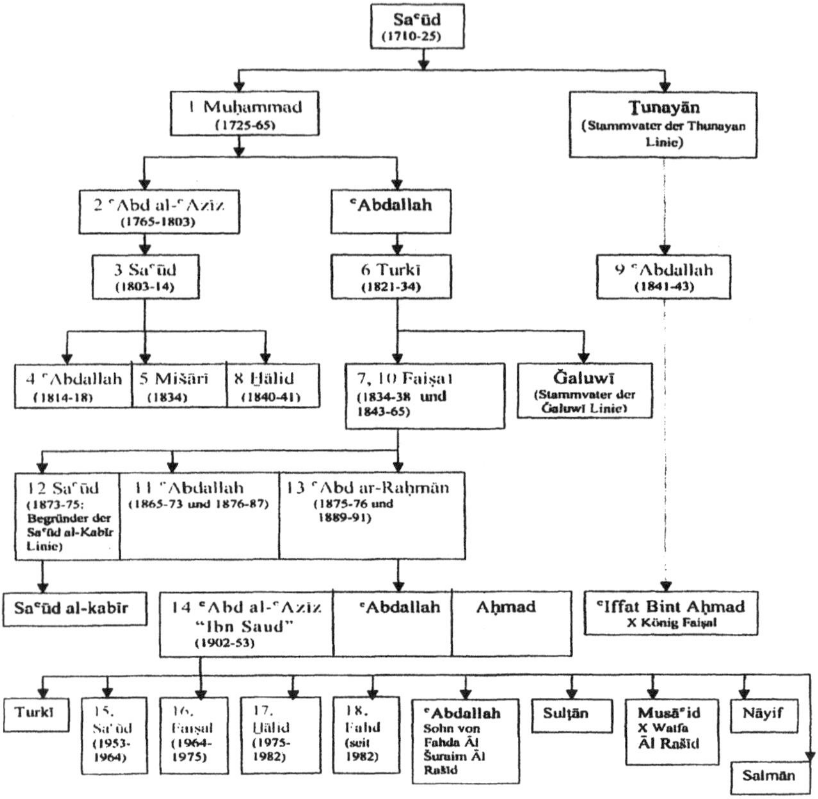

Anmerkungen: Die Personen, die das Amt des Amīrs/Königs innehatten, sind entsprechen d ihrer Reihenfolge numeriert. Von zusätzlicher Bedeutung sind ‘Abdallah Bin ‘Abd al-‘Azīz, dessen Mutter eine Šammar-Beduinin aus dem Hause der Āl Rašīd ist, sowie Musā‘id Bin ‘Abd al-‘Azīz, der Watfa Āl Rašīd heiratete. Die aus dieser Ehe hervorgegangen Söhne, Ḫālid und Faiṣal, standen in Opposition zur herrschenden Familie der Āl Sa‘ūd. Ḫālid wurde 1965 im Zuge einer Demonstration gegen die Einführung des Fernsehens erschossen. Sein Bruder Faiṣal vollzog 10 Jahre später die Blutrache an König Faiṣal und wurde hingerichtet.

[425] Entwurf S. Maisel nach Rasheed (1991); Pfullmann (1996); Long (1997) und Vassliliev (1998)

14.5 Gesetz zur *diya* in Jordanien[426]

§ 1: Das Gesetz heißt „Gesetz zur *diya* aus dem Jahre 1989". Es tritt zwei Monate nach seiner Veröffentlichung im Amtsblatt in Kraft.

§ 2: Die *diya* muss der Täter bezahlen.

§ 3: Die *diya* der Person beträgt bei Totschlag 10.000JD. Bei anderen Mordfällen wird ein Drittel dieses Betrages hinzugefügt. Der unabsichtliche Mord führt aus Achtlosigkeit oder der Nichtbeachtung der Gesetze und Regeln zum Tod eines Menschen.

§ 4: Die *d*iya für die Tötung eines Embryos, wenn z.B. die Mutter verletzt wurde, beträgt ein zwanzigstel der diya für unabsichtlichen Mord. Wird der Embryo lebend geboren, stirbt aber darauf aufgrund der Verletzung, so ist die volle *diya* zu entrichten.

§ 5: Die *diya* für unabsichtlichen Mord verteilt sich auf die Verwandten des Täters, ansonsten trägt der Täter sie allein.

§ 6: Gibt es mehrere Täter, so berechnet sich die *diya* entsprechend ihres Anteils an der Straftat. Lässt sich dies nicht feststellen, wird sie gleichmäßig verteilt.

§ 7: Wird auf „unabsichtlich" entschieden oder sind es Versäumnisse des Opfers, die zu seinem Tod führen, verringert sich die diya entsprechend der Umstände.

§ 8: Das Gericht legt entweder eine einmalige Zahlung der *diya* fest oder eine Zahlung in Raten, die drei Jahre nicht übersteigen darf.

§ 9: Die *'āqila* ist eine Gemeinschaft innerhalb des Stammes, die den Täter und seine Abteilung umfasst, die bis zur fünften Generation zurückgeht.

§ 10: Wer zu den *'āqila* gehört, muss männlich, sittsam und glaubensfest sein.

§ 11/a: Es ist nicht zulässig, dass das einzelne Mitglied der in Paragraph 9 genannten *'āqila* mehr als 200JD bezahlt. Wird dieser Betrag überschritten, können die Verwandten im sechsten Grad hinzugezogen werden. So muss der Täter nicht allein den Mehrbetrag tragen.

§ 11/b: Hat der Täter keine *'āqila*, muss er die *diya* allein tragen.

§ 12: Die *diya* zählt zum Nachlass des Opfers und wird unter seinen Erben entsprechend der gesetzlichen Regeln verteilt.

---

[426] Abū al-Baṣal (1989): 324-25

§ 13: Die Gerichte erster Instanz senden die erlassen Beschlüsse zur *diya* 30 Tage nach Herausgabe des Urteils an die Berufungsgerichte zur Überprüfung unter der Bedingung, dass die Parteien das Urteil in dieser Zeit nicht anfechten. Das Berufungsgericht entscheidet dann in der Sache. Das Urteil wird erst vollstreckt, wenn die Berufung bestätigt wurde. Wird es vom Gericht erster Instanz bestätigt, ist man von den Gebühren und Briefmarken der Berufung befreit.

§ 14: Der Ministerrat kann aufgrund der Zugehörigkeit des Oberrichters den Betrag der *diya* noch einmal betrachten. Er gibt die notwendigen Regeln zur Anwendung der Bestimmungen dieses Gesetzes vor.

§ 15: Der Ministerpräsident und jeder Minister in seinem Fachbereich sind für die Vollstreckung der Bestimmungen dieses Gesetzes verantwortlich.

14.6. Gesetz zur *diya* in Libyen[427]

Das Gesetz zu den Regeln der Vergeltung und der Kompensation

§ 1: Der absichtliche Mörder: Wer auch immer eine Person absichtlich tötet, wird mit dem Tode bestraft, wenn die Blutsverwandten des Opfers dies verlangen. Vergeltung wird nicht angewendet, wenn die Begnadigung gewährt wird. In diesem Falle wird *diya* bezahlt.

§ 2: Der das Recht auf Wiedervergeltung hat: Das Recht auf Vergeltung liegt bei den volljährigen und urteilsfähigen Blutsverwandten. Spricht einer der Blutsverwandten die Begnadigung aus, wird Vergeltung nicht angewendet.

§ 3: Der unabsichtliche Mörder: Die Person, die jemanden unabsichtlich tötet, wird mit der Zahlung der *diya* bestraft, wie es im Quran vorgesehen ist. (Sure 4/Vers 91-92; S.M.) Die Regelung gilt nicht bei der Anwendung der Gesetzte zu Autobahnen, Alkoholverbot und Drogen.

§ 4: Die Person, die *diya* bezahlen muss:

1. Die *diya* wird vom Eigentum des verurteilten Mörders abgezogen und multipliziert sich mit der Zahl der Opfer.
2. Ist der Mörder zu jung oder geistig verwirrt, wird die diya von seiner Familie eingefordert.

§ 5: Die *diya* wird im Falle eines unabsichtlichen Mordes von der Familie verlangt, sie multipliziert sich mit der Zahl der Opfer. Gibt es keine Familie, so trägt die Gesellschaft die Kosten.

§ 6: Die *diya* des Opfers wird gemäß den Regeln der Nachfolge verteilt.

---

[427] Yearbook of Islamic and Middle Eastern Law (1994)

§ 7: Die Prinzipien der *šarīʿa*, die sehr angebracht sind für dieses Gesetz, werden in Abwesenheit eines Textes angewendet.

§ 8: Das Gesetz wird im Official Journal und anderen Medien veröffentlicht. Es gilt mit dem Datum seiner Veröffentlichung.

Hrsg. am 29.1.1994
Veröffentlicht am 23.3.1994

14.7. Glossar gewohnheitsrechtlicher Termini

Umschrift	Deutsch	Arabisch
abū hunna	Fachmann für Fragen der Ehre (s. al-'uqbī)	أبو هن
ağnabī	Jemand, der nicht der ḫamsa angehört	أجنبي
iḫlāl bi	Verstoß gegen ...	إخلال بـ
adā' wa dīn	Bezahlung und Eid: bei Friedensschluss mit Verrechnung der gegenseitigen Verluste	أداء ودين
addā	etwas zurückgeben, was auf einer ġazu unrechtmäßig erbeutet wurde	أدّى
arḍīya	Platzgeld	أرضية
iqrār al-badū	Sesshaftmachung der Beduinen	إقرار البدو
illī biyu'ṭī al-'aṭwa biyirmī al-'aṣī	Wer den Waffenstillstand garantiert, wirft den Stock weg.	إلي بيعطي العطوة بيرمي العَصي
ahl al-arsān	Richter für Pferdeangelegenheiten	أهل الأرسان
ahl ad-diyār	Richter für Grundstücksangelegenheiten	أهل الديار
ahl as-saṭwa	Leute des Angriffs, die Rächer	أهل السطوة
ahl aṣ-ṣafā	Richter für Kamelangelegenheiten	أهل الصفا
īḏā'	Körperverletzung	الإيذاء
iztabana	Schutz suchen bei	ازتَبَن
istadda	Rache suchen	استدّ
istīlā'	Besitzergreifung, Eroberung	استيلاء
i'tidā'	Überfall, Verletzung	اعتداء
intiqām	Rache, Wiedervergeltung	انتقام
badl al-'anwa	Belohnung für den Zeugen	بدل العنْوَة
burūd ad-damm	Abkühlung des Blutes	برود الدم
barīya	Steppe	برية
biš'a	Ordal durch Lecken am glühenden Eisenstab als Mittel zur Beweisführung	بشعة
buṭul	Falschheit	بُطُل
ba'īr an-naum	Das Kamel des Schlafes. Es wird von den Verwandten des Täters in der vierten bzw. fünften Generation dem Stamm des Opfers gegeben, wodurch sie vom Rückzug und der Verfolgung befreit sind.	بعير النوم
bal'a	Ordal als Mittel zur Beweisführung (s. biš'a)	البلعة
bauq	Verrat	بَوْق
bāyiq	Verräter	بايق
bait al-ḫaṭṭ	Der Besitzer dieses Zeltes bestimmt die Art des Falles und den Spezialrichter.	بيت الخط
bait aṣ-ṣulḥ	Haus der Versöhnung; das Zelt angesehener	بيت الصلح

	Familien	
tabyīḍ al-waǧh	Wiederherstellung des Ansehens und der Ehre	تبييض الوجه
tabniya	Adoption (s. ḫišra)	تبنية
aṯ-ṯalāṯ al-baiḍ	Die drei Weißen: Gast, ṭanīb und Reisegefährte	الثلاث البيض
ǧaḏb	Gewalt	جَذب
aǧrās	Unmoral	أجراس
aǧrama	verleumden	أجرم
ǧalā'	Verbannung, Rückzug des Täters und seiner Verwandten bis zum 4. bzw. 5. Grad aus ihrem Stammesgebiet aufgrund des Verbrechens	الجلاء
ǧalwa	Auszug einer Gruppe, die in ein Verbrechen verwickelt ist.	جلوة
ǧanaḥa (u)	Jemanden in eine Straftat verwickeln	جَنَحَ يجنح
ǧīra	Kurze Waffenruhe, die von Bürgen gesichert wird, unter Hinzuziehung einer neutralen Partei zur Lösung des Falles	الجيرة
ǧār	Nachbar, Schützling	الجار
ǧānī	Täter	الجاني
ǧāha	Die Notabeln einer Gruppe, die in Streitfällen vermitteln und die Versöhnung herstellen	الجاهة
ǧaiš	Kleine Truppe auf Raubzug	جيش
ḥarīb	Feind, Gegner	حبيب
ḥaǧr	Besitzergreifung	حجر
ḥaǧr al-arḍ	Maßnahme zur Aneignung von Landeigentum	حجر الأرض
ḥarāmī	Dieb	الحرامي
ḥasīb	Beurteiler bei Friedensschlüssen nach Raubzügen; Bürge für die Einhaltung eines Vertrages zwischen 2 Stämmen	حسيب
ḥašm	Ehre	حشم
ḥaššama	respektieren	حشّم
ḥāṭim	Angreifer	حاطم
ḥifāẓa	Verwahrungsvergütung	حفاظة
ḥaqq al-bait	Das Recht des Hauses. Es beträgt zwei vierjährige Kamele, die vom Täter an den Besitzer des Hauses/Zeltes gezahlt werden, in dem die Versöhnung durchgeführt wird.	حق البيت
ḥaqq ṯaqīl	Beschluss des Richters, der eine verschärfte Strafe beinhaltet	الحق الثقيل
ḥakkār al-bait	Hausfriedensbruch	حكار البيت
ḥilf	Pakt, Allianz, Eid	حلف
ḥilf bi'l-ḥizām	Eid beim Gürtel	حلف بالحزام

ḥilf bi'r-ra's	Eid beim Kopf	حلف بالرأس
ḥilf bi'r-rudn	Eid beim Ärmel eines weisen Mannes	حلف بالردن
ḥilf bi'l-'ušba	Eid beim Kraut	حلف بالعُشْبة
ḥilf bi'l-'ūd	Eid beim Holz	حلف بالعود
ḥilf bi'l-yadd	Eid bei der Hand	حلف باليد
ḥalīf	Bundesgenosse	حليف
ḥanšal	Raubzug mit wenigen Leuten	حنشل
ḥanšūlī	Räuber, ehrenvoller Plünderer	حنشولي
ḥāfa (u)	Schützen, nach jemanden schauen	حافَ يحوفُ
ḥāyiq	Gast, der seinen Gastgeber bestiehlt	حايق
iḥyā' al-mawāt	Neulandgewinnung	إحياء الموات
ḫašš bi'd-damm	Veränderung der Stammes- und Bluts-zugehörigkeit	الخش بالدم
ḫaššāš ad-damm	Eintreter des Blutes	خشّاش الدم
ḫišra	Adoption (s. tabniya)	خشرة
ḫuṣūmāt	Streitigkeiten	خصومات
ḫaṭṭa al-qāḍī	einen Richter bestimmen, ernennen	خطّ القاضي
ḫaṭf	Entführung	الخطف
ḫamsa	Blutsverwandtschaft	خمسة
ḫauna	Diebstahl, Verrat	الخونة
ḫā'in	Verräter, Dieb	خائن
ḫūwa	Tributzahlung für Schutz	الخاوة, خوة
ḫāwī	Beschützter, Kamerad	خاوي
duḫla	unbefristetes Schutzverhältnis, s. daḫāla	دُخْلة
daḫāla	unbefristetes Schutzverhältnis	الدخالة
daġīla	Meuchelmord	الدغيلة
daqqāhu wa 'aqqāhu	Der Bürge der Sicherheit erfüllte seine Verpflichtungen.	دقاه وعقاه
dalīğa	zunächst geleugneter, dann aufgedeckter und vierfach bestrafter Mord	دليخة
damawīya	Blutsverwandtschaft des Opfers	الدموية
dīra	Stammesgebiet	الديرة
diya	finanzielle Entschädigung in schweren Straf-fällen	الدية
diya maèlūla	Blutgeld, das die gesamte Gruppe zahlt, wenn der einzelne Täter unbekannt ist.	دية مغلولة
ḏawārib	Gründe der Ablehnung von Zeugen	الذوارب
ra's al-ğarīma	Ort des Verbrechens	رأس الجريمة
riğāl aṣ-ṣulḥ	Männer der Versöhnung	رجال الصلح
rizqa	Aufwandsentschädigung des Richters	الرزقة
rizqat al-mubaṭṭal	Aufwandsentschädigung des Richters, die der	رزقة المبطل

	Verlierer des Falles zahlt	
rizqat al-m	Aufwandsentschädigung des Richters, die der Gewinner des Falles zahlt	رزقة المستر
rafīq	Wegbegleiter, Geleitsmann	رفيق
zabāna	unbefristetes Schutzverhältnis (s. daḫāla)	الزبانة
zağādī	Richter in Geldangelegenheiten und Diebstahl (s. ḍarībī)	زجادي ج زجود
zayādī	Richter für Fragen von Eigentum und Herden	الزيادي
sabba (u)	verleumden, der Unzucht beschuldigen	سبَّ
sadda (u)	eine Untat sühnen	سدّ يَسِدُّ
saddān	eine Person, die anderen hilft	سدّان ج سداد
saffāḥ	Verleumder	سفاح
saqīm	Rivale, Gegner vor Gericht	سقيم ج سقائم
sakāṭ	Dauerverlust von Gliedmassen	سكاط
sālifa, sawālif	Erzählungen mit historischem Inhalt	السالفة ج سوالف
sāmi'a	Zeugen beim Ordal oder anderen Beweisführungen	السامعة
samīn	Bluträcher	السمين
suhra	Teil der diya	السهرة
sawādī	Rechtsbräuche der Beduinen	السوادي
sauwada	die Ehre einer Person anschwärzen	سوّد
taswīd	Beleidigung	تسويد
taswīd al-wağh	Anprangerung und Verletzung der Ehre einer Person, die ihren Pflichten nicht nachkommt	تسويد الوجه
saum al-haqq	Appellation einer Entscheidung eines Beduinenrichters	سوم الحق
šabāb al-ḥamūla	Notabeln der Stammesgruppe	شباب الحمولة
ša'aṯ ad-damm	Aufwallung des Blutes	شَعَث الدم
šākiat al-lail	Anklägerin der Nacht	شاكية الليل
šamla	Beutel um das Kameleuter	شملة
šāhid ḥāḍir al-ḫair	freiwilliger Zeuge	شاهد حاضر الخير
ṣuḥba	Allianz, Bund	صُحْبَة
ṣaff	Allianz, Bund	صَفّ
ṣulḥ	Versöhnung	الصلح
aṣ-ṣulḥ saiyid al-aḥlām wa aṯ-ṯa'r maḥū al-'ār	Versöhnung ist die Mutter aller Urteile und die Blutrache löscht die Demütigung aus.	الصلح سيد الأحكام والثأر محو العار
ṣā'iḥat aḍ-ḍuḥī	Die am Morgen Schreiende, Vergewaltigungsopfer	صائحة الضُحى
ḍidd , aḍdād	Gegner, Feind	ضدّ ج أضداد
ḍarībī	Richter in Geldangelegenheiten und Diebstahl	ضريبي ج ضريبية

ṭard	Recht des Opfers auf Verfolgung des Täters mit allen Konsequenzen	الطرد
ṭārid	Verfolger, Ankläger, Opfer	الطارد
ṭulba	Von der Forderung des Opfers abhängender Teil der diya: entweder ein Pferd, ein Gewehr, ein Kamel, ein Stück Land usw.	الطُلبة
ṭalaba, ṭalāyib	Anhörung, Verfahren	طلبة ج طلايب
ṭulū‘	Befreiung von der Verantwortung und das Ausscheiden aus der Solidarität des Stammes nach der Durchführung der Zeremonie der Zählung	الطلوع
ṭalāq	Scheidung	طلاق
ṭanb, ṭunūb	Zeltstrick	طنْب ج اطناب
tānaba	Jemanden um Schutz bitten durch das Berühren seines Zeltstricks	طانب
ṭanīb	Zeltnachbar, Schützling	طنيب
ṭaiba	Versöhnung	طيبة
ẓulm	Ungerechtigkeit	ظلم
‘āba (i)	Jemanden der Schande aussetzen, etwas Schamvolles tun	عاب يعيب
‘add	Zählung unter den Verwandten des Täter zur Feststellung der Verantwortung	العدّ
ta‘addud az-zauwāǧ	Polygamie	تعدد الزوجات
‘addād	Experte in Abstammungsfragen, der die Zählung durchführt	العدّاد
‘adāya	Entwenden eines Schafes zur Bewirtung eines Gastes	العدّاية
‘arada (i)	mit Gewalt zwingen	عرد / يعرد
‘arḍ al-haqq	Berufung einlegen gegen das Urteil eines Beduinenrichters	عَرْض الحق
‘urf	Gewohnheitsrecht	عرف
‘ārifa, ‘awārif	Stammesrichter, der nach dem Gewohnheitsrecht entscheidet	عارفة ج عوارف
‘azf	Wahl eines von 3 Richtern für den Prozess	عزف
‘aṭwa	begrenzte Waffenruhe zwischen den Konfliktparteien vor der Versöhnung oder dem Prozess	العطوة
‘uqbī /‘uqaba	Richter für Streitigkeiten über Rechte und Pflichten der Ehegatten	العقبي ج العقبة
‘āqibat as-sirḥ	Hirtin, die hinter der Herde geht und nicht vor ihr	عاقبة السرح
‘aqīd	Anführer eines Raub- oder Kriegszuges	عقيد
‘akba	Blutrache nach Erzielung der Versöhnung	عكبة
‘ilm, ‘ulūm	Juristische Information, Gerücht	عِلم ج علوم

‘ulūq al-‘ānī	Vierjähriges Kamel, das der Täter dem Opfer gibt, nachdem letzterer der ‘aṭwa zugestimmt hat	علوق العاني
‘auǧ	Beugung der Rechtsbräuche	العوج
‘awāyid	Rechtsbräuche der Beduinen (s. sawādī bzw. sawālif)	العوايد
‘uwairiḍī	Experte, der die Art des Falles und den zuständigen Richter bestimmt	العويرضي
ġadr	Hinterhältige, gemeine Person	غَدْر
ġurra, ġurār	Mädchen aus der Verwandtschaft des Täters, das als Teil der diya einem Verwandten des Opfers zur Heirat gegeben wird	الغرة ج غرار
ġazū	Raubzug	غزو
ġaiyār	Jemand, der ein Schaf oder eine Ziege stiehlt, um damit einen Gast zu bewirten	غيار ج غيارون
ġair mausūma	Ohne Erkennungszeichen	غير موسومة
fada‘	Mord mit Anprangerung und Misshandlung	الفدع
farāš al-‘aṭwa	Betrag, den der Stamm des Täters dem Stamm des Opfers zahlt, wenn letzterer der ‘aṭwa zustimmt	فراش العطوة
falǧ	Sieg im Rechtsstreit aufgrund der Abwesenheit der verurteilten Partei	الفلج
faurat ad-damm	Aufwallung des Blutes. Drei ein drittel Tage nach Begehen der Tat haben die Verwandten des Opfers das Recht auf sofortige Rache.	فورة الدم
qatl	Mord	قتل
qasam	Eid, Schwur	قَسَم ج أقسام
qašra	Lockere, unzüchtige Frau	قشرة ج ـات
qaṣṣa	Feststellung der Entschädigung bei Körperverletzungen	قص
qaṣṣāṣ	Ahnder von Blutverbrechen, Tötung und Körperverletzung	قصاص
qaṣīr	Nachbar, Schützling, Wirtschaftsflüchtling	قصير ج قاصرين
qaḍīb	Spion, Kundschafter	قضيب
qāḍī al-ḥarām	Richter in Fällen von Raubzügen	قاضي الحرام
qāḍī al-ḥilla	Richter bei Eigentumsdelikten und Fragen zu Herden	قاضي الحلة
qāḍī al-ḥāmila	Richter in besonders schweren Fällen	قاضي الحاملة
qāḍī ad-damm	Blutrichter	قاضي الدم
qāḍī ar-ruqāb	Blutrichter	قاضي الرقاب
qāḍī aḍ-ḍuyūf	Gästerichter	قاضي الضيوف
qāḍī al-muqalladāt	Richter in Fragen der Ehre	قاضي المقلدات

qāḍī al-qalṭa	Höchste richterliche Instanz der Beduinen mit dem Recht auf Änderung der Rechtsnormen	قاضي القلطة
qaṭa'a al-waǧh	Das Antlitz zerschneiden: durch Verletzung der Bestimmungen den Bürgen entehren	قطع الوجه
taqṭī' al-waǧh	Zerschneidung des Antlitzes (Verletzung der Ehre)	تقطيع الوجه
qa'ūd an-naum	Schlafkamel	قعود النوم
qalad	Pakt, Bündnis	قلد
taqnīn	Gesetzgebung, Normierung	تقنين
qaum, qaimān	Gruppe auf Kriegszug, Beutezug oder Blutrache	قوم ج قيمان
taqwīm ṣāḥib al-waǧh	Der Besitzer des Antlitzes wird aufgefordert, seinen Pflichten nachzukommen, da sein Schützling dies nicht tut.	تقويم صاحب الوجه
kibār	Richter, die den Charakter einer Rechtsangelegenheit näher bestimmen	كبار
kibār al-'arab	Notabeln des Stammes; Richter	كبار العرب
kibāra	Vertretung vor Gericht	الكبارة
kafīl	Bürge	كفيل ج كفلاء
kafīl ad-dafā'	Bürge aus den Reihen des Opfers für die Sicherheit des Täters	كفيل الدفاء
kafīl al-wafā'	Bürge aus den Reihen des Täters für die Erfüllung der Pflichten des Täters	كفيل الوفاء
kauwana	mit jemanden kämpfen	كوّن
kauna	Schlacht, Krieg	كونة ج كونات
laṭama (i)	jemanden schlagen	لطم يلطم
luṭūḥ, laṭāyiḥ	Richter, der das Gesetz ignoriert	لطوح ج لطايح
mubri'a	Zeugen, die den Entführer in freiwilligen Fällen von Entführungen entlasten	المبرئة
mubašši'	Er führt das Ordal durch.	المبشع
muballi'	Experte für die Durchführung der bal'a	مبلع, بالع
mubaiyiḍ al-wuǧūh	Richter, der Fälle der Zerschneidung des Antlitzes (der Ehre) behandelt	مبيض الوجوه
maǧlā	Rückzugs- und Verbannungsort	المجلى
al-maǧnī 'alaihi	Opfer	المجني عليه
muḫabba	Mädchen, dessen Ehre gut geschützt ist	مخبّة ج مخبايات
maḫṭūṭ, maḫāṭīṭ	Richter erster Instanz	مخطوط ج مخاطيط
madda	Blutpreis, s. diya	مدة
mašāhī	Richter in einfachen Fällen	المشاهي
mušammas	geächtet, ausgestoßen, der Sonne ausgesetzt sein	مُشمّس
maḍīḥat aḍ-ḍuḥa	Frau, die bei Tageslicht schreit (s. Vergewaltigung)	مصيحة الضحة

maṭrūd	Verfolgter, Täter, Angeklagter	المطرود
maẓlūla	Verdächtigung mehrerer Personen ein bestimmtes Verbrechen begangen zu haben.	المظلولة
ma‘dāl	ein Betrag beider Streitparteien an eine dritte Person, als Zeichen, dass sie die Versöhnung akzeptieren, meist in Form von Waffen oder weißer Kleidung	المعدال
mu‘zib, ma‘āzīb	Gastgeber	معزب ج معازيب
maflūǧ	Verlierer eines Prozesses	مفلوج
muqārišī	Experte, der die Art des Falles und den zuständigen Richter bestimmt	المقارشي
mulimm	Kundiger, Sachverständiger	مُلِم
manāḫ nafī	Verbannungsort	مناخ نفي
manāhī	Richter in gefährlichen Fällen	المناهي
manšad	Richter für Ehrverletzungen und Hausfriedensbrüche	منشد ج مناشد
mana‘a (a)	Pardon, Schutz gewähren	منع
munqi‘ ad-damm	Richter in Mordsachen; Richter letzter Instanz	منقع الدم
munī‘	Kriegsgefangener	منيع
mahr	Brautpreis	مهر
muharrabāt	Frist von drei ein drittel Tagen nach Begehen des Verbrechens, in der die Verwandten des Opfers das sofortige Recht auf Rache haben (s. faurat ad-damm)	المهربات
mautūr	Jemand, dem die Ausführung der Blutrache noch untersagt ist	الموتور
mausūq	Schuldner	الموسوق
naql al-ǧīra	Die Vermittlung transportieren, Frieden stiften	نقل الجيرة
naqālat as-silāḥ	Waffenfähige männliche Verwandtschaft	نقالة السلاح
istinkār	Verurteilung, Missbilligung	استنكار
nakāl	exemplarische Bestrafung	نكال
naḫā	Um Hilfe rufen	نخا / ينخا
nafī	Rückzug	نفي
naqā	Rache nehmen; Krieg führen	نقا
hatk al-‘irḍ	Notzucht	هتك العرض
hadd (u)	angreifen	هدّ / يهدّ
hudna	Rechtsstillstand, Waffenstillstand (s. ‘aṭwa)	هُدْنة
hāmil	Eine nutzlose Person, Vagabund	هامل ج همل
hawā	jemanden schlagen	هوا / يهوي
hauša	Schlacht	هوشة ج هوشات
waǧh	Antlitz, Bürgschaft, Ehre	الوجه

wuǧūh	Notabeln eines Stammes	وجوه
wurūd	Zeugen	الورود
tausīd	Ermittlung von Tatbeständen	توسيد
wasīṭ	Vermittler	وسيط
wisāqa	etwas beschlagnahmen, um die Erfüllung einer Forderung durchzusetzen	وساقة
wasm	Erkennungsbrandzeichen	وسم
wiṣāya	Vormundschaft, Schutz	وصاية
wa'adahu bi'l-amān	jemandem freies Geleit zusichern	وعده بالأمان
waġīṯ	Ein durch die biš'a überführte Verbrecher	الوغيث
wals	Betrug	ولس
walīf, walāyif	Freund	وليف ج ولايف
walī	Vormund	ولي

15. LITERATURVERZEICHNIS

15.1. Zeitungen und Zeitschriften

- Arab News
- al-Bayān
- The Economist
- al-Funūn aš-ša'bīya
- al-Ḥaiyāt
- al-Iqtiṣād
- Jordan Times
- al-Madīna al-munauwara
- Maǧallat al-'Arab
- Maǧallat al-'Irāq
- Maǧallat al-Wāḥa
- al-Ma'ṯūrāt aš-ša'bīya
- aš-Šarq al-awsaṭ
- Sunday Star News
- at-Turāṯ aš-ša'bī
- al-Waṭan
- al-Yamāma

15.2. Arabische Quellen

Abū al-Baṣal, 'Abd an-Nāṣir, Aḥkām ad-diya fī'l-'urf al-islāmī wa'l-qānūn. Vortrag auf der Konferenz „Das Gewohnheitsrecht zwischen qānūn und šarī'a". Amman, 1989.

Abū Ǧābir, R., Dirāsāt al-'urf wa'l-qaḍā' al-'ašā'irī fī'l-Urdunn. Vortrag auf der Konferenz „Das Stammesrecht zwischen qānūn und šarī'a ". Amman, 1989.

Abū Ḥassan, Muḥammad, Turāṯ al-badw al-qaḍā'ī. Amman, 1987.

Abū Ḥūsa, Aḥmad, al-Qaḍā' al-'ašā'irī baina'l-māḍī wa'l-ḥāḍir. Amman, 1993.

Abū Zaid, Aḥmad, aṯ-ṯa'r. Kairo, 1965

Abū 'Ālīya, A., Tārīḫ ad-daula as-sa'ūdiya aṯ-ṯāniya 1840-1891. Riyadh, 1969.

Ibn Bišr, 'Uṯmān, 'Unwān al-maǧd fī tārīḫ an-naǧd. Riyadh, 1391.

Ibn 'Abbād, Tārīḫ naǧd. Riyadh, 1419/1999

Ibn Quddama, 'Abdallah Bin Aḥmad, al-Muġnī wa yalīhi aš-šarḥ al-kabīr. 12 vols. Beirut, 1391/1972.

Aḫras, Ṣufūḥ, Taqālīd wa-iğrā'āt al-aḫḏ bi-ṯ-ṯā'r fi'l-iqlīm aš-šamālī. In: A'māl al-ḥalaqa al-ūlā li-mukāfaḥat al-ğarīma fī'l-ğumhūrīya al-'arabīya al-muttaḥida. Kairo, 1961, S. 115-128.

Aslamī, Walīd Bin Muḍailaḥ, Nasab Šammar. Unveröffentlichtes Manuskript, 1999.

Aṣalī, Ḫālid al-, aš-Šūrā fi'l-islam. Amman, 1989

Badawī, Nādiā, Asrār al-ḥaiyāt fī ğibāl al-baḥr al-aḥmar: Dirāsa anṯrūbuluğīya fī'ṣ-ṣaḥrā' aš-šarqīya. Kairo, 1994.

Bā Qādir, Abū Bakr, Biblīūğrāfīat ad-dirāsāt al-ġarbīya ȯaula al-badāwa fi'l-aqṭār al-'arabīya. Riyadh, 1997

Bahūtī, Manṣūr al-, Kašf al-qinā' 'an matn al-iqnā'. 6 Bde. Beirut, 1402/1982.

Tall, Ḥassan at-, al-Muğtama' al-'ašā'irī. 2 Bde., Irbid, 1998-1999.

Ders., aṣ-Ṣulḥ al-'ašā'irī baina an-naẓarīya wa't-taṭbīq. Amman, 1997.

Ǧabbār, Fāliḥ 'Abd al-, Šammar. Qiṣṣat ṣu'ūd wa tafakkuk al-'ašīra fi'-'Irāq. In: aš-Šarq al-awsaṭ, Nr. 7676, 4.12.1999.

Ǧubail, Ṣidqī Āl, al-Ḥaiyāt al-iğtimā'īya fī Tārūt. In: Mağallat al-Wāḥa, Nr. 9/1999, S. 1-17.

Ǧāzir, Ḥamd al-, Mu'ğam al-qabā'il fi'l-mamlaka al-'arabīya as-sa'ūdīya. 2 Bde., Riyadh, 1980.

Ǧum'a, Hilāl al-, al-A'rāf wa'l-usus al-mu'tamida fi'l-qaḍā' al-'ašā'irī. Vortrag auf der Konferenz "Das Gewohnheitsrecht zwischen qānūn und šarī'a". Amman, 1989.

Ǧūdī, Ṣāliḥ Ibn Ġāzī, Maḍāmīn al-qaḍā' al-badawī qabla al-'ahd as-sa'ūdī: Min al-maurūṯāt aṯ-ṯaqāfīya. Mekka, 1991.

Ḥadīd, Nāyif al-, Iṯr at-taġyīrāt al-iǧtimā'īya 'alā al-a'rāf al-badawīya. Vortrag, gehalten auf der Konferenz "Das Stammesrecht zwischen qānūn und šarī'a". Amman, 1989.

Ḥarbī, Fā'iz Bin Mūsā al-, at-Tanẓīmāt al-qānūnīya wa'l-qaḍā'īya ladā qabā'il al-Ḥiǧāz qabla al-'ahd as-sa'ūdī. 2 Bde., Riyadh, 2000.

Ders., Fuṣūl min tārīḫ qabīlat Ḥarb. Riyadh, 1999.

Ders., Muḏakkirāt tārīḫīya 'an ba'ḍ a'lām qabīlat Ḥarb. Riyadh, 1417/1996.

Ders., Min aḫbār al-qabā'il fī Naǧd. Riyadh, 1416.

Ḥarbī, Nāyif Bin Zubn, Qaḍāyā wa quḍāṭ wa šiyam min al-bādiya. Medina, 1413/1991-92.

Ḥussain, Muṣṭafā Muḥammad, Niẓām al-mas'ūlīya 'inda al-'ašā'ir al-'irāqīya al-'arabīya al-mu'āṣira. Bagdad, 1967.

Ḥasanain, Ḥasanain Maḥmūd, al-'Urf wa'l-'āda baina aš-šarī'a al-islāmīya wa'l-qānūn al-waḍ'ī. Dubai, 1988.

Ḥulaisī, Nauwāf Bin Ṣāliḥ al-, 'Aṣr al-'Uqailāt. Riyadh, 1417/1996,

Ḫuraiṣī, Haššāl Bin 'Abd al-'Azīz al-, Qabīlat Šammar: Mutāba'a wa taḥlīl. Beirut, 1998.

Ḫūrī, Fu'ād al-, as-Sulṭa ladā al-qabā'il al-'arabīya. London, 1991.

Ḫatīb, Salwa 'Abd al-Ḥamīd al-, Taṭwīn al-badw fī'l-mamlaka al-'arabīya as-sa'ūdīya. Riyadh, 1981/1401.

Ḫālidī, Sa'ūd az-Zaitūn al-, al-Maġālīṯ: Usrat aš-šu'arā' min al-Ḥasā. In Maǧallat al-Wāḥa, Nr. 10/11, S. 22-34.

Duraib, Sa'ūd Bin Sa'd Āl, at-Tanẓīm al-qaḍā'ī fī'l-mamlaka al-'arabīya as-sa'ūdīya. Riyadh 1403 / 1983.

Da'ǧanī, Māni' Bin Qurrāš ad-, at-Taqnīyāt at-taqlīdīya fī'l-bī'a al-badawīya. Riyadh, 1993.

Riḥānī, Amin, Tārīḫ Naǧd al-ḥadīṯ wa mulḥaqātihi. Beirut, 1928.

Rašīd, Amīr Ḍārī Bin Fahd ar-, Nubḏa tārīḫīya ʻan Naǧd. Riyadh 1419/1999.

Rāwī, ʻAbd ar-Raḥmān ar-, al-Bādiya. Bagdad, 1946.

Zuraiq, Burhān, Naḥwā naẓarīya ʻāmma fī'l-ʻurf al-idārī. Damaskus, 1986.

Ziriklī, Ḫair ad-Din az-, Šibh al-ǧazīra fī ʻahd al-malik ʻAbd al-ʻAzīz. Beirut, 1970.

Zakarīya, Aḥmad Waṣfī, ʻAšā'ir aš-šām. Damaskus, 1997.

Zanāṭī, Maḥmūd Sallām, Nuẓam al-ʻarab al-qabā'ilīya al-muʻāṣira. Kairo, 1992.

Zahrānī, ʻAbdallah Bin Muḥammad az-, Tārīḫ al-qaḍā' wa'l-quḍāt fī'l-ʻahd as-saʻūdī. 6 Bde., Mekka, 1418/1997.

Sudaira, Ṭaha Abū, Ḥā'il fī ṣadr al-islām. Hail, 1416/1996.

Šatta, Saʻīd ʻAlī, Dirāsāt fī'l-muǧtamaʻ as-saʻūdī. Riyadh, 1405/1985.

Šarīf, ʻAbd ar-Raḥmān aš-, Minṭaqat ʻUnaiza: Dirāsa iqlīmīya. Kairo, 1969.

Šarls, Hinrī (Charles, Henry), ʻAšā'ir al-Ġanāma fī'l-furāt al-ausaṭ. Arabische Übersetzung der Ausgabe von 1939. Damaskus, 1998.

Šuqair, Naʻūm, Tārīḫ Sīnā' wa'l-ʻarab. Kairo, 1916.

Šakāra, Diya, al-Qiyam al-iǧtimāʻīya fī'l-muǧtamaʻāt al-ʻašā'irīya. In: at-Turāṯ aš-šaʻbī 11, Juli 1970.

Šalhad, Yūsuf, al-aʻrāf al-yamanīya wa ṣilatuhā bi'l-qaḍā' al-qabalī. In: al-ʻArab 20/1406, S. 521-27.

Šāmiḫ, Ahmad aš-, Tauṭīn al-badw fī'l-mamlaka al-ʻarabīya as-saʻūdīya: al-huǧar. Riyadh, 1399/1979.

Šihāb, Ḥusain, Aḥkām al-ʻašā'ir al-mutaʻarrafa. Vortrag auf der Konferenz „Das Stammesrecht zwischen qānūn und šarī'a". Amman 1989.

Šuwaiyir, Muḥammad Bin Saʻd aš-, Fuṣūl tārīḫīya li'l-mudun as-saʻūdīya, al-ūlā: Ḥā'il. Riyadh, 1404/1984.

Ṣabbān, 'Abd al-Qāādir aṣ-, Lamḥa 'an ḥaiyāt al-bādiya. Taiz, 1979.

Ṣudairī, Muḥammad Bin Aḥmad, Abṭāl min aṣ-ṣaḥrā'. Riyadh, 1968.

Ṣalḥūt, Ǧamīl aṣ-, al-Qaḍā' al-'ašā'irī. Akka, 1987.

Ṭāhir, 'Abd al-Ǧalīl, al-Badw wa'l-'ašā'ir fi'l-bilād al-'arabīya. Kairo, 1955.

Ẓafīr, Sa'd Bin Muḥammad Bin, al-Iǧrā'āt al-ǧanā'īya fī ǧarā'im al-ḥudūd. Riyadh, 1421/2000.

Ẓāhirī, Abū 'Abd ar-Raḥmān Bin 'Aqīl aẓ-, Āl Ǧarbā' fi't-tārīḫ wa'l-adab. Riyadh, 1402.

'Ābidī, Maḥmūd al-, Ṣulḥ al-'ašā'irī fī Ṣafad. In: al-Funūn aš-ša'bīya 6, Mai 1975, S. 61-66. Amman.

'Abbādī, Aḥmad 'Uwaidī al-, al-Qaḍā' 'inda al-'ašā'ir al-urdunnīya. Amman, 1988.

Ders., al-Ǧarā'im aṣ-ṣuǧrā 'inda al-'ašā'ir al-urdunnīya 1900-1986. Amman, 1987.

Ders., al-Àarā'im al-kubrā 'inda al-'ašā'ir al-urdunnīya. Amman, 1986.

Ders., Min al-adilla al-qaḍā'īya 'inda al-badw fi'l-Urdunn 1921-1983. Amman, 1983.

Ders., Min al-qiyam wa'l-ādāb al-badawīya. Amman, 1396/1976.

'Abd ar-Raḥīm, A., ad-Daula as-sa'ūdīya al-ūlā 1745-1818. Kairo, 1976.

'Abd al-'Azīz, Rif'at, al-'Urf: Qawā'iduhu wa aḥkāmuhu wa mīkānīzmātuhu fī muǧtama' badawī wa muǧtama' qurawī. In: al-Ma'ṯūrāt aš-ša'bīya. Nr. 5/2'0 1990, S. 54 - 73.

'Uṯaimīn, 'Abdallah Ṣāliḥ al-, Naš'at imārat Āl Rašīd. Riyadh 1411/1991.

'Arafa, Muḥammad Ǧammāl, al-Hurūb al-kabīr. Kairo 1999.

'Ārif, 'Ārif al-, al-Qaḍā' 'inda al-badw. Jerusalem, 1933.

'Azīzī, Ruks Bin Zā'id al-, aš-Šarārāt, man hum? Amman, 1414/1993.

'Azzāwī, 'Abbās al-, 'Ašā'ir al-'Irāq. 4 Bde. Bagdad, 1937-1956.

'Askar, 'Abdallah Bin 'Alī al-, Tanwīr al-masīr 'an tārīḫ aẓ-Ẓafīr. Riyadh, 1418/1997.

'Aṭṭār, 'Adnān, al-Ḥuwaiṭāt. Damaskus, o.J.

'Anizī, 'Abdallah Bin Duḥaimiš al-, Aṣdaq dalā'il fī ansāb Banī Wā'il qabā'il 'Anaza. Riyadh, 1415/1994.

'Anizī, Muḥammad al-, Mūsil laisa auwal au aḫīr mustašriq yadrus tabā'i' al-badw. In: aš-Šarq al-ausaṭ vom 27.1.0.1999.

'Auḍ, Ṣāliḥ, Iṯr al-'urf fi't-tašrī' al-islāmī. Kairo, 1977.

Fauwāl, Ṣalāḥ Muṣṭafā, al-Binā' al-iǧtimā'ī li'l-muǧtama'āt al-badawīya. Kairo, 1983.

Ders., 'Ilm al-iǧtimā' al-badawī. Kairo, 1974.

Ders., Tanmiyat al-muǧtama'āt aṣ-ṣaḥrāwīya: Taṭbīqāt maidānīya. Kairo, 1968.

Ġaiṯ, Muḥammad Ḥasan, Qaḍā' al-'ašā'ir fī ḍau' aš-šar' al-islāmī. al-Quds/Jerusalem, 1990.

Qaḥṭānī, Fāṭima al-, Hikāyāt fī intiẓār al-'arīs. In: al-Yamāma, Nr. 1631 vom 11.11.2000.

Quṣṣūṣ, 'Auda al-, Qaḍā' al-badawī. Amman, 1972.

Quṭb, Samīr 'Abd ar-Razzāq al-, Ansāb al-'Arab. Beirut, o.J.

Quwai'ī, 'Aqīl Bin 'Umar al-, Aqwāl wa masā'il fī aḫbār minṭaqat Ḥā'il. Hail, 1418/1997.

Kutubḫāna, Ismā'īl, at-Taġayyur wa't-tanmiya al-iǧtimā'īya: Dirāsa maidānīya fī minṭaqat Wādī Fāṭima fi'l-mamlaka al-'arabīya as-sa'ūdīya. Jidda, 1992.

Kaḥḥāla, 'umar, Mu'ǧam al-qabā'il al-'arabīya. 5 Bde., Beirut, 1949.

Kīlānī, Fārūq al-, Šarī'at al-'ašā'ir fi'l-waṭan al-'arabī. Beirut, 1972.

Mubārakī, Aḥmad Bin 'Alī al-, al-'Urf wa iṯruhu fi'š-šarī'a wa'l-qānūn. Riyadh, 1414/1993.

Maḥğūb, Muḥammad, Dirāsāt fi'l-muğtama' al-badawī. Kuwait, 1997.

Ders., Muqaddimat ilā dirāsat al-muğtama'āt al-badawīya.. Kuwait, 1974.

Marqaṣ, Sulaimān, Madḫal ilā 'ilm al-ḥuqūq. Damaskus, 1995.

Mas'ūdī, Rašīd Bin Ḥamdān al-, Muzaina: Nasabuhā wa furū'uhā wa diyāruhā. In: al-'Arab, Jahrgang 32, Nr. 9/10-1418, S. 627-46.

Muslim, Ibrāhīm al-, al-'Uqailāt. Riyadh, 1409/1989.

Mušāriqa, Muḥammad Zuhair, al-Ḥaiyāt al-iğtimā'īya al-badawīya fi'l-waṭan al-'arabī. Damaskus, 1988.

Muṭairī, Šahīr Muḥsin al-, Qāmūs al-bādiya. Kuwait, 1998.

Muqbil, Ḥassan al-Ḫaḍīr al-, al-Badw baina waḍ'ihim al-ḥālī wa mā kutiba 'an-hum. Damaskus, 1996.

Hamdānī, al-Ḥassan Bin Aḥmad al-, Kitāb al-iklīl. Beirut, 1986/1407.

Watt, William Montgomery: al-Badw. Beirut 1981.

15.3. Deutsche, englische und anderssprachige Quellen

Abduh, J., The Crime of Family Honor. Cairo, 1999.

Abu Jaber, Kamel; Gharaibeh, Fawzi; Khasawneh; and Hill, Allan, Bedouins of Jordan: A people in transition. Amman, 1987.

Abu-Lughod, Lila, Writing Women's World: Bedouin Stories (Aulad Ali). Berkeley, 1992

Ders., Veiled Sentiments: Honor and Poetry in a Bedouin Society. Berkeley, 1986

Abu Nasr, Donna, In some cultures, the price of man's honor can be a life. In: Sunday Star-News, 02.07.2000.

Adra, Najwa, The concept of tribe in rural Yemen. In: N. Hopkins and S.E. Ibrahim (eds.): Arab Society. Cairo, 1985.

Ders., Qayala - the tribal concept in the Central Highlands of the Yemen. Ph.D., Diss., Temple Univ. 1982.

Altorki, S. and Cole, P., Production and trade in north central Arabia: change and development in Unayzah. In: M. Mundy and B. Musallam (eds.): The Transformation of Nomadic Society in the Arab East. Cambridge, 2000, S. 145-159.

Dies., Arabian Oasis City: The transformation of Unayzah. Austin, 1989.

Dies., Family in changing Saudi Arabia (I): Substantive development, circa 1955-1975. Cairo, o.J.

Amnesty International Länderbericht: Saudi-Arabien: Ein Rechtssystem ohne Gerechtigkeit. 10.5.2000.

Amnesty International -Report: Saudi Arabia: Behind closed doors: unfair trials in Saudi Arabia. November 1997.

Arabian Personalities of the Early Twentieth Century. New York, Reprint von 1917, 1986

Ashkenazi, Touvia, Social and historical problems of the ʹAnazeh tribe. In: Journal of the Economy and Social History of the Orient. vol. VIII/part I, August 1965, S. 93 - 100.

Bailey, Clinton, The role of rhyme and maxim in Bedouin law. In: New Arabian Studies I, Exeter, 1992

Ders., Bedouin Poetry from Sinai and the Negev: Mirror of a Culture. Oxford, 1991.

Barghuti, Omar Effendi el-, Studies in Palestinian customs and folklore. Part I. Judicial courts among the Bedouin of Palestine. Jerusalem, 1922.

Bar-Zvi, S., The Jurisdiction among the Negev Bedouin. Tel Aviv, 1991.

Benson, Bruce, The Enterprise of Law: Justice without the State. San Francisco, 1990.

Bidwell, Robin, Arabian Personalities of the early 20th century. New York 1917 (reprint 1986)

Bliss, Frank, Sitte und Recht in Siwa. In: Der Islam 62 /1985, Heft 1

Blunt, Lady Anne, A Pilgrimage to Nejd, 2 Bde., London, 1881

Bocco, Riccardo, International organizations and the settlement of nomads in the Arab Middle East, 1950 - 1990. In: M. Mundy and B. Musallam (eds.): The Transformation of Nomadic Society in the Arab East. Cambridge, 2000, S. 197 - 217.

Bocco, Riccardo and Tell, Tariq, Pax Britannica in the Steppe: British policy and the Transjordan Bedouin. In: E. Rogan and T. Tell (eds.), Village, Steppe, and State: The social origins of modern Jordan. London, 1994, S: 108 - 127.

Boucheman, A. de, Notes sur la rivalite de deux tribus moutonnieres de Syrie: les Mawali et les Hadidiyin. In: Revue des etudes islamiques. Vol. 1, 1938, S. 8 - 58.

Bouvat, L., Le droit coutumier des tribus bédouines de Syrie. In: RMM 43, 1921.

Bräunlich, E., Beiträge zur Gesellschaftsordnung der arabischen Beduinenstämme. In: Islamica 6 (68-111, 182-229).

Burckhardt, J. L., Notes on the Bedouins and Wahabys. 2 Bde., London, 1831.

Calder, Norman, Studies in early Muslim Jurisprudence. Oxford, 1993.

Caskel, Werner, Zur Beduinisierung Arabiens. In: ZDMG 103 (1953), S. 28-36.

Chatty, Dawn, Mobile Pastoralists: Development Planning and Social Change in Oman. New York, 1996.

Chelhod, J., La place de la coutume dans le fiqh primitif et sa permanence dans les sociétés arabes a tradition orale. In: Studia Islamica 64 (1986): S. 19 - 37.

Ders., Le droit dans la société Bédouine. Paris, 1971.
Clauss, Ludwig Ferdinand, Semiten der Wüste unter sich. Berlin, 1937.

Cole, D.P. and Altorki, S., Production and trade in north central Arabia: change and development in Unayzah. In: M. Mundy and B. Musallam (eds.): The Transformation of Nomadic Society in the Arab East. Cambridge, 2000, S. 145 - 159.

Dies., Arabian Oasis City: The transformation of Unayzah. Austin, 1989.

Dies., Family in changing Saudi Arabia (I): Substantive development, circa 1955-1975. Cairo, o.J.

Cole, D. & Ibrahim, Saad, Saudi Arabian Bedouin. Cairo, 1978.

Cole, D.P., Nomads of the Nomads: The Al Murrah Bedouin of the Empty Quarter. Chicago, 1975.

Coulson, N.J., The state and the individual in Islamic law. In: International and Comparative Law Quarterly 6 (1957) S. 56-60.

Ders., Doctrine and practice in Islamic law. In: BSOAS 18 (1956) S. 214-19.

Dickson, H.R.P., The Arab of the Desert. London, 1951.

Dostal, W., Egalität und Klassengesellschaft in Südarabien. In: Wiener Beiträge zur Kulturgeschichte und Linguistik 20, Wien, 1985

Ders., Die Beduinen Südarabiens. Wien, 1967.

Doughty, Charles, Travels in Arabia Deserta. 2 Bde., New York, 1921 (1888).

Ebrahim, Mohammed Hossein, Problems of nomad settlement in the Middle East with special reference to Saudi Arabia and the Haradh project. Ph.D., Diss., University of Cornell, 1981.

Eickelman, Dale, Being Bedouin: Nomads and Tribes in the Arab Social Imagination. In: Ginat, Joseph & Khazanov, Anatoly (eds.): Changing Nomads in a Changing World. Brighton, Portland, 1998.

Ders., The Middle East: An Anthropological Approach. New Jersey, 1981.

Encyclopedia of Islam CD-ROM Edition v. 1.0, Brill Leiden, 1999.

Euting, Julius, Tagebuch einer Reise nach Innerarabien. 2 Teile, Leiden, 1896 u. 1914.

Evans-Pritchard, E., The Sanusi of Cyrenaica. Oxford, 1949.

Ders., The Nuer: a description of modes of living and political institutions of a Nilotic tribe. Oxford, 1940.

Ders. and Fortes, M., African Political Systems. Oxford, 1940.

Fabietti, Ugo, State policies and Bedouin adaptations in Saudi Arabia, 1900 - 1980. In: M. Mundy and B. Musallam (eds.): The Transformation of Nomadic Society in the Arab East. Cambridge, 2000, S. 83 - 90.

Ders., Coping with Change in Arabia: The Bedouin Community and the Idea of Development. In: Ginat, Joseph & Khazanov, Anatoly (eds.): Changing Nomads in a Changing World. Brighton, Portland, 1998.

Ders., Control and Alienation of Territory among the Bedouin of Saudi Arabia. In: Nomadic Peoples, 20/1986.

Ders., Sedentarization as a means of Detribalization. In: T. Niblock (ed.): State, Society, and Economy in Saudi Arabia. London, 1982.

Falaturi, A. und Gräf, E., Brauch/Sitte und Recht in der traditionellen islamischen Jurisprudenz. In: Falaturi, A. & May, R. (eds.): Beiträge zum islamischen Rechtsdenken. Stuttgart, 1986: S. 29 - 47.

FAO News: Rom, 4.6.1998.

Faour, Fadl, al-, Social structure of a Bedouin Tribe in the Syria - Lebanon Region. Ph.D., Diss. London Univ. 1968.

Farra, O.T., The Effects of Detribalizing the Bedouin on the Internal Cohesion of an Emerging State: The Kingdom of Saudi Arabia. Ph.D. Diss., University of Pittburgh,1973.

Ferdinand, Klaus, Bedouins of Qatar. Kobenhagen, 1993.

Field, Henry, The Anthropology of Iraq. Part II, Number 1: The Northern Jazira. Cambridge, Mass., 1951.

Frazier, Ian, On the Rez. New York, 2001.

Frederick, Williamson John, A political history of the Šammar Jarba tribe of al-Jazirah: 1800-1958. Unpublished Ph.D. Diss., Indiana Univ., 1975

Galaty, J.G. and Johnson, D.L. (eds.), The World of Pastoralism, Herding Systems in Comparative Perspective. New York, 1990.

Galaty, J.G. and Salzman, P.C. (eds.), Nomads in a changing world. Naples, 1990.

Dies., Change and Development in Nomadic and Pastoral Societies. Leiden, 1981.

Gerber, Haim, Islamic Law and Culture 1600-1840. Leiden, 1999.

Gellner, Ernest, Muslim Society. Cambridge, 1981.

Ginat, Joseph & Khazanov, Anatoly (eds.), Changing Nomads in a Changing World. Brighton, Portland, 1998.

Ginat, Joseph, Preservation and Change in Bedouin Societies in Israel. In: Ginat, Joseph & Khazanov, Anatoly (eds.): Changing Nomads in a Changing World. Brighton, Portland, 1998, S. 171 - 201.

Ders., Blood Disputes among Bedouin and Rural Arabs in Israel: Revenge, Mediation, Outcast in and Family Honor. Pittsburgh, 1987.

Ders., Blood Revenge in Bedouin Society. In: E. Marx and A. Shmueli: The Changing Bedouin. New Brunswick 1984, S. 59-82.

Ders., The Outcast in Bedouin Society. In: Nomadic People, 12/1983, S. 26 - 47.

Ders., Women in Muslim Rural Society: Status and role in family and community. New Brunswick, 1982.

Goodenough, P., Blood and honor. In: Middle East Digest, 2/1995, S.1-5.

Gräf, E. und Falaturi, A., Brauch/Sitte und Recht in der traditionellen islamischen Jurisprudenz. In: Falaturi, A. & May, R. (eds.): Beiträge zum islamischen Rechtsdenken. Stuttgart, 1986: S. 29 - 47.

Gräf, Erwin, Das Rechtswesen der heutigen Beduinen. In: Beiträge zur Sprach- und Kulturgeschichte des Orients, 5. Walldorf, 1952.

Guarmani, C., Northern Najd: a journey from Jerusalem to Anaiza in Qasim. London, 1938.

Habib, St. J., Ibn Saud Warriors of Islam. Leiden, 1978.

Haddad, E., Blood revenge among the Arabs. In: The Journal of the Palestine Oriental Society, V.1. 1920, Jerusalem.

Haddad, Muhammad Sulaiman: The effect of detribalization and sedentarization on the socio-economic structure of the tribes of the Arabian Peninsula : the Ajman tribe as a case study. Ph.D. Diss., Univ. of Kansas, 1981.

Hajrah, H.H., Public Land Distribution in Saudi Arabian. London, 1982.

Hardy, M.J.L., Blood feuds and the payment of blood money in the Middle East. Leiden, 1963.

Hartmann, Martin, Irak und Arabien. In: Die Welt des Islams, Bd. II, 1914, Heft1.

Hartmann, Richard, Zur heutigen Lage des Beduinentums. In: Die Welt des Islams 20 (1938), S. 51-73.

Henkia, Roni, Narrative styles of Negev Bedouin men and women. In: Oriente Moderno XIX(LXXX), 1 2000, S. 59-81.

Henninger, J., Das Eigentumsrecht bei den heutigen Beduinen Arabiens. In: Zeitschrift für vergleichende Rechtswissenschaft 61 (1959), S. 6 - 56.

Ders., Die Familie bei den heutigen Beduinen Arabiens und seiner Randgebiete. Leiden, 1943.

Hess, J., Von den Beduinen des Inneren Arabiens. Zürich, 1958.

Hilw, Kamal al-; Darwish, Said Mumtaz, Customary Law in Northern Sinai. Cairo, 1989.

Hopkins, Nicholas & Ibrahim, Saad Eddin, Arab society in transition: a reader. Cairo, 1977.

Huber, Charles, Journal d'un Voyage en Arabie (1883-1884). Paris, 1891.

Ibn Khaldun, The Muqaddimah: an introduction to history. Translated by F. Rosenthal. London, 1987.

Ibrahim, Saad Eddin, The New Arab Social Order - A Study of the social impact of Oil wealth. Boulder, London. 1983.

Ibrahim, S. and Cole, D., Saudi Arabian Bedouin: An Assessment of their Needs. Cairo, 1978

Ingham, Bruce, Arabian Diversions. Studies on the dialects of Arabia. Reading, 1997.

Ders., Najdi Arabic: Central Arabian. London, Amsterdam, 1994.

Ders., The Bedouin salfah a narrative genre. In: Asian Folklore Studies LII-1:6-32, 1993.

Ders., Bedouins of North Arabia. Traditions of the Ẓafīr . London, 1986.

Ders., Notes on the dialect of the Al Ẓafīr of north eastern Arabia. In: Bulletin of the School of Oriental and African Studies XLV 2:245-249, 1982.

Ders., North East Arabian dialects. London, 1982.

Janzen, Jörg, The destruction of resources among the mountain nomads of Dhofar. In: M. Mundy and B. Musallam (eds.): The Transformation of Nomadic Society in the Arab East. Cambridge, 2000, S. 160 - 175.

Ders., Die Nomaden Dhofars / Sultanat Oman - Traditionelle Lebensformen im Wandel. Bamberg, 1980.

Jaussen, Antonin, Coutumes des Arabes: le Gâz Mussarib. Revue Biblique, 7/1910, S. 237 - 249.

Ders., Coutumes des Arabes au pays de Moab. Paris, 1908.

Jerichow, Anders, Saudi Arabia: Outside global law and order. Surrey, 1997.

Johnson, D.L. and Galaty, J.G. (eds.), The World of Pastoralism, Herding Systems in Comparative Perspective. New York, 1990.

Käselau, Adolf, Die freien Beduinen Nord- und Zentralarabiens. Diss. Hamburg, 1927.

Katakura, Motoko, Bedouin Village: A study of a Saudi Arabian People in Transition. Tokio, 1975.

Kennett, Austin, Bedouin justice. Laws and customs among the Egyptian Bedouin. Cambridge 1925.

Keohane, Alan, Bedouin: Nomads of the desert. London, 1994.

Khalil, Khalil Abdallah al-, Non-formal education and Saudi national development: Its relevance to Bedouins. Ph.D. Univ. Of Southern California, 1994.

Khawalde, Sliman Shtewe, Beduinen im gelobten Land. Hamburg, 1994.

Khayyat, S., Honor and Shame - Women in modern Iraq. London, 1993

Khazanov, Anatoly & Ginat, Joseph (eds.), Changing Nomads in a Changing World. Brighton, Portland, 1998

Khazanov, A., Nomads and the outside world. Cambridge, 1981.

Khoury, P.S.; Kostiner, J. (eds.), Tribes and state formation in the Middle East. Berkeley, 1991.

Klocker, Sabine, There should be one grave opposite the other: Blutrachepraxis bei den Beduinen Nordarabiens. Wiesbaden, 1996.

Kostiner, Joseph and Teitelbaum, Joshua, State-Formation and the Saudi Monarchy. In: Kostiner, J. (ed.), Middle East Monarchies: The Challenge of Modernity. London, 2000, S. 131-149.

Kostiner, Joseph (ed.): Middle East Monarchies: The Challenge of Modernity. London, 2000.

Ders., The role of tribal groups in state expansion and consolidation: The Northern Arabian Peninsula during and after First World War. In: J. Ginat & A. Khazanov (eds.): Changing Nomads in a Changing World. Brighton, Portland, 1998, S. 143 - 154.

Ders., The Ruwallah and the Saudi tribal confederations: A comparative look at state formation in tribal societies during and after the First World War. In: Archiv Orientalni 4, vol 63/1995, S. 471 - 477.

Ders., The Making of Saudi-Arabia 1916-1936. Oxford, 1993.

Ders. & Khoury, P.S. (eds.), Tribes and State Formation in the Middle East. Berkeley, 1991

Kressel, Gideon, Ascendancy through aggression: the anatomy of a blood feud among urbanized Bedouins. Wiesbaden, 1996.

Ders., Descent through males: An anthropological investigation into the patterns underlying social hierarchy, kinship and marriage among former Bedouins in Ramla-Lod. Wiesbaden, 1992.

Ders., Blood feuds among urban Bedouins. Jerusalem, 1982.

Kurpershoek, P.M., Oral poetry and narratives from Central Arabia II. The story of a desert knight. Leiden, 1995.

Ders., Oral poetry and narratives from Central Arabia I. The poetry of ad-Didan, a Bedouin bard in Southern Najd. Leiden, 1994.

Ders., Between ad-dakhul and 'Afif: Oral traditions of the 'Utaybah tribe in Central Najd. In: Zeitschrift für arabische Linguistik 26: 28-62, 1993

Lancaster, W.O. and F., Who are these Nomads? What do they do? Continuous Change or Changing Continuities? In: Ginat, Joseph & Khazanov, Anatoly (eds.): Changing Nomads in a Changing World. Brighton, Portland, 1998.

Dies., Desert Devices: the pastoral system of the Rwala Bedouin. In: J. Galaty and D. Johnson (eds.): The World of Pastoralism. New York, London, 1990. S. 177 - 194.

Lancaster, W., The Rwala Bedouin Today. Cambridge, 1981.

Layish, Aharon, Legal documents on Libyan tribal society in process of sedentarization: a selection of decisions from the sijills of the Sharia courts of Ajdabiya and Kufra. Wiesbaden, 1998

Ders., Dar Adl - symbiosis of custom and shari`a in a tribal society in process of sedentarization. In: Jerusalem Studies in Arabic & Islam, 19/1995.

Ders., Shari'a and tribal custom in Libya: Was Tajdida married to two husbands? In: Archiv Orientalni 4, vol. 64/1995, S. 488 - 503

Ders., Divorce in the Libyan family: a study based on the sijills of the Sharia courts of Ajdabiya and Kufr. New York, Jerusalem, 1991.

Ders., Challenges to Customary Law and Arbitration: The impact of Islamic Law upon settled Bedouin in the Judaean Desert. In: Tel Aviv University Studies in Law 5 (1980-1982), S. 206-221.

Ders.; Shmueli, A., Custom and Shari'a in the Bedouin family according to legal documents from the Judaean Desert. In: Bulletin of the School of Oriental and African Studies 42 (1979), S. 29-45.

Leder, Stefan, Nomaden und nomadische Lebensformen in arabischer Begrifflichkeit - Eine Annäherung. In: Nomadismus aus der Perspektive der Begrifflichkeit. Mitteilungen des SFB „Differenz und Integration" 1. Orientwissenschaftliche Hefte, 3/2002. Martin-Luther-Universität Halle-Wittenberg.

Levy, R., An introduction to the sociology of Islam. London, 1933.

Lewis, Norman, Nomads and Settlers in Syria and Jordan 1800 - 1980. Cambridge, 1987.

Libson, Gideon, On the development of custom as a source of law in Islamic law. In: Islamic Law and Society 4 (1997): 131-55.

Libya - Law on the Rules of Talion (qisas) and Criminal Compensation (Blood money, diya) In: Yearbook of Islamic and Middle Eastern Law. Vol., 1994. Ed. by E. Cotran and C. Mallat, London, 1995

Long, David E., The Kingdom of Saudi Arabia. Univ. of Florida, 1997.

Maisel, Sebastian, Die syrischen Yaziden im Spannungsfeld zwischen Ethnizität und Religion. Leipzig, 1996.

Marx, E., The Bedouin of the Negev. Manchester, 1967.

Matthews, C.D., Bedouin life in contemporary Arabia. In: Rivista degli Studi Orientali, vol. 35 (1960) S. 31 - 61.

Meeker, M.E., Literature and violence in North Arabia. Cambridge, 1979.

Meir, Avinoam, As Nomadism ends. The Israeli Bedouin in the Negev. Boulder, Oxford 1997

Montagne, R., Contes poétiques bédouins (recueillis chez les Šammar de Gezire). Bulletin de Etudes Orientales 5:33-119. 1935.

Ders., Notes sur la vie sociale et politique de l'Arabie du nord: les Chammar du Nejd. In: Revue des Etudes Islamiques. Vol. 6, 1932, S. 61 - 81.

Müller-Mahn, D., Nomaden im Niemandsland - Die Demarkation der ägyptisch-libyschen Grenze und ihre Auswirkungen auf die Stämme der Aulad Ali. In: Frank, S. und Kamp, M. (Hrsg.): Libyen im 20. Jahrhundert: Zwischen Fremdbestimmung und nationaler Selbstbestimmung. Hamburg, 1995.

Ders., Die Aulad Ali zwischen Stamm und Staat. Entwicklung und sozialer Wandel bei den Beduinen im nordwestlichen Ägypten. Berlin, 1989.

Mundy, Martha and Musallam, Basim (eds.), The Transformation of Nomadic Society in the Arab East. Cambridge, 2000.

Murray, G.W., Sons of Ismael. A Study of the Egyptian Bedouin. London, 1935.
Musil, Alois, Northern Nejd. New York, 1928.

Ders., The manners and customs of the Rwala Bedouins. New York, 1927.

Ders., Arabia Petrea. 4 Bde., 1907-1908.

Niblock, T., Social Structure and the Development of the Saudi Arabian Political System. In: T. Niblock (ed.): State, Society and Economy in Saudi Arabia. London, 1982: 75-105.

Niebuhr, Carsten, Reisebeschreibung nach Arabien und anderen umliegenden Ländern. Zürich, 1991.

Oppenheim, Max von, Die Beduinen. 5 Bde., Leipzig, Wiesbaden, 1939- 1968.

Othman, M.Z., Urf as a source of Islamic law. In: Islamic Studies 20 (1981): S. 343 - 355.
Oweidi, Ahmad, Bedouin justice in Jordan. Ph.D. Diss., Cambridge Univ. 1982.

Palgrave, W.G., Personal Narrative of a years journey through Central and Eastern Arabia. (1862-1863). 2 Bde., London, 1865.

Palva, H., Artistic colloquial Arabic. Traditional narratives and poems from al-Balqa (Jordan): transcription, translation, linguistic and metrical analysis. In: Studia Orientalia 69, 1992, Helsinki.

Peskes, Esther, Muhammad Abd al-Wahhab im Widerstreit. Beirut, 1993.

Pfullmann, Uwe, Politische Strategien Ibn Sauds beim Aufbau des dritten saudischen Staates. Frankfurt, 1996.

Philby, H.S.J., Sa'udi Arabia. London, 1955.

Ders., Arabian Days: an Autobiography. London, 1948.

Ders., The Empty Quarter. London, 1933.

Ders., Arabia of the Wahhabis. London, 1928.

Pritsch, Erich, Zum Recht der südpalästinensischen Beduinen. In: Die Welt des Islams, 20/1938.

Prochazka, T., *Saudi Arabian dialects*. London, 1988.

Procksch, O.: Über die Blutrache bei den vorislamischen Arabern und Muhammads Stellung zu ihr. Leipzig, 1899.

Rasheed, Madawi al-, The Rashidi Dynasty: Political centralization among the Šammar in North Arabia. In: New Arabian Studies II, Exeter, 1993, S. 140 - 152.

Ders., Durable and Non-Durable Dynasties: The Rashidis and Sa'udis in Central Arabia. In: British Journal of Middle Eastern Studies, vol. 19, no. 2, 1992, S. 144 - 158.

Ders., Politics in an Arabian Oasis: The Rashidi tribal Dynasty. London, 1991.

Ders., The process of chiefdom-formation as a function of nomadic/sedentary interaction: The case of the Šammar Nomads of North Arabia. Paper given at a conference on Pastoralism in the Middle East, Yarmuk University, Jordan 1987.

Rasheed, Muhammad Sa'd al-, Criminal procedure in Saudi Arabian judicial institutions. Ph.D. Diss., Univ. of Durham, 1973

Reintjens, Hortense, Mahram - Gleichberechtigung zwischen Mann und Frau in der Wüste. In: Die Nomaden in Geschichte und Gegenwart. Beiträge zu einem internationalen Nomadismussymposium im Dezember 1975 am Museum für Völkerkunde in Leipzig. S. 151 - 158. Berlin, 1981.

Richter, Werner, Das Nomadentum im Negev und auf der Sinaihalbinsel. Vechta, 1985.

Salzman, P.C. and Galaty, J.G. (eds.), Nomads in a changing world. Naples, 1990.

Dies., Change and Development in Nomadic and Pastoral Societies. Leiden, 1981.

Scholz, F., Nomadismus. Theorie und Wandel einer sozioökonomischen Kulturweise. Stuttgart 1995.

Ders. (Hrsg.), Nomaden: Mobile Tierhaltung. 20 Beiträge zur gegenwärtigen Lage von Nomaden und zu den Problemen und Chancen mobiler Tierhaltung. Berlin, 1991.

Ders., Nomaden und Erdöl. Über die Lage und Rolle der Beduinen in den Erdölförderländern der arabischen Halbinsel. In: Geographische Rundschau 39 (1987) 394-401.

Ders.; Janzen, J., Nomadismus, ein Entwicklungsproblem? Berlin, 1982.

Ders., Beduinen im Zeichen des Erdöls: Studien zur Entwicklung im beduinischen Lebensraum Südostarabiens. Wiesbaden, 1981.

Serjeant, R., Customary and Shari`ah Law in Arabian society. Great Yarmouth, 1991.

Ders., Two tribal law cases (documents). In: Journal of the Royal Asian Society 1951: 33-47, 157-69

Shamekh, A.A., Spatial patterns of Bedouin settlement in al-Qaism region, Saudi Arabia. Ph.D., Diss., Univ. of Kentucky, 1975

Shoup, John, Hima: a traditional Bedouin land-use-system in contemporary Syrian and Jordan. Ph.D. Diss., Washington Univ., 1991.

Ders., The impact of tourism on the Bedouin of Petra. Middle East Journal 39 (2), 1985, S. 77-91.

Shryock, Andrew, Nationalism and the Genealogical Imagination: Oral History and Textual Authority on Tribal Jordan. Berkeley, Los Angeles, 1997.

Ders., History and historiography among the Belqa tribes of Jordan. Ph.D. Diss., Univ. of Michigan, 1994.

Simons, Geoff, Saudi Arabia: The Shape of a Client Feudalism. New York, 1995.

Smith, William Robertson, Kinship and marriage in early Arabia. London, 1885.

Soliman, A. Soliman, Constitutional and judicial organization in Saudi Arabia. Ph.D. Diss., The Johns Hopkins Univ. 1970

Sonnen, Johannes, Die Beduinen am See Genezareth. In: Palästinahefte des Deutschen Vereins vom Heiligen Lande, 43/45, Köln, 1952

Sowayan, Saad, The Arabian Oral Historical Narrative. An ethnographic and linguistic analysis. Wiesbaden, 1992.

Ders., A poem and its narrative by Rida ibn Tarif ash-Šammari. In: Zeitschrift für arabische Linguistik 7/1982, S. 48-73.

Stein, Lothar, Beduinen in neuen Berufen - Versuch einer Analyse. In: Die Nomaden in Geschichte und Gegenwart. Beiträge zu einem internationalen Nomadismussymposium im Dezember 1975 am Museum für Völkerkunde in Leipzig. S. 159 - 170. Berlin, 1981.

Ders., Wandervolk der Wüste. Leipzig, 1976.

Ders., Das Problem des Landbesitzes bei der Sesshaftigkeit der Šammar-Gerba. In: Das Verhältnis von Bodenbauern und Viehzüchtern in historischer Sicht. Berlin, 1968.

Ders., Die Šammar-Gerba. Beduinen im Übergang vom Nomadismus zur Sesshaftigkeit. Berlin, 1967.

Ders., Abdallah bei den Beduinen. Leipzig, 1964.

Ders., Zum Problem der Raubzüge (ghazu) bei den Šammar-Gerba. In: Annals of the Naprstek Museum, Vol. 2, 1963, S. 51 - 68. Prag.

Stewart, Frank, The jōz musarrib: An unusual form of marriage among the Arabs. In: J. Ginat & A. Khazanov (eds.): Changing Nomads in a Changing World. Brighton, Portland, 1998.

Ders., Honor. Chicago, London, 1994.

Der.,: Texts in Sinai Bedouin Law, 2 vol., Wiesbaden, 1988-1990.

Ders., Tribal law in the Arab world: A review of the literature. In: International Journal of Middle Eastern Studies 19 (1987), S. 473-490.

Ders., Bedouin boundaries in Central Sinai and Southern Negev. Wiesbaden, 1986.

Teitelbaum, Joshua and Kostiner, Joseph, State-Formation and the Saudi Monarchy. In: Kostiner, J. (ed.) Middle East Monarchies: The Challenge of Modernity. London, 2000, S. 131-149.

Vassiliev, Alexei, The History of Saudi Arabia. London, 1998.

Vidal, F.S., Bedouin Migrations in the Ghawar Oil Field, Saudi Arabia. Coconut Grove, Fla. 1975.

Vogel, Frank, Islamic Law and Legal System Studies of Saudi Arabia. Leiden, 2000.

Wallin, G.A., Narrative of a journey from Cairo to Medina and Mekka, by Suez, Araba, Tawila, al-Jauf, Jublae, Hail and Negd in 1845. In: Journal of the Royal Geographical Society, vol. 24, S. 115-201.

Ders., Notes taken during a journey through part of Northern Arabia in 1850. London, 1850.

Ward, Philip, Ha'il: Oasis City of Saudi Arabia. Cambridge, New York, 1983

Wardi, Ali al-, Soziologie des Nomadentums. Darmstadt, 1972.

Wellhausen, Julius, Die Ehe bei den Arabern. In: Nachrichten von der Königlichen Gesellschaft der Wissenschaften und der Georg-Augustus-Universität zu Göttingen, No. 11 1893. Göttingen.

Ders., Reste arabischen Heidentums. Berlin, 1961 (Neuauflage von 1887).

Wild, Stefan, Arabische Eigennamen. In: Geschichte der arabischen Philologie. (Hrsg. von W. Fischer): Bd. I Sprachwissenschaft. Wiesbaden, 1982: S. 154-64

Wilkinson, J.C., Nomadic Territory as a Factor in Defining Arabia's Boundaries. In: M. Mundy and B. Musallam (eds.): The Transformation of Nomadic Society in the Arab East. Cambridge, 2000, S. 44 - 62.

Williamson, J., The political history of the Šammar Al-Jarba Tribe of al-Jazirah: 1800 - 1958. Ph.D. Diss., Indiana Univ. 1975.

Yamami, Mai, Changed Identities: The challenge of the new generation in Saudi Arabia. London, 2000.

Yearbook of Islamic and Middle Eastern Law 1994. Ed. by E. Cotran and C. Mallat, London, 1995

15.4. Internetadressen

www.geocities.com/shammar
www.saleh23.homestead.com
www.thanaya.com
www.homestead.com/shammar
www.alnahda.net/ansaab/shammar
www.shammar.net/aslam
www.harb-tribe.com

LEIPZIGER BEITRÄGE ZUR ORIENTFORSCHUNG

Herausgegeben von Hans-Georg Ebert
Begründet von Günter Barthel

www.peterlang.de

FSC
www.fsc.org
MIX
Papier | Fördert
gute Waldnutzung
FSC® C083411

Kolibri 360 GmbH
Ferdinand-Jühlke-Straße 7
99095 Erfurt, Deutschland
produktsicherheit@kolibri360.de

Druck:
CPI Druckdienstleistungen GmbH
im Auftrag der
Kolibri 360 GmbH
Ferdinand-Jühlke-Str. 7
99095 Erfurt